DEMOCRACIA E
DESCONFIANÇA

DEMOCRACIA E DESCONFIANÇA
Uma teoria do controle judicial de constitucionalidade

John Hart Ely

Tradução
JULIANA LEMOS

Revisão técnica
ALONSO REIS FREIRE

Revisão da tradução e texto final
MARCELO BRANDÃO CIPOLLA

Esta obra foi publicada originalmente em inglês com o título
DEMOCRACY AND DISTRUST, A THEORY OF JUDICIAL REVIEW
por Harvard University Press.
Copyright © 1980 by the President and Fellows of Harvard College.
Publicado por acordo com Harvard University Press.
Copyright © 2010, Editora WMF Martins Fontes Ltda.,
São Paulo, para a presente edição.

1ª edição 2010
3ª tiragem 2020

Tradução
JULIANA LEMOS

Revisão da tradução e texto final
Marcelo Brandão Cipolla
Revisão técnica
Alonso Reis Freire
Acompanhamento editorial
Márcia Leme
Revisões
Renato da Rocha Carlos
Ana Paula Luccisano
Produção gráfica
Geraldo Alves
Paginação
Studio 3 Desenvolvimento Editorial
Capa
Katia Harumi Terasaka Aniya

Dados Internacionais de Catalogação na Publicação (CIP)
(Câmara Brasileira do Livro, SP, Brasil)

Ely, John Hart
 Democracia e desconfiança : uma teoria do controle judicial de constitucionalidade / John Hart Ely ; tradução Juliana Lemos ; revisão técnica Alonso Reis Freire ; revisão da tradução e texto final Marcelo Brandão Cipolla. – São Paulo : Editora WMF Martins Fontes, 2010. – (Biblioteca jurídica WMF)

 Título original: Democracy and distrust: a theory of judicial review
 Bibliografia
 ISBN 978-85-7827-156-5

 1. Controle judicial 2. Direito constitucional 3. Jurisdição (Direito constitucional) 4. Revisão judicial – Estados Unidos 5. Tribunais constitucionais 6. Tribunais constitucionais – Estados Unidos I. Freire, Alonso Reis. II. Cipolla, Marcelo Brandão. III. Título. IV. Série.

09-05811   CDU-342.56

Índices para catálogo sistemático:
1. Controle judicial de constitucionalidade : Jurisdição constitucional : Direito constitucional   342.56
2. Controle judicial de constitucionalidade : Tribunais constitucionais : Direito constitucional   342.56

Todos os direitos desta edição reservados à
Editora WMF Martins Fontes Ltda.
Rua Prof. Laerte Ramos de Carvalho, 133 01325-030 São Paulo SP Brasil
Tel. (11) 3293-8150 e-mail: info@wmfmartinsfontes.com.br
http://www.wmfmartinsfontes.com.br

ÍNDICE

Prefácio IX

1. A sedução do interpretacionismo 3
2. A impossibilidade de um interpretacionismo preso às cláusulas constitucionais 15
3. Descobrindo os valores fundamentais 57
4. Controlando o processo de representação: a Corte como árbitro 97
5. Desbloqueando os canais da mudança política 139
6. Facilitando a representação das minorias 181

Conclusão 243

Notas 247

Índice remissivo 337

*Para Earl Warren.
Não precisa de muitos heróis
aquele que os escolhe com cuidado.*

PREFÁCIO

Atualmente, o debate constitucional está dominado por uma falsa dicotomia: um lado afirma que devemos nos ater firmemente aos pensamentos daqueles que escreveram os trechos essenciais de nossa Constituição e considerar ilegais apenas as práticas que eles julgavam inconstitucionais, enquanto o outro assevera que, para que os tribunais possam controlar a legislação, eles devem ter autoridade para corrigir e reavaliar as opções valorativas do legislativo. Cada um dos lados está interessado em sustentar a ideia de que essas são as únicas opções possíveis. No jogo da retórica, cada um deles marca pontos quando expõe a inadmissibilidade da alternativa contrária; sendo o debate definido desta maneira, essa tarefa não é difícil – para ambas as partes, e pela mesma razão. Afinal, nenhuma das teorias professadas – nem aquela que daria aos membros nomeados de nosso Judiciário a soberania sobre as escolhas de valores substantivos da sociedade, nem a que deixaria tais escolhas sujeitas às crenças de pessoas que faleceram há mais de um século – é, em última análise, compatível com os pressupostos democráticos implícitos em nosso sistema. Neste livro, tenciono elaborar uma terceira teoria do controle judicial de constitucionalidade. Defendo a ideia de que tal teoria *é* coerente com esses pressupostos implícitos; na verdade, ela é estruturada de modo que faça com que os tribunais sejam instrumentos que ajudam a tornar tais pressupostos uma realidade.

Para escrever este livro, tive a ajuda de várias pessoas e instituições: entre elas, o Ford Program for Basic Research, da Faculdade de Direito da Universidade de Harvard, que me deu apoio de 1976 a 1978, e o Centro Internacional Woodrow Wilson para Acadêmicos da Smithsonian Institution, onde passei o ano acadêmico de 1978-79. (As opiniões expressas neste livro são, é claro, minhas, e não necessariamente as do Centro Wilson.) Também sou grato às Faculdades de Direito das Universidades de Indiana, Duke e Maryland por me terem convidado para ministrar conferências, o que fez com que eu aperfeiçoasse algumas das ideias aqui contidas. Uma versão anterior mais concisa dos capítulos 1 e 2 foi apresentada como parte da Conferência Addison C. Harris na Faculdade de Direito da Universidade de Indiana, em Bloomington, em 7 de fevereiro de 1978. O capítulo 3, em forma incipiente, foi apresentado na Conferência Brainerd Currie da Faculdade de Direito da Universidade Duke, em 20 de março de 1978; o capítulo 4 fez parte da Conferência Morris Ames Soper na Faculdade de Direito da Universidade de Maryland, em 24 de abril de 1978. Cinco juristas e grandes amigos – Nancy Ely, Gerry Gunther, Henry Monaghan, Al Sacks e Avi Soifer – brindaram-me generosamente com seu apoio moral e intelectual durante todo esse processo. Meus assistentes de pesquisa, entre os quais Michael Chertoff, David Strauss e Tom Balliett, também fizeram críticas bastante úteis. Minha editora, Camille Smith, e minha secretária, Betty Lamacchia, não só cumpriram maravilhosamente bem com suas tarefas como também me apoiaram muito mais do que lhes exigia o dever.

DEMOCRACIA E DESCONFIANÇA

1. A sedução do interpretacionismo

Há uma antiga disputa na teoria constitucional que vem sendo chamada por diferentes nomes em diferentes épocas; porém, para falar dela, a terminologia contemporânea parece ser tão boa como qualquer outra*. Hoje em dia, tendemos a chamar os lados em disputa de "interpretacionismo" e "não interpretacionismo" – o primeiro afirma que os juízes que decidem as questões constitucionais devem limitar-se a fazer cumprir as normas explícitas ou claramente implícitas na Constituição escrita, e o segundo adota a opinião contrária, a de que os tribunais devem ir além desse conjunto de referências e fazer cumprir normas que não se encontram claramente indicadas na linguagem do documento[1].

---

* Logo ficará claro para o leitor que "ativismo" e "automoderação" são categorias que existem tanto no interpretacionismo quanto no não interpretacionismo. O "interpretacionismo estrito" (*strict constructivism*) é um termo que certamente pode ser usado para designar algo parecido com o interpretacionismo simples (*interpretativism*); infelizmente, ele tem sido mais utilizado (talvez de modo mais notável, nos últimos anos, pelo presidente Nixon) para designar algo bastante diferente: uma tendência para tomar decisões constitucionais que irão agradar aos políticos conservadores. A dicotomia interpretacionismo/não interpretacionismo alimenta um antigo debate que perpassa todo o direito: o debate entre o "positivismo" e o "jusnaturalismo". O interpretacionismo é semelhante ao positivismo, e as abordagens jusnaturalistas indubitavelmente são uma forma de não interpretacionismo. Mas esses termos mais antigos são omitidos aqui, já que adquiriram uma bagagem de significado que pode gerar confusão.

Seria um erro supor que há necessariamente uma correlação qualquer entre a abordagem interpretacionista da atividade judicial em matéria constitucional e o conservadorismo político, ou mesmo entre ela e aquilo que comumente se chama de automoderação judicial (*judicial self-restraint*). A linguagem e a história legislativa de nossa Constituição raramente sugerem a intenção de invalidar apenas um pequeno conjunto de práticas características de determinado contexto histórico. (Se fosse esse o problema, bastaria que as práticas fossem enumeradas.) Em geral, a Constituição indica sumariamente certos princípios fundamentais cujas implicações específicas para cada época devem ser determinadas no contexto da época em questão. O que distingue o interpretacionismo do seu oposto é a insistência em que os atos dos poderes políticos só sejam declarados nulos a partir de uma inferência cujo ponto inicial ou cuja premissa subjacente seja claramente perceptível na Constituição. Que essa inferência completa não pode ser encontrada na Constituição – porque o caso em questão nem sempre foi previsto – é algo com que ambos os lados concordam[2].

Ninguém que tenha visto o falecido juiz Hugo Black opor-se praticamente sozinho à grande variedade de novas ameaças à liberdade de expressão concebidas pelos membros do Executivo e do Legislativo nas décadas de 1940 e 1950 poderia supor que um literalismo historicamente limitado fizesse parte de sua filosofia constitucional. Ainda assim, o juiz Hugo Black é corretamente reconhecido como um interpretacionista típico[3]. Alguns opinam que esse interpretacionismo surgiu tardiamente na vida de Black e deve ser compreendido como o conservadorismo típico de um homem idoso. É verdade que o interpretacionismo de Black manifestou-se de modo mais evidente em sua divergência no caso *Griswold vs. Connecticut*[4], decidido em 1965 – no qual a Corte, representada pelo juiz Douglas, e sem se fundamentar em uma disposição constitucional específica, declarou nula a lei de controle da natalidade de Connecticut –, mas sem dúvida esse traço interpretacionista esteve presente o tempo todo[5]. Por exemplo, a luta de Black – que tomou toda sua carreira – para fazer com que as cláusulas de Devido Processo e de Privilégios ou Imunidades da Décima Quarta Emenda não significassem que os membros do governo estão proibidos de agir de uma maneira que a maioria dos juízes considere incivilizada, mas sim que as proibições da Declaração de Direitos devem limitar não só a ação federal, mas também a estadual, foi uma luta a favor de uma abordagem interpretacionista. Havia aqueles para quem tais cláusulas incorporavam a Declaração de Direitos e, *além disso,* aboliam outras formas (não enumeradas) de comportamento incivilizado, mas Black deixou claro desde o início que ele não se incluía nesse grupo de pessoas: as cláusulas incorporavam princípios declarados em outros trechos da Constituição e *ponto final*[6]. Ocorreu que os princípios estabelecidos na Constituição que Black teve de aplicar eram geralmente princípios liberais, e temos bons motivos para supor que isso lhe agradava. Mas quando sua filosofia constitucional (interpretacionismo) e sua filosofia política (liberalismo) divergiam, como aconteceu no caso *Griswold,* "o juiz" optava por sua filosofia constitucional.

Há indícios de que o interpretacionismo esteja passando por um período de relativo apelo popular[7]. Há várias razões para acreditar nisso. A primeira é que a controversa decisão de 1973 sobre o aborto, *Roe vs. Wade*[8], foi o exemplo mais claro de "raciocínio" não interpretacionista por parte da Corte em quatro décadas: ela obrigou todos nós, juristas, a refletir sobre qual lado esposamos na questão, e isso fez com que um certo número de pessoas hoje em dia se definam como interpretacionistas, pessoas que antes não haviam dado muita atenção a esse problema. A segunda razão pode ser que, apesar de *Roe,* a Corte do juiz Burger é, em geral, uma Corte politicamente conservadora – ou, pelo menos, mais conservadora que a Corte anterior. Isso significa que os observadores que antes ficavam satisfeitos em deixar os juízes imporem seus próprios valores (ou sua interpretação dos valores da sociedade) hoje em dia ficam um pouco incomodados com isso e tendem a seguir uma linha interpretacionista, privilegiando os valores dos constituintes. Outra razão é de caráter mais *ad hominem*: o juiz Black, que faleceu em 1971, está sendo redescoberto. Sua afabilidade sempre foi óbvia para os que não eram seus inimigos, e há muito se reconhece que ele era uma pessoa de fibra, que não fugia à luta. Mas parece haver um novo elemento, uma crescente apreciação intelectual de Hugo Black – as pessoas estão descobrindo aquilo que aos mais sagazes sempre foi óbvio: que por trás de sua filosofia "interiorana atrasada", com sua fé exagerada em que a linguagem da Constituição mostraria a todos o verdadeiro caminho, havia uma teoria detalhadamente elaborada (embora certamente discutível) sobre os limites da discricionariedade judicial legítima e do uso retórico dos princípios. O resplendor pirotécnico de seu antagonista de longa data, Felix Frankfurter, já se dissipou, e as pessoas, que agora podem ver Black tal como ele realmente era, estão descobrindo que ele só *fingia* ser uma pessoa rústica.

O interpretacionismo, no entanto, não é uma "moda" passageira; na verdade, a Corte sempre teve a tendência, desde que plausível, a adotar uma linha interpretacionista[9]. E, com efeito, não é difícil identificar dois importantes atrativos (inter-relacionados) dessa abordagem[10]. O primeiro é que ela se encaixa melhor em nossas concepções costumeiras de o que é o direito e como ele funciona. Ao interpretar uma lei a fim de decidir se certo comportamento é permitido ou se (e isto está mais próximo da situação do controle judicial de constitucionalidade) ele entra em conflito com outra lei, um tribunal obviamente irá limitar-se a determinar os propósitos e proibições expressos pela linguagem da lei ou nela implícitos. Se um juiz declarasse, em tal situação, não estar satisfeito com essas referências e pretendesse também impor, em nome da lei em questão, os valores fundamentais que acreditasse terem sido sempre defendidos por seu país, concluiríamos que ele não estaria fazendo o seu trabalho e poderíamos até considerar a hipótese de convocar uma comissão para averiguar se ele perdeu o juízo[11].

O segundo atrativo de uma abordagem interpretacionista, e o mais fundamental, advém das dificuldades óbvias que a abordagem oposta encontra ao tentar conciliar-se com a teoria democrática subjacente ao Estado norte-americano. É verdade que os Estados Unidos não são governados como uma cidadezinha de interior, que segue as decisões do conselho municipal. (E, mesmo entre as cidadezinhas, poucas o são, na verdade.) Mas a maioria das decisões importantes é tomada por nossos representantes eleitos (ou por pessoas que respondem perante eles)*. Os juízes, pelo menos os juízes federais – apesar de obviamente não desconsiderarem por completo a opinião popular –, não são eleitos nem reeleitos. "Em última análise, nada pode diminuir a importância da função consignada na teoria e prática democrática ao processo eleitoral; nem se pode negar que o poder das instituições representativas (originárias do processo eleitoral) de formular cursos de ação política é a característica distintiva do sistema. O controle judicial de constitucionalidade choca-se contra essa característica."[12] É claro que os tribunais criam o direito o tempo todo, e ao fazê-lo podem ter a intenção de inspirar-se nas fontes habituais dos adeptos do não interpretacionismo – os "princípios fundamentais" da sociedade ou qualquer outra coisa –;

---

* Ver também a nota 9 ao capítulo 3. Em geral, este livro trata do paradigma do controle judicial de constitucionalidade de um ato normativo originado, mesmo que de modo mediato, num ato legislativo. Quando um caso envolve um decreto emitido por uma autoridade do governo que não está efetivamente sujeita à direção ou ao controle de representantes eleitos, a desculpa da "decisão democrática" perde parte de seu sentido e, nessa mesma medida, alguns dos argumentos deste livro perdem parte de seu valor. Ver *sobretudo* C. Black, *Structure and Relationship in Constitutional Law*, pp. 78, 89-90 (1969). Afirmo, no entanto, no capítulo 5, que essas "lacunas de responsabilidade" podem, com toda razão, ser consideradas falhas do ponto de vista constitucional, contando-se assim entre as situações que os tribunais devem empenhar-se ativamente em corrigir.

mas, fora do âmbito da jurisdição constitucional, eles se limitam a preencher as lacunas que o Poder Legislativo deixou nas leis que aprovou ou, então, a tomar conta de uma área que o Poder Legislativo, de caso pensado, entregou ao Judiciário para que a desenvolvesse. Há, evidentemente, uma diferença crítica: em contextos não constitucionais, as decisões judiciais estão sujeitas à anulação ou à alteração pela lei ordinária. A Corte está substituindo o Poder Legislativo, e, se isso foi feito de uma maneira que o Poder Legislativo não aprova, ela pode ser prontamente corrigida. Quando uma Corte invalida um ato dos poderes políticos com base na Constituição, no entanto, ela está *rejeitando* a decisão dos poderes políticos, e em geral o faz de maneira que não esteja sujeita à "correção" pelo processo legislativo ordinário[13]. Assim, eis a função central, que é ao mesmo tempo o problema central, do controle judicial de constitucionalidade: um órgão que não foi eleito, ou que não é dotado de nenhum grau significativo de responsabilidade política, diz aos representantes eleitos pelo povo que eles não podem governar como desejam. Isso pode ser desejável ou não, dependendo dos princípios em que tal controle se baseia. Seria interessante saber se existe uma alternativa melhor, mas a corrente mais comum do não interpretacionismo, que faz apelo a noções que não podem ser encontradas nem na Constituição nem, obviamente, nas decisões dos poderes políticos, parece particularmente vulnerável à pecha de incompatibilidade com a teoria democrática.

Nos EUA, essa acusação tem relevância. Nossa sociedade desde o começo aceitou (e agora aceita quase instintivamente) a noção de que nossa forma de governo deve ser a democracia representativa[14]. O próprio processo pelo qual a Constituição foi adotada foi planejado para ser – e, em alguns aspectos, efetivamente foi – mais democrático do que qualquer processo político anterior. A Declaração de Independência não fora ratificada, e os Artigos da Confederação haviam sido ratificados pelas assembleias legislativas estaduais. A Constituição, no entanto, foi sujeita à ratificação do "próprio povo"[15], concretamente a "convenções populares de ratificação" eleitas em cada estado. Alguns desmancha-prazeres afirmam que isso não era muito mais "democrático" que submeter o documento à análise do Poder Legislativo de cada estado (já que as convenções populares necessariamente seriam órgãos representativos e, na verdade, o grupo escolhido para representar a população seria muito semelhante à assembleia legislativa)[16]. Mas ainda assim o simbolismo era importante[17]. O documento em si, determinando eleições para o Congresso e prescrevendo uma forma republicana de governo para os estados, expressa claramente seu compromisso com um sistema de democracia representativa, tanto no nível estadual quanto no federal. De fato, e isso certamente é notável, nenhuma outra forma de governo foi seriamente cogitada[18]. Uma passagem do *Federalist* 39 – e não nos esqueçamos de que os *Federalist Papers* eram propagandas feitas para assegurar a ratificação – é um testemunho eloquente do tipo de argumento que se esperava ouvir naquela época:

> A primeira questão que se apresenta a nós é se a forma e os aspectos gerais do governo devem ser estritamente republicanos. É evidente que nenhuma outra forma é compatível com o espírito do povo americano, com os princípios fundamentais da Revolução ou com aquela determinação honrada que inspira cada cidadão partidário da liberdade a apostar todas as nossas fichas políticas na capacidade humana de se autogovernar. Se o plano da convenção, portanto, houver de se separar do caráter republicano, seus defensores deverão abandoná-lo, pois ele não será mais defensável.[19]

O texto continua, indicando que é "*essencial* para tal governo que ele seja derivado do grande corpo da sociedade, e não de uma pequena parte ou de uma classe favorecida (...)"[20]. O *Federalist* 57 desenvolve ainda mais esta ideia:

> Quem deve eleger os representantes federais? Não os ricos mais que os pobres; não os cultos mais que os ignoran-

tes; não os soberbos herdeiros de famílias de renome mais que os humildes filhos da obscuridade e da má fortuna. Os eleitores devem ser o grande corpo do povo dos Estados Unidos da América. Devem ser os mesmos que exercitam o direito, em cada estado, de eleger os poderes que correspondem ao Legislativo estadual.[21]

Também é bastante curioso o fato de que, assim que a Constituição foi ratificada, praticamente todas as pessoas nos EUA a aceitaram imediatamente como o documento que controlaria o destino de todos[22]. E por que deveria ser assim? Aqueles que se opunham à ratificação certamente não concordaram com tal decisão[23]. É algo bastante notável, se pensarmos a respeito, e a explicação só pode ser que eles também aceitaram a legitimidade do veredito da maioria[24].

Os críticos da soberania popular gostam de salientar as disposições constitucionais que preveem a eleição dos senadores pelos legislativos estaduais e a eleição do Presidente por um Colégio Eleitoral[25]. A primeira nunca despertou muito entusiasmo, já que os próprios legislativos estaduais eram eleitos[26], e, de qualquer modo, a Décima Sétima Emenda assegura a eleição direta para senador. Os eleitores presidenciais também eram originalmente escolhidos pelos legislativos estaduais. No entanto, já em 1832, apenas a Carolina do Sul persistia nessa prática e, desde 1860, os eleitores foram eleitos diretamente pelo povo em todos os estados[27]. No entanto, embora isso não aconteça desde 1888, a própria existência do Colégio Eleitoral cria a possibilidade de o Presidente ser eleito sem uma maioria popular ou sem contar com o apoio da maior parte dos estados da nação. Também existiram em nossa história limites ao sufrágio e, portanto, ao governo da maioria. Mas o desenvolvimento – e novamente salientamos que este tem sido um desenvolvimento *constitucional* – tem se afastado cada vez mais, de maneira contínua e até implacável, desse estado de coisas: como observou Tocqueville em 1848, "uma vez que um povo começa a interferir na qualificação para o sufrágio, podemos ter certeza de que, mais cedo ou mais tarde, ele vai aboli-la completamente"²⁸. Tocqueville estava tão preso ao sentido do que era natural, em sua época, quanto qualquer outra pessoa, e portanto estava errado em seu posicionamento – achava que havíamos chegado ao fim do caminho, que já tínhamos conseguido o "sufrágio universal" –, mas sua percepção sobre qual era o nosso destino manifesto estava correta. A tendência continua até os dias de hoje. Com exceção da Décima Oitava e da Vigésima Primeira Emendas – a última revogou a primeira –, seis das dez últimas emendas constitucionais trataram exatamente de aumentar o controle popular sobre o governo*. E cinco dessas seis – a exceção é a Décima Sétima, citada acima – estenderam o sufrágio a pessoas às quais ele antes fora negado.

O desenvolvimento constitucional no último século, portanto, fortaleceu substancialmente o compromisso original com o controle do governo pela maioria dos governados. E nenhum teórico, nem tampouco nenhum cidadão americano, chegou a contestar seriamente a noção geral de controle majoritário. "Os americanos jamais desejaram o governo de uma aristocracia, mesmo com uma roupagem moderna."²⁹ Tanto os absolutistas quanto os relativistas em matéria de moral abraçaram e defenderam a democracia de acordo com suas próprias crenças – os primeiros a defendem sob o argumento de que ela é um dogma do direito natural, e os segundos sob o argumento de que é a reação institucional mais natural à ideia de que a certeza moral não existe. De fato, a história da luta entre essas duas facções foi marcada em boa parte por acusações de que a filosofia defendida pelo antagonista é antidemocrática³⁰. Isso

---

* Quando o autor escreveu este livro, em 1981, somente 26 emendas à Constituição já haviam sido ratificadas. Atualmente a Constituição norte-americana tem 27 emendas, tendo sido a Vigésima Sétima ratificada no início da década de 1990, após mais de 200 anos de espera. A emenda foi proposta por James Madison e enviada pelo 1º Congresso aos estados para a ratificação em 25 de setembro de 1789. Somente em 25 de setembro de 1992 recebeu a ratificação do 38º estado, Alabama, tornando-a válida, conforme estabelece o artigo V da Constituição dos EUA. (N. do R. T.)

explica a recorrente dificuldade que se apresenta aos adeptos do não interpretacionismo: a democracia majoritária é, sabem eles, o cerne de todo o nosso sistema; e, quando seus antagonistas os acusam de esposar uma filosofia fundamentalmente incompatível com isso, eles não sabem se podem negar essa acusação.

Tudo isso apenas reforça o óbvio: qualquer que seja a explicação, e feitas as devidas ressalvas, o governo de acordo com o consentimento da maioria dos governados é o cerne do sistema norte-americano. No entanto, também é óbvio que a história não termina aí, já que uma maioria com poder ilimitado para determinar a política governamental tem todas as condições para conceder benefícios em detrimento da minoria restante, mesmo que não haja nenhuma grande diferença entre os dois grupos. Isso também é dado como certo desde o início, e, de fato, a Constituição contém vários tipos de dispositivos para combater tal prática, os quais examinaremos detalhadamente mais tarde. A tarefa mais difícil sempre foi e continua sendo a de criar uma ou mais maneiras de proteger as minorias da tirania da maioria sem incorrer numa contradição flagrante com o princípio do governo majoritário: no direito, como na lógica, qualquer coisa pode ser inferida de uma contradição, e não adianta simplesmente afirmar que "a maioria governa mas a maioria não governa". O problema do não interpretacionismo é exatamente o de desvencilhar-se de modo convincente desse tipo de contradição. Já houve tentativas nesse sentido; examiná-las-ei mais detalhadamente no capítulo 3, mas elas são, em geral, hesitantes e apologéticas; nenhuma delas chega a aceitar sem reservas os argumentos usados por outros teóricos do não interpretacionismo para explicar que os princípios democráticos não seriam lesados, e, às vezes, o mesmo autor pula desordenadamente de uma argumentação à outra. Uma maioria totalmente livre para agir é, de fato, coisa perigosíssima, mas é preciso fazer um grande salto lógico para passar dessa ideia à conclusão de que a imposição de uma "constituição não escrita" por parte de autoridades não eleitas seja a resposta adequada numa república democrática.

O juiz Black e a escola interpretacionista fazem uma inferência que parece ser aceita por pessoas de diferentes facções. É claro, diriam eles, que existe a possibilidade de a maioria tiranizar a minoria, e é exatamente por isso que, na Declaração de Direitos e em outros trechos, a Constituição assinala certos direitos que devem ser protegidos. Naturalmente, é necessário estabelecer limitações colaterais ao governo da maioria, mas, como decidiram sabiamente os constituintes, é mais sábio e mais seguro estabelecê-las de antemão, antes de surgirem controvérsias específicas, do que desenvolvê-las no contexto de um problema político particular e das paranoias e paixões que o acompanham. E mais: isso também seria mais democrático, já que as limitações colaterais que o interpretacionista impõe foram impostas pelo próprio povo. O adepto do não interpretacionismo entrega aos juízes, que não respondem por suas atitudes políticas, a tarefa de definir quais valores devem ser colocados fora do alcance do controle majoritário, mas o interpretacionista toma seus valores diretamente da Constituição – e isso significa que, já que a própria Constituição foi avaliada e ratificada pelo povo, esses valores vêm, em última instância, do povo. Nessa hipótese, quem controla o povo não são os juízes, mas a Constituição – o que significa que, na verdade, o povo controla a si mesmo.

Esse argumento remonta ao *Federalist* 78 de Hamilton e ao voto do juiz-presidente John Marshall em *Marbury vs. Madison*. E hoje em dia, ao que parece, ele é aceito por praticamente todos – não apenas por aqueles cujas opiniões têm um viés interpretacionista[31], mas também, relutantemente, pelos críticos mais ferozes do interpretacionismo. Como escreveu o Professor Thomas Grey, um inteligente defensor do não interpretacionismo:

> A verdade é que a teoria da decisão judicial constitucional do juiz Black é dotada de grande força e de uma simplicidade bastante convincente... Sua maior virtude... é que ela

apoia o controle judicial de constitucionalidade ao mesmo tempo em que responde à acusação de que tal prática é antidemocrática. Sob o modelo interpretacionista puro (...), quando um tribunal declara nula uma lei ou prática popular, considerando-a inconstitucional, ele também pode responder ao clamor popular que disso decorre: "Não fomos nós que tomamos essa decisão, mas vocês." Foi o povo quem escolheu o princípio que a lei ou a prática violaram, considerou-o fundamental e transcreveu-o no texto da Constituição para que os juízes o interpretem e apliquem.[32]

2. A impossibilidade de um interpretacionismo preso às cláusulas constitucionais

Nossa cultura jurídica tem razão em considerar fascinante a ideia geral do interpretacionismo, mas é necessário fazer algumas ressalvas fundamentais e elaborar um pouco esse conceito. Em primeiro lugar, não obstante a antiguidade de sua linhagem e o fato de ser aceito por praticamente todos, o argumento que fechou o primeiro capítulo é, em grande parte, falso. Se considerarmos o que é necessário para emendar a Constituição, é provável que uma emenda recente represente, se não necessariamente um consenso, pelo menos os sentimentos da maioria da população contemporânea[1]. As emendas que mais frequentemente geram polêmicas nos tribunais, no entanto, se é que alguma vez representaram a "voz do povo", representam a voz de pessoas que faleceram há um ou dois séculos[2]. Desde o começo houve quem se preocupasse com isso. Noah Webster opinou que "a própria tentativa de fazer uma constituição perpétua é a presunção de ter o direito de controlar as opiniões das gerações futuras e de legislar para aqueles sobre os quais temos tanta autoridade quanto temos sobre uma nação asiática"[3]. E Jefferson escreveu para Madison: "'que aos vivos cabe o usufruto da terra'; que os mortos não detêm nenhum poder ou direito sobre ela". Sua sugestão era que a Constituição expirasse naturalmente a cada dezenove anos[4]. Madison e outros protestaram que isso seria impraticável e indesejável[5]. (Aparentemente, Jefferson foi convencido, já que era Presidente no 19º aniversário da República e não sugeriu convocar uma convenção segundo o disposto no Artigo V.) Na verdade, tomamos a direção contrária, exigindo o voto de dois terços de ambas as Casas do Congresso e a ratificação das assembleias legislativas de três quartos dos estados para eliminar ou acrescentar uma disposição constitucional. Não quero, obviamente, dizer que isso é ruim, mas é algo que fatalmente enfraquece a ideia de que, ao aplicar a Constituição – mesmo a Constituição escrita do interpretacionista –, os juízes estão simplesmente pondo em prática a vontade do povo. A incompatibilidade com a teoria democrática é um problema que parece confrontar tanto os interpretacionistas quanto os adeptos do não interpretacionismo[6].

É verdade que o interpretacionismo parece ter a virtude substancial de se adaptar melhor à nossa noção comum de como o direito funciona: se a tarefa do juiz é aplicar a Constituição, então é a Constituição que ele deve aplicar, e não a solução que lhe parecer melhor naquele momento. Colocada desta maneira, essa conclusão é incontestável; porém, não passa de um truísmo, e, se a aceitação *disso* fosse a única coisa necessária para fazer de alguém um interpretacionista, nenhuma pessoa em sã consciência poderia adotar uma posição diferente. Mas o debate sobre o interpretacionismo não é uma discussão sobre a verdade de uma tautologia, pois o interpretacionismo envolve outra tese, segundo a qual "aplicar a Constituição" necessariamente significa partir de premissas que estão explícitas ou claramente implícitas no documento em si.

Neste ponto, vale a pena esclarecer esse conceito de uma maneira que a doutrina até agora não o fez, em particular para distinguir duas possíveis versões do interpretacionismo. Podemos admitir que não é possível atribuir um conteúdo inteligível a certas frases constitucionais apenas com base em sua linguagem e na história legislativa em que estão inseridas, e que de fato algumas delas parecem precisar de uma injeção de conteúdo vindo de fora do próprio dispositivo; mas podemos, ao mesmo tempo, postular que a teoria que empregamos para suprir esse conteúdo deve ser derivada dos temas gerais do documento constitucional e não de alguma fonte completamente externa ao texto do documento. Aliás, seria de esperar que essa forma ampla de interpretacionismo fosse capaz de contornar os perigos de um interpretacionismo mais estreito (ou "preso às cláusulas"), preservando ao mesmo tempo as vantagens relativas da abordagem interpretacionista, que examinamos no capítulo 1. Na verdade, daqui a dois capítulos, chegarei a essa mesma conclusão e afirmarei praticamente a mesma coisa. (Saber se a perspectiva ali recomendada pode ser considerada uma forma de interpretacionismo propriamente dito, ou se deve ser considerada uma abordagem intermediária entre o interpretacionismo e o não interpretacionismo, é uma questão que, além de não ser importante, não pode ser respondida; por outro lado, é muito importante – e é possível – saber se essa abordagem de fato é capaz de evitar os perigos de um interpretacionismo estreito sem sacrificar seus pontos fortes.) Precisarei de algum tempo, porém, para desenvolver essa posição, que não costuma ser proposta sob a bandeira interpretacionista[7]. O interpretacionismo corriqueiro costuma abordar as diversas disposições da Constituição como unidades contidas em si mesmas, interpretando-as a partir de sua linguagem, com a ajuda da história legislativa, sem recorrer significativamente a qualquer conteúdo vindo de fontes exteriores à disposição constitucional. Veremos, no entanto, que essa forma convencional de interpretacionismo é problemática – e o problema é intrínseco a ela, e é tão sério que chega a inviabilizá-la. Pois a Constituição em si, a Bíblia do interpretacionista, contém várias disposições que nos convidam a ir além de seu sentido literal – ou, caso o leitor prefira, que nos convidam a nos tornarmos, pelo menos até certo ponto, adeptos do não interpretacionismo; e esse é um fato que não pode ser simplesmente ignorado.

 As disposições constitucionais formam um espectro que abarca desde itens relativamente específicos até os mais extremamente indefinidos e abertos. Em um extremo – por exemplo, na exigência de que o presidente "tenha chegado aos trinta e cinco anos de idade" – a linguagem é tão clara que é desnecessário fazer referência consciente ao propósito implícito da passagem. Outras disposições, como aquela que exige que o Presidente seja um "cidadão nato" (*natural born Citizen*), talvez precisem de uma referência ao uso histórico para excluirmos certas interpretações alternativas – por exemplo, mesmo que seja improvável, nesse caso, uma exigência de filiação legítima (ou ilegítima!) ou de parto natural[8] –; mas, uma vez que essa "função lexicográfica" seja cumprida, a disposição torna-se relativamente fácil de ser aplicada. Outras, como a proibição da Primeira Emenda de que as leis do Congresso "restrinjam a liberdade de expressão" (*abridging the freedom of speech*), parecem exigir mais. Por um lado, espera-se que essa frase – tão concisa quanto as outras que mencionei – aplique-se a problemas muito mais amplos e mais importantes. Por outro, e isso pode ter alguma relação com o que foi dito antes, de certa forma percebemos nessa cláusula uma intenção de desenvolvimento – pressentimos que os constituintes não tencionavam que a linguagem ficasse para sempre restrita ao significado que tinha em 1791. Essa percepção não seria capaz de atemorizar o juiz Black ou grande parte dos interpretacionistas: a tarefa de quem interpreta uma disposição constitucional, diriam eles, é identificar os *tipos de males* aos quais a disposição se refere e atacar seus equivalentes atuais. É óbvio que isso é difícil, mas não deixa de ser interpretacionismo – a determinação do "objeto e significado atuais de uma decisão que o país, numa época anterior, formulou e consignou no texto da Constituição"[9].

Todavia, outras disposições, como a proibição da Oitava Emenda à aplicação de penas cruéis e não habituais (*cruel and unusual punishment*), parecem clamar ainda mais insistentemente por uma referência a fontes além do documento em si e de um "dicionário dos constituintes". É possível interpretar essa disposição como algo que se refere tão somente às penas que em 1791 teriam sido consideradas "cruéis e não habituais", mas essa formulação parece trair o caráter aberto da linguagem. O interpretacionista pode dar a essa ressalva a mesma resposta que deu à da Primeira Emenda: que, embora seja verdade que a cláusula não deva ficar restrita ao seu significado de 1791, ela deve ficar restrita às categorias gerais de males almejados pela disposição. Se seguirmos tal modelo de "interpretação" em relação à Oitava Emenda, no entanto (e o caso da Primeira Emenda é essencialmente o mesmo), em breve nos encontraremos, na pior das hipóteses, pecando reiteradamente por petição de princípio; ou, na melhor, atribuindo aos constituintes uma teoria que pode até ser *coerente* com o que eles disseram, mas que é dificilmente perceptível em suas discussões ou seus dicionários. Porém, mesmo admitido esse fato, o desastre para o interpretacionista não é tão grande assim. A Cláusula das Penas Cruéis e Não Habituais convida os que a interpretam a terem certa liberdade, mas essa liberdade é limitada. O assunto são as penas, não a totalidade da ação do Estado, e mesmo nessa área limitada a delegação ao intérprete não é de todo livre: apenas as penas que são, de certo modo, graves ("cruéis") e suscetíveis de imposição esporádica ("não habituais") devem ser rejeitadas.

A Oitava Emenda, no entanto, não marca o fim do espectro. A Décima Quarta Emenda – e mais tarde procurarei provar que a Nona Emenda é semelhante – contém várias disposições que, se formos responsáveis, não podem ser interpretadas senão como convites bastante abertos a importar para os processos de decisão constitucional certas considerações que não podem ser encontradas na linguagem da emenda ou nos debates que levaram até ela.

O devido processo

A disposição mais citada em relação a isso é a Cláusula do Devido Processo Legal, da Décima Quarta Emenda, a qual determina que nenhum estado poderá "privar uma pessoa da vida, liberdade ou propriedade sem o devido processo legal". É a esta cláusula que a Corte costuma recorrer para "apoiar" suas investidas esporádicas no campo do controle substantivo da ação legislativa. As frequentes decisões declarando a nulidade de inúmeros tipos de disposições para a proteção do trabalhador durante o primeiro terço do século XX citavam a Cláusula do Devido Processo como fundamento da autoridade da Corte no exercício do controle de constitucionalidade. Essas decisões costumam ser classificadas sob a categoria maior do caso *Lochner vs. New York*[10], uma das primeiras, e hoje em dia são universalmente reconhecidas como constitucionalmente impróprias – por motivos óbvios pelos interpretacionistas, e por motivos não tão óbvios pelos não interpretacionistas. A declaração de nulidade feita pela Corte, em 1973, das leis antiaborto de todos os cinquenta estados no caso *Roe vs. Wade*[11] também se baseou nessa cláusula. Essa noção do "devido processo substancial" é amplamente aceita pelos críticos. Por exemplo, Archibald Cox, que rejeita *Roe* por outras razões, não se deixa abalar pela crítica interpretacionista de que nada na Constituição parece ter por objeto, mesmo remotamente, a questão do aborto. "Encontro vínculos suficientes na Cláusula do Devido Processo... O fato de a Corte ter recorrido reiteradamente por quase um século à noção de devido processo substantivo confirma a força de nossa herança jusnaturalista nas decisões constitucionais, e acredito que seja tolo, além de inútil, resistir a isso."[12]

Na verdade, essa interpretação da cláusula – como autorização geral ao exercício de controle judicial sobre o mérito substantivo das decisões dos Poderes Legislativo e Executivo – não só não era inevitável como, além disso, provavelmente estava errada. A Cláusula do Devido Processo da Décima Quarta Emenda foi derivada de uma disposição idêntica (que, porém, aplicava-se somente ao governo federal) da Quinta Emenda. Em geral, concorda-se que a primeira cláusula, à época de sua inclusão, era entendida como se se referisse apenas aos *procedimentos* legais[13]. Os comentários feitos à época da discussão sobre a Décima Quarta Emenda não fazem nenhuma referência que possa dar à disposição mais que uma conotação procedimental[14]. Até aí tudo parece simples e direto, e uma quantidade considerável de autores concluíram que é bastante claro que os redatores da Décima Quarta Emenda tencionavam, em sua Cláusula do Devido Processo, atingir apenas as questões procedimentais. Assim, o professor Stanley Morrison, numa declaração que em outros aspectos é um duro ataque às opiniões do juiz Black sobre a Décima Quarta Emenda, concorda com ele num ponto: "Quando tenciona, assim, abolir o devido processo substancial, ele tem a seu favor boas razões históricas. Se a cláusula for interpretada de acordo com o significado que tinha para os constituintes e outras pessoas em 1868, tal teoria não pode ser justificada. É uma [...] excrescência posterior, derivada de fontes do direito natural."[15]

Entretanto, nada é tão simples – principalmente em relação à intenção dos constituintes da Décima Quarta Emenda. Apesar das intenções procedimentais da primeira Cláusula do Devido Processo, algumas decisões da época anterior à Guerra Civil haviam interpretado o conceito de maneira mais ampla, concluindo que ele proibia certos resultados substantivos. Uma delas foi *Wynehamer vs. People* (1856), no qual a Corte de Apelações de Nova York declarou nula uma "Lei Seca", fundamentando sua decisão numa garantia estadual de devido processo de linguagem idêntica à da Quinta Emenda[16]. O caso mais famoso – ou infame – foi *Dred Scott vs. Sandford*, decidido um ano depois, no qual a Suprema Corte declarou inconstitucional o Compromisso do Missouri*. O juiz-presidente Taney redigiu uma "Decisão da Corte" (com cujos fundamentos apenas dois

---

* Acordo firmado em 1820 no Congresso norte-americano entre integrantes dos movimentos a favor e contra a escravidão que permitia sua prática no Missouri e a proibia nos territórios localizados no norte dos Estados Unidos. Marcou o início de um longo período de conflito que levou à Guerra Civil. Foi revogado pelo *Kansas-Nebraska Act* e declarado inconstitucional pela Suprema Corte norte-americana no caso *Dred Scott vs. Sandford*, julgado em 1857. (N. do R. T.)

de seus colegas, na verdade, parecem ter concordado) que indicava, de passagem, que aos senhores de escravos fora negado o devido processo[17]. Em hipótese alguma estou sugerindo que com essas decisões se alterou o curso do direito, ou que à época da Décima Quarta Emenda o devido processo em geral era interpretado como algo que incorporasse um elemento substantivo. Muito pelo contrário: *Wynehamer* e a referência em *Dred Scott* eram aberrações sem precedentes, destinadas a jamais se tornarem precedentes elas mesmas. (Outras cortes nas quais elas foram citadas adotaram uma postura bastante crítica, afirmando que essas decisões fizeram mau uso da linguagem constitucional ao dar-lhe uma interpretação substantiva[18].) Porém, *estou* afirmando que, dadas tais decisões – e os constituintes da Décima Quarta Emenda estavam bastante cientes de pelo menos uma delas[19] –, não é possível excluir completamente a possibilidade de que a Cláusula do Devido Processo tivesse, incidentalmente, uma interpretação substantiva[20].

Quem formula a questão dessa maneira, no entanto, vê as partes mas não vê o todo. Seria um erro – embora compreensível, à luz dos excessos que testemunhamos no outro extremo – descartar a "intenção dos constituintes", como se não fosse um fator pertinente. Algo que não foi ratificado não pode fazer parte de nossa Constituição, e às vezes, para sabermos o que foi ratificado, precisamos saber o que foi intencionado. (Se não soubermos se a palavra "nato" referia-se a alguém nascido de pais americanos, ou nascido de pais casados, por exemplo, não saberemos o que os constituintes pensavam quando ratificaram o documento e, portanto, não compreenderemos o comando constitucional.) Também não estou, em momento algum, endossando a visão niilista de que é impossível inferir, de maneira responsável, de uma lei passada e das circunstâncias em que ela foi criada, as intenções daqueles que a elaboram[21]. Formular a questão assim, no entanto, é trazer à luz algo que invariavelmente passa despercebido quando se examina a intenção dos constituintes, a saber, que *o dado mais importan-*

te relacionado às intenções dos constituintes é a própria linguagem constitucional. Isso é particularmente verdadeiro quando a história legislativa encontra-se em tremenda desordem – como certamente acontece com a Décima Quarta Emenda[22] –, mas a validade do argumento vai mais longe. Em primeiro lugar (e isso também vale para leis ordinárias e quaisquer outras coisas produzidas em grupo), nem todos se sentem obrigados a colocar na "história legislativa" sua própria interpretação (caso tenham alguma) do significado do dispositivo em que estão votando ou a corrigir todas as interpretações que não coincidam com as suas próprias. Uma das razões pelas quais o debate culmina na votação de um texto imperativo é gerar um registro exato das ideias sobre as quais houve concordância suficiente para ganhar o consentimento da maioria. Além disso, no entanto, o caráter especial da situação constitucional torna duplamente desaconselhável o exame minucioso das declarações dos membros do Congresso (um exame que teria a finalidade de emendar ou qualificar a linguagem constitucional). O papel do Congresso na elaboração de emendas à Constituição é apenas, para usar as palavras da Constituição, o de "propor" disposições aos estados: para se tornar válidas, tais disposições devem ser ratificadas por três quartos das Assembleias Legislativas estaduais. Mas, obviamente, não há nenhum fundamento principiológico para determinar que a intenção daqueles que votam para ratificar deva ser considerada menos importante, para determinar o "significado verdadeiro" de uma disposição constitucional, que a intenção dos membros do Congresso que a propuseram. Isso inclui tantas pessoas diferentes, em circunstâncias tão diversas, que não nos é possível obter um retrato preciso de suas intenções a partir de uma análise qualquer da história legislativa. Para complicar ainda mais a situação, muitos registros dos debates a respeito da ratificação da Décima Quarta Emenda não chegaram a nós[23]. Assim, o único indício confiável daquilo que "os ratificadores" julgavam estar ratificando é a linguagem do dispositivo que aprovaram. Os debates (ou outras fontes contemporâneas) podem servir como um "dicionário" para resolver ambiguidades, como no caso do cidadão norte-americano "*nato*"; mas, cumprida essa função, o registro mais importante do que se tencionava propor e ratificar é exatamente aquilo que foi proposto e ratificado.

> Todo membro de uma convenção [constitucional] age pelos motivos e razões que o influenciam pessoalmente, e as moções e debates não necessariamente indicam a finalidade em vista da qual a maioria da convenção adotou uma cláusula específica... E, mesmo se tivéssemos certeza de ter compreendido o significado da convenção, de modo algum se deveria permitir que ela agisse como uma força de controle, principalmente se esse significado não foi aquele que as palavras transmitiriam de modo mais natural e evidente. Pois como a constituição não tira sua força da convenção, e sim das pessoas que a ratificaram, a intenção que se busca é a do povo; e não se deve supor que o povo buscou algum significado obscuro ou oculto nas palavras utilizadas, e sim que as aceitou no sentido mais óbvio para o entendimento comum, e ratificou o instrumento acreditando que era este o sentido original a ser transmitido. Esses procedimentos, portanto, têm menos a dizer sobre a interpretação adequada do instrumento constitucional que os procedimentos legislativos têm a dizer sobre a interpretação de uma lei ordinária, já que no último caso é a intenção dos legisladores que buscamos, enquanto no primeiro tentamos chegar à intenção do povo através das discussões e deliberações de seus representantes.[24]

Essas palavras foram escritas por Thomas Cooley há mais de cem anos, mas, como indicam as discussões supostamente "históricas" sobre a Décima Quarta Emenda, ainda não aprendemos a lição que elas têm a nos ensinar[25].

Portanto passemos agora para algo que há muito deveríamos ter examinado, a linguagem da Cláusula do Devido Processo. Realmente é um pouco constrangedor supor que um texto é informativo "quando tantos, por tanto tempo, o consideraram apenas evocativo"[26], mas simplesmente não podemos fugir ao fato de que a palavra que se segue a "devido" é "processo". Não há nenhum indício de que "processo", um século atrás, significasse algo diferente do que significa hoje em dia – na verdade, como indiquei, os registros históricos parecem afirmar o contrário –, e seria preciso mais que um uso ocasionalmente aberrante para determinar que aqueles que ratificaram a Décima Quarta Emenda tinham em mente uma definição mais excêntrica[27]. A familiaridade dá origem à falta de atenção, e, ao que parece, precisamos ser periodicamente lembrados de que o "devido processo substancial" é uma contradição em termos – assim como "brancura preta"*.

Alguém poderia pensar que isso não importa, que é apenas um revisionismo sem propósito, já que eu afirmei que a Décima Quarta Emenda realmente contém disposições – particularmente a Cláusula de Privilégios ou Imunidades, a qual examinarei em breve – que parecem convidar a uma supervisão substantiva, algo que não ocorre com a Cláusula do Devido Processo. Que diferença faz que essa supervisão seja chamada de "devido processo substancial" ou de outra coisa qualquer? A pergunta é justa, mas acontece que isso pode, sim, fazer diferença, por causa do efeito negativo que a noção de devido processo substancial parece ter sobre o funcionamento correto da Cláusula do Devido Processo – o qual seria o de garantir procedimentos justos. Até recentemente, as diretrizes gerais do direito ao devido processo "procedimental" eram bastante claras e não geravam controvérsia. A frase "vida, liberdade ou propriedade" era entendida como uma unidade e recebia uma interpretação aberta e funcional[28], o que significava que o Estado não poderia provocar nenhum dano sério a um indivíduo sem o devido processo legal. Saber qual processo era "devido" era algo que variava naturalmente de acordo com o contexto, principalmente de acordo com a gravidade do dano e com quais procedimentos seriam úteis e praticáveis sob as cir-

---

* Pela mesma linha de raciocínio, "devido processo procedimental" é redundante.

cunstâncias. Mas, se o indivíduo sofria um dano grave provocado pelo Estado, ele tinha direito ao devido processo[29]. Nos últimos anos, entretanto, a Corte modificou tudo isso, prescrevendo que doravante, antes que se possa determinar que o indivíduo tem direito ao "devido processo" e, portanto, necessariamente antes que se possa decidir qual é o processo "devido", ele deve demonstrar que foi privado de um "interesse de liberdade" ou, talvez, de um "interesse de propriedade"[30]. O que aconteceu depois disso foi um desastre, tanto na prática quanto na teoria. O número de ocasiões em que o indivíduo tem direito a qualquer tipo de proteção procedimental foi bastante reduzido, e nesse ínterim a Corte conseguiu tornar-se motivo de chacota – operando distinções as quais seria um elogio chamar de "demasiado sutis"[31] e emitindo prematuramente juízos mal disfarçados a respeito dos méritos das causas que tinha de apreciar. (Veja só: para saber se um indivíduo tem um "interesse de propriedade" sobre algo, é preciso saber se ele tem direito a esse algo; isso significa que a Corte tem de decidir se o indivíduo tem esse direito ou não, para só depois decidir se ele terá uma audiência para procurar provar seu direito![32]) Essa linhagem de decisões já foi amplamente condenada pelos estudiosos do assunto, o que sugere que em algum momento, nos próximos trinta anos, talvez nos livremos dela.

É interessante fazer especulações sobre como isso começou, no entanto. Como indiquei, o direito ao devido processo procedimental estava bastante consolidado, e a teoria de que o Estado deve ter a possibilidade de provocar um dano grave a um indivíduo sem o devido processo legal nunca foi das mais convincentes[33]. Parte da explicação pode estar no recente ressurgimento do devido processo substancial. Enquanto *Lochner* permaneceu em descrédito, e o devido processo substancial esteve, portanto, morto e enterrado – ou seja, inexistente ou reduzido a uma exigência essencialmente vazia de que o Estado se comportasse de modo "racional" –, não era possível questionar a premissa de que qualquer dano grave impingido pelo Estado só poderia ser levado a cabo mediante o devido processo legal. Isso significava tão somente que as pessoas, via de regra, tinham direito a um procedimento justo. Mas quando o "devido processo" passa a ter um conteúdo *substantivo* importante, a situação fica um tanto assustadora e os juízes naturalmente passam a procurar maneiras de limitar a abrangência de sua própria autoridade. Essa reação poderia ter indicado que o erro estava na ressurreição do devido processo substancial; mas em vez disso teve o efeito de limitar o devido processo propriamente dito.

Mesmo que a Cláusula do Devido Processo permanecesse restrita a seu papel original de garantir procedimentos justos, isso não faria dela um instrumento sem importância. Pois mesmo que ela não confira autoridade aos juízes para questionar a política substantiva que estiver sendo levada a cabo, a Corte ainda pode tornar difícil a implementação dessa política, fazendo com que as exigências procedimentais sejam relativamente severas. Além disso, também nesse caso sobraria bastante espaço para o discernimento do Judiciário: para saber qual o processo devido, a Corte teria de abordar questões para as quais a Constituição não fornece respostas. Isso incomodou o juiz Black, talvez de modo mais agudo em seu voto divergente, em 1970, em *In re Winship*, no qual se recusou a seguir a opinião da maioria de que a Constituição exigia provas "além de toda dúvida razoável" nos casos de crimes estaduais. O critério da dúvida razoável não aparece em nenhum momento na Declaração de Direitos, e por essa razão o juiz Black, seguindo sua teoria da "incorporação", recusou-se a ver tal critério na Décima Quarta Emenda.

> A Declaração de Direitos – que, em minha opinião, a Décima Quarta Emenda tornou totalmente aplicável aos estados – (...) garante expressamente, entre outros, o direito à assistência de um advogado nos julgamentos penais, o direito à pronúncia formal e o direito do réu a ser informado da natureza das acusações contra si. E em dois trechos a Constituição garante o julgamento por um corpo de jurados, mas em

nenhum momento o documento declara que a condenação penal exige prova de culpa além de toda dúvida razoável. A Constituição, então, especifica detalhadamente que tipo de julgamento um réu acusado de crime deve ter, e acredito que a Corte não tem poder algum para acrescentar ou subtrair dos procedimentos estabelecidos pelos Patriarcas. Sei que é bem mais fácil substituir a justiça prescrita na Constituição pelas ideia que os juízes têm sobre a "justiça", mas em nenhum momento renunciarei à crença de que o documento em si – e não nosso conceito do que é justo, decente ou correto – deve ser nosso guia... Como afirmei diversas vezes, prefiro depositar minha fé nas palavras da Constituição do que apoiar-me nos padrões de justiça de juízes específicos, padrões estes que se modificam dia após dia.[34]

De fato, ele afirmou isso "diversas vezes", e é um discurso valioso, mas ele não soa tão verdadeiro num contexto procedimental. É verdade que, para decidir qual processo é devido, a Corte deverá levar em conta uma série de custos, principalmente em tempo e dinheiro, que a Constituição não ajuda a avaliar. Porém, isso não ocorre somente com o devido processo legal. E as questões pertinentes a esse tema – a seriedade do dano infligido ao demandante e quanto custará para que ele tenha uma audiência mais eficaz perante um juiz – são crucialmente diferentes da questão que a Corte torna pertinente em decisões de "devido processo substancial" como *Lochner* e *Roe*, ou seja, quão desejável ou importante é a política substantiva escolhida pelo Legislativo. Além disso, e aqui ampliamos o paralelo com a Cláusula das Penas Cruéis e Não Habituais, as decisões relativas ao devido processo propriamente dito são tomadas em um domínio limitado. A questão é: quais procedimentos são necessários para tratar o demandante desta forma, e não se ele pode ou não ser tratado desta forma; é uma questão importante e difícil, mas uma questão mais limitada. Finalmente, quais procedimentos são justos e necessários para tomar tais e tais decisões é exatamente o tipo de pergunta que advogados e juízes costumam saber responder. (Observe um[a] advogado[a] numa reunião com não advogados e você perceberá o papel que ele[a] acaba por desempenhar.) Assim, a delegação – embora certamente seja uma delegação – é limitada, e não terrivelmente ampla. Não é nenhuma surpresa, portanto, que até mesmo o juiz Black tenha adotado essa linha de ação em alguns momentos, defendendo que condenações proferidas por tribunais preconceituosos, sob leis vagas, ou baseadas em provas que se sabe serem falsas, violam o devido processo, mesmo que nenhum desses vícios seja mencionado em nenhum trecho da Constituição. Ele chegou mesmo a subscrever um voto divergente no qual se argumenta que o devido processo requer um critério de dúvida razoável![35] Em vez de levar o seu discurso sobre a subjetividade, tão convincente em relação ao "devido processo substancial", para a área do devido processo propriamente dito, seria melhor se ele tivesse se mantido fiel à sua tendência anterior, expressa em uma nota para o juiz Murphy, em 1947: "Não tentei amarrar o devido processo procedimental exclusivamente à Declaração de Direitos. Na verdade, existem outras proibições constitucionais procedimentais, as quais, penso eu, o devido processo exige que sejam observadas."[36]

Privilégios ou imunidades

A Cláusula de Privilégios ou Imunidades da Décima Quarta Emenda – "nenhum estado fará ou executará qualquer lei que restrinja os privilégios ou imunidades dos cidadãos dos Estados Unidos" – parece, à primeira vista, facultar aquela autoridade de controle substantivo que erroneamente foi atribuída à Cláusula do Devido Processo. Mas, embora provavelmente tenha sido o dispositivo em que os constituintes da Décima Quarta Emenda mais depositavam suas esperanças, essa cláusula, para todos os efeitos, está morta há cem anos. Nos *Slaughter-House Cases*[37], decididos em 1873, a maioria da Corte (ou pelo menos é essa a interpretação corrente[38]) limitou a cláusula àqueles direitos que são garantidos de outras formas pela Constituição ou que estão claramente implícitos na relação do cidadão com o governo federal. Mas como observou o juiz Field, em seu voto divergente – e é algo que não se pode negar –: "Se essa restrição... refere-se apenas, como pensa a maioria da Corte, a privilégios e imunidades que, antes de sua aprovação, estavam especificamente assinalados na Constituição ou necessariamente implícitos como privilégios e imunidades pertencentes aos cidadãos dos Estados Unidos, ela foi um diploma legal inútil, que em nada resultou, e que exaltou, sem nenhum resultado concreto, os ânimos do Congresso e do povo quando de sua aprovação."[39] É desnecessário dizer que não há nada na história legislativa que corrobore a opinião de que a Cláusula de Privilégios ou Imunidades é um instrumento que não tencionava ter sentido. Ainda assim, a interpretação feita em *Slaughter-House* permanece dominante até hoje.

Slaughter-House não era o típico caso do qual se esperaria que desse ensejo à Corte para formular sua primeira interpretação das Emendas da Reconstrução (a 13.ª, 14.ª e 15.ª emendas). Nele, cidadãos brancos contestavam o monopólio do abate de animais estabelecido pelo governo de Reconstrução da Louisiana, acusando-o de violar todas as disposições da Décima Terceira e da Décima Quarta Emendas; a distorção provocada por essa situação é óbvia. Os aspirantes a açougueiros que moviam a ação foram obrigados a inserir pretensões extravagantes naquelas emendas, já que não havia outra lei que pudesse socorrê-los. Assim, o juiz Miller "e os quatro juízes que com ele concorreram viram apenas duas alternativas: reduzir a Cláusula de Privilégios ou Imunidades a quase nada ou interpretá-la como se fosse a fonte autoexecutável de um arsenal completo de direitos jurídicos (liberdades comerciais inclusive) que deveriam ser aplicados pela Corte. A Corte dividiu-se em cinco votos a favor e quatro contra. Ninguém defendeu uma terceira alternativa, provavelmente (o que é compreensível, embora inadequado), porque nenhum dos grupos opostos de litigantes seria beneficiado com isso..."[40] As Cortes posteriores – diagnosticando, corretamente, um caso de exagero – abjuraram violentamente dessa interpretação bastante limitada da Cláusula da Igual Proteção. Ainda assim, a Corte não progrediu nenhum centímetro quanto à Cláusula de Privilégios ou Imunidades[41].

A razão, certamente, é que a linguagem da cláusula é assustadoramente aberta[42]. Cabe, então, perguntar se existe um meio-termo entre o caos pretendido pelos queixosos em *Slaughter-House* e a tautologia à qual a Corte parece ter se prendido. Uma possibilidade, que merece alguma atenção em vista do contexto histórico das Emendas da Reconstrução, é que a Cláusula de Privilégios ou Imunidades (e, por conseguinte, toda a Décima Quarta Emenda) deve ser interpretada inteiramente com base no propósito geral da emenda, qual seja, a causa da igualdade para os negros. A formulação propriamente dita foi tomada do Artigo IV, Seção 2 da Constituição original, a qual determina que "Os Cidadãos de cada estado terão direito, nos demais estados, a todos os Privilégios e Imunidades que estes concedam aos seus próprios Cidadãos". Essa foi uma disposição de igualdade, que tencionava impedir que os estados dispensassem aos cidadãos de outros estados um tratamento pior que o dispensado a seus próprios cidadãos. Não seria possível, então, que, assim como a cláusula do Artigo IV fora direcionada para a igualdade entre os cidadãos locais e os forasteiros, assim também a cláusula inserida na Décima Quarta Emenda tencionasse assegurar a igualdade entre os cidadãos locais? Essa interpretação foi sugerida pelo juiz Field em seu voto divergente para *Slaughter-House*: "O que a cláusula em questão fez pela proteção dos cidadãos de um estado contra a legislação hostil e discriminatória de outros estados, a Décima Quarta Emenda também faz pela proteção de cada cidadão dos Estados Unidos contra a legislação hostil e discriminatória contra eles e em favor de outros, quer residam no mesmo estado, quer em estados diferentes."[43]

A Cláusula de Privilégios ou Imunidades da Décima Quarta Emenda certamente pode ser concebida como um instrumento que contribuiu para a meta da igualdade para os negros: uma das maneiras de assegurar igualdade substantiva consiste em designar um conjunto de bens aos quais todos têm direito. Mas é muito mais difícil defender a hipótese de que a igualdade para os negros, ou mesmo a igualdade num sentido mais amplo, era o *único* propósito de toda a Décima Quarta Emenda. Os interesses abolicionistas, com o tempo, ampliaram-se (em parte por causa da afinidade dos impulsos, em parte por causa da perseguição aos abolicionistas): deixaram de concentrar-se exclusivamente nos direitos dos negros e passaram a ocupar-se, de modo mais abrangente, dos direitos e liberdades civis de todos[44]. As várias cláusulas da Décima Quarta Emenda refletem esse desenvolvimento. A Cláusula do Devido Processo refere-se à justiça procedimental. A Cláusula da Igual Proteção está diretamente relacionada à igualdade (e a interpretação sugerida para a Cláusula de Privilégios ou Imunidades defronta-se com este grande problema: tornaria supérflua a Cláusula da Igual Proteção). A Cláusula de Privilégios ou Imunidades traz ainda outra dimensão: parece anunciar, de modo bem simples, que há um conjunto de direitos que nenhum estado pode negar (pelo menos a um cidadão norte--americano)[45].

Assim, o juiz Field não se prendeu à sua tese sobre a igualdade, mas seguiu em frente e versou poeticamente sobre direitos fundamentais e inalienáveis, tentando dar à cláusula também um conteúdo substantivo[46]. Essa aparente esquizofrenia não pode ser censurada: antes, durante e depois da Elaboração das Emendas da Reconstrução, as noções de igualdade e de direito substantivo já tendiam a confundir-se, o que é compreensível. Podemos garantir os direitos substantivos diretamente (assinalando-os um a um) ou, de modo bastante razoável, por meio de uma disposição igualitária que ordene que todos em geral tenham os mesmos direitos daqueles em condição mais favorável. Do mesmo modo, podemos garantir a igualdade por meio de uma ordem direta ou, de modo bastante razoável, indicando os bens que consideramos importantes e declarando que todos devem ter acesso a eles. A Décima Quarta Emenda adota ambas as abordagens, mas, se prestarmos um mínimo de atenção à linguagem, perceberemos que é a Cláusula da Igual Proteção que segue a estratégia de comandar a igualdade, enquanto a Cláusula de Privilégios ou Imunidades tenciona estender a todos um conjunto de direitos. Se a interpretássemos simplesmente como uma reafirmação da Cláusula da Igual Proteção, perderíamos de vista, por causa de uma concepção simplista do propósito da emenda, certas diferenças significativas da linguagem constitucional.

A tentativa mais séria de dar à Cláusula de Privilégios ou Imunidades um conteúdo específico independente – a interpretação vigente, é claro, não lhe atribui nenhum – foi a do juiz Black, que finalmente chegou à conclusão de que era essa a cláusula que "incorporava" a Declaração de Direitos e a tornava aplicável aos estados. Em uma fase anterior do debate, o juiz Black fora um tanto evasivo a respeito de qual dispositivo operara a incorporação, atribuindo esta à Décima Quarta Emenda "como um todo"[47]. A razão para isso talvez seja que a Cláusula de Privilégios ou Imunidades, ao contrário das Cláusulas do Devido Processo e da Igual Proteção, pode ser entendida como um instrumento que protege apenas os cidadãos norte-americanos, e o juiz queria proteger também os estrangeiros. Quer isso explique o comportamento do juiz Black, quer não, a questão certamente incomodou outras pessoas. Parece que, em geral, todos concordam que a história não registra nenhuma intenção consciente de restringir aos cidadãos norte-americanos a proteção oferecida pela cláusula[48]. A maioria dos críticos conclui, no entanto, que a linguagem é clara nesse sentido e, assim, não podemos fugir à conclusão de que apenas os cidadãos norte-americanos estão protegidos[49]. Concordo que devemos dizer "amém" à linguagem constitucional, quando ela é clara: pois é ela o sinal mais evidente da intenção dos redatores. Mas quando o sentido literal não está de acordo com o que julgamos, com certeza, ser a intenção do texto, temos, perante os constituintes e nossa consciência, o dever de examinar a linguagem pelo menos mais uma vez. "Nenhum estado fará ou executará qualquer lei que restrinja os privilégios ou imunidades dos cidadãos dos Estados Unidos": isso *poderia* significar que apenas os cidadãos norte-americanos têm seus privilégios ou imunidades protegidas, mas não necessariamente. Também poderia significar que há um conjunto de direitos, "os privilégios ou imunidades dos cidadãos dos Estados Unidos", que os estados não podem negar a ninguém. Em outras palavras, a referência aos cidadãos pode definir a classe de direitos, e não limitar a classe dos beneficiários[50]. Já que todos parecem concordar em que tal significado reflete melhor o que sabemos sobre o propósito e a intenção do texto, e já que esse significado é abarcado confortavelmente pela linguagem, é difícil imaginar por que não deva ser seguido[51].

Por um motivo qualquer – provavelmente porque nenhuma outra cláusula poderia ser vista, de modo plausível, como o veículo de incorporação[52] –, Black já havia decidido, quando de seu voto concorrente em *Duncan vs. Louisiana*, que a Cláusula de Privilégios ou Imunidades era o dispositivo que incorporava a Declaração de Direitos[53]. No entanto, seu argumento histórico em favor da hipótese de que a Décima Quarta Emenda como um todo tivera a intenção de tornar a Declaração de Direitos aplicável aos estados fora apresentado já em 1947, em um longo apêndice a seu voto divergente em *Adamson vs. California*[54]. Durante certo tempo, foi elegante afirmar que o argumento de Black fora refutado por completo pelo Professor Charles Fairman em uma crítica publicada dois anos depois[55]. Não é mais tão elegante assim: as pessoas aos poucos estão se dando conta de que nessa discussão não há vencedores[56].

O argumento de Black baseava-se em grande medida nas declarações dos líderes do debate, o deputado Bingham e o senador Howard, que escreveram conjuntamente toda a Seção 1 da Emenda. Nesses termos, Black conseguiu montar um raciocínio bem estruturado. As declarações de Howard por si sós devem fazer com que qualquer pessoa que negue a intenção de incorporar a Declaração repense sua opinião. Foi ele que, no cargo de copresidente do Comitê Conjunto, apresentou a Décima Quarta Emenda ao Senado. Tencionando apresentar "as opiniões e motivos que influenciaram o comitê", como ele as compreendia, Howard afirmou:

> Tal é o caráter dos privilégios e imunidades citados na segunda seção do artigo quarto da Constituição. [Howard acabara de ler a fundamentação da decisão de *Corfield vs. Coryell*, a qual analisarei em breve.] A esses privilégios e imunidades, quaisquer que sejam – pois sua plena extensão e exata natureza não são e não podem ser totalmente definidas –, a eles é preciso acrescentar os direitos pessoais garantidos e assegurados pelas primeiras oito emendas da Constituição, tais como: a liberdade de expressão e de imprensa; o direito de reunião pacífica e de petição ao Governo para reparação de agravos, um direito que pertence a cada um de nós; o direito de possuir e portar armas; o direito de não ter soldados aquartelados em sua casa, exceto com o consentimento do chefe da casa; o direito de não sofrer busca e apreensão desrazoada, ou qualquer busca ou apreensão, exceto em decorrência de ordem judicial emitida em razão de um juramento formal ou uma declaração juramentada; o direito do acusado a ser informado da natureza das acusações à sua pessoa; o direito de ser julgado por um júri imparcial, composto por pessoas da redondeza; e também o direito de não ter de pagar fianças excessivas e não sofrer penas cruéis ou não habituais.
>
> Eis, senhores, uma lista de privilégios, imunidades e direitos, alguns deles assegurados pela segunda seção do artigo quarto da Constituição, o qual citei; alguns pelas primeiras oito emendas à Constituição; e é um fato bastante notável que o curso de decisões de nossas Cortes e a doutrina estabelecida no presente rezem que todas essas imunidades, privilégios e direitos, assim garantidos pela Constituição ou reconhecidos por ela, estão assegurados ao cidadão – mas somente como cidadão dos Estados Unidos e como parte em

seus tribunais. Eles não operam, nem mesmo em grau muito pequeno, como uma restrição ou proibição à legislação dos estados...

... O principal objetivo da primeira seção desta emenda é, portanto, restringir o poder dos estados e forçá-los sempre a respeitar essas grandes garantias fundamentais.[57]

Não há nenhuma ambiguidade aqui; Fairman, então, baseou seus argumentos no fato de que essas declarações são poucas e esparsas, e que a maioria dos constituintes e ratificadores da Décima Quarta Emenda não deram nenhum indício de acreditar que estavam aplicando as disposições da Declaração de Direitos aos estados[58]. Black admitiu que isso era verdade, mas afirmou que são exatamente as declarações dos líderes do debate que devemos examinar para determinar o objetivo da emenda, uma vez que é nessas declarações que os próprios votantes teriam buscado conhecer esse objetivo.

Como afirmei, nenhum dos dois lados pode ganhar a discussão sobre a história legislativa[59]. Isso, porém, não importa muito. O que importa, neste caso como em outros, é a linguagem efetiva da disposição proposta e ratificada. A este respeito, o juiz Black afirmou que as palavras "Nenhum estado fará ou executará qualquer lei que limite os privilégios ou imunidades dos cidadãos dos Estados Unidos" expressam "de modo eminentemente razoável a ideia de que a partir de agora a Declaração de Direitos deve aplicar-se aos estados"[60]. Mas existe um argumento oposto que parece igualmente forte: se a Cláusula de Privilégios ou Imunidades da Décima Quarta Emenda foi criada para incorporar toda a Declaração de Direitos, essa incorporação incluiria a Cláusula do Devido Processo da Quinta Emenda, e a Cláusula do Devido Processo da Décima Quarta Emenda seria supérflua. Essa observação destrói em grande parte a tese da incorporação na forma em que foi apresentada pelo juiz Black, a de que a Décima Quarta Emenda significava que "a partir de agora a Declaração de Direitos deve aplicar-se aos estados". No entanto, não abala outra tese que, a esta altura, deve ser reconhecida como uma formulação mais sensata: a de que, embora a linguagem ratificada não nos obrigue a concluir que as disposições da Declaração de Direitos deveriam "a partir de agora" estar entre os privilégios e imunidades dos cidadãos, ao mesmo tempo não há nada nessa linguagem (ou pelo que sabemos, nas intenções conexas) que nos impeça de chegar a tal conclusão.

> Buscar nos registros históricos ligados à redação da Constituição... respostas específicas para problemas atuais específicos é fazer a pergunta errada. Mesmo com pesquisas completas, a resposta que vai surgir na imensa maioria dos casos não é uma resposta de modo algum... Não é verdade que os constituintes tencionavam que a Décima Quarta Emenda anulasse a segregação ou tornasse aplicáveis a todos os estados as restrições ao governo federal que possam desdobrar-se da Declaração de Direitos; mas eles não excluíram essas interpretações e, de fato, talvez até tenham aberto o caminho para que elas fossem formuladas.[61]

Esta questão tem outro lado; no material discutido, não há nada que prove, como queria o juiz Black, que a Cláusula de Privilégios ou Imunidades da Décima Quarta Emenda destinava-se unicamente a incorporar a Declaração de Direitos. Há certos fatores na história legislativa que sugerem a intenção de incorporar a Declaração de Direitos: não há nenhum, em absoluto, que sugira que era essa *a única função* da Cláusula de Privilégios ou Imunidades, e na verdade o discurso de Howard, que para Black era a prova mais forte de incorporação, vai, de modo bastante explícito, contra Black nessa questão da exclusividade. As palavras da cláusula de fato expressam de modo "eminentemente razoável" a aplicação da Declaração de Direitos aos estados, mas uma linguagem mais adequada poderia ter sido empregada caso fosse esse o *único* conteúdo almejado. Assim, o argumento de Black, sob o aspecto limitativo, não pode se basear no texto nem na interpretação deste; baseia-se, isto sim, no incômodo que ele sente com a discricionariedade que a cláusula aparentemente dava aos juízes. Certamente compreendo esse incômodo. Mas, quando Black rejeitou a letra do texto e a objetividade histórica e voltou-se para sua própria visão do que era certo, começou a adotar sua própria versão de não interpretacionismo.

Assim, a interpretação mais plausível da Cláusula de Privilégios ou Imunidades é, como deve ser, aquela sugerida pela linguagem de seu texto – que ela delegava aos futuros responsáveis por decisões pertinentes à Constituição a proteção de certos direitos que o documento não lista, pelo menos não exaustivamente, nem dá diretrizes específicas para que sejam encontrados. Isso se encaixa na linguagem e também se encaixa num capítulo significativo da história legislativa que ainda não discuti aqui, qual seja: que, ao discutir o significado da frase "privilégios ou imunidades", os constituintes da Décima Quarta Emenda remeteram-se várias vezes a uma interpretação dada à Cláusula idêntica do Artigo IV pelo juiz Washington, que julgou sozinho, no tribunal distrital, o caso *Corfield vs. Coryell*, de 1823[62]. Discutindo quais "privilégios e imunidades" o Artigo IV garantia também para cidadãos de outros estados, Washington se propôs estabelecer limites, mas acabou abrindo possibilidades praticamente infinitas:

> A questão é: quais são os privilégios e imunidades dos cidadãos nos diferentes estados? Não hesitamos em limitar essa expressão aos privilégios e imunidades que são fundamentais por sua própria natureza; que pertencem, por direito, aos cidadãos de todos os países livres; e que em todas as épocas foram usufruídos pelos cidadãos dos vários estados que compõem a União, desde a época em que se tornaram livres, independentes e soberanos. *Talvez seja mais tedioso do que difícil enumerar quais são esses privilégios fundamentais. Eles podem, contudo, ser resumidos nos seguintes títulos gerais*: proteção por parte do Estado; o gozo da vida e da liberdade, com o direito de adquirir e possuir quaisquer tipos de bens *e buscar e obter felicidade e segurança*; sem prejuízo, no entanto, daquelas restrições que o Estado pode prescrever, desde que com justiça, para o bem geral do povo. O direito de um cidadão de um

estado de atravessar qualquer outro estado ou nele residir, com o propósito de estabelecer comércio, atividade agrícola ou prática profissional ou de outra natureza; de exigir os benefícios do direito de *habeas corpus*; de propor e sustentar ações de qualquer tipo nas Cortes estaduais; de obter, conservar ou alienar bens, sejam móveis ou imóveis; e de estar isento de pagar tributos ou impostos mais altos que os pagos pelos cidadãos do estado; *estes são alguns dos privilégios e imunidades específicos dos cidadãos, os quais são claramente abarcados na categoria geral de privilégios considerados fundamentais*; a estes podemos acrescentar o direito ao voto, tal como é regulamentado e estabelecido pelas leis ou constituição do estado no qual será exercido...[63]

Foi esse o parecer de um único juiz, sem força vinculante, e pode-se também defender a ideia de que Washington estivesse enganado até mesmo na intenção de limitar aos "fundamentais" – embora obviamente essa não fosse uma grande limitação[64] – os privilégios e imunidades que a cláusula do Artigo IV presumivelmente garante aos cidadãos de outros estados[65]. Aos já predispostos, essas constatações podem tentá-los a desconsiderar a pertinência desta discussão. Isso, no entanto, seria injusto. O fato de que a metodologia de Washington na análise do Artigo IV talvez estivesse errada sugere que talvez ela não deva ser seguida em relação a esse artigo; mas não pode anular a importância, para uma interpretação responsável da Décima Quarta Emenda, do fato de que os constituintes dessa emenda reiteradamente apontaram para a discussão do caso *Corfield* como uma chave para o entendimento daquilo que estavam redigindo.

Não estou sugerindo que a lista de *Corfield* seja uma espécie de receita: o próprio Washington deixou claro que ela era mais alusiva que exaustiva, e o leitor estará lembrado que, quando a mencionou, o senador Howard a apresentou como apenas um dentre vários elementos do problema. Trago o assunto à tona apenas para ressaltar a conclusão – que na verdade não precisa ser ressaltada – de que não há nenhum erro em interpretar a cláusula segundo seu sentido literal: como uma atribuição, aos futuros árbitros de questões constitucionais, do dever de proteger direitos que não estão listados nem na Décima Quarta Emenda nem em nenhum outro trecho do documento. Em vez de utilizar uma enumeração restritiva de direitos, como fizeram, por exemplo, na Lei de Direitos Civis de 1866, os constituintes optaram por proteger "os privilégios ou imunidades dos cidadãos dos Estados Unidos"[66]. Na verdade, Howard "afirmou claramente que só o futuro poderia dizer qual aplicação poderia ser dada ao dispositivo dos privilégios e imunidades"[67]. "A tradição de uma lei orgânica vazada em termos amplos, a qual não poderia ser emendada com frequência nem por motivos fúteis, já estava bem estabelecida em 1866; e, apesar do fervor quase revolucionário com que os Radicais exigiam mudanças, não podemos presumir que eles, ou quaisquer outros, pretendessem ou esperassem que o papel futuro da Constituição dentro do sistema de governo norte-americano fosse diferente do que fora no passado."[68] Por isso, invocaram poucos direitos específicos além dos já cobertos pela Lei dos Direitos Civis. Mas havia, ao mesmo tempo, "uma consciência, por parte dos constituintes, de que era uma *constituição* o que estavam escrevendo, o que os levou a optar por uma linguagem passível de crescimento e desenvolvimento"[69].

A igual proteção

Sabemos, pelo texto literal da Cláusula da Igual Proteção, que ela foi criada para proibir certos tipos de desigualdade: "Nenhum estado... negará a qualquer pessoa dentro de sua jurisdição a igual proteção das leis." Sabemos, por sua história, que ela foi criada especialmente para combater a desigualdade entre brancos e negros[70]. Também sabemos, no entanto – e se não soubéssemos seria correto presumir isto – que a decisão de usar uma linguagem geral, não especificamente ligada à raça, foi uma decisão consciente[71].

A IMPOSSIBILIDADE DE UM INTERPRETACIONISMO 41

Obviamente, nem todo tratamento desigual por parte do Estado pode ser proibido. É típico das leis que elas operem classificações, distribuindo certos benefícios a alguns, mas não a outros, e também exigindo certo comportamento de alguns, mas não de outros. Mais ainda, essas classificações tipicamente operam a partir de generalizações sabidamente imperfeitas. Todos nós ordenamos nossas vidas baseando-nos em generalizações desse tipo: sem elas, a vida seria impossível. Assim, um lojista pode não aceitar cheques de outra praça, mesmo que ele saiba que a maioria dos cheques não apresentará problemas; e uma companhia aérea pode não contratar pilotos que estejam acima do peso ideal, embora saiba que a maioria deles nunca terá um ataque cardíaco. E assim também a legislação pode permitir que os oftalmologistas, mas não os vendedores de óculos, prescrevam óculos de grau, embora tenha consciência de que muitos vendedores têm plena capacidade de fazê-lo[72]. Ou seja, a menos que toda lei classificatória (o que inclui praticamente todas as leis) seja declarada nula, a exigência básica da igualdade de proteção não deve ser muito diferente da exigência que a Corte desenvolveu de fato, o chamado critério do "fundamento racional"[73]. O sentido dessa expressão não é tão claro quanto às vezes se pretende que seja; mas, por enquanto, no que se refere a esse critério, o sentido que nos importa é que os contraexemplos, mesmo em grande número, não invalidam uma classificação, desde que uma pessoa sensata possa encontrar correlações suficientes entre o mal combatido e a característica utilizada como base da classificação.

Todavia, isso não é tudo. Em específico, o caso crucial da discriminação racial não pode ser resolvido adequadamente por um critério de fundamento racional. Como observou o Professor Cox, "pode acontecer, e muitas vezes acontece, de homens honestos concluírem, após séria reflexão, que o progresso escolar das crianças é maior quando as raças são segregadas"[74]. De fato, o *apartheid* em geral é um método *racional*, mesmo que equivocado, de evitar as rusgas raciais, e é *racionalmente* possível distribuírem-se os empregos com base na cor da pele – dando aos brancos os cargos que geralmente consideramos os melhores –, em vista da realidade estatística (por mais injustas que sejam suas raízes históricas) de que os negros, em geral, não recebem em nossa sociedade uma educação tão boa quanto a dos brancos[75]. Portanto, para que o propósito essencial da emenda seja respeitado e as classificações raciais sejam consideradas inconstitucionais, é preciso utilizar um instrumento mais forte que o critério comum do fundamento racional (e, com efeito, esse instrumento mais forte tem sido utilizado). O resultado de tudo isso é que precisamos de pelo menos dois critérios para aplicar a Cláusula da Igual Proteção – talvez mais. O texto da Constituição não nos dá nenhuma pista sobre quais são esses critérios, e tudo o que temos nas mãos é um dispositivo cuja preocupação genérica – a igualdade – é clara o suficiente, mas cujo conteúdo detalhado não pode ser derivado de nada que esteja consignado na linguagem do documento ou nas intenções dos que o elaboraram[76].

É tentador concluir que essa observação tem um alcance limitado, como tinha, por exemplo, a minha observação anterior de que a Cláusula de Penas Cruéis e Não Habituais parece exigir alguma referência vinda de fontes externas ao documento. A ideia seria que, assim como a Oitava Emenda trata somente das penas, a Cláusula da Igual Proteção trata somente de discriminações entre classes de pessoas. Uma certa liberdade de interpretação é inevitável, mas ela também tem suas amarras, está "limitada" ao tema da igualdade. O problema desse ponto de vista é que qualquer tema (na verdade, qualquer demanda) pode ser enquadrado na estrutura da igual proteção por um advogado competente. Se você pretende reclamar do fato de que não recebe um bem X (ou é vítima da privação Y), será facílimo identificar alguém que esteja obtendo o bem X (ou não seja vítima da privação Y). Além disso, embora o argumento não precise deste detalhe, há grande probabilidade de que as razões aduzidas para dar X à outra pessoa mas não a você sejam praticamente as mesmas que seriam apresentadas caso você, sem fazer referência à outra pessoa, simplesmente reclamasse do fato de não estar obtendo o bem X. Disso se conclui algo importante: que, na verdade, pouco importa se você aceitou, ou não, minha interpretação revisionista da Cláusula de Privilégios ou Imunidades. Já que a limitação a casos que envolvem tratamento diferenciado perde todo o seu significado, a Cláusula da Igual Proteção deve ser aquilo que afirmei que era a Cláusula de Privilégios ou Imunidades: uma autorização bastante ampla para que se julgue a validade das decisões governamentais. E o conteúdo da Cláusula da Igual Proteção – ou seja, exatamente quais desigualdades são toleráveis, e sob quais circunstâncias – não será encontrado em nenhum trecho de seus termos nem nas ponderações dos que a escreveram.

A igual proteção e o governo federal

A Cláusula da Igual Proteção não se aplica ao governo federal. Ainda assim, no caso *Bolling vs. Sharpe* – que aboliu a segregação escolar no Distrito de Columbia no mesmo dia em que *Brown vs. Board of Education* a aboliu nos estados –, a Corte decidiu, em essência, que a Cláusula do Devido Processo da Quinta Emenda incorpora a Cláusula da Igual Proteção da Décima Quarta Emenda. Mas isso não tem sentido algum, nem sintática nem historicamente; para justificar a decisão, o juiz-Presidente Warren disse que o Judiciário não estava disposto a submeter os estados a um critério constitucional mais rigoroso que o do governo federal. "Visto termos julgado que a Constituição proíbe os estados de impor a segregação por raça nas escolas públicas, seria impensável que essa mesma Constituição impusesse um dever menor ao governo federal."[77]

Mas impensável em que sentido? Não em razão da intenção histórica: é muito possível que os membros do Congresso da Reconstrução confiassem mais em si próprios e em seus sucessores do que nos legisladores existentes e futuros dos estados do sul. Quando queriam, eles sabiam como "amarrar" seus sucessores: a Décima Quinta Emenda dispõe que o direito ao voto não será negado ou restringido "pelos Estados Unidos ou por qualquer estado da União" por motivo de raça. O texto constitucional, portanto, é um forte indício de que a decisão de não vincular o Congresso à Cláusula da Igual Proteção foi consciente, para dizer o mínimo. Em uma frase muito citada, o juiz Holmes anunciou: "Não creio que os Estados Unidos deixariam de existir se perdêssemos o poder de declarar nula uma lei do Congresso. Acredito, porém, que a União ficaria em situação de risco se não pudéssemos fazer essa declaração em relação às leis dos diversos estados."[78] Holmes saíra ferido da Batalha de Antietam*[79].

Seria algo impensável em 1954, então? Esta ideia está mais próxima da verdade, embora o juiz Linde tenha afirmado que o Congresso seria inevitavelmente obrigado a fazer com que o Distrito seguisse as diretrizes do caso *Brown*: "Durante anos, só manobras obstrucionistas dos legisladores sulistas haviam impedido que o Congresso trabalhasse seriamente para aprovar leis de direitos civis, de modo que ninguém poderia ter dúvidas sobre qual seria o resultado final."[80] Talvez não, mas uma visão tão otimista faz pouco caso dos graves custos da provável demora e dos meios pelos quais tal demora poderia ser garantida; isso sem falar nos custos que esses dois fatores juntos imporiam à população dos *estados*, que relutariam em obedecer ao mandado da Corte. Confesso, portanto, que eu teria todo o prazer em concordar com o juiz-presidente se a linguagem da Quinta Emenda desse sustentação à sua interpretação.

---

* Também conhecida como Batalha de Sharpsburg, ocorreu durante a Guerra Civil, em 17 de setembro de 1862, no sul dos Estados Unidos, em Sharpsburg, Maryland. A data é conhecida por ser considerada o dia mais sangrento da história norte-americana, tendo a batalha causado a morte de mais de 23 mil norte-americanos. (N. do R. T.)

É difícil, no entanto, imaginar que ela possa sustentar essa interpretação. O fato de que o "devido processo", interpretado com responsabilidade, tem um sentido *processual*, é algo que podemos até ignorar no contexto da Décima Quarta Emenda, que contém outras expressões que parecem ter o significado que erroneamente se atribuiu a "devido processo"[81]. Na Quinta Emenda, no entanto, a Cláusula do Devido Processo está sozinha. A esperança de uma aplicação responsável do conceito de igual proteção ao governo federal talvez esteja, então – se é que está em algum lugar –, naquela emenda que é tradicional fonte de piadas, a Nona Emenda – principalmente nas seguintes conclusões: em primeiro lugar, de que essa emenda deve ser interpretada segundo sua intenção declarada; e, em segundo lugar, que, tomando-se como critério o conceito de representação, que foi desde o princípio um elemento essencial da Constituição, deve-se considerar que esse dispositivo amplo e vago contém um componente de "igual proteção"[82].

A Nona Emenda

A Nona Emenda, que se aplica ao governo federal, estabelece que "a enumeração de certos direitos na Constituição não será interpretada de modo que se neguem ou se diminuam outros retidos pelo povo". Às vezes, um ou outro crítico mostra-se disposto a interpretar a emenda segundo seu significado manifesto, mas essa tendência é caracteristicamente minoritária. Nos círculos jurídicos sofisticados, a menção da Nona Emenda é um método infalível de provocar risos. ("O que você vai usar para fundamentar seu argumento, Lester? A Nona Emenda?") Mas essa piada não tem muita graça. É verdade que, interpretada literalmente, a Nona Emenda parece ter uma textura suficientemente aberta para dar respaldo a qualquer tipo de argumentação, e isso, por si só, é bastante assustador. Mas o mesmo se poderia dizer do conceito de "devido processo substancial", que *é* geralmente aceito, embora com certa hesitação, nos mesmíssimos círculos sofisticados. Trata-se, portanto, de uma inversão total – pois, enquanto a Cláusula de Devido Processo fala categoricamente de processo, a Nona Emenda refere-se a direitos não enumerados.

A interpretação tradicional da Nona Emenda, da qual o juiz Black certa vez chegou a afirmar que "todo estudioso de história sabe qual é"[83], é a seguinte. Temia-se que a inserção de uma declaração de direitos na Constituição fosse interpretada de modo que implicasse que o poder federal não estaria limitado às competências arroladas no Artigo I, Seção 8, e que em vez disso abrangeria tudo o que não fosse explicitamente incluído entre os direitos citados nas primeiras oito emendas. (O mesmo que dizer que "obviamente, o governo federal tem autoridade para fazer tudo, *exceto* limitar a liberdade de expressão etc.".) Segundo a interpretação tradicional, a Nona Emenda foi anexada à Declaração de Direitos simplesmente para negar essa inferência, para reiterar que o nosso era um governo de "poucos e definidos poderes".

Nem todo estudioso de história sabe disso. É verdade que havia um receio, por mais irreal que ele pareça para o observador contemporâneo, de que a inserção de uma declaração de direitos viesse a implicar a existência de poderes congressuais mais extensos que os especificados no corpo da Constituição. É também verdade que a dissipação desse receio foi uma das razões que Madison deu para acrescentar a Nona Emenda à Declaração de Direitos. No entanto, a conclusão de que essa foi a *única* razão para sua inserção não procede, e na verdade parece estar errada. A Décima Emenda, submetida a exame e ratificada à mesma época, preenche por completo a função que aqui se considera como a função principal da Nona Emenda. Diz a Décima Emenda: "Os poderes não delegados aos Estados Unidos pela Constituição, nem proibidos por ela aos estados, são reservados a estes, respectivamente, ou ao povo." O texto afirma – numa linguagem clara, ao contrário da linguagem da Nona Emenda – que a inserção da Declaração de Direitos não mudou em absoluto o fato de que os poderes não delegados não foram delegados. Parece que um raciocínio semelhante motivou, em parte, a inserção da Nona Emenda, mas, se o objetivo desta emenda fosse *unicamente* esse, ela seria redundante. A história legislativa da Nona Emenda não é muito extensa, mas os dados existentes confirmam – como seria de esperar – que uma das ideias por trás dela era exatamente o que seu próprio texto nos dá a entender. Uma carta que Madison escreveu para Jefferson em outubro de 1788 dava as razões pelas quais o autor, embora favorável a uma Declaração de Direitos, ainda não havia pedido a inserção desta:

> Sempre fui a favor de uma declaração de direitos, desde que fosse formulada de modo que não implicasse poderes que não se tencionou incluir na enumeração (...) Não a vejo como algo muito importante, porque: 1) acredito que, até certo ponto, (...) os direitos em questão já estão garantidos, em razão da maneira com que os poderes federais são concedidos; 2) temos boas razões para recear que uma declaração positiva de alguns direitos mais essenciais jamais teria a abrangência necessária. Estou certo de que os direitos da consciência, em particular, se submetidos a uma definição pública, seriam ainda mais diminuídos do que jamais poderiam sê-lo por um suposto poder [federal].[84]

Mas, na explicação que Madison deu para a Nona Emenda, em votação no Congresso no mês de junho seguinte, a clareza da carta endereçada a Jefferson – que distinguia a questão dos poderes não enumerados da questão dos direitos não enumerados – deu lugar a certa confusão:

> Também se objetou, contra a declaração de direitos, que, por enumerar exceções específicas à cessão de poderes, ela depreciaria os direitos não inclusos nessa enumeração; e se poderia concluir, ainda, que os direitos que não foram enumerados, os direitos não explicitados, foram depositados intencionalmente nas mãos do Governo Geral, não estando,

por isso, garantidos. Este, dos que já ouvi, é um dos argumentos mais plausíveis contra a adoção, por este sistema, de uma declaração de direitos; mas creio que esse perigo pode ser evitado. Foi isso que procurei fazer, como verão os senhores se consultarem a última cláusula da quarta resolução.[85]

Aqui, as duas ideias se fundem; e a possibilidade de que os direitos não enumerados sejam desconsiderados torna-se premissa intermediária para a conclusão de que os poderes não enumerados serão autorizados (embora ao fim da primeira frase a situação pareça inverter-se, e a possibilidade de os poderes não enumerados serem inferidos torna-se ameaçadora em vista do que isso significaria para os direitos não enumerados). A confusão é compreensível em seu contexto: grande parte do debate a respeito da declaração de direitos foi marcada por algo que, hoje em dia, consideraríamos um erro categórico: a incapacidade de reconhecer que direitos e poderes não se definem simplesmente pela ausência recíproca, mas que os direitos podem se "sobrepor" aos poderes em caso de conflito[86]. (Por exemplo, "uma lei que proíbe a remessa interestadual de livros pode ser uma regulamentação comercial, mas viola a Primeira Emenda e portanto deve ser vetada".) O importante é que, mesmo aqui, Madison citou os dois pontos que anteriormente apresentava de maneira mais clara (embora os tenha ligado de um modo que hoje nos parece pouco natural): desejava obstar *tanto* a autorização de poderes não expressos *quanto* a depreciação dos direitos não enumerados. Mais importante ainda é que, assim como a Décima Emenda expressa claramente o primeiro ponto, a Nona expressa claramente o segundo. E, é claro, foi nessa linguagem que o Congresso e os legisladores estaduais votaram. Assim, a Nona Emenda fala claramente dos direitos não enumerados; além disso, há indícios – embora sejam, a meu ver, desnecessários para o argumento – de que seu autor compreendia o que havia escrito[87].

No entanto, isso não significa que nossos problemas acabaram. Pois, assim que a comum explicação "federalista" é deixada de lado, outra escolha se nos apresenta. Pode ser, ainda, que a Nona Emenda não tenha tido somente a intenção de indicar que havia outros direitos constitucionais em nível federal, mas também que a enumeração de certos direitos nas primeiras oito emendas não deveria ser interpretada como uma negação ou restrição à existência de *outros tipos de direitos* – direitos que não chegam ao nível constitucional, pelo menos ao nível constitucional federal. Ou seja, a emenda pode ter tido a intenção de deixar claro que, não obstante a Declaração de Direitos, o Congresso poderia criar outros direitos, ou que os legisladores estaduais (ou as Cortes que aplicam o *common law*) poderiam fazê-lo, ou que um estado poderia fazer o mesmo em sua própria constituição.

Essa possibilidade parece mais plausível que a interpretação "federalista" comumente aceita, já que é infinitamente mais coerente com a linguagem da emenda. Por outro lado, está claríssimo que também ela deve ser rejeitada. O que o contexto histórico nos ensina, com toda certeza, é que a Nona Emenda não foi feita para dar ao Congresso autoridade para criar mais direitos – não foi feita para emendar o Artigo I, Seção 8 e conceder ao Congresso o poder geral para proteger os direitos. Esse poder só surgiu (se é que surgiu) com a Seção 5 da Décima Quarta Emenda, ratificada setenta e sete anos depois. (Além disso, "outros retidos pelo povo" não é uma boa forma de dizer "outros que o Congresso pode criar".) Assim, ou a Emenda fazia referência a outros direitos constitucionais federais não declarados ou a outros direitos protegidos pelo direito estadual – fosse ele ordinário, costumeiro ou constitucional. Contudo, essa interpretação não é melhor que a outra. Está bem claro que os constituintes originais e as convenções de ratificação tinham a intenção de que a Declaração de Direitos controlasse apenas os atos do governo federal. Também é claro, como já era à época, que o direito estadual, mesmo o direito estadual constitucional, não tem competência para tanto e, por isso, deve contentar-se com o controle das ações do governo estadual. Chegamos, assim, a uma dedução que parece tão tola que nem sequer precisaria de refutação. Que necessidade haveria de refutar a dedução de que a Declaração de Direitos, controlando apenas as ações federais, de certo modo havia impedido os cidadãos dos vários estados de controlar as ações de seus governos estaduais?*

Em relação ao debate sobre a incorporação, Dean Wellington afirmou que "a tecnologia moderna, a movimentação frequente da população através das fronteiras estaduais e o papel cada vez maior do governo federal na imposição do cumprimento das leis unificaram os EUA a tal ponto que a corrente federalista já não tem condições de sustentar, em nível constitucional", a ideia de que os estados estão sujeitos a restrições bem menos rigorosas que as impostas pela Declaração de Direitos ao governo federal[88]. Pode até ser, mas o argumento também conservará sua força se for invertido: no que diz respeito aos julgamentos das cortes federais e ao sucesso na aplicação das leis, parece importante que os estados não estejam limitados por um conjunto de direitos constitucionais não previstos textualmente que, por sua vez, não restrinjam as ações do governo federal. É claro que, em essência, é esse o argumento que prevaleceu em *Bolling vs. Sharpe*, mas com uma diferença muito importante: a Nona Emenda – ao contrário da Cláusula do Devido Processo, sobre a qual a Corte tentou fundamentar a decisão de *Bolling* – de fato tem o sentido pretendido. Na verdade, a conclusão de que a Nona Emenda tencionava assinalar a existência de direitos constitucionais federais além dos especificamente enumerados na Constituição é a única conclusão capaz de ser confortavelmente corroborada pela própria linguagem da emenda.

A atitude do juiz Black diante da Nona Emenda foi basicamente a de ignorá-la[89]. Sempre disposto a retornar à interpretação original quando um precedente qualquer sur-

---

* A "necessidade" de refutar a dedução de que a Declaração de Direitos tencionava fazer com que o Poder Legislativo e as Cortes estaduais não pudessem mais ordenar as relações entre seus cidadãos através da criação de "direitos" *não constitucionais* seria, de qualquer forma, ainda mais tênue.

A IMPOSSIBILIDADE DE UM INTERPRETACIONISMO 51

gia como empecilho, neste ponto ele mostrou-se curiosamente satisfeito com as interpretações confusas de seus predecessores. É claro que, na verdade, essa atitude é perfeitamente compreensível – ele não gostava das implicações jurisprudenciais de uma disposição tão pouco delimitada: "Englobo numa só discussão os argumentos do devido processo e da Nona Emenda porque, se os analisarmos, veremos que são a mesma coisa – apenas usam palavras diferentes para reivindicar para esta Corte, e para o Judiciário federal, o poder de declarar nulo qualquer ato legislativo que os juízes considerem irracional, irrazoável ou ofensivo."[90] Mas Black, mais que qualquer outra pessoa, não deveria se comportar dessa maneira. Com toda razão, ele nos conclamava a agir como juristas, não como ditadores ou reis-filósofos: a dar a devida atenção às diretrizes contidas nas diversas cláusulas constitucionais. Uma análise não preconceituosa, porém, nos mostra que a Constituição contém disposições que nos instruem a ir além da própria linguagem do documento no processo de interpretação. Essa constatação perturbou o juiz Black, mas ele foi um homem que passou a vida criticando as pessoas que, por não gostar das consequências ali implícitas, ignoravam a linguagem e o propósito das cláusulas constitucionais. Há uma diferença entre ignorar uma disposição como a Primeira Emenda porque não gostamos de suas implicações substantivas específicas e ignorar uma disposição como a Nona Emenda porque não gostamos de suas implicações institucionais. Mas é difícil sustentar que essa diferença seja importante.

    Um interpretacionista como Black tem duas saídas possíveis. A primeira – que, por sinal, nunca ouvi ninguém defender – seria mais ou menos assim: suponhamos que houvesse na Constituição um ou mais dispositivos que garantissem a proteção aos fantasmas. Agora que não acreditamos que os fantasmas existem, poderá alguém duvidar de que seria correto ignorar esses dispositivos? O "fantasma", nesse caso, é o direito natural, e o argumento seria: já que o direito natural é a fonte da qual se espera que as cláusulas abertas da

Nona e da Décima Quarta Emendas tirem seu conteúdo, temos toda razão, agora que nossa sociedade não acredita mais no direito natural, de ignorar completamente tais cláusulas.

Esse argumento é superficial demais. Embora houvesse, nas duas épocas que aqui nos interessam, pessoas que pretendiam que a Constituição tirasse seus princípios do direito natural, esse tema estava longe de ser universalmente aceito, e provavelmente nem seria essa a opinião da maioria daqueles "constituintes" de quem mais prontamente nos lembramos.

> Alguns dos intelectuais defensores incondicionais da rebelião, como James Otis, realmente passaram a associar princípios do direito natural e da equidade natural com o direito positivo – a afirmar que o que é justo e correto é, portanto, a lei. Mas os gigantes que conseguiram fazer a incrível transição do papel de revolucionários para o de "constituintes" – homens como Adams e Jefferson, Dickinson e Wilson, Jay, Madison, Hamilton e, de certo modo, Mason e Henry – raramente, se tanto, eram culpados de confundir o direito positivo com o direito natural. Esses homens, antes de 1776, usavam a natureza para medir o direito e para julgar seus próprios deveres de obediência, mas jamais como fonte de regras para decisões.[91]

Essas pessoas – desnecessário dizer que, na Reconstrução, houve outras iguais a elas – certamente não tinham o direito natural em mente quando foram inseridos e aprovados na Constituição os dispositivos que delegavam ao futuro novas possibilidades de interpretação, e sem dúvida é por isso, entre outras razões, que a Constituição em nenhum momento se refere ao direito natural. Se ela se referisse, *só então* seria verdadeiro o argumento dos "fantasmas".

A segunda resposta é que, mesmo admitindo que cláusulas como essas tenham estabelecido direitos constitucionais, elas não foram feitas para ser garantidas pelo Poder *Judiciário*, e, portanto, devem ser tratadas como se tivessem sido dirigidas exclusivamente às esferas políticas. (Essa ideia

A IMPOSSIBILIDADE DE UM INTERPRETACIONISMO   53

eu já vi – surpreendentemente, da parte de Felix Frankfurter, que disse, numa carta do final da década de 1950, que desejaria que a Cláusula do Devido Processo – para ele, o protótipo de uma disposição jurídica aberta – fosse tratada dessa maneira[92].) Seria um golpe baixo notar que não há nenhum dado na história legislativa que indique a intenção específica de que a Nona Emenda recebesse aplicação judicial. À época da Constituição original, havia poucas referências na história legislativa que indicassem que *qualquer* disposição específica devesse receber aplicação judicial: a Nona Emenda não se diferencia das demais nem de um jeito nem do outro. Um fato que ilumina bastante a questão, em sentido contrário, é que as decisões precursoras tipicamente citadas como "provas" de que havia a intenção do controle judicial de constitucionalidade – embora sejam muito poucas e muito obscuras para chegar a ser provas – foram amiúde baseadas no "não interpretacionismo": não eram autorizadas e justificadas por alguma proibição documental, mas sim por princípios externos à Constituição[93]. No que toca à Décima Quarta Emenda, é verdade que, ao que parece, o que se pretendia (e não aconteceu) é que ela fosse aplicada mais pelo Congresso, agindo sob o estipulado na Seção 5, que pelos tribunais. Também é verdade que, à época de sua ratificação, apenas três Atos do Congresso tinham sido declarados inconstitucionais pela Suprema Corte. Isso não significa, no entanto, que não se percebeu essa delegação de autoridade. O caso *Dred Scott* recebeu uma saraivada de críticas – e, mesmo antes disso,

> podemos tirar duas conclusões sobre as críticas dirigidas à Suprema Corte: em primeiro lugar, a Corte recebeu a mesma quantidade de críticas por não declarar inconstitucionais os atos do Congresso que por declará-los inconstitucionais; em segundo lugar, que tanto as críticas federalistas quanto as republicanas durante aqueles anos não tinham tanto como objeto o poder da Corte de julgar a validade dos atos do Congresso, mas sim os efeitos do exercício desse poder, na medida em que corroborava ou invalidava as medidas de um dos lados em particular.[94]

Também é pertinente que certo número de leis *estaduais* tenha sido declarado nulo na primeira metade do século XIX. As Emendas da Reconstrução foram, afinal de contas, dirigidas em primeiro lugar aos estados. As críticas republicanas a *Dred Scott* e também a *Barron vs. Baltimore*[95] continuaram durante os processos de redação e ratificação das emendas. Naturalmente, isso às vezes se transformava numa sensação generalizada de desconfiança em relação à própria instituição do controle judicial de constitucionalidade[96]; mas, em geral, a existência dessa instituição dava-se por pressuposta e o ataque era dirigido especificamente contra os casos que causavam perturbação. Certamente não havia nada que remotamente se assemelhasse a um consenso em torno da ideia de que a autoridade judicial para exercer o controle de constitucionalidade devesse ser diminuída: na verdade, o consenso dizia o contrário[97]. E, o que é mais pertinente para nós agora, não havia nenhum indício de que a Décima Quarta Emenda devesse, sob esse aspecto, ser tratada de modo diferente de outras disposições legais*.

Sobre esse problema, entretanto, não é a história que pode dar a última palavra – não, pelo menos, a última palavra afirmativa. Se não for possível desenvolver uma abordagem honesta da aplicação judicial das disposições abertas da Constituição, uma abordagem que não seja irremediavelmente incompatível com o compromisso norte-americano com a democracia representativa, os críticos responsáveis devem considerar seriamente a possibilidade de simplesmente proibir aos tribunais essa atividade. Dado o fracasso

---

* Os que adotam a opinião aqui discutida também terão de enfrentar o problema de determinar em que lado do espectro posicionam-se os diversos dispositivos constitucionais. Como vimos, a Constituição não está dividida em dois conjuntos fechados de dispositivos – "precisos" e "abertos". Os que adotam tal tese, o que diriam, por exemplo, sobre a Cláusula das Penas Cruéis e Não Habituais e a da Justa Indenização? Seriam elas aplicáveis judicialmente? Temos de supor que sim. Mas, embora a intenção de ambas seja limitada, elas certamente precisam de um acréscimo de conteúdo vindo de fora do documento.

óbvio da modalidade dominante de controle por meio do "não interpretacionismo", foi sábia a intuição do juiz Black: negar essa autorização ao Judiciário. Mas a modalidade dominante pode ser melhorada – e é essa a tarefa de que pretendo incumbir-me no restante deste livro.

3. Descobrindo os valores fundamentais

> *Resta-nos fazer as perguntas mais difíceis. Que valores (...) são suficientemente importantes, ou fundamentais, ou seja o que for, para serem preferidos pela Corte em face de outros valores afirmados pelos atos legislativos? E como a Corte deverá desenvolvê-los e aplicá-los?*
>
> Alexander Bickel[1]
>
> *Não pode haver resposta certa para uma pergunta errada...*
>
> Alexander Bickel[2]

Já que o interpretacionismo – ou pelo menos uma versão do interpretacionismo presa às cláusulas constitucionais – anula-se a si mesmo, devemos examinar novamente, e de modo mais detalhado, o seu adversário tradicional. Segundo a opinião que há algum tempo predomina no meio acadêmico, a Suprema Corte, para dar conteúdo às disposições abertas da Constituição, deve identificar e impor aos poderes políticos os valores que são, de acordo com uma ou outra fórmula, realmente importantes ou fundamentais. Inclusive, há quem diga que isso é inevitável: "É impossível que os tribunais controlem a constitucionalidade da legislação sem fazer escolhas difíceis e reiteradas entre valores substantivos concorrentes, ou mesmo entre conceitos políticos, sociais e morais inevitavelmente controversos."[3] "O direito constitucional deve ser compreendido como um meio pelo qual se dá eficácia às ideias que de tempos em tempos voltam a ser consideradas fundamentais (...)."[4] A Corte é "uma instituição responsável pela evolução e aplicação dos princípios fundamentais da sociedade", e sua "função constitucional", consequentemente, é "definir valores e afirmar princípios"[5].

Os valores próprios do juiz

*Afirmo que o critério definitivo do trabalho
dos juízes da Suprema Corte deve ser a bondade...*

J. Skelly Wright[6]

A ideia de que o juiz, ao aplicar a Constituição, deva utilizar *seus próprios valores* para julgar os poderes políticos quase nunca é defendida explicitamente[7]. Porém, à medida que analisamos as diferentes metodologias explicitamente declaradas, perceberemos em vários casos que, embora o juiz ou autor em questão esteja propondo um método de identificação pretensamente impessoal e "objetivo", o que ele terá mais chances de "descobrir", quer tenha plena consciência disso, quer não, são seus próprios valores. Por isso é importante desde já compreender por que a abordagem dos "valores próprios do juiz" é inaceitável: essa compreensão evidenciará quanto é inaceitável toda a empreitada.

Como se chega a essa ideia? A explicação sem dúvida envolve o que podemos chamar de falácia do realismo modificado. Há cerca de quarenta anos, as pessoas "descobriram" que os juízes eram humanos e, portanto, em vários contextos jurídicos, tinham a predisposição, consciente ou não, de inserir seus valores pessoais em seus argumentos jurídicos. A partir dessa descoberta que abalou o mundo, a alguns pareceu perfeitamente lógico deduzir que é isso que os juízes *devem* fazer. Aqui cabem duas observações, ambas óbvias. A primeira é que essa teoria "realista" não é em absoluto uma teoria das decisões judiciais, pois não nos diz *quais* valores devem ser impostos[8]. A segunda observação é que essa "dedução" não é sequer remotamente lógica: o fato de que as pessoas sempre se sentiram tentadas a roubar não significa que elas devem roubar. Tudo isso é claro como o dia, o que significa que há algo mais por trás da ideia em questão. Aqueles que aceitam essa visão realista extremada certamente imaginam, conscientemente ou não, uma Corte composta por juízes que pensam como eles. Essa hipótese dá cabo de ambos os problemas mencionados. Ela nos diz quais valores devem ser impostos (os valores do autor) e também explica (pelo menos de modo satisfatório para o autor) por que uma tal Corte seria desejável. Mas é uma hipótese temerária, e o argumento mais sólido que parece contrariar essa visão "realista" é um argumento genuinamente realista: não há, em absoluto, como garantir que os membros vitalícios da Suprema Corte (ou os outros juízes federais) sejam pessoas que partilham dos nossos valores.

Mas deixemos isso de lado e vamos admitir que os realistas entretenham essa estranha hipótese. Resta-nos o problema enorme e óbvio de conciliar a atitude em questão com a teoria democrática básica de nosso governo. Nesse ponto, é preciso fazer uma distinção. Nos EUA, não seria aceitável defender que os juízes nomeados devam reger o país, e não é essa a posição dos autores que discutimos aqui. Porém, dizer que os juízes devem reger o país é diferente – e, na opinião de várias pessoas, é muito diferente – de dizer que os juízes devem usar seus próprios valores para dar conteúdo ao texto aberto da Constituição. Ao que se diz, a compatibilidade com a teoria democrática estaria garantida pelo fato de que o Judiciário, na realidade, não tem o menor poder para influir no modo como o país é governado[9]. Essa hipótese tem vetustas raízes históricas, que remontam ao *Federalist* 78 de Hamilton:

> Quem quer que examine atentamente as diferentes funções do poder perceberá que, num governo no qual elas são separadas umas das outras, o Judiciário, de acordo com a natureza de suas funções, sempre será a facção menos perigo-

sa para os direitos políticos da Constituição; porque terá menor capacidade de perturbá-los ou infringi-los... O Judiciário... não tem influência alguma sobre a defesa ou a economia; nenhum poder sobre a força ou a riqueza de uma sociedade, e não pode tomar nenhuma resolução ativa. Em verdade pode-se dizer que não tem FORÇA nem VONTADE, e sim apenas julgamento; e, no fim das contas, depende da ajuda do Executivo até mesmo para dar eficácia a seus julgamentos.[10]

Essa declaração devia fazer bastante sentido nos primeiros tempos de nossa nação: na ausência de precedentes, a falta de um mecanismo independente de aplicação das leis e as diversas limitações constitucionais ao Judiciário podem ter parecido suficientes para assegurar que ele teria um papel insignificante. O mais difícil de justificar são as reiterações *contemporâneas* das afirmações de Hamilton por parte da literatura "realista", as quais, de modo bastante "irreal", parecem não ter sido afetadas por duzentos anos de experiência[11]. A Corte não maneja nem a bolsa nem a espada, mas provou ter capacidade para exercer importante influência sobre o funcionamento da nação, e essa capacidade parece estar crescendo com o tempo. Talvez seja verdade que a Corte não possa contrariar *permanentemente* a vontade de uma maioria sólida[12], mas ela certamente pode atrasar durante décadas a implementação dessa vontade – as indenizações trabalhistas, o trabalho infantil e a sindicalização estão entre os exemplos mais óbvios[13]; e, para as pessoas afetadas, isso pode parecer uma eternidade.

Os controles formais sobre a Corte sempre tiveram pouca consequência. O controle do Congresso sobre o orçamento dos tribunais federais – note-se, no entanto, que a Constituição o proíbe de reduzir os salários dos juízes – mostrou-se um instrumento grosseiro demais para ter eficácia real. O país precisa de tribunais federais funcionais e competentes, e todos sabemos disso. Apesar da exigência de dois terços, o *impeachment poderia* ter-se tornado um modo eficaz de controle. No entanto, também em virtude de nossa fidelidade à ideia de um Judiciário independente, isso não aconteceu, e hoje ele é interpretado como uma arma reservada para os casos mais difíceis. (Não é mais fácil impedir um juiz da Suprema Corte do que impedir um Presidente; Richard Nixon viveu as duas situações.) O poder teórico do Congresso de afastar a jurisdição da Corte em certas categorias de casos é tão duvidoso do ponto de vista constitucional[14] que, embora seja tema de debates de tempos em tempos, não é invocado há mais de cem anos[15]. Alterar o tamanho da Corte, ou "recheá-la" de juízes que esposam determinada tendência, foi algo bastante popular no século XIX, mas apenas uma vez, durante a Grande Administração, poder-se-ia afirmar que teve o efeito desejado[16]. E essa foi a última vez em que isso ocorreu. Franklin Roosevelt tentou-o novamente e, embora tenha falhado, a mitologia que persistiu durante certo tempo era a de que sua tentativa pôs a Corte sob pressão, levando-a a ter uma postura melhor. Registros da Corte descobertos mais recentemente indicam, no entanto, que a "mudança" da Corte não teve nada a ver com o anúncio desse plano; foi, na verdade, anterior a ele. Não se sabe exatamente o que aconteceu, mas o aspecto mais importante desse episódio é que um presidente imensamente popular, com uma causa imensamente popular, saiu ferido por causa de seu ataque à independência do Judiciário.

Também há a possibilidade de emendar a Constituição; mas, mesmo quando esse processo funciona, ele leva tempo, durante o qual os obstáculos postos pela Corte permanecem no mesmo lugar – e, de qualquer modo, ele raramente funciona. Nossa experiência recente com a Emenda dos Direitos Iguais, que era endossada pelos dois maiores partidos e não podia de modo algum ser considerada radical, corrobora a dificuldade de fazer emendas à Constituição*. Em

---

* Redigida em 1920 por Alice Paul, uma militante do movimento feminista, a Emenda dos Direitos Iguais, mais conhecida como ERA (*Equal Rights Amendment*), foi proposta ao Congresso norte-americano em dezembro de 1923. Somente em 1971 a emenda foi aprovada pela Câmara dos Deputados, em 12 de outubro, e depois pelo Senado, em 22 de março de 1972. A ERA foi então enviada aos estados para ratificação, conforme determina o artigo V da

toda a história norte-americana, apenas quatro decisões da Suprema Corte foram revertidas por emendas constitucionais[17]. Também é verdade que muitas vezes, embora nem sempre, a cooperação de autoridades políticas é necessária para fazer valer as decisões da Suprema Corte. Mas em geral, por mais que relutem, essas autoridades aquiescem: afinal, é seu dever legal tomar essa atitude. (As pessoas que gostariam de interpretar a desobediência do Executivo como um meio viável de controlar a Corte fariam bem em refletir sobre o fato de que o Presidente dos Estados Unidos – um que não se destacava por sua reverência ao Estado de Direito – entregou as tais fitas.) O que resta é o fato de que o Presidente indica e o Senado confirma os novos membros da Corte, e isso certamente é importante. Mas, em geral, são necessários vários mandatos presidenciais e várias legislaturas sucessivas para substituir a maioria dos juízes da Suprema Corte. Além disso, como a experiência nos mostra, é difícil prever de que modo alguém que trabalhava em outra área vai se comportar quando for juiz da Suprema Corte, e às vezes temos a impressão de que o candidato que acaba por agir de modo diferente do modo esperado pelo Presidente

---

Constituição Federal, tendo o Congresso fixado como termo final o dia 22 de março de 1979. Durante esses sete anos, apenas 35 estados, dos 38 exigidos pela Constituição, a ratificaram, sendo que quatro rescindiram as ratificações antes do termo final e um quinto estado, Dakota do Sul, declarou que sua ratificação estaria revogada em 22 de setembro de 1979 caso não houvesse aprovação por três quartos dos estados. Em 1978, aproximando-se o termo final para a ratificação da ERA, o Congresso aprovou a extensão do termo final para 30 de junho de 1982. Em dezembro de 1981, uma Corte distrital afirmou, no caso *State of Idaho et al. vs. Freeman*, que a extensão do termo final era inconstitucional e que os estados poderiam, de fato, revogar as ratificações já dadas sobre uma proposta de emenda para a Constituição Federal. Quando questionado em 1982, a Suprema Corte norte-americana recusou-se a discutir a questão, afirmando que, se o segundo termo já havia sido ultrapassado, não havia razão para um pronunciamento acerca da sua constitucionalidade. Uma teoria conhecida por "Three State Strategy" sustenta que as 35 ratificações ainda são válidas, por não poderem ser rescindidas, e que, se houver ratificação por mais 3 estados, a emenda poderia entrar em vigor. Ver a respeito Allisson Het *et al.*, "The Equal Rights Amendment: Why the ERA Remains Legally Viable and Properly Before the States", *William & Mary Journal of Women and the Law*, vol. 31, 1997. (N. do R.T.)

que o nomeou não é a exceção, mas a regra. (Dizem que tanto Truman como Eisenhower lamentavam as nomeações que tinham feito para a Suprema Corte – dos juízes Clark e Warren, respectivamente –, considerando-as os piores erros que cometeram na presidência[18].) Também não é incomum que um juiz da Suprema Corte fique em seu cargo durante décadas, durante as quais as questões debatidas sofrem mudanças radicais e passam a versar sobre assuntos bem diferentes dos que o Presidente tinha em mente à época da nomeação.

Assim, quando os realistas nos garantem que a Corte jamais influenciará de forma decisiva o governo do país, eles não podem estar pensando no exercício efetivo dos controles formais como meio de contê-la. Seus argumentos tendem a tomar um rumo mais misterioso, vazando-se em geral numa linguagem que fala de "destruição". Assim, dizem-nos eles que "o caráter essencialmente antidemocrático da Corte coloca-a em permanente risco de destruição"[19]: a Corte sabe que "intervenções judiciais frequentes no processo político poderiam gerar uma reação política tão ampla que a Corte seria destruída durante esse processo"[20]. Os leitores familiarizados, mesmo que remotamente, com a bibliografia sobre o controle judicial de constitucionalidade das décadas de 1960 e 1970, poderão reconhecer o tema: ele se cristalizou como artigo de fé e serve de fundamento para grande parte do "realismo" conservador[21]. Mas o que isso significa? Que tipo de "destruição" é essa, que está sempre à espreita dos juízes ativistas? Nunca nos dão a resposta a essa pergunta, mas, a bem da coerência, a ideia deve ser a seguinte: embora os controles formais pareçam, para o observador ingênuo, ter-se atrofiado, a Corte tem uma consciência mais aguda da situação e sabe que, se ficar muito indisciplinada – se exercer regularmente as funções que, no entender do público, cabem propriamente aos poderes políticos –, tais controles serão invocados.

Não é assim que as coisas são, e os juízes da Suprema Corte sabem disso. No decorrer de toda a sua história, a Corte sempre ouviu o conselho de que, se não se ocupasse com seus próprios assuntos, correria o risco de ser destruída[22]; não obstante, o fato é que, "em mais de um século e meio da vida norte-americana, a possibilidade da castração do Judiciário por meio de uma reação popular contra o controle de constitucionalidade pelos tribunais jamais se concretizou"[23]. As advertências provavelmente alcançaram o ápice durante os anos em que Warren esteve na presidência da Corte; não se deu muita atenção a elas; mesmo assim, a Corte nem chegou perto de ser destruída[24]. Na verdade, o poder da Corte continuou crescendo, e provavelmente jamais foi tão grande quanto nos últimos vinte anos[25]. Pois os homens públicos sabem que o exercício do poder é um meio infalível para perpetuar esse poder. "O ativismo judicial alimenta-se de si próprio", escreveram os Professores Karst e Horowitz. "O público passou a esperar que a Corte interviesse contra os maiores abusos. Então, a Corte é obrigada a intervir."[26] "*É obrigada* a intervir"? Eu diria que não, pelo menos não segundo a formulação aqui apresentada. Mas "pode intervir e sair incólume"? Certamente[27].

É exatamente porque todos nós, no fundo, sabemos disso que poucos se levantam para defender os valores do próprio juiz como fontes de decisão constitucional. Em vez disso, pretende-se empreender uma busca objetiva e neutra; busca-se algo que "está lá fora", à espera de ser descoberto: seja o direito natural, por exemplo, seja um suposto consenso de valores dos Estados Unidos de ontem, de hoje ou de amanhã.

O direito natural

> "Bom, aquilo que parece verdadeiro para você", disse o motorista de ônibus de 17 anos de idade (e filósofo em tempo parcial), "talvez não pareça verdadeiro para outra pessoa, sabe?"
> "ENTÃO A OUTRA PESSOA ESTÁ ERRADA, SEU IDIOTA!"
> – Philip Roth, The Great American Novel [O grande romance americano][28]

À época em que a Constituição original foi ratificada, e também durante o período em que foi produzida a Décima

Quarta Emenda, muita gente defendia a existência de um sistema de princípios de direito natural[29]. "Esta lei da natureza, sendo tão antiga quanto a humanidade e ditada pelo próprio Deus, é obviamente superior a qualquer outra em matéria de obrigatoriedade. É algo que vincula a todos, em todos os países e em todas as épocas. Nenhuma lei humana será válida se for-lhe contrária (...)."[30] A teoria jusnaturalista (que não precisa necessariamente ser teísta) parece ser, portanto, uma candidata óbvia ao papel de fonte de valores para dar conteúdo às disposições abertas da Constituição.

Os registros históricos sobre este ponto não são tão simples quanto às vezes parecem. Como notamos acima, alguns dos fundadores da nossa nação não consideravam esse conceito inteligível de modo algum, e mesmo aqueles que o levavam em conta "raramente, se tanto, eram culpados de confundir o direito positivo com o direito natural"[31]. Portanto, não parece ser por acaso que a Constituição em nenhum momento chame a atenção para esse conceito. Está claro que a Declaração de Independência *havia* sido vazada nesses termos. Sem dúvida, a diferença se explica, em parte, pelo fato de as modas intelectuais terem mudado bastante durante aquele produtivo período de quinze anos[32]. Mas isso não é tudo – as ideias não surgem e desaparecem tão rapidamente –, e o fator mais importante parece ter sido a diferença crítica entre as funções dos dois documentos. A Declaração de Independência era, *grosso modo*, uma petição (com algumas características de denúncia). Os peticionários costumam (e devem) apresentar argumentos de todo tipo. Como é óbvio, os peticionários de uma revolução não costumam ter o direito positivo ao seu lado, e por isso devem basear-se no direito natural*. Foi isso o que a defesa da nossa Revolução fez, combinando conceitos do direito natural com referências ao direito positivo inglês e colonial, à genuína "vontade do povo", aos "direitos dos cidadãos ingleses" – resu-

---

* Essa descoberta não é nova. "Se a lei escrita vai contra nossa demanda, está claro que devemos apelar para a lei universal e insistir em sua superior equidade e justiça." Aristóteles, "Rhetoric" 1375a, em *The Basic Works of Aristotle*, p. 1374 (org. R. McKeon, 1941).

mindo, com qualquer coisa que pudesse ajudar[33]. "Foi a briga com a Inglaterra que forçou os americanos a buscar ajuda mais acima e a tentar trazer do céu o direito natural, a fim de convertê-lo numa teoria política a ser usada como arma na argumentação constitucional; como tal, ele foi dirigido contra a política britânica e nunca se pretendeu que fosse um método de análise daquilo que era certo ou errado na vida colonial."[34] A Constituição não era uma petição, mas uma estrutura de governo. Uma filosofia jusnaturalista amplamente aceita poderia ter encontrado seu lugar na Constituição, provavelmente na Declaração de Direitos. Mas tais filosofias não eram tão amplamente aceitas. Já que o ímpeto inicial que moveu a Declaração de Independência, a necessidade de "defender a causa", já não estava presente, essas teorias controversas foram omitidas, pelo menos em sua forma explícita, a partir do segundo documento[35].

O direito natural também fez parte da retórica antiescravagista, mas, novamente, foi apenas um dos argumentos. Dependendo da necessidade, os abolicionistas, como os revolucionários antes deles, usavam como argumento tanto o direito positivo, agora na forma das disposições constitucionais já existentes, quanto o direito natural[36]. E também para eles a segunda referência era praticamente inevitável, já que, para não admitir que a Constituição original, tomada ao pé da letra, não só não proibia a escravidão como deliberadamente a protegia, era necessária uma pureza de espírito que transcendia o intelecto[37]. "Quando era moda falar e escrever sobre o direito 'natural', poucos paravam para pensar sobre o significado exato desse lugar-comum do pensamento teológico, econômico, literário, científico e também político. Isso é particularmente verdadeiro quando as teorias jusnaturalistas são invocadas em discussões acaloradas. Nessas discussões, é a vitória da causa, e não a discussão dos problemas ontológicos, que ocupa a mente dos homens."[38] *Justice Accused* [Justiça incriminada], o recente e ótimo livro de Robert Cover sobre o abolicionismo e o processo judicial[39], corrobora a conclusão de que, para os primeiros juristas americanos, as referências ao jusnaturalismo e aos direitos naturais eram pouco mais que sinais indicativos de nossa percepção de que o direito não era como gostaríamos que fosse[40]. Isso não quer dizer que o "direito natural" era completamente desprovido de significado jurídico. Acreditava-se que ele poderia ser invocado, com pouca frequência, quando nenhum aspecto do direito positivo fornecesse uma regra aplicável ao caso em questão. Mas estava subordinado às leis aplicáveis e aos precedentes bem estabelecidos, como também às disposições constitucionais, e não era, em geral, visto como uma fonte de valores a partir dos quais o direito positivo pudesse ser confrontado constitucionalmente[41].

No entanto, não devemos dar muita importância a esse registro histórico. Se existe um direito natural que pode ser descoberto, seria tolo, independentemente do que pensavam nossos ancestrais, ignorá-lo como fonte de valores constitucionais. Não é bom contrariar a Mãe Natureza, nem mesmo o Congresso e o Presidente devem ter permissão para contrariá-la. A ideia do direito natural não é considerada importante em nossa sociedade, no entanto, e por uma boa razão. "Todas as teorias jusnaturalistas caracterizam-se por uma singular falta de clareza, que é tanto uma vantagem quanto uma desvantagem na aplicação de suas teses."[42] A vantagem, supõe-se, é que você pode invocar o direito natural para defender o que quiser. A desvantagem é que todos sabem disso. Assim, o direito natural foi invocado em apoio a todo tipo de causas nesse país – algumas dignas, outras abomináveis – e muitas vezes em ambos os lados da mesma questão. Talvez a invocação mais explícita ao direito natural em uma decisão da Suprema Corte apareça no voto do juiz Bradley, em 1872, em *Bradwell vs. Illinois*, negando a pretensão da senhorita Bradwell de se tornar uma advogada:

> O direito civil, assim como a natureza, sempre reconheceu uma grande diferença nas respectivas esferas de ação e destinos do homem e da mulher... A constituição da organização familiar, baseada na ordem divina e na própria natureza das coisas, indica a esfera doméstica como aquela que pertence de maneira mais adequada ao domínio e às funções

do mundo feminino... O destino e a missão mais importantes da mulher é preencher as nobres e benéficas funções de esposa e mãe. Essa é a lei do Criador.⁴³

Mas, na verdade, a lista de causas em nome das quais o direito natural foi invocado é quase infinita.

O direito natural sempre teve como conteúdo o que quer que o indivíduo em questão tencionasse defender. Foi desde a defesa da teocracia até a defesa da completa separação entre Igreja e Estado, desde os direitos revolucionários em 1776 até a liberdade contratual nas decisões judiciais recentes, desde a defesa do sufrágio universal até a defesa de limitações rígidas sobre o poder de voto, desde a anarquia filosófica em 1848 com Thoreau até o paternalismo estrito cinco anos depois com Fitzhugh, desde a defesa do direito inalienável à secessão até a afirmação do direito natural da supremacia nacional, desde o direito ao governo da maioria até os direitos de interesses estabelecidos.⁴⁴

Com efeito, o direito natural foi invocado por ambos os partidos na questão da escravidão⁴⁵. Calhoun citou o direito natural para "provar" a inferioridade dos negros⁴⁶; a Constituição de Kentucky, de 1850, e a Constituição do Kansas, de 1857, declararam que o direito de possuir escravos "era superior e anterior a qualquer sanção constitucional". Não é de surpreender, portanto, que os abolicionistas, como Wendell Phillips, tenham-se dado conta de que, "como a 'natureza' já não tinha uma voz única, apenas a consciência do juiz determinava em última instância a fonte do direito"⁴⁷.

Assim, ficou cada vez mais evidente que as únicas proposições que têm uma chance mínima de se fazer passar por "direito natural" são tão absurdamente vagas que ninguém irá notá-las – algo na linha do "ninguém deve infligir sofrimento desnecessário"⁴⁸. "Todas as inúmeras tentativas de construir uma teoria moral e política sobre o conceito de uma natureza humana universal falharam. Elas sempre caem no mesmo dilema. Ou os fins supostamente universais são muito poucos ou abstratos demais para dar conteúdo à ideia do bem, ou são muito numerosos e concretos para serem verdadeiramente universais. Somos obrigados a escolher entre a trivialidade e a implausibilidade."[49] Por isso o conceito praticamente desapareceu do discurso norte-americano[50]. A influência da religião diminuiu, mas não é esse o ponto: mesmo as pessoas que se consideram religiosas não acreditam que o Todo-Poderoso expõe sua ética com clareza suficiente para ajudar a determinar difíceis questões relativas ao interesse público ou ao bem comum. Talvez as leis físicas sejam "objetivas", embora mesmo esse artigo de fé esteja desgastado; mas, de qualquer modo, as leis morais não são. Em 1931, Benjamin Wright escreveu em seu *American Interpretations of Natural Law*: "Desde a Guerra Civil, o conceito teve importância apenas no campo do direito constitucional. Nele, certas teorias tradicionais sobre os direitos individuais foram alinhavadas nos conceitos de devido processo legal e liberdade contratual. Na teoria sistemática, o direito natural não tem sido outra coisa senão um objeto de crítica."[51] Algo mudou desde 1931: os constitucionalistas captaram a mensagem, e o conceito também perdeu a respeitabilidade nesse contexto[52].

Isso não quer dizer que os argumentos contra o "absolutismo moral" não foram exagerados. Não seria mais justo citar a "moral" dissidente de Adolf Hitler para provar a inexistência da verdade moral do que seria invocar a Sociedade da Terra Plana para provar que ninguém sabe qual é o formato da Terra. *Existem* posicionamentos éticos tão absurdamente diferentes das concepções da maioria que teríamos razão em rotulá-los (de modo meio impreciso) de "irracionais"[53]. Mas o conjunto desses pressupostos será o reflexo invertido do conjunto de proposições morais não controversas, mas vagas, que se fazem passar por "direito natural": um exemplo seria o pressuposto de que infligir sofrimento desnecessário é moralmente aceitável. Entretanto, a existência desse conjunto de proposições éticas inaceitáveis é tão pouco pertinente para as controvérsias constitucionais quanto as proposições contrárias, totalmente inegáveis. A controvérsia constitucional envolve um ato aprovado pelo Legislativo ou por um de seus órgãos delegados, ato esse que, além disso, é aceito pela procuradoria do Estado, a ponto de deixá-la disposta a defendê-lo perante um tribunal. Esses atos envolvem uma *escolha* entre diversos males (ou bens). Um exemplo seria a imposição de sofrimento por um motivo defensável; não se discute, porém, a imposição de um sofrimento que possa, com justiça, ser rotulado de desnecessário.

Outro ponto às vezes levantado nesse contexto é que certas discussões, que parecem versar sobre ética, frequentemente não passam de discordâncias sobre quais são os fatos. Também esta ideia pode ser apresentada como mais importante do que realmente é. Algumas discussões – sobre a crueldade com animais e o aborto, por exemplo – têm como objetivo a amplitude do universo moral, e não uma afirmação factual qualquer. No mais das vezes, uma discussão aparentemente ética inclui fundamentalmente uma ponderação ou comparação entre dois ou mais custos bem compreendidos – mais uma vez, a questão do aborto é um exemplo, se admitimos que os fetos fazem parte do universo de nossas preocupações morais –, e temos aí uma discussão paradigmaticamente ética. Por outro lado, é verdade que pelo menos algumas discordâncias morais aparentes ocultam diferenças de entendimento dos fatos. Mas qual é o resultado disso para o contexto constitucional? Será que, para resolver as controvérsias, os tribunais deveriam determinar os fatos verdadeiros e depois aplicar-lhes princípios morais que, na opinião de todos – vamos deixar de lado, por enquanto, *esse* problema –, são os princípios mais apropriados? Não pode ser. Em primeiro lugar, não está claro que caiba aos juízes a tarefa de determinar os fatos nessas situações. As questões mais amplas de interesse público tendem a envolver aquilo que se chama (não por mera coincidência) de "fatos legislativos" ou generalizações factuais amplas, em contraposição aos "fatos judiciais", que são específicos. Neste aspecto, a opinião comum de que os tribunais são muito menos aptos que o Poder Legislativo para determinar os fatos legislativos tem muitos pontos falhos – mas, por outro lado, não temos nenhuma razão para supor que eles são mais aptos. No fundo, essas situações costumam envolver fatos intrinsecamente controversos, insuscetíveis de uma resolução capaz de agradar a todos os observadores. É exemplo disso uma controvérsia antiga, que recentemente se reavivou: se a pena de morte é eficaz, ou não, para coibir os homicídios. Evidencia-se, assim, aquilo que de fato está em questão nas controvérsias sobre políticas públicas: a questão de saber *como as instituições públicas devem se comportar sob condições de incerteza empírica*. Embora essa incerteza factual seja um elemento de um problema, isso não significa que o problema não seja profundamente moral, nem que seja um problema que os tribunais têm mais direito ou capacidade de resolver.

Quando eu era um jovem estudante de filosofia, no fim da década de 1950, a epistemologia e a lógica eram o grande assunto, e a filosofia moral e política era motivo de chacota entre os eruditos: afinal, não era possível *raciocinar* a respeito de questões éticas, certo? Essa época, felizmente, passou: há pessoas que *raciocinam* sobre tais assuntos, e algumas delas estão entre os filósofos contemporâneos mais eminentes. Mas o tipo de raciocínio que subjaz aos argumentos dos filósofos morais contemporâneos parte de princípios ou conclusões éticas que se supõe que o leitor provavelmente aceitará, e desemboca em outras conclusões ou princípios cujas entrerrelações, tais como apontadas pelo autor, talvez não fossem percebidas de antemão[54]. Está claro que se trata de um raciocínio, pois o raciocínio em outras áreas não consiste em nada além disso. Não podemos esquecer, porém, o apelo crítico à aceitação da hipótese ou conclusão inicial: a inferência – e não poderia ser diferente – parte de um "dever" para chegar a outro "dever". Mais uma vez aprendemos que *é possível* raciocinar sobre as questões morais, mas debater questões éticas não é a mesma coisa que descobrir uma verdade ética absoluta. Então, voltamos ao ponto inicial: nossa sociedade não aceita a noção de um conjunto de princípios morais objetivamente válidos e passíveis de ser descobertos; pelo menos, não aceita um conjunto que sirva para derrubar as decisões de nossos representantes eleitos – e tem razão de não aceitá-lo.

Princípios neutros

Em 1959, Herbert Wechsler proferiu uma conferência muito aclamada que deu origem a um artigo igualmente muito aclamado, intitulado "Toward Neutral Principles of Constitutional Law" (Rumo a princípios neutros de direito constitucional)[55]. Defendia ele a ideia de que a Suprema Corte, em vez de funcionar como um "puro e simples órgão de poder" e de limitar-se a anunciar suas conclusões *ad hoc*, deveria agir com base em princípios que transcendem o caso em questão e tratar casos semelhantes de maneira semelhante. Depois de proclamar determinado princípio num litígio, a Corte deveria então passar a aplicá-lo sem hesitação a todos os outros sujeitos à sua jurisdição. A consciência dessa obrigação para com o futuro obviamente ajudará a dar forma ao princípio que a Corte formulará no pleito inaugural, e conformará também, portanto, o resultado desse pleito. (Em resumo, o que ele disse é que a Corte deve agir sempre com base nos mesmos princípios.)

Até essa ideia encontrou detratores. Há, por exemplo, os que tecem eloquentes louvores à beleza bizantina daquilo que às vezes se chama de "método do *common law*", e que consiste em chegar instintivamente aos resultados corretos numa série de casos e só depois (se tanto) anunciar o princípio capaz de explicar o padrão – uma espécie de jogo de ligar os pontos[56]. Não trataremos aqui desse debate, mas está claro que eu jamais teria escrito este livro se não concordasse com Wechsler *nesse* ponto. Aí, o que nos importa é que, embelezada pela literatura subsequente, a ideia de Wechsler adquiriu uma nova dimensão, que não sabemos se ele chegou a vislumbrar. Os "princípios neutros" deixaram de ser meros *requisitos* para a boa conduta judicial e tornaram-se, na mente de muitos juristas, uma *fonte* de decisão constitucional – uma condição necessária e suficiente para a legitimidade do processo decisório em causas constitucionais. A formulação de um princípio neutro – tal é a ideia corrente – é uma garantia suficiente de que a Corte está se comportando da maneira adequada[57].

Não será necessário determo-nos nessa ideia. É difícil encontrar quem a aceite sem ressalvas, e seu caráter falacioso já foi apontado por outros autores. A insistência em "princípios neutros", por si só, nada nos diz de útil sobre o conteúdo apropriado desses princípios ou sobre de onde a Corte deve derivar os valores que eles incorporam[58]. A exigência significa antes de tudo – e isto é fácil na teoria, embora todos conheçamos pessoas que não obedecem à teoria[59] – que um princípio, uma vez declarado, deve ser aplicado a todos os casos por ele controlados, e não apenas aos que nos agradam. Mas isso não basta: o princípio de que "a liberdade de expressão está garantida aos republicanos" não pode ser considerado "neutro", por mais que seja algo aplicado a todos os casos sem exceção. Assim, para que um princípio seja considerado "neutro" no sentido de Wechsler, ele também deve ter algum grau de generalidade. Porém, mesmo na hipótese pouco provável de que concordássemos sobre o grau de generalidade exigido, ainda não teríamos chegado a uma fórmula que pudesse garantir a *adequação* do princípio. O princípio de que "os legisladores podem fazer o que quiserem" – mesmo se fosse aplicado sem hesitação, e especialmente nesse caso – seria evidentemente inaceitável, mas não por falta de generalidade.

A expressão "princípios neutros" muitas vezes serviu como palavra de ordem do conservadorismo judicial, provavelmente porque o próprio Wechsler originalmente usou o conceito para criticar *Brown vs. Board of Education* como uma decisão errônea. Mas não precisava ter sido assim: há princípios neutros correspondentes a todos os matizes do espectro político. (Que tal "nenhuma segregação racial, em hipótese alguma"?) Na verdade, a Corte de Warren provavelmente chegou tão perto do ideal quanto qualquer uma de suas predecessoras: o problema para os críticos talvez tenha sido o excesso de generalidade, não a falta desta[60]. Mas, seja como for, as exigências de generalidade de princípio e neutralidade de aplicação não fornecem uma fonte de conteúdo substantivo.

A razão

> *Se uma sociedade tivesse de projetar uma instituição incumbida de identificar o conjunto de princípios morais dessa mesma sociedade e determinar como eles incidem sobre situações concretas, essa instituição seria muitíssimo diferente daquela incumbida de propor políticas de ação (...) Ela criaria um ambiente favorável ao raciocínio, à reflexão, à análise. "A razão, não o poder" – eis o lema de uma tal instituição.*
>
> Harry Wellington[61]

A literatura constitucional dominante nos últimos 30 anos muitas vezes insistiu na ideia de que os juízes, ao fazer juízos de valor em matéria constitucional, devem empregar, nas palavras de Alexander Bickel, "o método de raciocínio próprio ao discurso da filosofia moral"[62]. "Os juízes têm, ou deveriam ter, o tempo livre, a formação e a isenção necessárias para seguir o exemplo dos estudiosos em busca dos fins últimos do Estado."[63] Essa opinião, como as outras que estamos analisando no momento, raramente é defendida em sua forma pura. (Em grande medida, o problema é que essas diferentes fontes de valores, que não podem deixar de se confundir, acabam por sobrepor-se umas às outras.) Ela é, no entanto, uma das mais importantes dentre as que se apresentam.

Tecnicamente, é claro que a razão por si só não pode nos dizer nada: pode apenas ligar premissas a conclusões.

Para que tenha algum significado, a ideia precisa ser mais rica: deve implicar não só um modo de raciocínio, mas também as premissas deste. As ideias básicas, então, são que a filosofia moral é o objeto próprio do direito constitucional; que existe uma maneira correta de praticar essa filosofia; e que os juízes são mais aptos que os outros para identificá--la e aplicá-la. Sei que os juristas são cheios de si: o fato de nossa profissão nos pôr em contato com muitas disciplinas costuma gerar a ilusão de que nós as compreendemos por completo. Porém, não estamos afirmando que os juristas e juízes são as pessoas mais aptas a discernir a boa filosofia moral da má filosofia moral: os homens de Igreja, os escritores, talvez os historiadores, para não mencionar os filósofos morais, parecem ser candidatos mais adequados para essa tarefa. Suponho, porém, que não é essa a comparação pertinente; tudo o que seria preciso demonstrar é que, dentre as instituições do Estado, os tribunais são as mais bem equipadas para emitir juízos morais; e, em particular, que estão mais bem equipadas para essa tarefa do que os legisladores.

Já que os juízes em geral provêm basicamente do mesmo grupo social que os legisladores, o cerne do argumento é que os juízos morais mais seguros são os feitos de maneira imparcial e que, em virtude de sua relativa isenção, os juízes estão mais aptos a fazê-los. "O ambiente no qual os legisladores agem dificulta-lhes uma perspectiva livre de predileções. Muitas vezes, é-lhes difícil resistir à pressão dos eleitores, que reagem a certas situações (um assassinato brutal, por exemplo) com sentimentos que entram em conflito com a moral convencional."[64] Podemos começar por questionar a suposta incompatibilidade entre os juízos morais do povo e o juízo moral "correto". Na verdade, temos bons motivos para supor que nosso "radar" moral funciona *melhor* sob a pressão da experiência. A maioria dos norte-americanos só despertou para a imoralidade da nossa guerra mais recente quando viu fotos de crianças vietnamitas queimadas pelo napalm americano. O Professor Bickel usa esse argumento numa parte de seu livro que ele talvez considere desvinculada de todo o restante:

> Houve uma cena memorável... num noticiário da CBS transmitido de Nova Orleans: uma mãe, de cor branca, literalmente espumava pela boca enquanto tentava ganhar a atenção de seu filhinho perplexo, para ensiná-lo a odiar. E ela, jorrando perdigotos, repetia sem cessar o feio xingamento: "*NIGGER!*" O efeito da transmissão dessa cena, que atingiu um número sem precedentes de pessoas com uma velocidade sem precedentes, deve ter sido parecido com o que sucedia aos indivíduos (entre eles o jovem Lincoln) que assistiam a um leilão de escravos, ou com a influência – mais lenta – que os embates sangrentos ocorridos em Kansas, entre 1854 e 55, tiveram sobre a população do Norte.[65]

Portanto, não nos surpreendemos nem um pouco ao constatar que a história refuta a tese de que o Judiciário "isento" tem sido mais capaz de falar em nome de nossos melhores princípios morais. "Podemos ter certeza de que foi Marshall ou Taney, e não Clay ou Webster, quem melhor se empenhou em articular valores? Quais dos juízes da Suprema Corte à época da Guerra Civil superaram Lincoln em dar voz às esperanças e objetivos da república?... Qual juiz da Suprema Corte, na década de 1920, incorporou melhor do que Norris ou LaFollette o sonho americano?"[66]

No entanto, há um erro mais fundamental por trás do ponto de vista aqui considerado – um erro de leigos, semelhante à suposição, comum entre os não juristas, de que há algo chamado "direito" cuja forma todos os bons advogados descreverão da mesma maneira. (Qualquer que seja a profissão da pessoa, suponho que esse fenômeno seja identificável.) O erro é o de supor que existe algo, chamado de "método da filosofia moral", com cujas linhas-mestras todos os especialistas concordarão, e segundo o qual "há apenas dois tipos de raciocínio – um seguro e o outro, não"[67]. Não é assim que as coisas são. Alguns filósofos da moral acreditam que o utilitarismo é a resposta; outros têm certeza de que não é. Alguns consideram a redistribuição econômica um imperativo moral; outros a consideram moralmente censurável. Dois dos mais notáveis trabalhos recentes sobre filosofia moral e política, *A Theory of Justice**, de John Rawls, e *Anarchy, State, and Utopia***, de Robert Nozick[68], chegam a conclusões bem diferentes. Simplesmente não existe *um único* método de filosofia moral.

Ronald Dworkin também é vítima desse erro. Em 1972, ele escreveu:

> O direito constitucional não poderá avançar até que isole o problema dos direitos exigíveis contra o Estado e faça desse problema uma parte de seu plano de ação. Isso pede uma fusão entre o direito constitucional e a teoria moral, uma junção que, por incrível que pareça, ainda não foi feita. É perfeitamente compreensível que os juristas repudiem o contágio da filosofia moral, particularmente da parte dos filósofos que discorram sobre direitos, porque as implicações assustadoras desse conceito ameaçam o repouso eterno da razão. Mas, hoje em dia, temos à disposição uma filosofia melhor do que a que os juristas provavelmente conhecem. O Professor Rawls, de Harvard, por exemplo, publicou um livro complexo e abstrato sobre justiça que nenhum constitucionalista poderia ignorar.[69]

O convite aos juízes parece claro: buscar valores constitucionais – e anular as decisões dos outros dois poderes do Estado – baseando-se nos escritos dos bons filósofos morais contemporâneos, particularmente Rawls. O livro de Rawls *é* bom. Mas como os juízes devem reagir ao convite feito por Dworkin se quase todos os que comentam o trabalho de Rawls expressaram reserva quanto a suas conclusões?[70] A Constituição pode seguir a bandeira, mas deve ela também estar a par das resenhas de livros do *New York Review of Books*?

Ficamos tentados a supor que não haverá nenhuma distorção sistemática na interpretação judicial do "raciocínio

---

* Trad. bras. *Uma teoria da justiça*, São Paulo, Martins Fontes, 2008. (N. do T.)

** Trad. bras. *Anarquia, Estado e utopia*, São Paulo, WMF Martins Fontes, no prelo. (N. do E.)

moral correto", senão a que deriva naturalmente dos axiomas filosóficos a partir dos quais os juízes raciocinam. ("Nós gostamos de Rawls, vocês gostam de Nozick. Nós ganhamos por 6 a 3. Anule-se a lei.") Isso por si só já seria ruim, mas a situação real tende a ser bem pior. A experiência nos diz que, na verdade, haverá sim uma distorção sistemática na escolha de valores fundamentais pelos juízes, uma distorção que privilegia (o que, aliás, não surpreende) os valores dos profissionais liberais da alta classe média, da qual provém a maioria dos juristas, dos juízes e também dos filósofos. As pessoas costumam achar que o que é importante para elas é importante para todos, e nós não somos exceção*. Assim, a lista de valores que a Corte e os críticos tencionaram sacramentar como fundamental é uma lista com a qual os leitores deste livro terão pouca dificuldade para se identificar: a liberdade de expressão, associação e educação, a liberdade acadêmica, a privacidade do lar, a autonomia pessoal, até mesmo o direito de as mulheres não serem limitadas por um papel feminino estereotipado e sustentadas por seus maridos[71]. Mas perceba que a maioria dos teóricos dos direitos fundamentais começa a esvaziar o recinto sempre que alguém menciona emprego, alimentação ou moradia; esses direitos são importantes, é claro, mas não são *fundamentais*[72].

Assim, os valores que os juízes tendem a ressaltar como fundamentais – na medida em que tais escolhas não refletem apenas as predisposições éticas e políticas dos indivíduos envolvidos – serão naturalmente suspeitos[73]. Eles serão – e seria tolo esperar o contrário, se a tarefa for assim definida – os valores daqueles que Henry Hart, sem ironia, costumava chamar de "juristas de primeiro escalão"[74]. A ob-

---

* "Portanto, dos três prazeres em causa, o desta parte da alma, através da qual aprendemos, será o mais agradável, e o homem em que essa parte for a que manda terá a vida mais aprazível.

Como não havia de sê-lo? Pois o sábio que elogia a sua própria vida é um encomiasta que fala com autoridade." Platão, *A República*, Livro IX, em 2 *The Dialogues of Plato*, p. 455 (4.ª ed., B. Jowett, 1953) (Platão, *A República*. 583.ª ed. Fundação Calouste Gulbenkian; tradução de Maria Helena da Rocha Pereira).

jeção à "razão" como fonte de valores fundamentais define-se melhor, portanto, quando formulada como uma alternativa: ou ela é tão vazia quanto os "princípios neutros" ou é tão elitista e antidemocrática que deveria ser desconsiderada imediatamente*. Nossa sociedade não tomou a decisão constitucional de facultar o sufrágio universal para depois dar meia volta e sobrepor às decisões populares os valores dos juristas de primeiro escalão. Como observou Robert Dahl, "depois de quase vinte e cinco séculos, as únicas pessoas que parecem estar convictas das vantagens de ser governadas por reis-filósofos são... uns poucos filósofos"[75].

A tradição

Expulsar homens de uma cidade cobertos de penas e alcatrão é uma tradição tão americana quanto declarar direitos inalienáveis.

Garry Wills[76]

A tradição é um repositório óbvio em que buscar valores fundamentais[77], mas seus problemas também são óbvios. O primeiro problema é que as pessoas vieram a entender que a "tradição" pode ser invocada para dar apoio a praticamente qualquer causa[78]. O contínuo espaçotemporal nos abre ampla margem de manobra para escolher que tradição invocar. Quais são as tradições admissíveis? As dos EUA, apenas? Por que não as do mundo inteiro? (Por alguma razão, o juiz Frankfurter gostava de se referir às "tradições do povo de língua inglesa"[79].) E qual é a época pertinente? Toda a história? A história pré-constitucional, apenas?

---

* O perigo de que os juízes e críticos da classe média alta considerem fundamentais os valores de sua classe está sempre presente, independentemente da metodologia. Acredito, no entanto, que isso se agrava quando a "razão" se erige em suposta fonte de valores, em parte porque os valores mencionados são os valores da "classe pensante" e em parte porque a "razão", sendo uma fonte intrinsecamente vazia, presta-se excepcionalmente bem a ser preenchida com valores de classe.

A época anterior à ratificação do dispositivo discutido no momento? Por que não – e de fato esta parece ser a referência mais comum – até os dias de hoje? (Uma vez que se chega a este ponto, no entanto, aproximamo-nos de uma abordagem bem diferente.) E quem dirá que a "tradição" deve ser a endossada pela maioria? Seria Henry David Thoreau uma parte inequívoca da tradição norte-americana? John Brown? John Calhoun? Jesus Cristo? É difícil dizer que não. Levando em conta, por fim, a tremenda dificuldade de afirmar qualquer coisa mais concreta sobre a atmosfera moral e intelectual de eras passadas, temos condições de provar praticamente qualquer coisa para aqueles que estão predispostos a acreditar nas provas[80]; ou, se formos mais sinceros, poderemos admitir que a tradição na verdade não gera uma resposta – não gera, pelo menos, uma resposta suficientemente inequívoca para justificar a reforma de uma decisão tomada por um órgão legislativo*.

Em *A Regents of the University of California vs. Bakke*[81], a afirmação de que a preferência racial pelas minorias historicamente oprimidas deve ser considerada (pelo menos em certo grau) constitucionalmente suspeita[82] fundamentava-se explicitamente num apelo à tradição. "Essa percepção das distinções étnicas e raciais está enraizada na história demográfica e constitucional de nossa nação."[83] E, com efeito, o juiz Powell foi capaz de reunir uma coleção de afirmações históricas para mostrar que a situação jurídica de

---

* Uma outra técnica é a de desacreditar uma prática associando-a com uma tradição desprestigiada. Ver, por exemplo, *Shaughnessy vs. USA ex rel. Mezei*, 345 U.S. 206, 217-8 (1953) (juiz Black, voto divergente). As técnicas de associação e dissociação podem obviamente ser utilizadas em conjunto. Ver, por exemplo, *Poe vs. Ullman*, 367 U.S. 497, 542 (1961) (juiz Harlan, voto divergente) (grifo meu): "O equilíbrio de que falo é o equilíbrio conseguido por este país, *tendo consideração pelo que a história ensina serem as tradições a partir das quais ele se desenvolveu, assim como as tradições com as quais rompeu*." Essa técnica é praticamente onipotente, já que não há limites que possam separar as práticas anteriores consideradas como parte de nossa tradição daquelas contra as quais os constituintes "devem ter-se rebelado" (qualquer crítico, quase automaticamente, há de supor que aquelas das quais ele discorda pertencem à segunda categoria).

uma pessoa não deve ser afetada por sua raça[84]. Tais afirmações, no entanto, haviam sido feitas quando se discutia se os brancos poderiam ter vantagens à custa das minorias raciais; citá-las no contexto da ação afirmativa sem levar em conta esse fato crucial[85] é sucumbir à compreensível tentação de variar o nível de abstração das tradições em questão para obter um resultado favorável[86].

Mesmo em relação ao uso da discriminação racial para *des*favorecer as minorias, nosso país possui duas tradições conflitantes: a igualitária, à qual a maioria dos documentos oficiais dos últimos cem anos presta apoio explícito, e outra, bem diferente e malévola, que na verdade caracterizou grande parte da prática oficial e não oficial durante o mesmo período (e certamente antes também)[87]. É de pensar que nenhum leitor endossa a segunda tradição, mas eu gostaria de saber qual argumentação seria capaz de provar que ela não existe. Vamos supor, entretanto, que ela de fato desapareça num passe de mágica; restaria, assim, uma única tradição norte-americana contrária ao uso da classificação racial para deixar as minorias em desvantagem: nem mesmo esse artifício poderá gerar, exceto mediante trapaça, uma tradição unitária que verse sobre a questão de as minorias poderem, ou não, ser favorecidas. Em anos recentes, numerosos programas oficiais têm concedido vantagens diversas às pessoas pertencentes às raças minoritárias. É verdade que no passado esses programas não existiam, talvez porque os que trabalhavam para melhorar as condições das minorias estivessem ocupados tentando, muitas vezes sem sucesso, combater a discriminação oficial generalizada *contra* as mesmas minorias. Na verdade, o único período anterior durante o qual a ação afirmativa em prol das minorias raciais parece ter sido uma possibilidade realista foi a Reconstrução. Alguns não a aceitavam, aparentemente com base em princípios – o nome de Andrew Johnson é um dos que nos vêm à mente –, mas o mais importante é que o Congresso da Reconstrução (o mesmo Congresso que nos deu a emenda com a qual Bakke justificou sua demanda) derrubou o veto de Johnson e demonstrou uma preferência explícita pelos negros, como prova o *Freedmen's Bureau Act*, de 1866[88]. No calor do debate, podemos nos reportar à Reconstrução como o período do qual provêm as tradições que devem definir nossa interpretação da Décima Quarta Emenda, e isso não parece mais descabido do que outros apelos à tradição que já vimos. A conclusão mais honesta, contudo, é que devemos procurar em outro lugar para definir o que os grupos raciais e de outras naturezas terão, segundo a Constituição, permissão para fazer uns aos outros e uns pelos outros[89]. Não existe uma tradição norte-americana inequívoca sobre a questão de a maioria racial poder ajudar ou não as minorias, e, para fazer parecer que ela existe, é preciso fazer citações fora de contexto.

Nunca será bastante invocar a indeterminação para objetar a uma teoria constitucional, quanto mais não seja porque as implicações de *toda* teoria séria são passíveis de questionamento. Existem, contudo, graves problemas teóricos com a tradição entendida como fonte de valores constitucionais. O caráter abertamente nostálgico dessa abordagem salienta sua natureza não democrática: é difícil conciliar com nossa teoria de governo a hipótese de que as maiorias do passado (supondo-se que eram mesmo maiorias) devem controlar a maioria de hoje. É claro que a Constituição serve, entre outras coisas, para pôr freio às maiorias atuais. No entanto, essa observação apenas aumenta os problemas de quem gostaria de fazer da tradição uma fonte de valores constitucionais, já que as disposições para as quais estamos buscando uma fonte de valores foram escritas numa terminologia aberta para admitir a possibilidade de ulteriores desenvolvimentos. (Se alguém quisesse congelar uma tradição no tempo, o mais sensato seria pô-la por escrito[90].) Além disso, "se a Constituição protege apenas os interesses que se encaixam nos valores tradicionais, as pessoas que têm mais possibilidade de ser penalizadas por seu modo de vida são aquelas que têm menos oportunidade de receber proteção judicial"[91], e isso daria a essas disposições um efeito contrário ao inicialmente desejado. Assim, o apelo à tradição não parece compatível nem com a teoria básica do controle popular nem com o espírito das disposições relativas ao controle sobre as maiorias, às quais se busca dar conteúdo. Por essas razões, a referência à tradição é invariavelmente passageira; ela é sempre invocada para dar apoio àquela que se revela como a referência principal: o consenso genuíno do pensamento norte-americano contemporâneo[92].

Consenso

> *Poucos mandariam seus filhos e filhas à guerra para defender o direito dos cidadãos de ver "atividades sexuais específicas" nos cinemas.*
>
> *– Suprema Corte dos EUA (1976)*[93]

A ideia de que os "valores amplamente partilhados" por toda a sociedade devem dar forma às disposições constitucionais abertas à interpretação – que "o direito constitucional deve agora ser compreendido como algo que expressa as normas contemporâneas"[94] – está no cerne da maioria das teses baseadas nos "valores fundamentais"[95]. Assim como aqueles que falam sobre a tradição geralmente dizem algo como "os valores de hoje, vistos à luz da tradição", assim também um suposto consenso sobre os valores contemporâneos quase sempre se resume a uma tentativa de dar conteúdo às noções intrinsecamente vazias de "razão" e "princípio"[96]. Esse critério foi recentemente defendido de maneira mais explícita por Harry Wellington, que o baseou na ideia de moral "convencional" ou "comum": "A tarefa da Corte é determinar o peso dos princípios na moral convencional e converter os princípios morais em princípios jurídicos, ligando-os ao corpo do direito constitucional."[97]

Teoricamente, essa abordagem resolve dois problemas das abordagens anteriores. Teoricamente, ela não é incompleta. O consenso ou a moral convencional são postulados como fatores objetivos, que podem ser descobertos e conhecidos. E, teoricamente, ela não é antidemocrática. Muito pelo contrário, Wellington dá-lhe o rótulo de "uma consulta ao povo"[98]. F. A. Hayek comenta: "Só um demagogo pode representar como 'antidemocráticas' as limitações que as decisões de longo prazo e os princípios gerais nos quais o povo acredita impõem sobre o poder das maiorias temporárias."[99]

Talvez isso faça de mim um demagogo, mas penso que ambas as afirmações – a de que a busca de princípios judiciais no consenso popular não é incompleta e a de que não é antidemocrática – estão erradas. Quanto à primeira, uma literatura cada vez mais extensa nos ensina que, na verdade, não há consenso algum a ser descoberto e conhecido (e, caso pareça haver algum, isso apenas reflete a dominação de alguns grupos por outros). Às vezes se diz que o consenso norte-americano se desintegrou na década de 1960. Isso bastaria como refutação, mas talvez essa desintegração seja muito mais antiga, tendo sido apenas reconhecida em época recente:

> A ausência de interesses comuns entre senhores e escravos é óbvia. O mesmo vale para a relação entre os militares durante a II Guerra Mundial e os nipo-americanos colocados em campos de concentração por um decreto cuja constitucionalidade foi confirmada pela Suprema Corte. Nos debates mais recentes acerca do papel legítimo da raça nas decisões governamentais (quer tratem de segregação, quer de ação afirmativa), ou sobre a legitimidade de o Estado permitir a terminação da vida por meio de aborto ou eutanásia, os conceitos de justiça que neles se confrontam também apresentam diferenças de grande magnitude.[100]

Mesmo se supusermos – por autocontraditória que seja essa suposição – que *existe* um consenso que contradiz a decisão de nossos representantes eleitos, ainda assim restaria o argumento, suficiente por si só, de que esse consenso não é passível de ser descoberto, pelo menos não pelos nossos tribunais. Como Louis Jaffe certa vez indagou:

Como é possível isolar e descobrir um consenso sobre uma questão tão obscura quanto a existência de um direito fundamental? O povo pode valorizar um direito e ainda assim não acreditar que ele seja fundamental. O povo pode ser da opinião de que os direitos dos pais são fundamentais e ainda assim não saber se entre tais direitos figura o de enviar o filho para uma escola particular. Pode haver grande ambiguidade na consciência pública; ela pode gostar de um ideal tradicional mas ao mesmo tempo relutar em agir com base nele. Numa tal situação, não poderíamos dizer que o juiz terá liberdade para seguir tanto o ideal tradicional quanto a prática vigente, dependendo das reações de sua própria consciência? E, em muitos casos, não seria verdade que o povo em geral sequer pensou sobre o assunto?[101]

Assim, quando analisamos os casos concretos, encontramos basicamente a mesma mistura que havíamos encontrado quando o ponto de referência era o "direito natural" – uma mistura do inutilmente geral com o controversamente específico. A observação de Roberto Unger sobre as referências à tradição parece igualmente pertinente aqui: "Para tornar a teoria plausível na ausência de uma verdade moral divinamente revelada, seus defensores fazem referência a opiniões morais partilhadas pelos homens de diferentes eras e sociedades. Quanto mais concretas as alusões a essa concordância moral supostamente atemporal, menos convincentes elas se tornam. Portanto, para defender sua tese, os defensores da objetividade dos valores têm de se restringir a uns poucos ideais abstratos cuja indefinição permite praticamente qualquer interpretação."[102] Se você expressar o seu ceticismo sobre o consenso moral para alguém que acredita nele, é provável que ouça uma máxima infantil, do tipo "ninguém pode se beneficiar de sua própria torpeza". Se você pedir o exemplo de um caso real em que uma Corte constitucional pudesse legitimamente declarar nula uma decisão legislativa com base num consenso moral, as coisas ficarão um pouco estranhas. Em *Breithaupt vs. Abram*, decidido em 1957, a Suprema Corte sustentou que a retirada de vinte centímetros cúbicos de sangue do corpo inconsciente do requerente, obviamente sem seu consentimento, e o uso subsequente desse sangue para acusá-lo de ter dirigido embriagado, não constituíam uma negação do devido processo. Nessa decisão, a Corte empregou de modo bastante explícito uma metodologia de consenso: "O devido processo não é medido pelo padrão das reações pessoais (...) mas por todo um sentido comunitário de 'decência e justiça' que foi tecido pela experiência comum na estrutura da conduta aceitável. Foi sobre esse alicerce que a Corte estabeleceu o conceito de devido processo."[103] Um alicerce? O que a Corte não percebeu, apesar de toda a conversa de "sentido comunitário", é que três dos nove juízes deram voto divergente. A invocação duvidosa de um consenso não é, apresso-me a acrescentar, uma técnica reservada às causas "conservadoras". Em seus votos concorrentes em *Furman vs. Georgia* (1972), os juízes Brennan e Marshall afirmaram claramente que a pena de morte é inconstitucional porque não está de acordo com os valores comunitários contemporâneos[104]. O risco de tal afirmação é óbvio, e neste caso os juízes se deram conta dele de maneira trágica. Depois de *Furman*, houve uma onda de novas legislações estaduais que reinstituíam a pena de morte, e a clareza e veemência dessa reação da comunidade certamente teve muito a ver com a mudança de posicionamento da Corte sobre a questão[105].

As leituras que os autores fazem sobre os valores sociais são tão questionáveis quanto as dos juízes da Suprema Corte. Diz o Professor Bickel: "Afirmo que o acerto da decisão da Corte nos casos sobre a segregação racial nas escolas pode ser demonstrado [mediante um apelo aos valores sociais]. Nego, porém, que qualquer demonstração análoga possa ser ou tenha sido formulada... para provar que uma lei que estabelece um limite de horas de trabalho ou um salário mínimo viola os pressupostos fundamentais de nossa sociedade."[106] Não é difícil identificar o objetivo por ele visado – encontrar uma maneira de aprovar *Brown* e, ao mesmo tempo, condenar *Lochner*. E acredito que essa combinação de fato pode ser defendida de maneira responsável, mas não nesses termos. Suponho que seja possível, embora pouco provável[107], que já em 1954 os valores de grande parte dos habitantes do país – supondo, apesar de nosso sistema federativo, que o que conta é a opinião de toda a nação – houvessem se transformado a ponto de condenar o emprego do princípio "separados, mas iguais" na esfera da educação[108]. E é óbvio que, dada a existência da legislação cuja constitucionalidade foi questionada, alguns grupos tinham sérias reservas quanto ao capitalismo *laissez-faire* na época de *Lochner*. O julgamento *comparativo* de Bickel, no entanto, parece indefensável: o racismo que apoiava as escolas segregacionistas era, na década de 1950 (e ainda é hoje em dia), um grande problema na vida dos norte-americanos, e o capitalismo *laissez-faire* era uma filosofia popularíssima na virada do século XX[109]. O reitor Wellington, desenvolvendo as implicações da tese da "moral convencional", dá, de modo mais hesitante, o mesmo veredicto dúbio de Bickel sobre as raízes de *Lochner* na opinião popular[110]. Sua capacidade de distinguir as hipóteses que recebem apoio da moral convencional das que não o recebem manifesta-se de modo ainda mais retumbante, contudo, na questão do aborto:

> Consola-me, de certa forma, o fato de que o Código Penal Modelo do Instituto de Direito Norte-Americano também permitiria o aborto em caso de estupro, para salvar a vida da mãe ou se "a criança pudesse nascer com deficiência física ou mental grave". O trabalho do Instituto é um tipo de verificação. Suas conclusões são, até certo ponto, sinais do posicionamento moral da sociedade diante dessas questões. São, de fato, mais representativas que a legislação estadual, pois o Instituto, embora não seja imune à política, não está tão sujeito quanto o Poder Legislativo às pressões de grupos de interesses específicos.
>
> O Instituto, no entanto, permitiria o aborto também em outras situações, a mais importante das quais seria aquela em que há "risco substancial de que a continuidade da gravidez provoque graves danos à saúde física ou mental da mãe". Gostaria de poder encontrar apoio para essa posição

na moral convencional, pois ela certamente coincide com minhas preferências pessoais. Mas a posição do Instituto é, neste ponto, o único indício favorável, e isso não parece ser suficiente. Não compreendo como, em vista das atitudes partilhadas por todos, podemos concluir que o feto saudável é menos importante que a mãe doente.[111]

É um belo de um zigue-zague, mas duvido que haja espaço nessa argumentação para qualquer outra opinião além da de Wellington[112].

Os exemplos são inúmeros, mas já deve estar claro que, quando contemplamos os valores sociais através de nossos próprios olhos – solucionando de maneira "adequada" as aparentes incoerências do pensamento popular mediante a aplicação de um critério do "emergente em detrimento do recessivo"[113], do "geral em detrimento do particular"[114] ou qualquer outra coisa* –, podemos nos convencer de que o consenso, seja ele qual for, apoia praticamente qualquer posicionamento que uma pessoa civilizada possa adotar. Como em outros casos, contudo, é difícil afirmar que isso por si só

---

* Tais técnicas são evidentes no trabalho dos teóricos do consenso em geral, e às vezes são explícitas. Ronald Dworkin afirma que os valores comunitários devem ser refinados pelo juiz de modo que sejam expurgados de todo preconceito, das reações emocionais, de toda racionalização e "macaqueação"; e, além disso, devem ser provados para averiguar sua sinceridade e coerência. R. Dworkin, *Taking Rights Seriously*, pp. 126, 240-58 (1977) (trad. bras. *Levando os direitos a sério*, São Paulo, Martins Fontes, 2002). Ver também, por exemplo, Wellington, "Common Law Rules and Constitutional Double Standards: Some Notes on Adjudication", 83 *Yale L. J.*, pp. 221, 251 (1973) (os tribunais "devem ter um nível razoável de certeza de que estão se baseando na moral convencional e devem filtrar os vieses contemporâneos, as emoções e o preconceito, e, inclusive, fazer distinção entre os pendores adquiridos e a obrigação moral"); Perry, "Substantive Due Process Revisited: Reflections on (and beyond) Recent Cases", 71 *Nw. U. L. Rev.*, pp. 417, 442 (1976) (deve-se fazer uma distinção entre "os comandos que a cultura moral convencional apoia e os comandos que ela não apenas apoia como também acredita que devam ser impostos pelo direito"). Tal coleção de artifícios de "lavagem" é necessária para que ninguém seja obrigado a concluir, muito simplesmente, que a lei aprovada pelo Legislativo provavelmente reflete o modo como a comunidade contemporânea vê os assuntos em pauta. Cf. Nota, "Legislative Purpose, Rationality, and Equal Protection", 82 *Yale L. J.*, pp. 123, 127-32, 135-7 (1972).

totaliza um argumento decisivo: não existe uma teoria constitucional decente que não inclua algum tipo de juízo arbitrário. Na verdade, acredito que esta seja pior do que a maioria das outras nesse quesito, mas de qualquer maneira o juízo comparativo é devastador: entre os tribunais e as Assembleias Legislativas, é óbvio que as últimas estão mais bem situadas para refletir um suposto consenso. Os observadores cultos nunca se cansam de nos lembrar de que as Assembleias Legislativas são apenas imperfeitamente democráticas[115]. Deixando de lado o fato de que a reação adequada é torná-las mais democráticas[116], esse argumento é daqueles que, sob análise, podem produzir resultados contrários aos esperados. As influências antimajoritárias existentes no Congresso e nas Assembleias Legislativas estaduais, embora capazes de *bloquear* a legislação, não têm condições de aprovar leis em face de uma oposição da maioria[117]. Isso torna ainda menos defensável a ideia aqui considerada, de que os tribunais devem declarar nulas as leis que se opõem a um suposto consenso[118]. Além disso, podemos admitir inúmeras vezes que as Assembleias Legislativas não são completamente democráticas, mas isso não fará com que os tribunais sejam mais democráticos que elas[119].

Um apelo ao consenso, ou a um consenso temperado com os valores do juiz, pode fazer algum sentido no contexto do *common law,* em que a Corte ou está preenchendo as lacunas deixadas pelo Legislativo – "legislando intersticialmente", como diz Cardozo – ou, talvez, aproveitando-se de uma ampla delegação legislativa de autoridade para tomar decisões. Em casos como esses, agindo "em nome" do Legislativo, as Cortes devem tentar se comportar como os (bons) legisladores, o que talvez inclua combinar uma boa estimativa da opinião popular com um julgamento segundo a consciência. Muitas vezes, os autores acostumados a trabalhar em campos outros que não o direito constitucional, campos em que o apelo a esse tipo de consenso "filtrado" pode ter algum sentido, buscam transferir suas técnicas analíticas para o âmbito constitucional sem mudar uma vírgula[120]. Afinal, a inferência corrente é que o direito é sempre o direito, e o que faz sentido lá deve fazê-lo também aqui. O problema é que o contexto constitucional é muito diferente: o Legislativo já se pronunciou, e a questão é saber se a corte deve anular uma lei que talvez só possa ser reproposta pelo processo oneroso da emenda constitucional. Isso é exatamente o que as Cortes constitucionais devem fazer – e muitas vezes, acrescento. Mas fazer isso com base na teoria de que o Legislativo não fala realmente em nome dos valores do povo, enquanto a Corte o faz, é ridículo[121].

A noção de que os valores genuínos do povo podem ser claramente decifrados por uma elite não democrática às vezes é chamada na literatura de "princípio do Führer"[122], e de fato foi Adolf Hilter quem disse: "Meu grande orgulho é que não conheço nenhum estadista no mundo que tenha maior direito que eu a dizer que é o representante de seu povo."[123] Sabemos, no entanto, que essa atitude não é limitada às elites de direita. "A definição soviética" de democracia, como escreveu H. B. Mayo, também envolve o "antigo erro" de pressupor que "os desejos do povo podem ser identificados com mais precisão por um misterioso método intuitivo acessível a uma elite do que permitindo que o povo discuta, vote e decida livremente"[124]. Ao que parece, os moderados também não são imunes a esse erro.

O problema final, o mais fundamental de todos, aparece quando voltamos alguns passos atrás e nos perguntamos por que estamos nos dedicando a todo esse exercício. Existem duas razões possíveis para que alguém busque no consenso o conteúdo das disposições abertas da Constituição. *Poder-se-ia* dizer que essas pessoas buscam proteger os direitos da maioria, para garantir que a legislação realmente reflita os valores populares. Contudo, se fosse esse o objetivo, o processo legislativo manifestamente teria melhores condições para realizar essa tarefa do que o judicial. Isso nos deixa a outra razão possível da invocação de um consenso: proteger os direitos dos indivíduos e das minorias contra as ações da maioria. É disso, é claro, que tratamos neste capítulo. Ninguém está sugerindo que procuremos no "direito natural" ou na "tradição" como assegurar que a vontade da maioria de fato seja atendida; ao contrário, tais referências são calculadas para proteger as minorias do exercício não mediado da vontade da maioria. Agora, se pensarmos novamente sobre o consenso como uma fonte possível das decisões judiciais, a mensagem ficará clara: é descabido empregar os juízos de valor da maioria como veículo para proteger as minorias dos próprios juízos de valor da maioria[125]. A abordagem do consenso, portanto, deriva sua força aparente de uma confusão mental: sua metodologia, que as pessoas aceitam facilmente por causa de sua semelhança com o que os tribunais podem fazer no contexto do *common law*, não tem relação nenhuma com as tarefas que os mesmos tribunais se propõem legitimamente no âmbito da jurisdição constitucional.

Prevendo o progresso

Em sua Conferência Holmes de 1969, subsequentemente publicada como *The Supreme Court and the Idea of Progress* [A Suprema Corte e a ideia de progresso][126], o raciocínio de Alexander Bickel aparentemente tomou um novo rumo. A Corte de Warren, argumentava ele, tentara prefigurar o futuro, dar forma a seus princípios constitucionais de acordo com a melhor estimativa daquilo a que os estudiosos do futuro estariam propensos a dar o nome de "progresso". Neste aspecto, continuava Bickel, a Corte falhara: as "apostas no futuro" da Corte de Warren já estavam surgindo como fracassos políticos. Bickel não nos disse com clareza se ele mesmo acreditava que os "valores de amanhã" fossem uma fonte legítima do direito constitucional – sua posição formal era que fora esse o critério da Corte de Warren, e que por seus próprios critérios essa Corte havia fracassado. Embora a questão esteja em aberto, acredito que há uma boa dose de prescrição escondida na descrição de

Bickel. De qualquer modo, outros, antes e depois dele, apoiaram esse método, mesmo que não fosse essa a intenção do próprio Bickel[127].

Os problemas dessa abordagem são os mesmos de sempre, mas numa forma um pouco mais grave. Primeiro – supondo-se por um momento que realmente estamos falando de um trabalho de prognóstico –, não há razão para supor que os juízes são qualificados para prever o desenvolvimento futuro da opinião popular. O professor Bickel, cuja sensibilidade histórica certamente era superior à de muitos juristas e juízes, se equivocou – ou pelo menos é essa a impressão que temos em 1980 – quando afirmou, há dez anos, que as grandes decisões da Corte de Warren sobre a dessegregação e a redistribuição proporcional do número de representantes (já!) haviam perdido a sua razão de ser[128]. Isso apenas prova que ele era humano – todos nós já exageramos em nossa avaliação momentânea da intensidade de determinada tendência. Mas é exatamente esse o problema: a previsão é uma tarefa arriscada para qualquer um, e um juiz nomeado não tem motivo algum para supor que seja melhor nessa tarefa do que o Legislativo, a ponto de declarar, com base em suas previsões, que os esforços deste sejam inconstitucionais.

Além disso, a ideia é evidentemente antidemocrática. Controlar a geração de hoje pelos valores de seus netos não é mais aceitável do que controlá-la pelos valores de seus avós: um "acelerador liberal" não é nem mais nem menos compatível com a teoria democrática do que um "freio conservador". Ao lado desse problema há outro, que já notei quando falei do consenso contemporâneo: a imposição de valores supostamente majoritários é uma maneira insensata de proteger as minorias, e tomar como referência uma maioria futura não faz com que isso de repente tenha sentido. Mas mesmo que, por um milagre da lógica, pudéssemos nos convencer de que o modo mais sensato de proteger as minorias atuais da maioria atual é impor sobre esta os valores da maioria do amanhã, ainda assim a ideia de que "os valores da maioria de amanhã" são dados que os tribunais visionários podem descobrir com um método valorativamente neutro continuaria sendo um mito. Pois as decisões judiciais atuais (independentemente de sua fonte de julgamento) inevitavelmente terão uma influência importante sobre os valores da maioria de amanhã[129]. As "profecias" dos que têm poder inevitavelmente tendem a se cumprir, mesmo quando o que está sendo "profetizado" é a opinião popular. Não sei se isso é bom ou ruim, mas sem dúvida significa que a Corte não pode invocar a neutralidade de valores com a justificativa de que está "buscando valores no futuro", pois é muito possível que, ao contrário, esteja impondo *seus* valores *sobre* o futuro: o fato de que tudo ocorreu como a Suprema Corte previra pode ser apenas uma prova de que a Suprema Corte é a Suprema Corte. Assim, ao prever o futuro, os juízes da Suprema Corte inevitavelmente colaboram para moldá-lo; e, moldando o futuro, eles inevitavelmente – e de fato é este o cerne dessa metodologia – dão forma ao presente. Supondo que isso funcione, tratar-se-á unicamente da imposição dos valores próprios dos juízes. Foi exatamente isso que os teóricos dos valores fundamentais prometeram que não fariam: o fato de ser feito de modo indireto e por trás de uma cortina de fumaça não deve ser invocado como argumento de defesa.

A odisseia de Alexander Bickel

Há várias razões para que Alexander Bickel tenha sido um personagem tão importante neste capítulo. Ele provavelmente foi o constitucionalista mais criativo dos últimos vinte anos e abrangeu toda a gama de metodologias axiológicas fundamentais. Sua carreira* é, portanto, um microcosmo e atesta a inevitável futilidade de tentar responder à

---

* "Tragicamente abreviada" é algo muito vulgar para dizer sobre Alex, que nunca foi banal em seu estilo pessoal ou intelectual.

pergunta errada: "Que valores, adequadamente neutros e gerais, são suficientemente importantes, ou fundamentais, ou seja o que for, para serem preferidos pela Corte em face de outros valores afirmados pelos atos legislativos?"[130] Ele reconheceu que não adiantaria que os juízes da Suprema Corte simplesmente impusessem seus próprios valores: reconheceu – ao contrário de outros, que fingiram não reconhecer – que, dada a enorme influência do Judiciário, tal curso de ação seria fundamentalmente incompatível com os princípios fundamentais de nossa democracia. E também não supôs por um momento sequer que existe um conjunto atemporal de princípios de direito natural objetivamente válidos que devem ser descobertos pelos juízes ou por outras pessoas. E assim começou sua busca. Foi um dos primeiros a perceber que a invocação de "princípios neutros" sequer nos dá uma pista inicial sobre quais devem ser esses princípios; e, embora falasse bastante sobre a "razão", estava claro que compreendia que faltava algum outro ingrediente. A tradição olhava muito para o passado; pelo menos, era isso que achava um liberal da ala de Robert Kennedy, que é o que Bickel era em 1968. O consenso era promissor, algo que poderia resolver a dificuldade contramajoritária. Mas ele aos poucos percebeu (embora jamais tenha desistido totalmente da ideia) que provavelmente não há consenso algum em torno dos tipos de questões que surgem perante a Corte[131]; e que, mesmo que houvesse, a Corte não seria capaz de identificá-lo[132]. Daí a "ideia de progresso". O livro póstumo de Bickel, *The Morality of Consent* [A moralidade do consentimento], dá a entender que ele também logo percebeu o que era essa ideia; uma mal disfarçada imposição de valores judiciais pessoais sobre o presente e o futuro[133]. O que, então, resta para preencher a lacuna? Infelizmente, um pastiche de temas requentados, com ênfase especial, dessa vez, em um tema que não exercera grande atração sobre o jovem Alex Bickel: a tradição. No Ofício em Homenagem à memória de Bickel, seu bom amigo Robert Bork explicou que esse fim burkeano significava que Bickel fi-

DESCOBRINDO OS VALORES FUNDAMENTAIS

nalmente "resolvera a tensão" entre seu liberalismo político e seu conservadorismo judicial. "Ler seu ensaio sobre Edmund Burke na *New Republic* é ver que sua filosofia política entrou em acordo com sua filosofia jurídica." Lembro-me de ter quase engasgado ao ouvir Bork dizer isso, não porque eu não achasse que a política de Bickel havia se modificado no fim de sua vida – também não posso explicar *The Morality of Consent* sem fazer essa suposição –, mas por causa da afirmação de Bork de que havia uma contradição a ser resolvida. Pois é perfeitamente *possível* ser genuinamente liberal em matéria de política e ao mesmo tempo acreditar, em virtude do respeito pelo processo democrático, que a Corte não deve interferir nos juízos de valor do Legislativo. Mas eu já estou mais calmo, e agora compreendo de que modo *alguém que partiu da premissa de Bickel,* de que o papel correto da Corte é a definição e a imposição de valores[134], pode, ao fim de toda uma vida de pesquisas, concluir que, já que nada mais funciona – já que não há nenhuma fonte impessoal de valores à espera de ser descoberta –, o que nos resta é simplesmente "fazer a coisa certa", impondo nossos próprios valores. É uma conclusão nascida do desespero, mas, nesse caso, um desespero inevitável. Não pode haver resposta certa para uma pergunta errada.

4. Controlando o processo de representação: a Corte como árbitro

Tudo isso parece nos deixar num impasse. Uma abordagem interpretacionista – pelo menos uma abordagem interpretacionista que aborde as disposições da Constituição como unidades contidas em si mesmas – mostra-se, quando submetida à análise, incapaz de manter-se fiel ao espírito evidente de certas disposições. Entretanto, quando buscamos uma fonte externa de valores para preencher a textura aberta da Constituição – uma fonte que não transforme a Corte num simples conselho de controle legislativo –, nada encontramos. Apesar da suposição comum de que essas são as únicas opções[1], elas não são, pois a imposição de valores não é a única resposta possível à nossa consciência de que a Constituição precisa ser preenchida. Existe uma abordagem bastante diferente; e, para conseguirmos enxergar seus contornos, não é preciso procurar além da Corte presidida pelo juiz Warren[2].

A reputação dessa Corte como "ativista" ou intervencionista é merecida. No entanto, apesar de haver bastantes críticos que dizem o contrário, termina aí sua semelhança com as Cortes intervencionistas anteriores, particularmente a Corte que decidiu *Lochner vs. New York* e as causas daí derivadas, no começo do século XX. Pois, enquanto os juristas da era Warren falavam sobre maneiras diversas de descobrir valores fundamentais, a própria Corte tomava um caminho diferente. A divergência não era inteiramente consciente, e a Corte às vezes incorreu no lapso de usar a linguagem dos valores fundamentais: seria surpreendente se o pensamento das Cortes anteriores e os escritos dos juristas mais notáveis da época não tivessem exercido alguma influência sobre ela[3]. Essa influência, no entanto, foi quase inteiramente retórica: as decisões constitucionais da Corte de Warren, em sua estrutura profunda, evidenciam uma abordagem significativamente diferente da abordagem axiológica favorecida pela academia[4].

Muitas das decisões mais controversas da Corte de Warren dizem respeito ao processo penal ou a outras questões referentes aos procedimentos judiciais ou administrativos que devem ser cumpridos para que o Estado possa impor um dano grave aos indivíduos – decisões de teor processual, no sentido mais comum da palavra. Mas uma preocupação processual num sentido mais amplo – com o procedimento por meio do qual são feitas as leis que governam a sociedade – também permeia suas outras decisões. Seu ativismo sem precedentes nos campos da expressão política e da liberdade de associação obviamente se encaixa nesse padrão mais amplo. Outras Cortes reconheceram o vínculo entre tal atividade política e o funcionamento correto do processo democrático: a Corte de Warren foi a primeira a agir seriamente de acordo com essa percepção. Foi a primeira a tocar no assunto da qualificação dos eleitores e da má distribuição proporcional do número de representantes (e, uma vez tocando nesse assunto, tratou-o com seriedade). É certo que essas decisões foram intervencionistas, mas o intervencionismo era alimentado não por um desejo por parte da Corte de impor certos valores substantivos que ela considerara importantes ou fundamentais, e sim pelo desejo de assegurar que o processo político – que é o contexto em que tais valores *de fato podem ser* corretamente identificados, ponderados e proporcionados entre si – estivesse aberto aos adeptos de todos os pontos de vista, em condições de relativa igualdade.

Finalmente, houve decisões importantes que insistiram na igualdade de tratamento devida àqueles que a sociedade habitualmente não trata de maneira igual: especialmente as minorias raciais, mas também os estrangeiros, os filhos "ilegítimos" e os pobres. Porém, em vez de anunciar que o bem ou o valor X era tão importante ou fundamental que simplesmente precisava ser assegurado ou protegido, a Corte transmitiu aqui a mensagem de que, uma vez que os políticos decidissem fornecer ou proteger X para algumas pessoas (em geral, pessoas como eles mesmos), eles tinham o dever de garantir que todos fossem igualmente agraciados ou protegidos, ou então de preparar-se para explicar, de modo bem convincente, por que isso não ocorria. Se esses dois amplos campos de ação da Corte de Warren – desobstruir os canais da mudança política, de um lado, e corrigir certos tipos de discriminação contra as minorias, de outro – se combinam para formar uma teoria coerente do governo representativo, ou se, como às vezes se afirma, eles são na verdade impulsos incompatíveis entre si[5], é uma questão que examinarei em breve. Mas, como quer que seja, parece estar cada vez mais claro que a busca dessas metas "participativas" de acesso amplo aos processos e benefícios* do governo representativo, em contraposição à insistência – mais tradicional entre os acadêmicos – no fornecimento de uma série de bens ou valores substantivos específicos considerados fundamentais, foi o que marcou o trabalho da Corte de Warren[6]. Alguns a condenam, outros a elogiam; mas pelo menos estamos começando a compreender que algo diferente da tradicional imposição de valores esteve, durante certo tempo, na ordem do dia**.

---

* Deve-se compreender essa referência como algo que inclui isenções e imunidades em relação a danos infligidos (penas, impostos, regulamentações etc.), juntamente com os benefícios. É, portanto, uma referência geral aos padrões de distribuição.

** É óbvio que a participação em si pode ser considerada um valor, mas isso não faz com que os dois tipos de controle judicial de constitucionalidade que estou descrevendo se mesclem num só. Segundo o modo como utilizo tais termos, a imposição de valores refere-se à atribuição de tamanha importância a certos bens (ou direitos, ou seja lá o que for) que eles devem ser isolados de toda restrição passível de ser imposta pelo processo político, ao passo que a orien-

A nota de rodapé a *Carolene Products*

O modo de agir da Corte de Warren foi prefigurado por uma famosa nota de rodapé a *United States vs. Carolene Products Co.*, decidido em 1938. O voto do juiz Stone, representando a Corte, dava aval a uma lei federal que proibia o transporte interestadual de um produto, o leite com óleo vegetal, com base no argumento de que tudo que a lei deveria ser é "racional", e que certamente ela o era. A nota de rodapé número 4, no entanto, dava a entender que a mera racionalidade nem sempre era suficiente:

> A presunção de constitucionalidade pode ter margem mais estreita quando a legislação parece, à primeira vista, estar compreendida numa proibição específica da Constituição, tal como as das dez primeiras emendas, consideradas igualmente específicas quando entendidas como contidas na Décima Quarta emenda...
>
> Não será necessário, agora, considerar se uma lei que restringe aqueles processos políticos dos quais, via de regra, pode-se esperar que provoquem a revogação das leis indesejáveis, deverá estar sujeita a uma análise judicial mais rigorosa (no contexto das proibições gerais da Décima Quarta Emenda) do que a maioria dos outros tipos de legislação...

---

tação participativa denota uma forma de controle judicial de constitucionalidade que se preocupa com o modo através do qual são feitas as decisões que efetuam na prática as escolhas de valores e a distribuição dos custos e benefícios resultantes. Ver também p. 116n. Certamente não afirmo que as palavras precisam ser usadas dessa forma. (Chego até a duvidar de que "participativo" [*participational*] mereça ser reconhecida como uma palavra.) Apenas afirmo que é assim que as estou utilizando, e que dessa maneira elas não são sinônimas.

Caso se objete, não que eu não distingui os dois conceitos, mas sim que é possível "valorizar" certos procedimentos decisórios por si mesmos, trata-se obviamente de uma objeção correta: é possível. E, para quem insistir em usar essa terminologia, afirmo que os "valores" que a Corte deve buscar são "valores participativos" como os acima mencionados, já que esses são os "valores" (1) aos quais nossa Constituição se ateve de modo mais notável e eficaz, (2) cuja "imposição" não é incompatível com (pelo contrário, apoia) o sistema norte-americano de democracia representativa, e (3) que as Cortes estabelecidas, que não participam diretamente do processo político, estão em condições ideais para "impor".

Também não será necessário procurar saber se considerações do mesmo naipe devem influenciar o controle de leis direcionadas a certas minorias religiosas (...) ou de nacionalidade (...) ou raciais (...); se o preconceito contra minorias separadas e isoladas (*discrete and insular minorities*) pode ser uma condição especial que tende a restringir seriamente o funcionamento dos processos políticos em que costumamos nos basear para proteger as minorias, e que pode exigir, nessa mesma medida, um exame judicial mais minucioso.[7]

O primeiro parágrafo é puro interpretacionismo: ele diz que a Corte deve aplicar as disposições "específicas" da Constituição[8]. Vimos, no entanto, que o interpretacionismo é incompleto: existem disposições na Constituição que exigem mais do que isso. O segundo e o terceiro parágrafos nos dão uma versão do que esse algo mais poderia ser. O segundo parágrafo afirma que é função da Corte manter a máquina do governo democrático funcionando como deveria, garantir que os canais da participação e da comunicação políticas permaneçam abertos. O terceiro parágrafo assevera que a Corte também deve se preocupar com o que a maioria faz com as minorias, mencionando particularmente as leis "direcionadas a" minorias religiosas, nacionais e raciais e os que têm preconceito contra elas.

Apesar de toda a sua notoriedade e influência, a doutrina contida na nota de rodapé a *Carolene Products* não chegou a ser adequadamente desenvolvida. O primeiro parágrafo sempre pareceu a alguns autores não combinar muito bem com os outros dois[9]. O Professor Lusky, que, como assistente de Stone, foi em grande parte responsável pela nota, recentemente revelou que o primeiro parágrafo foi acrescentado a pedido do juiz-presidente Hughes[10]. Qualquer crítica substantiva implícita parece deslocada: o direito positivo tem os seus direitos, mesmo quando não se encaixa numa teoria grandiloquente[11]. É verdade, no entanto, que os parágrafos dois e três são mais interessantes, e é a relação entre esses dois parágrafos que não tem sido analisada de modo adequado. O controle popular e o igualitarismo certamente são, ambos, antigos ideais norte-americanos; com efeito, as definições que o dicionário dá para a palavra "democracia" tendem a incorporar os dois[12]. Entretanto, a conjunção nem sempre implica a compatibilidade, e pelo menos à primeira vista o princípio do controle popular parece dar à maioria o poder de, superando em número de votos a minoria, privar os membros desta dos bens que desejarem. Tomando emprestada a terminologia de Paul Freund[13], afirmei que ambos os temas em *Carolene Products* estão relacionados à *participação*: não nos chamam a considerar se este ou aquele valor substantivo é excepcionalmente importante ou fundamental, mas sim se a oportunidade de participar quer nos processos políticos mediante os quais os valores são identificados e ponderados, quer nos benefícios concretos alcançados por meio desses processos foi restringida de modo indevido. Mas o fato de que dois conceitos podem ser compreendidos numa mesma designação verbal não é suficiente para torná-los compatíveis entre si, e não existe nenhum vínculo evidente e necessário entre um sistema de participação igualitária nos processos políticos, de um lado, e um sistema de participação presumidamente igualitária nos custos e benefícios que o processo gera, de outro; em muitos casos, o sistema de participação igualitária nos processos políticos parece calculado para produzir exatamente o efeito contrário. Para compreender como esses dois tipos de participação se unem numa teoria política coerente, é necessário analisar, de maneira mais persistente do que fiz no capítulo 1, o sistema norte-americano de democracia representativa.

O governo representativo

> *É um princípio de aplicação geral aquele que afirma que o exercício de um poder concedido para agir em nome de determinadas pessoas implica que esse poder será exercido em nome e em prol dos interesses dessas pessoas...*

> Segundo pensamos, a Lei do Trabalho Ferroviário impõe aos representantes da classe o dever de proteger igualmente os interesses dos membros da classe, e o impõe de modo não menos rigoroso que a Constituição, quando esta incumbe o Legislativo de dar igual proteção aos interesses daqueles para quem legisla.
>
> Suprema Corte dos EUA (1944)[14]

A democracia representativa talvez seja, antes de tudo, um sistema de governo apropriado àquelas situações nas quais por algum motivo é impraticável que os cidadãos participem diretamente do processo legislativo. Mas o conceito de representação, tal como nossos precursores o compreenderam, era mais profundo que isso. A retórica pré-revolucionária postulava um conflito contínuo entre os interesses dos "governantes", de um lado, e os dos "governados" (ou do "povo"), de outro[15]. Buscou-se uma solução ao incorporar ao conceito de representação a ideia de uma associação dos interesses dos dois grupos. Assim, os representantes no novo governo eram concebidos como "cidadãos", pessoas de grande caráter e capacidade, certamente, mas também "do povo". Segundo a crença dos que assim os concebiam, terminado o seu serviço eles voltariam ao povo e, assim, ao grupo dos "governados". Além disso, mesmo enquanto estivessem ocupando o cargo, a ideia é que eles vivessem sob o regime das leis que aprovassem, e não se isentassem delas: essa obrigação de incluir a si mesmos no grupo dos governados asseguraria uma comunhão de interesses e nos resguardaria de uma legislação opressiva[16]. Os constituintes deram-se conta de que mesmo imagens ideais precisam de mecanismos que garantam sua aplicação: era necessária "alguma força que se oponha à tendência insidiosa do poder de separar... os governantes dos governados"[17]. A principal força concebida para esse fim foi o voto: as pessoas do povo, em nome de seus próprios interesses, escolheriam os representantes cujos interesses se harmonizassem com os seus e, mediante a decisão crítica de reelegê-los ou não, assegurariam que os representantes lhes permanecessem fiéis e sobretudo que não se esquivassem dos rigores das leis que eles mesmos aprovassem[18].

Na verdade, talvez não importe muito se nossos representantes estão tratando a si mesmos da mesma forma como nos tratam. De fato, talvez seja exatamente porque eles tratam melhor a si mesmos, em alguns aspectos, que eles parecem buscar tão desesperadamente a reeleição. E talvez esse desejo de reeleição, mais que qualquer comunhão de interesses, seja nossa melhor apólice de seguro contra eles. Se a maioria achar que está sendo sujeita a um tratamento injusto por parte dos representantes, terá sempre a capacidade – independentemente de estarem eles se isolando do povo, formal ou informalmente – de tirá-los do cargo. O que o sistema, pelo menos como foi descrito até o momento, *não* assegura é a proteção efetiva das minorias cujos interesses são diferentes dos interesses da maior parte da população. Pois se não forem os "muitos" que estiverem recebendo um tratamento injusto, e sim apenas uma minoria, a situação não será tão confortavelmente passível de correção política. É até mesmo possível que haja pressão política para encorajar os representantes a aprovar leis que tratem de determinada maneira a coalizão da maioria de cujo apoio contínuo dependem, e de maneira menos favorável uma ou mais minorias cujo apoio não lhes é necessário. Mesmo supondo que estivéssemos dispostos a fazê-la valer, a exigência de que os representantes tratem a si mesmos do mesmo modo como tratam o resto da população não seria garantia nenhuma contra o tratamento desigual das minorias.

Isso não quer dizer que a opressão das minorias foi um desdobramento que nossos antepassados estavam dispostos a aceitar como inevitável. A "república" que imaginaram não era um sistema em que "o vencedor leva tudo", em que o governo protege os interesses de uns poucos privilegiados ou mesmo somente daqueles grupos que possam formar uma coalizão de maioria[19], mas sim – deixando de lado a questão da escravidão, na qual eles fizeram exatamente isso – um sistema em que os representantes governariam em nome de todo o povo[20]. Assim, dizia-se que cada cidadão tinha direito a igual respeito, e a igualdade era frequentemente mencionada como uma das preocupações republicanas. O lugar que ocupa na Declaração de Independência, por exemplo, é extremamente importante[21]. Quando chegou o momento de insculpir na Constituição o funcionamento real do governo republicano, no entanto, essa preocupação com a igualdade recebeu atenção relativamente pequena. Em grande parte, isso parece ter decorrido de um pressuposto da teoria social e política republicana "pura", o qual já mencionamos mas não sublinhamos: o de que o "povo" era um grupo essencialmente homogêneo cujos interesses não variavam de modo significativo[22]. Embora concebido em geral como uma realidade existente, esse pressuposto era, na melhor das hipóteses, um ideal; e o fato de alguma forma de redistribuição da riqueza – desde propostas bastante radicais até outras bastante modestas – aparecer em muitas das primeiras teorias republicanas[23], embora sem dúvida fosse parcialmente devido à simples desejabilidade de tais mudanças, também estava ligado, de modo bastante consciente, à teoria política do republicanismo. Na medida em que a heterogeneidade real dos interesses fosse uma função da disparidade de riquezas, a redistribuição iria reduzi-la. Na medida em que o ideal de homogeneidade pudesse ser alcançado, a legislação favorável à maioria necessariamente seria uma legislação favorável a todos, e não seria necessário dar maior e mais ampla atenção à questão da igualdade de tratamento.

O pressuposto fundamental desse raciocínio, de que os interesses de todos são essencialmente idênticos, é obviamente algo que nossa geração tem dificuldade para engolir, e na verdade sabemos que muitos de nossos precursores também tinham suas dúvidas a respeito dele[24]. Assim, o documento de 1789 e 1791, embora em nenhum passo invoque explicitamente o conceito de igualdade, buscava, por meio de pelo menos duas estratégias, proteger os interesses das minorias contra o poder potencialmente destrutivo de uma coalizão da maioria. A maneira mais óbvia talvez seja a estratégia da "lista" que se vê na Declaração de Direitos, a qual arrolava atos que não podem ser praticados contra ninguém, pelo menos por parte do governo federal (embora mesmo aqui as ressalvas sejam basicamente procedimentais). A estratégia mais profunda da Constituição original, no entanto, pode ser definida, *grosso modo*, como uma estratégia de pluralismo, uma estratégia que busca estruturar o governo, e até certo ponto a sociedade em geral, de modo que se garanta a palavra às vozes mais diversas e se impeça o predomínio de uma coalizão majoritária qualquer[25]. Como escreveu Madison – atacando incisivamente a ideia (Capítulo 3) de estabelecer um órgão não democrático para vigiar os valores da maioria – no *Federalist* 51:

> É de grande importância numa república não apenas proteger a sociedade contra a opressão de seus governantes, mas proteger parte da sociedade contra as injustiças da outra parte... Se a maioria estiver unida por um interesse comum, os direitos da minoria não estarão seguros. Existem apenas dois meios de evitar esse mal: um deles é criar, na comunidade, uma vontade independente da maioria... o outro é incluir na sociedade tantas categorias diferentes de cidadãos que uma consorciação injusta da maioria se torne bastante improvável, se não impraticável. O primeiro método é o que prevalece em todos os governos que têm uma autoridade hereditária ou autoproclamada. Trata-se, na melhor das hipóteses, de uma segurança precária, porque um poder independente da sociedade pode muito bem defender as opiniões injustas da maioria assim como os interesses justos da minoria, e poderá talvez voltar-se contra ambos os grupos. O segundo método terá como exemplo a república federativa dos Estados Unidos.[26]

Assim foi concebida a mudança crucial de uma confederação para um sistema com um governo central mais forte. Madison foi ostensivamente criticado por não compreender a teoria política pluralista[27], mas na verdade temos motivos para supor que ele a compreendia muito bem. Sua teoria, derivada de David Hume e descrita detalhadamente no *The Federalist*, era a de que, embora em nível local uma "facção" possa ter influência suficiente para ser capaz de tiranizar as outras, no governo nacional nenhuma facção ou grupo de interesses constituiria uma maioria capaz de exercer controle[28]. As diversas medidas tomadas pela Constituição para pôr freios às decisões governamentais e à autoridade de impor a lei, fragmentando-as não apenas entre o governo nacional e os estados, mas também entre os três poderes da União, tiveram o mesmo objetivo[29].

É um sistema notável e merecidamente famoso, mas não levou muito tempo para percebermos que, do ponto de vista da proteção às minorias, ele não era suficiente. Se é que de início havia a crença sincera em que os interesses de todos ou eram idênticos ou estavam prestes a se tornar idênticos, o fato é que essa crença já não existia quando a república celebrou seu 50.º aniversário. Diferenças econômicas significativas perpetuavam-se, e o receio de uma legislação hostil aos interesses das classes proprietárias e credoras – receio que obviamente já se manifestara antes, durante o regime dos Artigos da Confederação, e que havia inspirado, em grande medida, os mecanismos constitucionais a que aludimos aqui – certamente não foi eliminado durante a era Jackson, quando os "muitos" começaram de fato a exercer seu poder político[30]. A Suprema Corte da Pensilvânia assim resumiu a questão, em 1851:

> Quando, no exercício dos devidos poderes legislativos, são promulgadas leis que afetam ou podem afetar toda a comunidade, é esta em seu todo que, elevando a voz, tem interesse em buscar sua anulação caso tais leis sejam injustas e contrárias ao espírito da Constituição. E essa é a maior garantia de que a legislação será justa e imparcial.
>
> Mas quando certos indivíduos são separados da massa, e são promulgadas leis que afetam sua propriedade (...), quem irá defendê-los, assim isolados das massas, em caso de dano e injustiça, ou onde poderão buscar remédio contra tais atos de poder despótico?[31]

Também era pertinente a persistência da instituição da escravidão. Enquanto os negros pudessem ser considerados sub-humanos, a situação deles não daria prova de que certas pessoas estavam tiranizando outras. Assim que aquela suposição começou a se diluir, veio à luz outra razão para duvidar de que a proteção de muitos era necessariamente a proteção de todos[32].

Ao mesmo tempo, passamos a reconhecer que os mecanismos constitucionais existentes para a proteção das minorias simplesmente não eram suficientes. Nenhuma lista finita de direitos pode abarcar todas as maneiras pelas quais a maioria pode tiranizar as minorias, e nem sempre podemos nos apoiar nos mecanismos informais e mais formais de pluralismo. O fato de a maioria efetiva ser em geral um agrupamento de minorias que cooperam entre si não é de grande ajuda quando o agrupamento em questão tem suficiente poder e comunhão consciente de interesses para levar vantagem sobre uma minoria (ou grupo de minorias) que esse agrupamento tende a considerar diferente; e, em tais situações, o fato de ser necessária a concordância de um certo número de agentes, ao passo que os outros conservam tão somente o direito de protestar, também não ajuda em nada. Para preservar, portanto, o ideal republicano de governo em prol dos interesses de todo o povo, numa época em que a crença de que o povo e seus interesses eram essencialmente homogêneos estava completamente morta, era necessário atacar frontalmente o problema da tirania da maioria. A teoria da representação que então predominava teve de ser ampliada para assegurar não apenas que os representantes não separassem seus interesses dos interesses da maioria do eleitorado, mas também que não separassem os interesses da coalizão majoritária dos interesses das diversas minorias. Isso naturalmente não pode significar que os grupos que constituem a minoria da população não possam jamais ser tratados de modo menos favorável que os demais, mas certamente impede que eles deixem de ser *representados*[33] – ou seja, impede que se negue às minorias aquilo que o Professor Dworkin chamou de "igual consideração e respeito na criação e administração das instituições políticas que as governam"[34]. A Cláusula da Igual Proteção da Décima Quarta Emenda é, sem dúvida, a encarnação mais evidente desse ideal. Antes de a emenda ser ratificada, no entanto, sua teoria era compreendida à luz do conceito de representação que desde o começo está no cerne de nossa Constituição – e também era entendida como um elemento desse conceito, elemento que, aliás, era ocasionalmente invocado em demandas judiciais[35].

É irônico, mas o velho conceito de "representação virtual" pode nos ajudar aqui. O termo em si era anátema para nossos antepassados, já que era invocado como reação aos clamores de "sem representação, nada de tributação". Mas o conceito continha em si uma ideia que sobreviveu na teoria política norte-americana e que, na verdade, influenciou nosso pensamento constitucional desde o começo. Ao argumento dos colonos de que era errado, até mesmo "inconstitucional", cobrar impostos da população quando ela não tinha o privilégio de enviar seus representantes ao Parlamento, os britânicos responderam que, embora as colônias de fato não elegessem ninguém, elas estavam "virtualmente representadas" no Parlamento. Ressaltou-se que Manchester tinha de pagar impostos sem o privilégio de enviar seus representantes ao Parlamento; ainda assim, concluía o argumento, ninguém poderia negar que Manchester era representada. A resposta dos colonos, pelo menos a principal, não negava o sentido geral do conceito, mas sim sua aplicabilidade ao caso norte-americano. Assim respondeu Daniel Dulany:

> A garantia dos não eleitores [de Manchester] contra a opressão é que, caso sejam oprimidos, a opressão também recairá sobre os eleitores e os representantes... Os eleitores, que por seus interesses estão inseparavelmente ligados aos não eleitores, podem corretamente ser considerados representantes destes (...) e os membros escolhidos, portanto, são os representantes de ambos.

No entanto,

> Não há uma relação íntima e inseparável entre os eleitores da Grã-Bretanha e os habitantes das colônias, a qual envolva inevitavelmente a ambos nos mesmos impostos. Pelo contrário, nem mesmo um único eleitor na Inglaterra pode ser imediatamente afetado pela tributação na América... Até mesmo os atos mais opressivos e lesivos podem ser populares na Inglaterra, com a promessa ou a expectativa de que as mesmas medidas que oprimem as colônias possam trazer algum conforto aos habitantes da Grã-Bretanha.[36]

Compreensivelmente, o termo em si não foi ressuscitado; mas o mecanismo de proteção da "representação virtual", que liga os interesses daqueles que não têm poder político com os interesses daqueles que têm, influenciou sobremaneira tanto a redação de nossa Constituição original quanto sua subsequente interpretação. A Cláusula de Privilégios e Imunidades do Artigo IV tinha a intenção de afirmar (e assim foi interpretada) que os Legislativos estaduais não podem, por meio de suas diversas regulamentações, tratar os habitantes de outros estados de maneira menos favorável que os habitantes locais. "Ela foi feita para assegurar ao cidadão do estado A que entra no estado B os mesmos privilégios desfrutados pelo cidadão do estado B."[37] O Artigo IV não nos dá um conjunto de direitos substantivos, e sim "simplesmente" a garantia de que quaisquer direitos que os habitantes de um determinado estado achem por bem obter pelo voto sejam igualmente estendidos aos visitantes. Um ideal ético de igualdade certamente está em jogo aqui, mas a razão pela qual as desigualdades contra os não residentes e não contra outros foram especificamente proibidas no documento original é óbvia: os não residentes são uma classe paradigmaticamente destituída de poder político. A proteção deles é obtida por meio daquilo que outra coisa não é senão um sistema de representação virtual: ao ligar constitucionalmente o destino dos não residentes ao destino dos que possuem poderes políticos, os constituintes asseguraram que os interesses daqueles seriam bem cuidados. A Cláusula de Comércio do Artigo I, Seção 8, estabelece simplesmente que o Congresso tem o poder de regular o comércio entre os estados. Mas desde o começo a Suprema Corte deu a essa disposição uma dimensão de eficácia plena, que surge da mesma necessidade de proteger os destituídos de poder político e opera por meio do mesmo artifício de representação virtual garantida. Assim, por exemplo, no início do século XIX, a Corte afirmou que um estado não poderia sujeitar os bens produzidos fora do estado a tributos que não fossem igualmente impostos sobre os bens produzidos localmente[38]. Assim, ao ligar constitucionalmente os interesses dos produtores de outros estados aos interesses dos produtores locais representados no Legislativo, ela nos deu a garantia política de que os impostos cobrados dos primeiros não chegariam a um nível proibitivo ou até mesmo absurdo[39].

Esses exemplos estão relacionados com a proteção de pessoas de outras localidades, os que literalmente não têm poder de voto. Mas mesmo os que são tecnicamente representados podem encontrar-se funcionalmente sem nenhum poder e, portanto, necessitados de algum tipo de "representação virtual" por parte daqueles que são mais poderosos que eles[40]. Nessa perspectiva, a pretensão de tais grupos de serem protegidos da maioria dominante é até mais urgente que a pretensão dos cidadãos de outros estados: eles são, afinal de contas, membros da comunidade que os está prejudicando. Por outro lado, no entanto, essa pretensão parece mais fraca: eles efetivamente têm poder de voto, e talvez não seja irrazoável, em termos abstratos, esperar que eles façam jogos de manipulação em prol de seus interesses como nós (teoricamente) fazemos, cedendo nas questões a respeito das quais somos relativamente indiferentes e usando a tática de "uma mão lava a outra". "Nenhum grupo que esteja preparado para entrar no processo e relacionar-se com os outros precisa ficar permanente e completamente destituído de poder."[41] Talvez não "permanente e completamente", se com isso queremos dizer "para sempre"; mas certos grupos que tecnicamente detêm o poder de voto estiveram *de fato* durante longos períodos num estado de contínua incapacidade de proteger a si mesmos de formas generalizadas de tratamento discriminatório. É como se eles não tivessem direito ao voto.

É óbvio que as questões aqui vislumbradas – relacionadas às condições sob as quais é razoável ligar constitucionalmente os interesses da maioria aos de alguma minoria com a qual não se desenvolveu naturalmente uma comunhão manifesta de interesses – precisam ser examinadas com mais atenção, e é o que farei no capítulo 6. O ponto pertinente aqui é que, mesmo antes da promulgação da Cláusula da Igual Proteção, a Suprema Corte estava disposta, pelo menos sob certas circunstâncias, a proteger os interesses de minorias que não eram literalmente destituídas de poder de voto, ligando-os aos interesses dos grupos que tinham poder político – e (o que é a mesma coisa) intervindo de modo que fossem protegidos tais interesses quando a garantia de "representação virtual" parecia não estar sendo fornecida. No caso paradigmático *McCulloch vs. Maryland*, decidido em 1819, a Corte declarou inconstitucional um imposto estadual sobre as operações de todos os bancos (e que incluía, de modo mais patente, o *Bank of the United States*) cujo funcionamento não tivesse sido diretamente autorizado pelo Legislativo estadual. No final do voto do juiz-presidente Marshall, adotado pela Corte, aparece uma qualificação bastante intrigante: "Esta decisão (...) não se estende ao imposto pago pelo banco em razão de seus bens imóveis, em pé de igualdade com os outros bens imóveis dentro do estado, nem ao imposto cobrado sobre os interesses que os cidadãos de Maryland possam ter nessa instituição, em pé de igualdade com outros bens de mesmo tipo em todo o estado."[42] O que, afinal, ele tinha em mente? Não pode ser que ele soubesse que os impostos sobre os bens mencionados eram menos pesados, pois nada em sua decisão indica que o imposto que a Corte estava declarando nulo era de fato paralisante ou mesmo pesado. Com efeito, estava evidente no cerne de seu argumento que essa demonstração não era nem sequer necessária: "o poder de tributar envolve o poder de destruir", e um imposto pequeno sobre as operações bancárias foi declarado tão inadmissível quanto um grande. No entanto, um imposto sobre o terreno em que está localizada uma filial do *Bank of the United States* também tem o potencial de destruir. *Qualquer um dos dois* impostos, se fugisse ao controle – e não havia nenhum indício de que qualquer um deles houvesse fugido –, poderia destruir o *Bank of the United States*.

Agora já temos condições de identificar de imediato o segredo: está no comentário de Marshall de que o tributo sobre bens imóveis deve ser cobrado "em pé de igualdade com os outros bens imóveis dentro do estado", e o tributo sobre os interesses dos cidadãos no banco, cobrado "em pé de igualdade com outros bens do mesmo tipo em todo o estado". A comunidade de interesses com todos os proprietários de bens imóveis de Maryland, assegurada por essa insistência no tratamento igualitário, protegeria o Banco dos graves danos causados por impostos desse tipo. O poder de tributar bens imóveis ou pessoais *é* potencialmente o poder de destruir. Mas os seres humanos não são iguais aos lemingues, e, conquanto possam concordar em sofrer alguma desvantagem em nome de um bem social urgente, eles não têm o hábito de se destruir em massa[43].

O imposto em questão, lançado sobre as operações dos bancos não diretamente autorizados pela assembleia legislativa do estado, colocava em jogo uma configuração diferente de interesses. Naturalmente, o *Bank of the United States* não tinha direito de voto para eleger os membros da assembleia legislativa de Maryland, mas nenhuma outra empresa o tinha. Os interesses das organizações em geral devem ser protegidos pelas pessoas – dirigentes, empregados, acionistas – cujos interesses estão amarrados aos dessas organizações, e nesse aspecto não há nenhuma razão para supor que o *Bank of the United States* fosse menos favorecido que qualquer outra organização. Portanto, o Banco tinha lá o seu direito de voto, pelo menos no mesmo sentido em que outras empresas o tinham. Ainda assim, o imposto sobre as operações bancárias foi declarado inconstitucional, e a razão por que isso ocorreu é bastante óbvia: era um imposto cobrado exclusivamente dos bancos; na verdade, exclusivamente dos bancos não autorizados diretamente pelo Poder Legislativo do estado. O *Bank of the United States* tinha um "poder de voto" tão eficaz quanto o de qualquer outra empresa estabelecida em Maryland, mas ficou claro que, em relação ao imposto sobre as operações dos bancos não diretamente autorizados pela legislação estadual, o banco sairia perdendo perpetuamente em termos políticos, já que, na melhor das hipóteses – embora pareça que mesmo essa boa hipótese não existisse –, seus melhores aliados nessa questão seriam um ou dois bancos pouquíssimo confiáveis. Também há aqui motivo para supor que a constitucionalidade do tributo só teria sido assegurada por uma garantia genuína de representação virtual – se, por exemplo, as operações do banco fossem tributadas como parte de um imposto que afetasse igualmente todas as demais operações financeiras ou empresariais em Maryland[44].

Certamente não afirmo que *McCulloch* foi um precursor direto da nota de rodapé a *Carolene Products*, um arauto da proteção especial concedida pelo Judiciário às minorias separadas e isoladas: é bem pouco provável que o Banco teria sido alvo de tamanha consideração caso não fosse uma instituição federal. Mesmo assim, o debate da Corte é bastante instrutivo. Referindo-se aos impostos sobre a propriedade, ele faz vislumbrar um pressuposto que já estava claro desde aquela época: os representantes devem representar a totalidade do eleitorado, sem dar, de maneira arbitrária, um tratamento relativamente adverso às minorias menos favorecidas. Além disso, declarando a nulidade do imposto sobre as operações bancárias, ele sugere a seguinte tese: pelo menos em algumas situações em que o processo convencional de representação parece não promover suficientemente a defesa dos interesses minoritários – mesmo de interesses que têm direito de voto –, a intervenção do Judiciário é admissível. Não estou afirmando que esses temas eram habitualmente explicitados antes da Guerra Civil, mas não nos interessa aqui com que frequência eles eram invocados. O que quer que tenha acontecido anteriormente, a Décima Quarta Emenda impõe de modo claro um dever de representação virtual que pode dar fundamento a uma pretensão judicial. Minha principal intenção ao utilizar os exemplos foi a de sugerir um meio pelo qual dois ideais norte-americanos, caracterizados às vezes como opostos – a proteção do governo popular, por um lado, e a proteção das minorias para que não lhes seja negada a igual consideração e respeito, por outro –, na verdade podem ser compreendidos como elementos que surgem de um único e mesmo dever de representação. Mais uma vez, Madison falou disso antes, e muito bem:

> Acrescento ainda, referindo-me à Câmara dos Representantes, uma quinta circunstância que impedirá a adoção de medidas opressivas: que eles não podem criar nenhuma lei que não possa ser plenamente aplicada a eles mesmos ou a seus amigos, como será à grande massa da sociedade (...) Caso se pergunte o que impedirá a Câmara dos Representantes de fazer discriminações legais em benefício dos próprios deputados e de uma classe específica da sociedade, respondo: o gênio de todo o sistema; a natureza das leis constitucionais e justas; e, acima de tudo, o espírito vigilante e viril que move o povo americano (...).[45]

No restante deste capítulo, apresentarei três argumentos em favor de uma abordagem do controle judicial de constitucionalidade que seja orientada pela noção de participação e favoreça a representatividade. O primeiro levará mais tempo para ser descrito, já que precisaremos fazer um "passeio", mesmo que breve, pela própria Constituição. Contrariando a caracterização habitual da Constituição como "uma declaração duradoura, mas sempre em evolução, de valores gerais"[46], esse passeio nos revelará que, na verdade, a escolha e a interponderação de valores substantivos são deixadas quase inteiramente a cargo do processo político; e que o Documento preocupa-se substancialmente com duas coisas: por um lado, a justiça procedimental na resolução de disputas individuais (o processo em sentido estrito) e, por outro, aquilo que pode, de modo bastante vago, ser designado como o processo em sentido amplo* – garantir a participação ampla nos processos e distribuições do governo⁴⁷. Um argumento que segue a linha do *ejusdem generis* parece bastante justificado neste caso, uma vez que as disposições constitucionais cujos modos de "preenchimento substantivo" estamos tentando identificar, como a Nona Emenda e a Cláusula de Privilégios ou Imunidades, parecem ter sido incluídas no documento num espírito de "talvez nós tenhamos esquecido alguma coisa, então encarreguemos nossos sucessores de acrescentar aquilo que não colocamos"⁴⁸. Portanto, em meus momentos mais generosos, fico tentado a afirmar que o modo de controle desenvolvido aqui representa o interpretacionismo em sua essência**. Nossa análise nos dirá algo diferente, que pode até se relacionar mais de perto com a questão com que estamos lidando: que as poucas tentativas dos constituintes de "fixar" os valores subs-

---

* Não tenciono basear nenhum dos argumentos nessa caracterização. Ver p. 100n. É verdade, no entanto, que a abordagem que recomendo é mais orientada pelo procedimento do que poderia supor-se a partir do que foi discutido até agora. Ver, de modo geral, o capítulo 6.

** Como eu havia indicado, não creio que essa questão terminológica seja totalmente coerente ou particularmente importante. É claro que a abordagem recomendada não é nem "interpretacionista" no sentido comum (tratar as cláusulas constitucionais como unidades contidas em si mesmas) nem "não interpretacionista" no sentido comum (buscar a justificativa da decisão judicial constitucional na interpretação que fazemos dos valores fundamentais da sociedade, e não nos temas mais amplos do documento). O que importa não é tratar-se "realmente" de um interpretacionismo amplo ou de uma posição que não se encaixa inteiramente em nenhum dos dois lados, e sim se é ela capaz de manter-se fiel às promessas do documento – coisa de que, como afirmei, um interpretacionismo preso às cláusulas não é capaz – e, ao mesmo tempo, de evitar as objeções opostas a uma forma axiológica de não interpretacionismo, objeções essas embasadas sobretudo na teoria democrática. Sob esse aspecto, os dois argumentos que fecham este capítulo, que tratam explicitamente da compatibilidade com a teoria democrática e das competências institucionais respectivas do Legislativo e dos tribunais, parecem pelo menos tão importantes quanto o argumento que se origina da natureza da Constituição (o qual, de qualquer modo, dada a complexidade do documento, deve ser sempre matizado).

tantivos, assinalando-os no documento como valores que precisavam de uma proteção especial, não foram bem-sucedidas e geralmente resultaram na negação desses valores, seja de modo oficial, seja por meio de um simulacro de interpretação. Isso sugere uma conclusão que tem implicações importantes para a tarefa de dar conteúdo às disposições mais abertas do documento: que a preservação dos valores fundamentais não é uma tarefa própria da Constituição e do direito constitucional.

Os outros dois argumentos podem ser descritos de maneira mais breve, mas não são menos importantes. O primeiro diz que uma abordagem do controle judicial de constitucionalidade que promova a representação – em contraposição à abordagem contrária, que busca proteger os valores – não é incompatível com os pressupostos implícitos do sistema norte-americano de democracia representativa – pelo contrário, apoia-os plenamente. O segundo diz que tal abordagem, novamente em comparação com sua rival, envolve tarefas para as quais podemos sensatamente afirmar que os tribunais, sendo especialistas em questões de processo e (mais importante ainda) estando à margem do jogo político, estão mais bem qualificados e situados para executar do que as autoridades políticas.

A natureza da Constituição norte-americana

> *Nos Estados Unidos, a carta básica do processo legislativo encontra-se numa constituição escrita... Temos de resistir à tentação de entulhar o documento com emendas relacionadas a questões substantivas... [Tais tentativas] trazem em si a insensatez óbvia de tentar resolver hoje os problemas de amanhã. Mas o perigo mais insidioso está no efeito debilitante que elas exercem sobre a própria força moral da Constituição.*
>
> Lon Fuller[49]

Muitas reivindicações de nossos antepassados colonos contra o governo britânico foram vazadas em termos "constitucionais". Raras vezes, no entanto, a reivindicação estava relacionada à privação de determinado bem ou direito substantivo: os colonos norte-americanos, pelo menos os brancos e do sexo masculino, contavam-se entre as pessoas mais ricas e livres do mundo, e tinham plena consciência disso[50]. As reivindicações "constitucionais", portanto, eram muitas vezes jurisdicionais – por exemplo, de que o Parlamento não tinha autoridade para regular o "comércio interno" entre as colônias –, e eram em geral embasadas no argumento de que nós não tínhamos representação no Parlamento[51]. (É claro que os colonos, como todos nós, não gostavam nem um pouco de pagar impostos, mas o que eles consideravam tirânico era a tributação *sem representação*.) Ou então eram reclamações contra a desigualdade: as pretensões de direitos iguais aos "direitos do cidadão inglês" às vezes tinham um sabor de jusnaturalismo, mas o significado mais comum era o sugerido pelas palavras, uma pretensão de igualdade de tratamento com os habitantes da Inglaterra[52]. Assim, os argumentos "constitucionais" dos colonos baseavam-se nos dois temas de participação que estamos analisando: que 1) sua participação no processo pelo qual eram governados era insuficiente, e 2) que (em parte por isso mesmo) a eles era negado o que outros recebiam. A versão americana da revolução, segundo Hannah Arendt, "na verdade não proclama nada além da necessidade de um governo civilizado para toda a humanidade; a versão francesa (...) proclama a existência de direitos independentes do corpo político e também alheios a ele (...)"[53].

A ideia de que a melhor garantia de justiça e felicidade não está na tentativa de defini-las para todo o sempre, mas sim na postulação de processos governamentais pelos quais suas dimensões possam ser especificadas no decorrer do tempo, encontrou lugar em nossos documentos constitucionais mais importantes. Mesmo nossa principal declaração "jusnaturalista", qual seja, a Declaração de Independência, depois de assinalar alguns objetivos admiráveis mas certamente abertos a interpretação – e que ficaram ainda mais abertos com a utilização da expressão "busca da felicidade" no lugar da já ampla referência lockeana à "propriedade"[54] –, demarca seu apreço pelo papel crítico do processo (democrático):

> Consideramos estas verdades como evidentes por si: que todos os homens foram criados iguais e foram dotados pelo Criador de certos direitos inalienáveis; que entre estes estão o direito à vida, à liberdade e à busca da felicidade; que, *a fim de assegurar esses direitos, são instituídos governos entre os homens, derivando seus justos poderes do consentimento dos governados* (...).[55]

A Constituição, de modo menos surpreendente, começa no mesmo tom: não tentando estabelecer uma ideologia dominante – os valores mencionados no Preâmbulo são muitíssimo maleáveis –, e sim garantindo uma estrutura duradoura para a contínua resolução das disputas entre diferentes cursos de ação política:

> Nós, o Povo dos Estados Unidos, a fim de formar uma União mais perfeita, estabelecer a Justiça, assegurar a Tranquilidade interna, prover à defesa comum, promover o Bem-estar geral e assegurar as Bênçãos da Liberdade para nós próprios e nossos Pósteros, promulgamos e estabelecemos esta Constituição para os Estados Unidos da América.

Acredito que ninguém se surpreenderá ao saber que o texto da Constituição original trata quase exclusivamente da estrutura do Estado, explicando qual dos vários agentes – o governo federal e os governos estaduais; o Congresso, o Executivo e o Judiciário – tem autoridade para fazer cada coisa, e fornecendo muitos detalhes sobre como tais agentes devem ser escolhidos e devem conduzir seu trabalho. Mesmo disposições que à primeira vista parecem ter sido feitas para assegurar ou evitar certos resultados substantivos demonstram, sob análise, uma preocupação primordial com o processo. Assim, por exemplo, o dispositivo segundo o qual a traição "consiste apenas em declarar Guerra contra [os Estados Unidos], ou aderir a seus Inimigos, prestando-lhes Apoio e Socorro" parece, pelo menos substancialmente, ter sido um precursor da Primeira Emenda, reagindo à percepção de que aqueles que detêm o poder podem dar à simples discordância a pecha de traição a fim de calar seus opositores[56]. A proibição da concessão de títulos de nobreza parece ter sido criada basicamente para reforçar o ideal democrático de que todos são iguais perante o Estado[57]. As cláusulas que proíbem a legislação *ex post facto* e os *Bills of Attainder** parecem ser disposições sobre a separação de poderes, obrigando o Legislativo a agir de maneira prospectiva e por meio de regras gerais (assim como o Judiciário é implicitamente obrigado pelo Artigo III a agir retrospectivamente e com base em leis previamente estabelecidas)[58]. Vimos também que a Cláusula de Privilégios e Imunidades do Artigo IV e, pelo menos em um aspecto – sendo que o outro é uma concessão de poder ao Congresso –, também a Cláusula do Comércio funcionam como disposições de igualdade, que garantem a representação virtual para os que não possuem poderes políticos.

Durante grande parte do século XX, a Cláusula de Obrigações Contratuais não desempenhou nenhum papel significativo[59]. Alguns teceram fortes argumentos a favor da ideia de que a cláusula tinha a intenção primordial de limitar o controle dos objetos e termos dos contratos privados por parte dos governos estaduais[60]. Entretanto, no começo do século XIX, a Suprema Corte rejeitou essa interpretação mais ampla, afirmando que a cláusula afetava apenas a competência do Legislativo estadual para alterar ou rejeitar os termos dos contratos vigentes quando da aprovação de determinada lei, e, portanto, não afetava o que a legislação tinha a dizer sobre os contratos futuros[61]. Além disso, embora haja sinais de que sua postura tenha se enrijecido nos últimos dois

---

* Ato legislativo que declara culpada uma pessoa ou grupo de pessoas sem a necessidade de um processo judicial. A Constituição norte-americana proíbe sua prática pelos Poderes Legislativos federal e estadual, em seu artigo I, seções 9 e 10, respectivamente. (N. do R. T.)

anos[62], no geral a Corte não tem agido com energia nem mesmo para proteger os contratos existentes, adotando em essência a posição de que os Legislativos estaduais podem alterá-los contanto que o façam de modo razoável (o que, na prática, retira da cláusula toda função independente)[63]. É tentador concluir que a antiga interpretação segundo a qual a cláusula protege apenas os contratos vigentes a reduz a uma simples proteção contra a legislação retroativa e, assim, equipara-a à Cláusula *ex post facto*, que seria essencialmente uma disposição sobre a separação de poderes. Essa conclusão, no entanto, é rápida demais. A legislação que efetivamente anula os termos de um contrato vigente não é realmente "retroativa" no sentido de ligar consequências desfavoráveis a um ato realizado antes de ser promulgada; na verdade, ela se recusa a reconhecer um ato anterior (a celebração do contrato) como uma defesa ou exceção contra um regime jurídico que agora o Legislativo tenciona impor[64]. Assim, ambas as interpretações da cláusula reconhecem o contrato como uma proteção especial contra a regulação legislativa do comportamento futuro, embora na interpretação mais estrita (e há muito aceita) só os contratos já existentes possam cumprir essa função.

Nesse ponto, surge outra tentação: a de caracterizar a Cláusula dos Contratos como algo que atende a uma função institucional ou de "separação de poderes", demarcando um enclave extragovernamental – no caso, o enclave das decisões tomadas por meio de contrato – que sirva como contrapeso à autoridade estadual[65]. O problema dessa caracterização não é que ela não corresponda à realidade da cláusula, e sim que ela *sempre* corresponderá a ela: é difícil imaginar algum pretenso direito constitucional que não possa ser definido como algo que cria um espaço particular onde podem ser tomadas decisões contrárias aos desejos de nossos representantes eleitos. Por esse motivo, essa caracterização não se afigura uma explicação satisfatória (nem pode servir de premissa a partir da qual temas constitucionais mais amplos possam ser deduzidos de maneira responsável)⁶⁶. Assim, qualquer que fosse a interpretação que tivessem em mente os criadores da Cláusula de Contratos, é difícil fugir à conclusão de que tanto eles quanto os que a ratificaram tencionavam destacar, protegendo-o especialmente contra as deliberações políticas (embora devamos fazer a ressalva de que, neste caso, trata-se apenas das deliberações políticas *estaduais*), um valor substantivo que não é totalmente redutível nem aos processos governamentais em sentido amplo nem aos procedimentos entendidos em sentido estrito. Na interpretação mais ampla (e rejeitada), esse valor é o contrato, a capacidade de celebrar acordos de que resultem obrigações. Na interpretação mais limitada (e aceita), pela qual a cláusula se aplica apenas aos contratos existentes à época da legislação – que é, devo reiterar, uma interpretação pela qual a Corte também não demonstrou muito entusiasmo, pelo menos até há bem pouco tempo –, o que é protegido é um interesse bem mais restrito: a garantia de que, celebrando um contrato, a pessoa possa ficar imune a mudanças futuras na identidade ou no pensamento de seus representantes eleitos.

Mas isso não deve nos assustar: só estou tentando provar que a Constituição original tratava principalmente – talvez deva dizer: esmagadoramente – de questões procedimentais e estruturais, e não de identificar e preservar valores substantivos específicos. A afirmação de que ela foi concebida exclusivamente com aquele propósito seria ridícula (como seria qualquer afirmação desse tipo sobre outro empreendimento humano igualmente complexo). E, de fato, existem algumas disposições no documento original que parecem ocupar-se quase inteiramente de valores – embora a tese que desejo sustentar seja que tais disposições são poucas e esparsas*. Assim, a "corrupção do sangue" é proibida

---

* Tenho consciência de que, salientando as poucas ocasiões em que determinados *valores* foram ressaltados como dignos de proteção, corro o risco de dar a impressão de que era esse o caráter da maior parte da Constituição. Está claro que defendo a posição contrária, mas não sou sádico suficiente

como punição em caso de traição. Punir os filhos pelas transgressões dos pais é ilegal por ser um resultado substantivamente injusto: é simplesmente proibido, independentemente de quaisquer procedimentos e independentemente de tal punição ser imposta aos filhos de todos os transgressores ou somente de alguns. O governo federal, juntamente com os estados, está proibido de cobrar impostos sobre artigos exportados de qualquer estado. Também neste caso um determinado resultado é simplesmente proibido; e isso em nome de algo que pode ser entendido como um valor, o valor econômico do livre comércio entre os estados[67]. Essa pequena lista, no entanto, arrola praticamente todos os valores protegidos pela Constituição original, com exceção de um – e um bem grande. Embora um compreensível mal-estar tenha impedido a palavra de figurar explicitamente no documento, a *escravidão* deve ser considerada um valor substantivo ao qual a Constituição original tencionava estender uma proteção especial diante do processo legislativo ordinário, pelo menos temporariamente. Antes de 1808, o Congresso não tinha permissão para proibir o tráfico de escravos em qualquer estado que desejasse legalizá-lo[68], e os estados eram obrigados a devolver os escravos fugitivos a seus "lares"[69].

A ideia de uma Declaração de Direitos só surgiu no final da Convenção Constitucional, e então foi rejeitada. Não porque os constituintes não estivessem preocupados com a liberdade, mas sim porque, de acordo com seu entendimento, não havia lugar para uma Declaração de Direitos na Constituição, pelo menos não na Constituição que conceberam. Como explicou Hamilton no *Federalist* 84, "uma minuta detalhada de direitos específicos é, decerto, muito menos aplicável a uma Constituição como esta que está sob consideração, a qual tem apenas a intenção de regulamentar os in-

---

para arrolar aqui todas as disposições que, obviamente, têm escopo puramente procedimental. Se o leitor porventura pensar que não estou apresentando uma boa defesa de meu argumento, faça o favor de ler algumas páginas da Constituição para se assegurar de que, se quisesse, eu a apresentaria.

teresses políticos gerais da nação..."⁷⁰. Além disso, o principal propósito de tudo o que fora concebido era, em grande medida, preservar as liberdades dos indivíduos. "A verdade é que, depois de todas as declamações que ouvimos, a Constituição é em si mesma, segundo todos os sentidos racionais e para todos os efeitos, uma *Declaração de Direitos*."⁷¹ "As garantias adicionais do governo republicano, da liberdade e da propriedade, advindas da adoção do plano sob consideração, consistem basicamente nas restrições que a preservação da União irá impor às facções locais (...) na exclusão de instituições militares excessivamente grandes (...) na garantia expressa de uma forma republicana de governo para cada um dos estados; na exclusão absoluta e universal de títulos de nobreza (...)."⁷²

É claro que algumas convenções estaduais de ratificação continuaram apreensivas, e uma Declaração de Direitos acabou surgindo. Entretanto, aqui também os dados são indóceis. As disposições da Primeira Emenda relativas à liberdade de expressão – "O Congresso não fará lei (...) restringindo a liberdade de palavra ou de imprensa; ou o direito do povo de reunir-se pacificamente e de dirigir petições ao Governo para a reparação de direitos violados" – visavam essencialmente a colaborar com o funcionamento de nossos processos de governo, a assegurar a discussão aberta e bem-informada das questões políticas e a supervisionar o governo quando ele passasse dos limites⁷³. Podemos atribuir outras funções à liberdade de expressão, e algumas delas devem ter tido a sua importância⁷⁴, mas esse exercício cheira a academicismo: tem um teor altamente elitista a ideia de que a liberdade de expressão *per se*, desvinculada daquilo que significa para o processo de governo, é um direito preeminente. O direito positivo deve ser respeitado, e não estou afirmando que esses outros propósitos passíveis de ser atribuídos à linguagem concreta da emenda não devam ser-lhe atribuídos: a linguagem da emenda não se limita ao discurso político e não deve ser interpretada como se assim se limitasse (mesmo que alguém fosse capaz de sugerir uma definição precisa de "político"). Mas no momento estamos empenhados em descobrir que tipo de documento nossos antepassados acreditavam estar elaborando, e, quanto a isso, os vínculos que ligam as garantias de liberdade de palavra, de imprensa, de reunião e de petição – todas elas de teor político – são altamente elucidativos.

As cláusulas da Primeira Emenda relativas à religião – "o Congresso não fará lei relativa ao estabelecimento de religião ou proibindo o livre exercício desta" – são outro assunto. Obviamente, a combinação desses dois comandos simultâneos visava, em parte, a assegurar que a Igreja e o Estado dessem um ao outro espaço para atuar: essa disposição, portanto, tem função estrutural, de separação de poderes[75]. Mas não podemos concluir que, já que essa explicação se encaixa em nossos dados, ele será a única explicação válida – e neste caso não podemos fechar os olhos para o óbvio: a Cláusula de Livre Exercício também se explica em parte porque, para os constituintes, a religião era um valor substantivo importante que eles queriam deixar fora do alcance da legislação federal, ao menos.

A Segunda Emenda, protegendo "o direito do povo de possuir e portar armas", parece (numa leitura rasa) haver sido estabelecida apenas para deixar fora do controle do Congresso outro valor "importante", o direito de portar uma arma. No entanto, ela não foi interpretada deste modo – segundo a interpretação dominante, ela protege apenas o direito dos governos estaduais de manter milícias (Guardas Nacionais) e de dar-lhes armas. A justificativa dessa interpretação limitada é, em geral, de caráter histórico: o objetivo sobre o qual os constituintes mais falavam era o de manter as milícias estaduais. No entanto, o simples fato de um objetivo ter recebido mais atenção do que outros não basta para que uma disposição seja restrita a algo menor do que sua linguagem concreta indica: na verdade, o objetivo mais apreciado pelos atuais entusiastas das armas de fogo, o direito à autoproteção *individual*, foi mencionado várias vezes. Mesmo assim, um argumento pode estar correto pelas razões erradas, e, embora o ponto seja discutível[76], aquela conclusão provavelmente está correta. A Segunda Emenda tem o seu próprio e breve preâmbulo: "Sendo necessária à segurança de um Estado livre uma milícia bem organizada, não se infringirá o direito do povo de possuir e portar armas." Assim, neste trecho que parece ser uma exceção rara à regra do texto constitucional[77], os constituintes e ratificadores aparentemente optaram por não deixar para o futuro a atribuição de propósitos, decidindo, em vez disso, declarar explicitamente o objetivo em razão do qual a disposição deveria ser interpretada.

A Terceira Emenda, sem dúvida outra de nossas favoritas, proíbe o aquartelamento não consensual de tropas militares em tempo de paz. Como a Cláusula do Estabelecimento de Religião, ela surgiu em face do temor de uma influência indevida, dessa vez por parte do poderio militar: nesse aspecto, pode ser considerada uma disposição de "separação de poderes". No entanto, mais uma vez não seríamos responsáveis se parássemos por aí. Há outras disposições constitucionais que garantem que o poder militar esteja sujeito ao poder civil, e, embora seja este um dos objetivos da emenda, é óbvio que no caso existe algo mais – o desejo de garantir a privacidade do lar, protegendo-a da bisbilhotagem estatal –, isso para não falar de quanto é desagradável ter hóspedes indesejados. Tanto o processo quanto o valor parecem estar envolvidos aqui.

As emendas de número cinco a oito só tendem a entrar em jogo durante processos judiciais; tendemos, portanto, a concebê-las como dispositivos procedimentais – instrumentos criados para promover a imparcialidade e a eficiência dos processos litigiosos. E, em sua maioria, é exatamente isso o que elas são: a importância da garantia do grande júri, do júri que decide causas criminais e civis, das informações sobre o motivo da acusação, do direito à confrontação das testemunhas, do processo compulsório e até da assistência de um advogado está em que todas essas coisas tendem a assegurar uma decisão confiável[78]. Não estão relacionadas ao conteúdo da regulamentação do Estado; referem-se, antes, às maneiras com que as regulamentações podem ser aplicadas contra os que estão sujeitos ao poder estatal. Mas isso não é tudo. A garantia da Quinta Emenda contra a autoincriminação certamente tem muito a ver com o desejo de saber a verdade: uma confissão forçada é pouco confiável. Mas, pelo menos segundo a interpretação convencional[79], essa garantia precisa de outra explicação: de acordo com esse argumento, há algo simplesmente imoral – embora se tenha provado difícil estabelecer exatamente o que seja esse "algo" – em que o Estado pergunte a uma pessoa se ela cometeu um crime e exija que ela responda. A garantia que a mesma emenda oferece contra o *double jeopardy** resulta ainda mais complicada. Na medida em que proíbe um novo julgamento após a absolvição, parece ser uma proteção primariamente procedimental, destinada a proteger os inocentes contra uma possível condenação penal. Mas na medida em que proíbe um novo julgamento após a declaração da sentença, ou uma nova punição após a execução daquela, ela desempenha uma função bem diferente (e substantiva), a qual também está claramente presente na situação de absolvição: a função de garantir uma sensação de tranquilidade, de assegurar ao réu que o assunto está encerrado e que suas consequências já são conhecidas[80].

Eis o que dispõe a Quarta Emenda: "Não será infringido o direito do povo à inviolabilidade de suas pessoas, casas, documentos e haveres contra buscas e apreensões irrazoáveis, e nenhum mandado judicial será expedido a não ser mediante indícios de culpabilidade (*probable cause*), confirmados por juramento ou declaração; e nele se descreverão especificamente o lugar da busca e as pessoas ou coisas a serem apreendidas." Essa disposição normalmente entra

---

* Cláusula constitucional que proíbe um segundo julgamento pelo mesmo crime após a condenação ou absolvição, bem como a aplicação de várias penas pela prática de um único crime. Para uma explicação mais detalhada sobre sua aplicação, ver Monroe McKay, "Double Jeopardy: Are the Pieces the Puzzle?", *Washburn Journal*, 23, 1983, pp. 1-23.

em jogo quando o réu em uma ação penal busca a desconsideração de provas obtidas em uma busca ou apreensão ilegal, mas seria um erro inferir a partir disso que ela é uma disposição puramente procedimental. Na verdade, a regra de exclusão *obsta* o objetivo procedimental de determinar os fatos com precisão, a fim de garantir um ou mais objetivos considerados mais importantes[81]. Segundo a interpretação habitual, esse outro objetivo é a privacidade, e não há dúvida de que a privacidade às vezes está implícita nessa garantia[82]. Mas a linguagem da emenda tem um alcance mais amplo – assim como eram mais amplos os abusos de fiscalização alfandegária que, como sabemos, foram determinantes para a inclusão da emenda na Declaração de Direitos –; e, quando é lida em sua inteireza, a noção de "privacidade" mostra-se insuficiente como explicação. A emenda não cobre somente as buscas, mas também a apreensão de bens e as prisões ("apreensão de pessoas"), e não distingue os episódios públicos dos privados: uma prisão ou apreensão de bens feita em público será tão ilegal quanto uma busca efetuada numa área privada, se for feita sem indícios suficientes. Assim, a Quarta Emenda "protege a privacidade individual contra certos tipos de intrusão por parte do Estado, mas suas proteções vão além disso, e muitas vezes nada têm a ver com a privacidade"[83].

Claro está que um dos propósitos principais da emenda era evitar que o Estado perturbasse a vida dos cidadãos sem uma justificativa mais ou menos convincente. Essa explicação está entrelaçada com outra (e os abusos de alfândega também são pertinentes aqui): o medo da discricionariedade do poder público. Para decidir quem deve sofrer as perturbações arroladas na emenda – ou seja, quem deve sofrer a busca, ou ser preso, ou ter seus bens apreendidos –, é forçoso que as autoridades encarregadas da aplicação da lei disponham de uma discricionariedade que necessariamente escapa ao exame do público. Além disso, em tais situações, elas tendem a levar em conta o *status* social e outros fatores que não deveriam pesar em suas decisões. A emenda, portanto, exige não apenas certa probabilidade de culpa, mas também, quando possível, mediante a exigência de um mandado, o julgamento de um "magistrado neutro e imparcial". Desse ponto de vista, que obviamente é apenas um entre vários, a Quarta Emenda pode ser vista como mais uma precursora da Cláusula da Igual Proteção, que visa a evitar desigualdades de tratamento indefensáveis. A proibição da Oitava Emenda às "penas cruéis e não habituais" é ainda mais fácil de ser interpretada desse modo. Ao que parece, ela tinha em parte o objetivo de tornar ilegais certas formas de tortura consideradas abomináveis, mas a decisão de usar uma linguagem de textura aberta não deve ser considerada obra do mero acaso[84]. É possível que o objetivo também tenha sido, em parte, proibir a imposição de penas demasiadamente severas em comparação com os crimes aos quais eram cominadas. Mas, em grande medida, essa emenda certamente foi fruto da consciência de que também no contexto da imposição de penas havia grande possibilidade de que penas "desusadamente" cruéis fossem impostas arbitrária ou injustamente a pessoas de classes sociais diferentes das "nossas"[85].

Numa primeira leitura, a exigência da Quinta Emenda de que a propriedade privada não seja transferida ao Estado para uso público sem justa indenização talvez pareça apenas salientar o valor substantivo da propriedade privada, destacando-o como merecedor de proteção especial contra o processo político (embora, literalmente compreendida, ela só o resguarde contra o processo político federal). No entanto, mais uma vez, devemos nos perguntar por quê. Seria porque a propriedade privada era considerada extremamente importante? Isso pode ser parte da explicação, mas perceba que a emenda não protege a propriedade privada contra toda transferência compulsória ao Poder Público. Pelo contrário, pressupõe que a propriedade às vezes será transferida compulsoriamente, e em seu lugar assegura a indenização. Interpretada desse modo – e essa interpretação se encaixa na situação histórica como uma luva[86] –, ela surge como mais um meio de proteger a minoria contra a maioria, "um limite ao poder do Estado de isolar determinados indivíduos para que sejam sacrificados em nome do bem comum"[87]. Seu objetivo é "distribuir o custo do funcionamento do aparato estatal por toda a sociedade, em vez de impô-lo apenas sobre um pequeno segmento dela"[88]. Se quisermos uma rodovia ou um parque público, tudo bem – mas todos nós teremos de pagar por isso, e não impor os custos sobre um indivíduo ou grupo isolado*.

Com uma exceção importante, as Emendas da Reconstrução não assinalam valores substantivos a ser protegidos do processo político[89]. A Cláusula do Devido Processo da Décima Quarta Emenda, como vimos, trata do processo em sentido estrito: os processos por meio dos quais as regulamentações são aplicadas aos indivíduos. Sua Cláusula de Privilégios ou Imunidades é bem pouco inteligível; indica apenas que deve haver um conjunto de direitos constitucionais não explicitamente enumerados no documento: é uma das disposições para as quais buscamos critérios de interpretação. A Cláusula da Igual Proteção também não tem muitos detalhes, embora pelo menos nos dê uma pista: tratando explicitamente da igualdade entre as pessoas dentro da jurisdição estadual, ela é a afirmação mais clara do documento – embora não seja a única – de que o acesso formal aos processos políticos nem sempre é suficiente para garantir de boa-fé a representação de todos os supostamente representados[90]. A Décima Quinta Emenda, que proíbe a restrição do direito ao voto por motivo de raça, abre o processo político a pessoas que anteriormente estavam

---

* Essa interpretação da Cláusula da Justa Indenização também contribui para determinar se um ato específico do Estado deve ser considerado um ato de desapropriação ou, alternativamente, uma regulamentação ou um tributo, por exemplo. Em debates recentes sobre essa questão, a Corte passou a perguntar se a medida analisada impõe tratamento excessivamente severo a uma minoria ou se afeta uma classe suficientemente ampla, que tenha a possibilidade razoável de se proteger politicamente. Ver, por exemplo, *Penn Central Transp. Co. vs. New York City*, 458 U.S. 104, 132 (1978).

excluídas dele, e assim, por meio de outra estratégia, busca impor aos representantes o dever de dedicar a todos a mesma consideração e respeito. A exceção, é claro, envolve um valor que já mencionei: a escravidão. A Décima Terceira Emenda pode até ser encaixada à força num molde "procedimental" – os escravos não participam efetivamente do processo político –, e certamente reflete de modo significativo certa preocupação com a igualdade; do mesmo modo, porém, ela incorpora peremptoriamente o juízo substantivo de que a escravidão não é tolerável em termos morais. A Constituição, portanto, em nenhum momento adota uma posição neutra sobre este assunto. A escravidão foi um dos poucos valores protegidos dos poderes políticos no documento original; a *não escravidão* é um dos poucos valores que a Constituição assinala para proteção agora.

A história da Constituição durante o segundo século de existência dos Estados Unidos é um terreno pouco explorado, mas bastante instrutivo para nos ensinar quais tarefas nosso documento básico está mais apto a desempenhar. Não houve emendas entre 1870 e 1913, mas desde então foram criadas onze. Cinco delas ampliaram o direito ao voto: a Décima Sétima estende a todos o direito ao voto direto para senadores, a Vigésima Quarta abole o imposto sobre o voto como condição para votar nas eleições federais, a Décima Nona estende o direito do voto às mulheres, a Vigésima Terceira aos residentes do Distrito de Colúmbia e a Vigésima Sexta aos cidadãos com dezoito anos completos. A extensão do direto de voto a grupos anteriormente excluídos tem sido, portanto, o tema dominante do desenvolvimento de nossa Constituição desde a Décima Quarta Emenda, e assim manifesta os dois amplos temas constitucionais que observamos desde o começo: a garantia de um processo político aberto a todos, em condições de igualdade, e a consequente imposição aos representantes do dever de dedicar tanto à maioria quanto às minorias a mesma consideração e respeito. Três outras emendas – a Vigésima, a Vigésima Segunda e a Vigésima Quinta – estão relacionadas à elegibilidade e à sucessão presidencial. A Décima Sexta, que permite o imposto de renda federal, acrescenta nova competência à lista de poderes previamente concedidos ao governo central*. Isso é tudo; faltam só duas emendas, e uma delas de fato coloca um valor substantivo fora do alcance do processo político. Estamos falando da Décima Oitava Emenda, e o valor que ela protegia era a abstinência de álcool. Como todos sabem, ela foi revogada quatorze anos depois pela Vigésima Primeira Emenda, exatamente porque – afirmo – tais tentativas de fixar valores substantivos não cabem numa constituição. Em 1919, a abstinência de álcool parecia um valor fundamental; em 1933, é óbvio que já não parecia.

As outras disposições constitucionais que sacramentam valores tiveram história semelhante e igualmente instrutiva. Algumas sobreviveram, mas em geral porque são tão obscuras que nunca dão problema (corrupção do sangue, aquartelamento de tropas), ou porque estão a tal ponto entrelaçadas com questões procedimentais que parecem ser apropriadas à Constituição (autoincriminação, *double jeopardy*). As que mais se destacavam, ou que eram suficientemente minuciosas para serem contestáveis, não sobreviveram[91]. Os exemplos de maior impacto foram a escravidão e a Lei Seca. Ambas foram eliminadas por revogação; em um dos casos, a revogação exigiu uma carnificina sem precedentes. Dois outros valores substanciais que, pelo menos de certo ponto de vista, foram colocados fora do alcance do processo político pela Constituição acabaram sendo "revogados" pela interpretação judicial – o direito dos cidadãos de portar armas e a liberdade de estabelecer termos contratuais sem a intervenção reguladora dos estados[92]. Talvez na verdade os nossos antepassados não quisessem efetivamen-

---

* Além disso, o projeto que tem mais chances de se tornar a Vigésima Sétima Emenda (embora talvez não tenha uma chance tão boa assim), a Emenda dos Direitos Iguais, garante a justa distribuição de modo análogo à Cláusula da Igual Proteção: não designa nenhum valor substantivo como especialmente digno de receber a proteção constitucional.

te dar tanta proteção a esses valores, mas o fato de a Corte, em face de argumentos contrários que podem ser considerados plausíveis, tê-los excluído da Constituição é em si mesmo um indício das expectativas do povo norte-americano quanto ao que deve ser a Constituição. Finalmente, há o valor da religião, ainda protegido pela Cláusula do Livre Exercício. Nesse caso aconteceu algo diferente. Nos últimos anos, essa cláusula serviu essencialmente para proteger minorias isoladas, como os *amish*, os adventistas do sétimo dia e as testemunhas de Jeová. Qualquer que fosse a concepção original da Cláusula do Livre Exercício, durante praticamente toda a sua vida útil ela teve função semelhante à da Cláusula da Igual Proteção – e, portanto, função totalmente apropriada para uma Constituição.

Mas não me interprete mal: nossa Constituição sempre teve o grande objetivo substancial de preservar a liberdade. Não fosse assim, não valeria a pena lutar por ela. Mas a questão que interessa à nossa investigação é como buscaram alcançar tal meta. As principais respostas a essa pergunta, como vimos, são dadas por um conjunto bastante amplo de proteções procedimentais e por um esquema ainda mais elaborado que visa assegurar que, ao se fazerem escolhas substantivas, o processo de decisão estará aberto a todos, em condições de relativa igualdade, e os responsáveis pelas decisões cumprirão o dever de levar em consideração os interesses de todos os que serão afetados por suas deliberações. (Na maioria das vezes, o documento parte do pressuposto de que assegurar o acesso efetivo ao processo é a melhor maneira de garantir que os interesses de um indivíduo sejam levados em conta, e isso em geral é verdade. Outras disposições, no entanto – em particular, mas não exclusivamente, a Cláusula da Igual Proteção –, refletem a percepção de que o acesso nem sempre é suficiente.) A estratégia geral, portanto, não foi a de fixar no documento um conjunto de direitos substanciais aos quais foi concedida proteção permanente. Em vez disso, a Constituição pressupõe, de modo bastante sensato, que a maioria efetiva jamais ameaçará seus próprios direitos; e busca assegurar que essa maioria não trate outros grupos de modo sistematicamente pior do que trata a si mesma. Para tanto, a Constituição estrutura o processo de decisão em todos os níveis a fim de assegurar, em primeiro lugar, que os interesses de todos serão representados efetiva ou virtualmente (em geral, de ambos os modos) no momento da decisão substantiva; e, em segundo lugar, que os processos de aplicação das leis aos casos individuais não serão manipulados de modo que reintroduzam na prática uma discriminação que na teoria não é permitida. Já falamos de algumas disposições que não se encaixam confortavelmente nesse modelo. Mas elas formam um agrupamento heterodoxo, são produtos compreensíveis de determinadas circunstâncias históricas – armas, religião, contrato e assim por diante – e são, de todo modo, poucas e esparsas. Quem as representasse como o tema dominante de nosso documento constitucional agiria como alguém que obstinadamente pula de pedra em pedra, mas recusa-se a olhar para o grande rio em que as pedras estão colocadas.

A Constituição norte-americana, portanto, em sua maior parte, é e sempre foi uma Constituição propriamente dita, cuja preocupação principal são as questões constitutivas. O que a distingue, e o que de fato distingue os próprios Estados Unidos, é um processo de governo[93], não uma ideologia dominante[94]. Como escreveu o juiz Linde: "Como carta constitutiva do Estado, a Constituição não deve prescrever resultados legítimos, mas sim processos legítimos – isso para que, como a nossa (ao contrário de documentos mais ideológicos, em outros países), ela possa servir a várias gerações em diferentes eras."[95]

Democracia e desconfiança

Com todo o escrúpulo, procurei demonstrar que o argumento que toma como ponto de partida os contornos gerais da Constituição deve ser necessariamente encarado com ressalvas. É verdade que a preconização explícita de determinados resultados substantivos tem sido rara (e geralmente malsucedida) em nossa história constitucional, mas a Constituição norte-americana é um documento complexo demais para se encaixar docilmente em *qualquer* caracterização superficial. Além disso, a premissa do argumento – de que se devem buscar na natureza do restante do documento os elementos que auxiliem na interpretação das disposições de textura mais aberta –, embora pareça ser aceita por ambos os lados, não é algo de que seja impossível discordar. Assim, os dois argumentos seguintes, que se pretendem explicitamente normativos, são mais importantes do que o que acabo de examinar. A esta altura, o primeiro é óbvio: ao contrário de uma abordagem que visa à imposição judicial de "valores fundamentais", a tese que enfatiza a representatividade, cujos contornos já esbocei e pretendo expor detalhadamente daqui a pouco, não é incompatível com o sistema norte-americano de democracia representativa – antes, ela o apoia totalmente. Ela admite que é inaceitável afirmar que juízes nomeados e com cargo vitalício refletem melhor os valores convencionais do que os representantes eleitos; em vez disso, preconiza que se policiem os mecanismos através dos quais o sistema busca assegurar que nossos representantes irão de fato nos representar. Talvez haja aqui uma ilusão de circularidade: minha abordagem é mais compatível com a democracia representativa porque foi planejada para sê-lo. Mas não age de modo menos circular aquele que planeja construir um avião, por exemplo, e acaba de fato construindo algo que voa.

O último ponto que merece ser mencionado é que (mais uma vez, ao contrário da abordagem de valores fundamentais) a abordagem que reforça a representatividade dá aos juízes um papel que eles são plenamente capazes de desempenhar*. Não estou falando de especialização e perícia. Os

---

* Por motivos que hoje me são obscuros, passei por um período em que me preocupava se a orientação aqui recomendada poderia significar uma proteção

profissionais do direito *são* especialistas no processo em sentido estrito, o processo por meio do qual são descobertos os fatos e as partes em litígio podem apresentar suas pretensões. E, até certo ponto, são especialistas no processo em sentido amplo, o processo por meio do qual as grandes questões políticas são determinadas de modo imparcial: parecem de fato capazes de perceber intuitivamente como assegurar que todos tenham voz – na verdade, não sei para que mais eles servem. Mas não devemos atribuir muita importância a esta característica. Há outras pessoas, especialmente aquelas que se dedicam à política em tempo integral, que também podem afirmar que conhecem profundamente os meios pelos quais o processo político distribui o poder de voz e os poderes em si. E é claro que muitos legisladores são também juristas. Então, não é uma questão de perícia, e sim de ponto de vista.

A linha de decisão judicial constitucional que aqui recomendo é análoga ao que seria, nos assuntos econômicos, uma orientação "antitruste", entendida como oposta a uma orientação "reguladora"[96] – em vez de ditar resultados substantivos, ela intervém apenas quando o "mercado", neste caso o mercado político, está funcionando mal de modo sistêmico. (Também é cabível uma analogia com um árbitro de futebol: o juiz deve intervir somente quando um time obtém uma vantagem injusta, não quando o time "errado"

---

menor para as liberdades civis. (É claro que essa orientação negaria a oportunidade de criar direitos irreais, fabricados: faz parte de seu objetivo e é um dos motivos por que é forte. O que eu tinha em mente era a possibilidade de que as mesmas liberdades poderiam sistematicamente vir a ser reduzidas se fossem derivadas de uma orientação mais participativa do que se fossem protegidas com base no argumento de que são "boas".) Após muita reflexão, convenci-me de que exatamente o contrário é verdadeiro: as liberdades ficam mais seguras na medida em que encontram apoio na teoria que embasa todo o nosso governo do que se ganham mais proteção quando o juiz as considera importantes quando da decisão de um caso. Ver C. Black, *Structure and Relationship in Constitutional Law*, pp. 29-30 (1969). De fato, a única Corte remotamente sistemática que tivemos, no caso "Carolene Products", foi também claramente a que mais protegeu as liberdades civis.

faz gol.) Não é justo dizer que o governo está "funcionando mal" só porque às vezes ele gera resultados com os quais discordamos, por mais forte que seja nossa discordância (e afirmar que ele obtém resultados de que "o povo" discorda – ou de que discordaria, "se compreendesse" – na maioria das vezes é pouco mais que uma projeção delirante). Numa democracia representativa, as determinações de valor devem ser feitas pelos representantes eleitos; e, se a maioria realmente desaprová-los, poderá destituí-los através do voto. O mau funcionamento ocorre quando o *processo* não merece nossa confiança, quando (1) os incluídos estão obstruindo os canais da mudança política para assegurar que continuem sendo incluídos e os excluídos permaneçam onde estão, ou (2) quando, embora a ninguém se neguem explicitamente a voz e o voto, os representantes ligados à maioria efetiva sistematicamente põem em desvantagem alguma minoria, devido à mera hostilidade ou à recusa preconceituosa em reconhecer uma comunhão de interesses – e, portanto, negam a essa minoria a proteção que o sistema representativo fornece a outros grupos[97].

É óbvio que nossos representantes eleitos são as últimas pessoas a quem devemos confiar a identificação de qualquer uma dessas situações. Os juízes nomeados, no entanto, estão relativamente à margem do sistema governamental e só indiretamente precisam preocupar-se com a permanência no cargo. Isso não lhes dá um canal de acesso especial aos valores genuínos do povo norte-americano: na verdade, pelo contrário, praticamente assegura que não terão esse acesso. No entanto, isso também lhes dá condições de avaliar objetivamente – embora ninguém possa dizer que a avaliação não estará cheia de decisões discricionárias tomadas no calor do momento – qualquer reclamação no sentido de que, quer por bloquear os canais da mudança, quer por atuar como cúmplices de uma tirania da maioria, nossos representantes eleitos na verdade não estão representando os interesses daqueles que, pelas normas do sistema, deveriam estar.

Antes de encetar sua busca – que durou toda uma vida – de uma abordagem satisfatória para a decisão judicial em matéria constitucional, Alexander Bickel descreveu assim o desafio que tinha diante de si:

> Devo buscar uma função (...) especialmente adequada às capacidades dos tribunais; uma função que provavelmente não será desempenhada por mais ninguém se os tribunais não a assumirem; uma função que possa ser desempenhada de modo que se afigure aceitável para uma sociedade que, de modo geral, partilha do gosto do juiz Hand pelo "sentimento de [participar de] um projeto comum"; uma função que será eficaz sempre que for necessária; uma função cujo desempenho por parte dos tribunais não diminuirá a qualidade do desempenho dos outros órgãos, pois não tirará deles a dignidade e o fardo de sua própria responsabilidade.[98]

Na citação, a abordagem que ele buscava tem um conjunto extraordinariamente adequado de especificações, um conjunto que se encaixa de modo exato na orientação que sugerimos aqui. Infelizmente, no texto original Bickel acrescentou mais uma especificação (omitida na citação acima); e, na medida em que assim se comprometeu com uma orientação de valores – "uma função que pode (aliás, deve) envolver a criação de cursos de ação política e no entanto difere das funções legislativa e executiva" –, ele se enredou numa contradição inescapável e assegurou, assim, o fracasso de toda a sua empreitada.

5. Desbloqueando os canais da mudança política

Praticamente todos concordam que é tarefa importantíssima dos tribunais o controle das restrições às liberdades de expressão, de imprensa e de associação política. Aqueles que se consideram interpretacionistas naturalmente dão grande importância à linguagem da Primeira Emenda: "O Congresso não fará nenhuma lei (...) restringindo a liberdade de palavra* ou de imprensa; ou o direito do povo de reunir-se pacificamente e de dirigir petições ao Governo para a reparação de direitos violados." O juiz Black costumava grifar "*nenhuma* lei" ("shall make *no* law"), e tinha bons motivos para isso: uma linguagem tão forte deve ser levada a sério. As outras palavras são menos claras, no entanto; a linguagem específica e a história legislativa da emenda não bastam para nos fazer progredir em nossa investigação. O termo "Congresso" aparentemente não se refere ao Presidente, aos tribunais ou às legiões de funcionários que administram o Poder Executivo, nem todos hão de concluir que a palavra "lei" inclui também os decretos administrativos e as investigações do Congresso. A liberdade de asso-

---

* Em inglês, *freedom of speech*. Conquanto esse termo costume ser traduzido, corretamente, por "liberdade de expressão", achamos por bem manter aqui a tradução literal, visto que, como se verá daqui a pouco, boa parte do debate norte-americano sobre essa garantia constitucional gira em torno da distinção entre os atos de discurso ou palavras (*speech*) e outros tipos de atos de expressão. (N. do E.)

ciação política, a qual (sem grandes controvérsias) sempre foi considerada completamente protegida, não é nem sequer mencionada no documento; e está claro que os estados não são diretamente cobertos pela Primeira Emenda. É necessária uma teoria para chegarmos aonde a Corte chegou. Essa teoria é correta: ela advoga que direitos como esses, quer sejam explicitamente mencionados, quer não, devem de todo modo ser protegidos – e muito bem protegidos, porque são cruciais para o funcionamento de um processo democrático eficaz e aberto.

O controle judicial de constitucionalidade nessa área deve envolver, no mínimo, a eliminação de qualquer restrição à liberdade de expressão que seja desnecessária para a promoção de um interesse do Estado. Esse tipo de controle recebe vários nomes – "amplitude excessiva" (*overbreadth*)[1], "alternativa menos restritiva", "encaixe justo", até mesmo a teoria segundo a qual a mera "conveniência administrativa" não pode servir, nessa área, como justificativa para um ato do governo[2] –, mas todos querem dizer basicamente a mesma coisa: que, no que se refere à liberdade de expressão, não se podem tolerar erros; que as liberdades protegidas pela Primeira Emenda não devem ser negadas a ninguém, a não ser que a restrição das liberdades de um cidadão em particular seja necessária para servir ao interesse invocado pelo Estado. Entretanto, por mais sedutor que pareça esse tipo altamente manipulável de "investigação dos meios", ele jamais será suficiente. Em *United States vs. Robel*, decidido no ápice do "caso de amor" entre a Corte e a análise da "amplitude excessiva"*, o juiz-presidente Warren

---

* A teoria da amplitude excessiva (*overbreadth doctrine*) é uma técnica que começou a ser utilizada durante o período em que Earl Warren presidia a Suprema Corte norte-americana. Em *NAACP vs. Alabama*, julgado em 1958, a Corte declarou que "o objetivo do Estado de controlar ou evitar atividades constitucionalmente sujeitas à regulamentação não pode ser realizado através de significados amplos o bastante para invadir o âmbito das liberdades protegidas". A técnica é utilizada para se estabelecerem exceções para a aplicação de determinadas leis. Normalmente, um litigante alega que a lei é inconstitucional "enquanto aplicada" a ele. O litigante convence o juízo, e esse separa os aspectos inconstitucionais da lei, invalidando suas aplicações inapro-

afirmou, em nome da maioria, que aquela análise não precisa levar em conta, em absoluto, o peso do interesse do Estado, mas consiste, na verdade, na eliminação quase mecânica das restrições supérfluas: "Sugeriu-se que, para decidir esta causa, a Corte faça uma 'ponderação' entre os interesses do Estado, expressos [pela lei], e os direitos garantidos pela Primeira Emenda, afirmados pelo apelado. Recusamo-nos a fazer isso (...). Decidimos apenas que a Constituição exige que o conflito entre o poder do Congresso e os direitos individuais deve ser solucionado pela adoção de uma legislação mais restrita, de tal modo que o próprio conflito seja evitado."[3] Esse discurso é bom enquanto panfletagem, mas não reflete de modo exato o tema de *Robel* e outros casos análogos. Nenhum Poder Legislativo restringe a expressão (ou qualquer outra coisa, aliás) de modo completamente gratuito, e a eliminação do supérfluo acaba por ser a eliminação de coisa nenhuma. O ponto importante de toda decisão baseada no critério da "amplitude excessiva", portanto, é que a proibição sob exame, em seus limites externos, impõe uma restrição significativa a um direito incontestente, e o faz não sem razão, mas por um motivo relativamente insignificante. A ponderação deve ter por objeto os efeitos "limítrofes" ou "marginais" da lei, comparando a promoção do interesse do Estado possibilitada pela aplicação da lei aos casos marginais, de um lado, com a ameaça à livre expressão imposta por essa aplicação, de outro. Assim, ela envolve, em tese, fatores mais comensuráveis do que envolveria uma ponderação da lei como um todo[4]. Mas não deixa de ser uma ponderação, que incorpora elementos de valoração[5].

A mim não é difícil compreender o instinto que pode levar alguém a querer reduzir ao mínimo o número de oca-

---

priadas. A Suprema Corte norte-americana tem estendido os efeitos de sua decisão, declarando nula a interpretação da lei que amplie o alcance de sua aplicação de tal modo que invada o âmbito das liberdades protegidas. Ver, por exemplo, *Schaumburg vs. Citizens for a Better Environment*, julgado em 1980, em que a Suprema Corte norte-americana tenta esclarecer os limites de sua aplicação. (N. do R. T.)

siões em que o Judiciário se envolve na ponderação dos interesses que o Estado aduz para respaldar suas regulamentações. Mas é absolutamente necessário dar alguma atenção a essa questão – exatamente porque os Legislativos estaduais não costumam suprimir nada de modo totalmente gratuito – para que haja algum tipo de controle de constitucionalidade. Além disso, a própria teoria que preconiza o controle judicial de constitucionalidade exige, em primeiríssimo lugar, que esse controle atenda a certas finalidades. São os tribunais que devem policiar as restrições à liberdade de expressão e a outras atividades políticas, porque não podemos confiar em que nossos representantes eleitos o farão: em geral, os incluídos querem que os excluídos continuem excluídos. E isso significa que os incluídos não devem ter poder para restringir gratuitamente a expressão. Mas, para ter alguma eficácia concreta, também significa que eles não devem ter poder para restringir a expressão por um motivo frágil, que na verdade é usado como pretexto. Mas nem mesmo isso é suficiente. O distanciamento e a imparcialidade são aspectos decisivos dessa questão, e uma pessoa cuja autoridade depende do ato de silenciar outras vozes bem pode ser capaz de se convencer, *de boa-fé*, que uma razão que um observador mais atento chamaria de insuficiente é, na verdade, uma boa razão.

Mas, enquanto o critério de decisão constitucional estiver atrelado à ameaça específica representada pela comunicação em questão, os tribunais tenderão a ser arrastados pelos mesmos temores que movem os legisladores e as autoridades do Executivo, e a Primeira Emenda acabará sendo uma garantia completamente teórica. O primeiro encontro significativo da Suprema Corte com essa emenda surgiu numa série de casos que envolviam acusações previstas na Lei de Espionagem de 1917. Falando em nome da unanimidade dos juízes, o juiz Holmes deixou claro que sua abordagem estava atrelada à ameaça específica que a comunicação em questão trazia. "Admitimos que em muitos lugares e em épocas normais os acusados, ao dizer tudo o que foi dito na circular, estariam protegidos por seus direitos constitucionais. Mas o caráter de cada ato depende das circunstâncias nas quais ele é realizado." Essa abordagem geral foi especificada no famoso critério do perigo certo e iminente (*real and present danger*): "A questão, em cada caso, é saber se aquelas palavras são usadas em circunstâncias tais que possam gerar um perigo certo e iminente de acabar por concretizar os males substanciais que o Congresso tem o direito de evitar."[6] O critério do perigo certo e iminente tem sido objeto de considerável nostalgia por parte dos liberais e, à primeira vista, parece pelo menos moderadamente rigoroso[7]. O problema é que os acusados nos três casos em que ele foi introduzido acabaram todos indo para a prisão, e por causa de palavras bastante brandas e inócuas*. Na verdade, eles ficaram na prisão *durante dez anos*. Mas tudo isso é compreensível: o país estava em guerra, os sentimentos que os acusados expressavam eram impopulares e, portanto, não é de surpreender que os juízes da Suprema Corte estivessem dispostos a acatar todas as presunções em favor do perigo que aquelas palavras representavam.

Entre as duas Guerras Mundiais, a Corte teve um desempenho melhor (o que também é bastante compreensível). O juiz Holmes, acompanhado agora pelo juiz Brandeis, começou a apresentar uma série de votos divergentes para dar mais substância a seu critério do perigo certo e imi-

---

* Assim, o réu no caso paradigmático *Schenck vs. United States*, 249 U.S. 47 (1919), foi preso por imprimir e distribuir um panfleto dirigido aos recrutas, que "dizia 'Não se submetam à intimidação', mas, pelo menos na forma, limitava-se a preconizar medidas pacíficas, como uma petição dirigida ao Congresso para que revogasse a lei" (id., 51). Uma semana depois, a Corte anunciou a condenação de Eugene V. Debs por fazer um discurso no qual fora imprudente suficiente para dizer "que tinha de ter prudência e não poderia dizer tudo quanto pensava, dando assim a entender a seus ouvintes que tinha muito mais a dizer"; e, na sequência, rememorava "experiências pessoais e dava exemplos do crescimento do socialismo, exaltava as minorias e profetizava o êxito da cruzada socialista internacional, acrescentando, a título de interjeição: 'vocês precisam saber que são dignos de ser algo mais que meros escravos e carne de canhão'". *Debs vs. United States*, 249 U.S. 211, 213-4 (1919).

nente, e já no final da década de 1920 e início da de 1930 a maioria da Corte começou a reformar algumas condenações. No entanto, o medo do comunismo, que se seguiu à Segunda Guerra Mundial e perdurou ao longo da década de 1950, fez com que todo o país, juntamente com a Corte, voltasse ao antigo modo de agir. É claro que para julgar os comunistas o critério do perigo certo e iminente teria de sofrer algumas modificações, a fim de eliminar a exigência de que a ameaça fosse imediata; e em 1951, no caso *Dennis vs. United States*, isso aconteceu. O critério, segundo nos diziam, passou então a ser o seguinte: se "a gravidade do 'mal', atenuada na razão direta de sua improbabilidade, justifica tamanha invasão da liberdade de expressão, se ela for necessária para evitar o perigo"[8]. Também isso era bastante compreensível: se uma ameaça imediata mas insignificante – como, por exemplo, induzir umas poucas pessoas a não se submeterem ao alistamento obrigatório – pode justificar uma "invasão da liberdade de expressão", por que um mal menos imediato mas mais sério – como, por exemplo, um projeto para derrubar o governo no futuro – não deveria também justificá-la? Votando em separado, mas aceitando a decisão da maioria no caso *Dennis*, o juiz Frankfurter foi ainda mais longe. Por que, perguntava ele, o critério apropriado não poderia ser simplesmente uma ponderação direta entre os custos e benefícios de suprimir a comunicação, sem a intenção de obter uma fórmula matemática? Bom, isso também faz bastante sentido: na verdade, a decisão da Corte, com suas referências cuidadosas a "desconto" e "justificação", chega ao mesmíssimo resultado. Mas Frankfurter continuava: se o critério é a mera ponderação dos prós e contras de suprimir a liberdade de expressão num determinado caso concreto, que direito tinha a Corte de substituir o juízo dos poderes políticos pelo seu? Afinal, o Congresso tinha muito mais e melhores condições para coligir e avaliar todos os fatos relacionados à gravidade da ameaça comunista. Na verdade, a abordagem de Frankfurter – uma ponderação *ad hoc* temperada com uma considerável deferência à decisão legislativa – foi a adotada pela Corte durante algum tempo, e somente na década de 1960 (já longe da sedução do macartismo) a autoconfiança nacional cresceu de novo a ponto de podermos contar com a Corte para declarar nulas as leis que criminalizavam os comunistas.

Tudo isso é história bem conhecida. É tudo bastante compreensível, mas não passa de uma sátira de nosso compromisso com um processo político aberto. A Primeira Emenda simplesmente não pode se equilibrar sobre o fundamento instável da avaliação *ad hoc* de uma ameaça específica. O difícil, é claro, é encontrar algo melhor. Os juízes Black e Douglas costumavam afirmar, Black mais insistentemente que Douglas, que eram "absolutistas" – e com isso queriam dizer que, em sua opinião, a expressão ou palavra (*speech*) *nunca* poderia ser oficialmente punida ou obstada de algum outro modo. De fato, isso parece melhor do que aquilo que a Corte nos vem oferecendo ao longo dos anos: dentre os recursos que invocavam a Primeira Emenda e chegaram até a Corte, há pouquíssimos, se é que há algum, cuja confirmação teria ameaçado seriamente a república. No entanto, essa não é a melhor comparação: se todas as reivindicações que surgiram tivessem sido bem-sucedidas, outras ainda mais problemáticas surgiriam, e eu, particularmente, fico bastante apreensivo ao pensar, digamos, na divulgação de falsa propaganda de curas para o câncer ou na publicação de uma fórmula (anteriormente secreta) para a fabricação da bomba de hidrogênio. Pode-se defender a ideia – e Charles Black o fez de modo eloquente – de que, embora o juiz da Suprema Corte saiba, lá no fundo, que ninguém pode *realmente* acreditar que a liberdade de expressão deve ser totalmente ilimitada, ainda assim é conveniente que ele exponha suas teses dessa maneira[9]. Entretanto, a maioria de nós não somos juízes, e muito menos da Suprema Corte; logo, devemos examinar objetivamente a validade dessa abordagem "absolutista" e reconhecer que ninguém pode ter o direito constitucional de ficar à porta de uma prisão malvigiada e conclamar a multidão a linchar o prisioneiro que está lá dentro[10]. A julgar pelo seu desempenho em outras circunstâncias, o juiz Douglas diria que não se trata aí de simples palavras (*speech*), mas de "palavras mescladas com atos", que não são objetos da proteção constitucional[11]; e o juiz Black as chamaria de "palavras com algo mais" (*speech plus*), ou talvez simplesmente diria que "não são palavras", e igualmente negar-lhes-ia a proteção[12]. Esses famosos juízes não fazem jus à sua própria fama nesse particular, pois "respostas" como essas simplesmente não são responsáveis. Eles se recusam a apresentar o raciocínio que verdadeiramente está por trás da negação da proteção e, com sua evidente falta de princípios, atenuam consideravelmente qualquer valor exortativo que houvesse na declaração de que a liberdade de palavra deve ser protegida sempre. É fácil dizer que o melhor seria pôr mais guardas na prisão e deixar que a pessoa de cabeça quente dissesse o que bem entendesse. Mas isso nem sempre é possível; e, quando não é, não podemos simplesmente dar àquela pessoa o direito constitucional de falar as palavras que quiser. Pois certamente é disto que se trata: sua possível eficácia – e é isto que tememos – não faz com que as palavras deixem de ser palavras.

No entanto, isso não esgota nossas alternativas. Existe outra forma mais viável de "absolutismo"; uma que não tenciona fazer com que toda expressão ou palavra seja constitucionalmente imune à regulamentação do Estado, e sim que dá imunidade a todo tipo de expressão, *exceto àquelas que se encaixam em algumas categorias claras e definidas de modo estrito*. Nenhuma abordagem responsável do problema pode esquecer os perigos que certos tipos de expressão representam: é o que nos ensina o exemplo da multidão prestes a linchar o prisioneiro. No entanto, o que distingue essa abordagem (que podemos chamar de abordagem das "mensagens não protegidas") das diferentes abordagens de "ameaça específica", que tão mal serviram à causa da liberdade, é que nela a consideração do dano provável acontece por atacado, com antecedência, fora do contexto de casos específicos. A questão, por exemplo, será se a "defesa de atividade ilegal" deve ser isolada como uma categoria desprotegida (para lidar com casos como o da multidão prestes a linchar um indivíduo). Está claro que essa categoria é muito pouco seletiva[13]: como veremos, a Corte diminuiu bastante seu escopo, reduzindo-o à "incitação a um ato ilegal imediato". Uma vez fixadas as categorias das mensagens não protegidas, porém, o efeito possível da mensagem desaparece da fórmula, e a mensagem que não se encaixa em uma das categorias é simplesmente protegida, independentemente da identidade de quem a transmite e de quem a recebe.

Mas isso nem sempre irá funcionar. Examinemos o caso de uma mensagem que não poderia jamais ser enquadrada numa categoria não protegida: não consigo pensar num exemplo melhor que o de uma mensagem como "Vote em John Hart Ely para o Congresso". É uma mensagem simplesmente protegida, independentemente de seu contexto, certo? Bem, não exatamente. Suponhamos que eu contrate os serviços de um carro com alto-falante para propagar a mensagem por aí. Talvez eu tenha o direito constitucional de fazer isso. Suponhamos, no entanto, que eu compre um megafone e o utilize debaixo da janela do seu quarto, às três da manhã (ou, sendo mais esperto, meu adversário o faça): "Vote em John Hart Ely para o Congresso! Eu sei que você está aí! Vote em John Hart Ely para o Congresso!" Isso não pode ser um direito constitucional, por mais que a mensagem em si seja protegida. E também não tenho o direito constitucional de gritar "Vote em Ely para o Congresso!" perto de um paciente cardíaco, de fazer um comício para divulgar a mensagem "Vote em Ely para o Congresso" na Times Square ao meio-dia, e muito menos de bombardear os Correios para tornar mais evidente a política para serviços postais do meu programa de governo. O caráter "absolutamente protegido" da mensagem não pode imunizar essas formas de expressão contra uma regulamentação: está claríssimo que o contexto – a ameaça que determinado ato de expressão representa – é pertinente e às vezes será determinante[14].

O debate sobre a Primeira Emenda se desenrola com base na suposição de que as duas abordagens gerais que citei – a chamada abordagem da "ameaça específica" (a qual inclui o critério do perigo certo e iminente e também a ponderação *ad hoc*) e a abordagem das "mensagens não protegidas" (a qual, afirmo, é a única forma inteligível de "absolutismo") – são abordagens gerais mutuamente excludentes para todo o âmbito dos problemas que surgem com a emenda. Cada um dos lados, ao concentrar-se em certos casos, conseguiu propagar uma imagem bem ruim do outro lado: a abordagem das "mensagens não protegidas" acaba por parecer praticamente ininteligível, e a abordagem da "ameaça específica" acaba afigurando-se praticamente inútil. O que eu afirmo, no entanto, é que os interesses da Primeira Emenda serão mais bem servidos se as duas abordagens forem encaradas como complementares e não como adversas: cada qual tem seu papel legítimo e indispensável na proteção da liberdade de expressão[15].

Quando o mal que o Estado busca eliminar independe do teor da mensagem, quando ele advém de algo que não seja o medo de como as pessoas irão reagir ao que um indivíduo diz – é este o caso dos exemplos citados no penúltimo parágrafo –, a abordagem de "ameaça específica" é a única coerente[16]. A regulamentação em questão necessariamente aplicar-se-á a todos, não apenas a um ponto de vista em particular ou a um grupo de pontos de vista considerados extremamente perigosos. (Neste caso, entrará em jogo o outro critério.) Isso diminui os riscos que vimos na aplicação do critério de "ameaça específica" às mensagens consideradas perigosas devido a seu conteúdo, o perigo de exagero consciente ou inconsciente por parte das autoridades políticas e a compreensível aquiescência por parte do Judiciário. Claro que não é tão simples assim: a regulamentação de certas formas de comunicação, por razões que não seu conteúdo, pode discriminar *de facto* (ou até mesmo intencionalmente, embora talvez seja impossível prová-lo) certos conjuntos de mensagens. Os carros com alto-falante, por exemplo, são usados com mais frequência por aqueles que não têm acesso a meios de comunicação mais caros e menos irritantes. Isso certamente deve ser computado: a ameaça terá de ser mais séria quando fica claro que quem transmite a mensagem não dispõe de outros meios eficazes para atingir o mesmo público[17]. No entanto, quando não é a mensagem em si que pode causar dano, não há outro critério inteligível para lidar com os casos concretos senão o da avaliação do contexto e da ameaça específica que aquela comunicação representa.

Quando se considera que o mal que o Estado busca eliminar advém dos perigos específicos da mensagem que está sendo veiculada, no entanto, os perigos da distorção política e da aquiescência judicial chegam ao máximo. É óbvio que a mensagem regulamentada desagrada sobremaneira àqueles que impõem a regulamentação. O argumento final do juiz Frankfurter era um pouco exagerado, é claro: os juízes não eleitos tendem a ser um pouco mais objetivos que as autoridades eleitas a respeito dos perigos representados por um ponto de vista diferente do seu; assim, mesmo se fosse verdade que o critério de ponderação é o único admissível nessas circunstâncias, haveria ainda *alguma* razão para conceder ao Judiciário um poder genuíno de controle constitucional. Entretanto, os juízes em sua grande maioria provêm dos mesmos escalões sociais e políticos que as autoridades eleitas e estão sujeitos às mesmas ansiedades. Se a história que acabamos de revisitar pode nos ensinar algo, é que toda tentativa de ponderar a ameaça representada pela comunicação de um ponto de vista diferente há de misturar-se inevitavelmente com as predisposições ideológicas daqueles que fazem a avaliação, e, não menos, com a autoconfiança ou a paranoia que caracteriza determinada época. Para que a Primeira Emenda possa ao menos começar a cumprir sua função central – qual seja, a de assegurar um processo e um diálogo político abertos –, é preciso reduzir ao mínimo a avaliação discricionária do nível de periculosidade das diferentes mensagens que as pessoas quiserem comunicar. Ou seja, quando as autoridades públicas tentarem silenciar uma mensagem porque a consideram perigosa, temos de insistir em que a mensagem se enquadre numa categoria clara e definida de expressão que foi designada com antecedência como algo que não deve ser protegido. Não é preciso ser advogado para saber que até a fórmula verbal mais clara pode ser manipulada. Mas só um advogado muito ruim há de supor que a simples manipulação, por um lado, e a manipulação infinita, por outro, são a mesma coisa. Uma abordagem de "mensagens não protegidas" não pode garantir a liberdade – nada pode –, mas, dentre os meios disponibilizados aos seres humanos, é o que melhor pode contrapor-se à capitulação do Judiciário perante os poderes políticos. Como afirmou o juiz Learned Hand (no começo de sua carreira[18]) numa carta endereçada a Zechariah Chafee, Jr.:

> Não sou incondicionalmente adepto do critério de Holmesy, e explicarei por quê. Uma vez que se postula que tudo é uma questão de grau, embora ainda seja possível situar o problema em seu lugar correto, ele se torna imediatamente um problema administrativo, ou seja, damos a Fulano, Beltrano e Sicrano tanta liberdade discricionária [aqui Hand escreveu e riscou "para dar livre curso a seus medos"] que "acabou-se o que era doce". Além disso, até mesmo Suas Inefabilidades, os Nove Anciãos do Estado, não têm se mostrado completamente imunes ao "instinto de rebanho", e o que parece "imediato e direto" hoje em dia pode parecer bastante remoto no ano que vem, embora não haja modificação nas circunstâncias relacionadas à mensagem divulgada. Eu, de minha parte, preferiria uma fórmula qualitativa, rígida, convencional e inescapável. Se ela pudesse ser sacramentada pela prova do tempo e pela adjunção de precedentes, talvez pudesse servir para amenizar um pouco as torrentes de paixão a que (...) estão sujeitas as democracias (...)[19]

A Suprema Corte há muito compreendeu a primeira parte da análise de Hand. Em *Prince vs. Massachusetts*[20], decidido em 1944, a Corte confirmou a aplicação da lei estadual de trabalho infantil a uma criança que distribuía brochuras das Testemunhas de Jeová. Obviamente, com isso o Estado estava restringindo a divulgação da mensagem, sobre a qual não há dúvida de que deve ser considerada digna de proteção. Mas o mal que o Estado buscava evitar estaria igualmente implicado se a criança estivesse fazendo um trabalho que não tivesse nenhum componente comunicativo; e, assim, era absolutamente necessário levar em consideração o contexto. Do mesmo modo, ao empregar o que no fundo é um critério de ponderação para permitir uma regulamentação municipal limitada do uso de carros com alto-falantes[21], a Corte permitiu algumas restrições à liberdade de expressão. Mas, de novo, os valores que o Estado busca proteger através de tal regulamentação, os valores do silêncio e do repouso, seriam ameaçados tanto por uma mensagem política quanto por um blá-blá-blá sem sentido ou pela simples estática (que, de qualquer maneira, é o que geralmente sai dos alto-falantes)*. Essa abordagem dos problemas da Primeira Emenda que não envolvem a regulamentação de determinadas mensagens com base no argumento de que são perigosas foi reafirmada pela Corte de Warren[22].

---

* A dicotomia aqui sugerida tem a virtude adicional de resolver o problema da suposta antinomia entre "palavra" e "conduta". Um assassinato político, ou o ato de quebrar as janelas de um centro de recrutamento em protesto contra o alistamento obrigatório, obviamente implicam importantes elementos de expressão, mas não podem ter a proteção da Primeira Emenda. É comum a tentação de deixar tais casos de lado com base no argumento de que envolvem a "conduta" e não a "palavra", ou talvez a "ação" e não a "expressão". É verdade que nesses casos a expressão se concretiza por meio de uma ação, e de fato ambas as atividades mencionadas são inteiramente não verbais. Mas o mesmo pode ser dito de muitos outros atos que a Corte adequadamente reconheceria como atos de expressão dignos de proteção: uma saudação, erguer um punho fechado, usar uma braçadeira. O que distingue de modo significativo o assassinato e a quebra de janelas dos outros atos não é o fato de não serem expressivos, e sim que o dano que causam não advém da mensagem que o ato tenta transmitir. Matar ou quebrar janelas são sempre atos danosos, mesmo que não haja um elemento expressivo no ato; uma braçadeira só pode causar confusão se as pessoas souberem o que ela significa. Ver Ely, "Flag Desecration: A Case Study in the Roles of Categorization and Balancing in First Amendment Analysis", 88 *Harv. L. Rev.*, p. 1482 (1975).

Mas essa é a parte fácil: com efeito, já vimos que na década de 1960 a Corte seguiu essa abordagem de considerar o contexto e essencialmente ponderar *todos* os casos pertinentes à Primeira Emenda. O que é encorajador é que, mais para o fim da era Warren, a Corte, liderada neste particular pelo juiz Harlan, deu indícios de começar a entender que, quando a expressão é restringida devido à periculosidade da mensagem, é necessária uma abordagem bastante diferente, que pressuponha determinadas categorias não protegidas de expressão, para assegurar as liberdades a nós concedidas pela Primeira Emenda. No caso *Cohen vs. California*, a Corte reformou a decisão sobre um jovem que considerava adequado expressar seus sentimentos andando pelas ruas com uma jaqueta que dizia *"Fuck the Draft"* ("Foda-se o Alistamento Militar"). Ao contrário dos casos que acabamos de examinar, os danos nos quais se baseava o Estado para processar Cohen, os danos de causar consternação e ofensa a outrem, advinham completamente do conteúdo comunicativo da mensagem. (Se sua "plateia" não soubesse ler inglês, não haveria motivo para a intervenção do Estado.) Mui acertadamente, a Corte indicou que a abordagem apropriada para esse caso era a das "mensagens não protegidas" e concluiu que a mensagem de Cohen não se encaixava nessa categoria[23]. Para alcançar tal resultado, a Corte teve de rejeitar uma categoria oferecida pelo Estado e depurar mais duas, que eram reconhecidas havia mais tempo. O Estado pleiteava que as palavras de Cohen – pelo menos quando impostas a um público involuntário – eram "ofensivas", e não tenho dúvida de que o próprio juiz Harlan, que escreveu em nome da maioria, as considerava como tais. No entanto, seu voto foi suficientemente razoável para reconhecer que o que pode ser ofensivo para mim talvez não seja ofensivo para outra pessoa, e que de fato muitas opiniões de valor, opiniões que despertaram o público para situações injustas que ele antes aceitava como ponto pacífico, muito provavelmente teriam sido, de início, consideradas ofensivas por muita gente. Assim, os perigos da censura do conteúdo tanto cognitivo quanto emotivo fizeram com que a Corte se recusasse a delimitar a "linguagem ofensiva" como uma categoria de expressão não protegida. Os "insultos" (*fighting words*)* há muito foram reconhecidos como uma categoria não protegida, mas a decisão de Harlan deixava claro que esse rótulo não poderia mais ser compreendido como um eufemismo para frases controversas ou de baixo calão; exigia, antes, uma incitação clara à violência. A "obscenidade" ou qualquer material altamente erótico tampouco são protegidos – por razões que dificilmente se afiguram convincentes –, mas, como afirmou o juiz Harlan, qualquer pessoa que se sinta sexualmente excitada com os dizeres na jaqueta de Cohen tem sérios problemas. Assim, como a mensagem não se encaixava em nenhuma categoria de mensagens não protegidas, a sentença condenatória contra Cohen foi reformada.

Brandenburg vs. Ohio, decidido dois anos antes, também havia seguido a abordagem das "mensagens não protegidas"[24]. Foi, no entanto, um caso mais importante, pois a categoria da qual tratou (e que, nele, foi consideravelmente depurada) talvez seja a mais delicada de todas. Declarando nula a Lei dos Crimes Sindicais de Ohio, a Corte, à unanimidade, afirmou que "as garantias constitucionais da liberdade de palavra e de imprensa não permitem que o Estado proíba ou proscreva a defesa do uso da força ou da violação da lei, exceto quando tal defesa tiver a intenção de incitar ou produzir ações ilegais iminentes (...)"[25]. Eis um discurso forte, que teria determinado o resultado contrário nos casos da Lei de Espionagem e também nos casos posteriores contra os comunistas[26]. Não sabemos se a Corte terá determinação suficiente para seguir esse mesmo princípio no próximo período de pânico nacional, mas ela aumentou bastante as probabilidades de consegui-lo quando usou esse argumento para decidir a causa, em vez de simplesmente ob-

---

* Palavras, escritas ou faladas, que por sua própria natureza constituem ofensa pessoal contra alguém ou de algum outro modo induzem imediatamente à violência. (N. do E.)

servar que, no contexto, a mensagem de Brandenburg não apresentava nenhum perigo maior.

É importante que não se entenda mal a distinção que sugeri: não se trata de uma escolha entre um "controle de constitucionalidade permissivo" e um "controle de constitucionalidade severo". Claro está que o controle sugerido será mais severo nas situações em que a expressão for restringida com base na tese de que a mensagem é perigosa; mas dizer isso é dizer muito pouco, é correr o risco de transformar esse tipo mais severo de controle – e, infelizmente, algumas decisões mais recentes parecem fazer exatamente isso[27] – num critério mais exigente de ponderação ou de dano específico. Isso é bastante diferente do que estamos recomendando aqui, já que meu argumento é que, no que tange às opiniões supostamente perigosas, *qualquer* critério de dano específico provavelmente irá por água abaixo em épocas de crise. Caso a forma de controle aqui preconizada para aqueles casos em que a mensagem é proibida por ser considerada perigosa não for interpretada como uma proteção "absoluta" de toda expressão que não se enquadre numa categoria predefinida de mensagens não protegidas, esta discussão perderá toda a sua finalidade.

Perdê-la-á também caso as categorias de expressão não protegidas sejam definidas quer de modo vago, portanto abrindo espaço para um tipo diferente de corrosão, quer de modo muito amplo, portanto diminuindo o conjunto de mensagens protegidas[28]. Também não podemos esquecer o outro lado da dicotomia: não podemos deixar que o controle das medidas que visem a qualquer outra coisa que não à periculosidade da mensagem degenere num mero critério de "razoabilidade". É verdade que as medidas "meramente" relacionadas ao controle de ruídos, controle de tráfego e outras do tipo não podem ser inteligivelmente controladas por meio de uma abordagem que exclua a consideração do contexto, mas elas também têm o potencial de debilitar seriamente a liberdade de expressão. Os tribunais, portanto, conquanto sejam obrigados a analisá-las em razão do dano específico, devem empregar o critério de dano específico o mais severo possível: um critério que insista em averiguar se de fato existe o perigo certo e iminente de ocorrer um dano grave. As razões por que o critério de perigo certo e iminente tende quase inevitavelmente a degenerar num critério ineficaz de ponderação – nas situações que envolvem mensagens supostamente subversivas, que incitam à insubordinação ou que tenham características de incitação à violência – são de fato substancialmente atenuadas quando o mal temido não está relacionado ao conteúdo da expressão. Mas, independentemente disso, os tribunais devem se resguardar contra erros em todos os contextos.

Assim, embora a abordagem das "mensagens não protegidas" talvez não seja apropriada em casos que não envolvem a supressão da expressão devido a seu conteúdo, "o controle severo" é sempre apropriado quando a liberdade de expressão em geral está em xeque. Como observou Josiah Quincy há muito tempo, e é algo que soa ainda mais verdadeiro hoje em dia, "é muito mais fácil controlar a liberdade para que não se transforme em licenciosidade do que controlar o poder para que não se transforme em tirania e opressão"[29]. Não acredito na ideia radical de que nossa sociedade, comparada com outras, é uma sociedade opressiva; mas é certo que estamos muito longe do perigo de ter excessiva liberdade política. Permitir que certas pessoas perturbem nossos tímpanos com denúncias escandalosas e exageradas das instituições que prezamos é algo que às vezes nos incomodará, nos irritará, nos deixará enraivecidos e poderá até nos levar a questionar a estabilidade da sociedade americana: é exatamente isso que tais mensagens pretendem fazer, e é esse o preço que não devemos hesitar em pagar. Se silenciarmos essas pessoas, talvez estejamos protegendo alguma coisa, mas certamente não estaremos protegendo o "modo de vida americano". Em 1980, a maioria das pessoas que pensaram sobre o assunto concorda com essa abordagem. O mais difícil será sustentar essa concordância quando passarmos, no futuro, por períodos de crises reais ou imaginárias. Talvez isso não seja possível, mas será menos difícil se utilizarmos o presente para criar barreiras de proteção em torno da liberdade de expressão, com as palavras mais firmes e seguras que pudermos encontrar.

O direito ao voto

Embora o direito ao voto[30] pareça um elemento importantíssimo para a plena participação no processo democrático, há menos consenso entre os juristas a respeito da admissibilidade do ativismo judicial em casos que envolvem o sufrágio. É tentador supor que isso ocorre porque o direito ao voto não é mencionado explicitamente na Constituição – pelo menos no que se refere às eleições estaduais[31] –, mas nós sabemos que isso não é verdade. A liberdade de associação não é mencionada nem na Primeira Emenda nem em qualquer outro lugar, e tampouco a liberdade de expressão ou associação é mencionada na Décima Quarta, e ainda assim esses direitos têm sido adequadamente protegidos. Além disso, aqueles que se opõem ao controle ativo nos casos de voto tendem, com bastante frequência, a ser pessoas que não se incomodam com o "devido processo substancial" em outros contextos: a constelação de opiniões "contracepção, sim – voto, não" é mais comum do que parece[32]. Já deve estar claro, pelo que foi dito, que acredito exatamente no contrário disto: o controle judicial de constitucionalidade deve ocupar-se basicamente de eliminar as obstruções ao processo democrático, e a negação do voto parece ser a mais representativa das obstruções*.

Às vezes, os litígios que envolvem o voto, particularmente aqueles que apreciam a má distribuição da representação

---

* Outras práticas que vão ao cerne do direito do povo de escolher seus representantes e expressar suas preferências são a negação aos partidos minoritários do direito a concorrer nas eleições e a recusa a dar cargo aos representantes escolhidos pelo povo. A Corte de Warren também lidou ativamente com essas duas áreas.

proporcional, são louvados com base no argumento de que cuidaram de um problema que o Legislativo estadual não queria solucionar. Isso é verdade, mas trata-se de uma concepção perigosamente incompleta. Há muitas coisas a respeito das quais as assembleias legislativas "nada fizeram" e que devem ser deixadas exatamente como estão. Uma teoria mais completa a respeito dos casos que envolvem o voto deveria dizer que eles envolvem direitos (1) que são essenciais para o processo democrático e (2) cujas dimensões não podem ser deixadas somente a cargo dos representantes eleitos, que têm um interesse óbvio no *status quo*[33]. O juiz-presidente Warren deu o seguinte voto – aceito pela Corte – no caso *Kramer vs. Union Free School District n.º 15*:

> Quando controlamos a constitucionalidade das leis que negam a alguns residentes o direito ao voto, a presunção geral de constitucionalidade das leis estaduais e a aprovação habitual que se concede às classificações estaduais (sempre que a Corte for capaz de conceber um "fundamento racional" para as distinções feitas) não são mais aplicáveis (...) A presunção de constitucionalidade e as classificações "racionais" aprovadas em outros tipos de leis baseiam-se na suposição de que as instituições do governo estadual estão estruturadas de modo que representam com justiça todas as pessoas. No entanto, quando o demandante pleiteia a inconstitucionalidade da lei exatamente porque ela nega tal suposição básica, esta não pode mais servir de fundamento para se presumir a constitucionalidade.[34]

Por que, então, tantos setores são tão resistentes ao controle de constitucionalidade ativo, por parte do Judiciário, no campo do direito ao voto? Na verdade, grande parte dos ataques foi dirigida aos casos de má distribuição proporcional, os quais analisaremos daqui a pouco. Mas o juiz Harlan tinha uma objeção mais fundamental, que pode ser igualmente aplicada aos casos de qualificação do eleitor: a de que a Cláusula da Igual Proteção, que é o dispositivo em razão do qual a Corte decide os dois tipos de casos, simplesmente não foi formulada com a intenção de ser aplicada ao direito de sufrágio[35]. Na verdade, a história legislativa não é tão clara quanto Harlan dizia que era[36], mas realmente parece provável que grande parte dos constituintes e dos ratificadores da Décima Quarta Emenda não previra especificamente que a primeira seção desta fosse aplicada ao direito de voto[37]. O problema surge naquilo que Harlan imaginou ser provado pela observação*. Por que, logo nesta questão, deveria-

---

* Uma resposta alternativa à objeção do juiz Harlan é que talvez tenha sido desnecessário invocar a Cláusula da Igual Proteção, seja para tratar da qualificação dos eleitores, seja nos casos de má distribuição proporcional. O direito ao voto em diferentes eleições federais é salientado em diversos dispositivos constitucionais; e, qualquer que seja o conteúdo adicional da Cláusula da Forma Republicana de Governo do Artigo IV, ela significa no mínimo que os estados estão obrigados a fazer eleições populares. Ver, por exemplo, *In re* Duncan, 139 U.S., 449, 461 (1891). Um dos nossos objetivos ao dizer que algo é um direito é que isto não deve ser negado, ou concedido apenas de maneira insuficiente, a um subconjunto de pessoas, a não ser mediante um bom motivo.

Em relação às eleições estaduais (mas não às federais), essa linha alternativa de defesa parece ter um problema: a Suprema Corte sempre caracterizou as pretensões baseadas na Cláusula da Forma Republicana de Governo como casos que suscitam "questões políticas" e, logo, são insuscetíveis ao controle judicial. Na verdade, como demonstrou o livro do professor Wiecek sobre a mesma cláusula, essa generalização está enraizada num erro de categorização. O caso *Luther vs. Borden*, 7 How. 1 (1849), bastante antigo, em que a Corte teria de decidir, com base na Cláusula da Forma Republicana, qual dos dois governos em litígio era o "verdadeiro" governo de Rhode Island, de fato provinha de uma situação política tão emaranhada que a Corte provavelmente fez bem em deixar a decisão a cargo do Congresso. Foi, no entanto, um erro crasso de lógica inferir, nos casos subsequentes, que todos os litígios que suscitam a Cláusula da Forma Republicana de Governo estariam igualmente enredados em questões políticas. Ver W. Wiecek, *The Guarantee Clause of the U.S. Constitution* (1972). E de fato parece bem provável que essa teoria infeliz – a de que todos os casos relativos à Forma Republicana de Governo necessariamente envolvem questões políticas – desaparecerá por completo um dia desses. Tanto seus partidários quanto seus detratores passaram a reconhecer o óbvio: que embora os diferentes casos de direitos ao voto nos estados, decididos pelas Cortes de Burger e Warren, tenham sido tratados como decisões relativas à igual proteção, eles não podem ser compreendidos de modo satisfatório sem sofrer o forte influxo da ideia de que o direito ao voto nas eleições estaduais é uma prerrogativa constitucional bastante especial; ideia essa que não deriva somente da linguagem da igual proteção e que, textualmente, caberia de modo mais natural na Cláusula da Forma Republicana de Governo.

Ao argumentar que os constituintes não pretendiam que a Cláusula da Igual Proteção fosse aplicada ao voto, o juiz Harlan baseou-se sobretudo na

mos procurar obstáculos – por que, particularmente, deveria o juiz Harlan procurar obstáculos[38] – nas intenções específicas dos constituintes?[39] Como vimos, a intenção prioritária dos que escreveram e ratificaram a Cláusula da Igual Proteção aparentemente era a de estabelecer um ideal cujas aplicações específicas seriam fornecidas pela posteridade. Certamente não tinham a intenção específica de fazer com que a Cláusula da Igual Proteção se aplicasse às leis contrárias à miscigenação, ou mesmo às escolas segregacionistas. Mas como mui adequadamente apontou o juiz-presidente Warren em *Brown vs. Board of Education*, a história legislativa relacionada especificamente à educação (e ele poderia ter dito: a história legislativa relativa a todas as aplicações específicas) era "inconclusiva"[40]. As discriminações injustificadas na distribuição do voto encaixam-se confortavel-

---

afirmação do Deputado Bingham: "*A segunda seção exclui a conclusão, tirada da primeira seção, de que o sufrágio estaria sujeito às leis do Congresso*: com a ressalva de que, como o direito do povo em cada estado a um governo republicano e a escolher seus representantes no Congresso é uma das garantias da Constituição, esta emenda poderia solucionar diretamente um caso suposto por Madison, em que, por traição, o governo de um estado mudasse de um regime republicano para um despótico e, assim, negasse o sufrágio ao povo." *Reynolds vs. Sims*, 377 U.S. 533, 598-9 (1964) (juiz Harlan, voto divergente). O grifo é de Harlan e não deve nos distrair do que é dito a seguir. É bem pouco provável que Bingham, ao nos chamar a atenção para a possibilidade de que a negação do direito ao voto violasse a Cláusula da Forma Republicana de Governo ou os dispositivos que garantem o direito à eleição dos membros do Congresso, tivesse em mente qualquer uma das situações que caracterizam os casos modernos: para chegar a esses casos, esses dispositivos precisaram de tempo para se desenvolver. Mas Harlan afirmava que o § 1.º da Décima Quarta Emenda simplesmente não se aplica ao voto, e o trecho que não foi grifado na afirmação de Bingham (cujo trecho grifado é um dos pilares do argumento de Harlan) é fatal para essa afirmação. Na verdade, diversos membros do Trigésimo Nono Congresso demonstraram estar conscientes de que, em seu entendimento, a Cláusula da Forma Republicana de Governo, dava poder ao Congresso para anular certas qualificações dos eleitores. Ver Van Alstyne, "The Fourteenth Amendment, the Right to Vote, and the Understanding of the Thirty-Ninth Congress", 1965 *Sup. Ct. Rev.*, pp. 33, 50-1, 63-5. Isso, por si só, já é prejudicial à argumentação, mas a afirmação de Bingham desfere-lhe o golpe de misericórdia ao acrescentar que o § 1.º da Décima Quarta Emenda fornece remédio jurídico para tais casos.

mente na linguagem da Cláusula da Igual Proteção – e obviamente violam o ideal expresso por ela –, como também na da Cláusula da Forma Republicana de Governo. E é isso que deve ser levado em conta*.

O tipo de controle de constitucionalidade apropriado nos casos que envolvem as qualificações do eleitor tem parentesco com o que é apropriado no contexto da Primeira Emenda. Não podemos deixar que os "incluídos" decidam quem deve ficar de fora – portanto, é obrigação dos tribunais assegurar não apenas que a ninguém se negue sem motivo seu direito ao voto, mas também que, quando há um motivo (como certamente haverá), ele seja bastante convincente. Assim, no caso *Carrington vs. Rash*[41], decidido em 1965, a Corte declarou nula uma lei texana que negava o direito ao voto àqueles que haviam se mudado para o estado do Texas a serviço das forças armadas; e, no caso *Harper vs. Virginia Board of Elections*[42], decidido um ano depois, a Corte anulou o imposto sobre o voto do estado da Virginia. Segundo a Corte, ambas essas qualificações de eleitores eram irracionais. Mas a verdade é que nenhuma delas era de fato irracional. Os funcionários militares tendem a permanecer menos tempo morando num determinado local que a maioria das pessoas, e, além disso, também podem, como argumentou o estado, acabar dominando a política de uma cidade perto de uma base militar ou na qual uma base militar

---

* A ausência da expectativa específica de que a Décima Quarta Emenda fosse aplicada ao voto parece estranhamente insignificante à luz da ratificação da Décima Quinta Emenda, dois anos depois. Se havia uma ampliação do direito ao voto que desse motivos aos que apoiavam a Décima Quarta Emenda para ter reservas quanto à possibilidade de que ela se aplicasse ao voto, era a extensão do sufrágio aos negros. Ver *Oregon vs. Mitchell*, 400 U.S. 112, 174 (1970) (juiz Harlan, voto parcialmente concorrente e parcialmente divergente); cf. R. Berger, *Government by Judiciary* (1977). No entanto, foi exatamente essa a extensão de direitos determinada pela Décima Quinta Emenda, que estudos recentes demonstraram ter sido apoiada essencialmente pelas mesmas pessoas que apoiaram a Décima Quarta. Ver a nota 70 ao capítulo 2. De qualquer modo, as reservas não foram expressas na Décima Quarta Emenda, e são bastante incoerentes com o ideal que ela representa.

esteja localizada. Também pode ser verdade, ou pelo menos não é irracional pensar assim, que as pessoas que possuem alguma riqueza tendem a ser cidadãos mais "responsáveis", ou, para usar um fraseado ainda mais plausível, que a disposição de pagar um tributo para votar é indício de um interesse sério na eleição. Então, a imputação de irracionalidade era uma hipérbole, e o verdadeiro argumento em cada caso é que um grupo de pessoas – os militares, num caso, e aqueles tão pobres que não podiam pagar o tributo, no outro – estava sendo deixado de fora do processo decisório por uma razão insuficientemente convincente[43].

A "má distribuição da representação proporcional", quando o voto de uma pessoa vale apenas uma fração (e às vezes uma fração bem pequena) do voto de outra, segue o mesmo princípio. Metade de um voto é apenas metade de um voto; 1/6 de voto é praticamente o mesmo que voto nenhum, e aqui novamente os que estão no poder têm interesse em manter as coisas do jeito que estão[44]. Ainda assim, são as decisões relativas à má distribuição proporcional que mais foram alvo do ataque dos críticos[45]. O juiz Frankfurter costumava dizer que a redistribuição proporcional do número de representantes era um "emaranhado político" que deveria ser evitado pelas Cortes[46]. Os críticos adoram citá-lo, mas na verdade o sentido desse argumento é obscuro. Às vezes ele foi usado para afirmar que não existe nenhum critério administrável para determinar a legalidade da representação proporcional[47]. Entretanto, pelo menos no presente contexto dessa disputa, isso é absurdamente tolo. Pois o próprio critério que a Corte escolheu para um caso paradigmático, *Reynolds vs. Sims*[48] (critério abominado por Frankfurter e por seu sucessor nas críticas, o juiz Harlan) – o critério "um voto por pessoa" –, é claramente administrável. Na verdade, a administrabilidade é seu ponto mais forte, e a questão mais problemática é saber quais outras qualidades esse critério pode apresentar em seu favor. Em outras ocasiões, a tese do "emaranhado" serviu a uma teoria "realista", segundo a qual toda decisão de redistribuição proporcional tende a trazer problemas sérios para a Corte e a diminuir perigosamente seu prestígio[49]. Eu já disse que este não é um fundamento válido para elaborar ou criticar o direito constitucional. De qualquer modo, os críticos estavam errados nesse caso: a igualdade do peso de todos os votos é uma ideia com a qual a maioria das pessoas simpatiza[50]; e, de qualquer modo, uma vez que uma assembleia legislativa estadual tenha passado pelo processo de redistribuição proporcional de seus representantes, ela não terá incentivos para fazer uma nova distribuição ruim, e provavelmente só terá elogios a fazer sobre a iniciativa da Corte nessa área. (O que os críticos não perceberam é que os representantes eleitos não defendem necessariamente a má distribuição, mas sim a manutenção da distribuição específica, seja ela boa ou ruim, que os levou até onde estão e que os mantenha lá.) Então, essa versão da tese do "emaranhado", quer tenha tido em qualquer momento alguma sombra de validade, quer não, é coisa do passado. Em 1967, o próprio Louis Jaffe, que em regra se recusa a "rever e ampliar" suas observações anteriores, confessou: "Pelo menos alguns de nós que não aceitamos *Baker vs. Carr* estamos dispostos a admitir (...) que aquela decisão não prejudicou, e sim aumentou, o prestígio da Corte."[51]

No entanto, a exigência comum da Cláusula da Igual Proteção é simplesmente que a discriminação em questão possa ser explicada de modo racional. A decisão tomada pelo juiz-presidente Warren em nome da Corte no caso *Reynolds* procurava demonstrar que qualquer desvio em relação ao critério "um voto por pessoa" é irracional, mas isso é pura bobagem. Os diferentes estados, e também o governo federal, muitas vezes concedem conscientemente certas prerrogativas a determinados grupos de nossa sociedade. Os fazendeiros, por exemplo, muitas vezes recebem benefícios especiais do governo – subsídios, descontos em impostos, até mesmo isenção das leis antitruste e outras leis penais[52] – a fim de incentivar a economia do campo. Outra maneira perfeitamente racional de alcançar esse mesmo objetivo é dar às áreas rurais mais representantes legislativos *per capita*. Essa tese de fato é problemática, mas não se pode dizer que não seja racional, ou mesmo que seja incapaz de corresponder às fortes exigências de racionalidade (perfeitamente justas, por sinal) que a Corte impõe quando está em jogo a questão do voto. Permitam-me dizer que o problema, em vez disso, é que essa tese funciona bem demais; que ela pode prontamente ser usada para justificar sistemas de governo que todos nós reconheceríamos como incompatíveis com os planos de nossa Constituição. Se a proteção da economia agrícola é realmente importante para um estado, como obviamente é para alguns deles, não seria absurdo dar aos fazendeiros 90% do poder de voto efetivo, mesmo que eles sejam apenas 10% da população. Mas ninguém concorda com isso. Foi obviamente para lidar com tais inferências que o juiz Stewart, dando voto divergente em *Reynolds* e nos casos correlatos, acrescentou às exigências básicas de igual proteção o requisito de que o plano em questão "seja elaborado de tal modo que não permita a frustração sistemática da vontade da maioria de um eleitorado estadual"[53].

É claro que essa qualificação não surgiu de nenhum trecho da Décima Quarta Emenda ou de alguma outra tradição a respeito da igual proteção; as distinções defensáveis costumam sobreviver sem a interposição desse tipo de apoio. Em vez disso, ela se originou de certas suposições sobre o tipo de governo representativo contemplado pela Constituição, suposições estas que certamente são frutos da Cláusula da Forma Republicana de Governo. Assim, para ser inteligível, o caso *Reynolds vs. Sims*, tanto o voto da maioria quanto os votos divergentes, deve ser abordado como o produto conjunto da Cláusula da Igual Proteção e da Cláusula da Forma Republicana. Isso significa que, prestando um pouco de atenção à Cláusula da Forma Republicana, talvez nós possamos abrir caminho para justificar, ou pelo menos compreender, o princípio do "um voto por pessoa". É certo que ela nos fornece algumas peças desse quebra-cabeça. As discussões sobre o significado da "democracia", por mais que tenham o escrúpulo de notar a existência de algumas variações de entendimento, parecem invariavelmente incluir na definição central do termo o conceito de igualdade política, ou o princípio de que todo voto deve ter o mesmo peso[54]. Esse também não é um ponto de vista recente: muitos constituintes salientaram a importância da representação igualitária de grupos populacionais iguais[55].

No entanto, é a Constituição dos Estados Unidos que estamos tentando elucidar, e ela não diz isso textualmente; antes, indica que os estados devem manter uma "forma republicana de governo". E, conquanto seja verdade que muitos constituintes indicaram ter compreendido que esse termo conotava o que hoje chamaríamos de democracia representativa, para outros ele parecia apenas exigir que o governo não fosse monárquico[56]. Claro está que esta última interpretação estabelece somente um mínimo aceitável, e o sistema de democracia representativa acompanhado da igualdade política seria compatível com ambas. Tampouco há qualquer trecho específico da Cláusula da Forma Republicana que sugira que uma certa liberdade de desenvolvimento interpretativo (como a que a Corte deu a praticamente todas as frases da Constituição) seria inadequada[57]. Entretanto, é um erro óbvio mas comum supor que, se uma mudança que favorecemos não viola determinado dispositivo constitucional, isso já é justificativa suficiente para que tal mudança seja feita. Não há dúvida de que a Cláusula da Forma Republicana de Governo pode abarcar o princípio "um voto por pessoa", mas ela poderia igualmente sancionar a abordagem mais fraca de Stewart, que advoga simplesmente "não frustrar de modo sistemático a vontade da maioria". O que nos falta ainda são as razões para justificar a escolha da primeira em detrimento da última.

Ao julgar a adequação dessa liberdade de desenvolvimento interpretativo, é conveniente – na verdade, eu diria que é imperativo – observar como nossa Constituição se desenvolveu ao longo de dois séculos, desde que a Cláusula da Forma Republicana de Governo foi formulada. Não apenas a Décima Quarta Emenda salientou nosso compromisso com a igualdade na distribuição de diferentes bens – sobretudo os bens cruciais para nossa capacidade de nos proteger no que se refere à distribuição de todos os outros –, mas também muitas outras emendas (na verdade, a maioria das emendas mais recentes) estenderam o direito de voto a pessoas que antes não o possuíam, refletindo assim um compromisso constitucional cada vez mais forte com a ideia de que todos os cidadãos qualificados para tal devem participar da tomada de decisões públicas. Se um voto assim concedido valer apenas uma fração dos votos das outras pessoas, é óbvio que será minado o compromisso que esses desdobramentos constitucionais refletem. Agora estamos chegando a uma solução, embora o juiz Stewart ainda tenha um argumento a apresentar. A meu ver, seu argumento seria o seguinte: claro que esses dispositivos constitucionais, em seu conjunto, preconizam como ideal uma certa igualdade da influência dos indivíduos sobre as decisões do governo, mas essa influência pode ser exercida de várias maneiras. Alguns grupos têm grande acesso ao Executivo federal e estadual, por exemplo, ou às prefeituras, ou à mídia, e portanto não é absurdo – e de fato pode, ao fim das contas, servir à causa da igualdade verdadeira – compensar essas vantagens relativas concedendo-se outras vantagens a outros grupos quando o assunto é o peso da votação para os membros do Legislativo, por exemplo. Pode ser que em determinado estado se constate que os trabalhadores urbanos não precisam exercer a mesma influência no Legislativo que os trabalhadores rurais, já que aqueles sempre tiveram um acesso mais eficaz ao governador[58].

Introduzida essa ressalva, temos mais condições de compreender a conclusão da Corte de que "um voto por pessoa" é o único critério aceitável a ser aplicado pelos tribunais. A própria Corte não parece ter tido muita consciência do raciocínio que fez, ou pelo menos não o pôs por escrito, mas a explicação deve ser a mesma dada pelo professor Deutsch – de que o critério intermediário do juiz Stewart teria envolvido a Corte em indagações difíceis e inadequadas a respeito dos alinhamentos de poder nos diferentes estados cujos planos de distribuição proporcional de votos se apresentassem perante ela.

A fórmula defendida por Stewart (...) exigiria que a Corte examinasse atentamente o funcionamento concreto das lideranças no Legislativo, os mecanismos de controle partidário não apenas sobre os eleitores e os governos municipais, mas também sobre os representantes eleitos – ou seja, os detalhes da corrupção e das redes de influência que muitas vezes constituem as fontes decisivas de poder na política municipal. No entanto, dada a organização institucional da Corte, ela só poderia investigar esses assuntos se exigisse que os juízes inferiores mantivessem registros a respeito deles (...) Mesmo supondo-se que os dados efetivamente pudessem ser levantados, acaso é possível imaginar que nossa sociedade aceitaria, como algo corriqueiro, o espetáculo do Judiciário emitindo veredictos solenes a respeito da acuidade do testemunho de um chefe político sobre as fontes de seu poder sobre os eleitores e o grau de controle que exerce sobre os representantes eleitos?[59]

Com isso, havia duas maneiras de evitar o emaranhado inadministrável. Uma era ficar totalmente fora do assunto. Isso significaria, no entanto, que os "incluídos" simplesmente manteriam suas posições, atribuindo ao voto de um indivíduo um sexto do peso do voto de outro[60]. Todos os que não tinham forte interesse pessoal no *status quo* admitiam que isso não era compatível com a teoria subjacente à nossa Constituição – não mais do que seria, por exemplo, negar completamente o direito de voto a alguns indivíduos. Então a Corte se meteu no assunto, e, *exatamente por causa da questão da administrabilidade*, logo percebeu que não tinha outra alternativa senão adotar o critério de um voto por pessoa[61]. Na verdade, essa mudança foi característica da Corte de Warren, que em diversas ocasiões adotou uma abordagem aparentemente mais invasiva baseando-se na teoria de que seria menos invasiva na prática. A doutrina que substanciou a decisão *Gideon vs. Wainwright*[62], a qual exige que todos os acusados de crime grave (*felony*) sejam representados por advogado, era que a "regra de circunstâncias especiais" anteriormente em vigor, embora exigisse a presença de um advogado em menos ocasiões, na verdade obrigara as Cortes a empreender inquéritos confusos e conflituosos em cada um dos casos a fim de determinar os fatos[63]. *Miranda vs. Arizona*[64], que impôs à polícia o dever de ler ao acusado ou suspeito uma lista de advertências antes de dar início a qualquer interrogatório, foi motivada por princípios análogos. Às vezes, mais é menos[65].

Rumo a um processo legislativo transparente

Até o momento, neste capítulo, estive tratando, como a Suprema Corte basicamente tratou, da garantia da livre e eficaz escolha dos representantes pelo povo. Mas a escolha popular pouco significará se não soubermos o que nossos representantes estão fazendo. Recentemente, a Corte passou a agir com base nessa ideia; ou, pelo menos, tem feito certos experimentos com a Cláusula da Igual Proteção que não poderíamos explicar em outros termos. Tradicionalmente, para defender esta ou aquela classificação, a Corte sempre esteve disposta a invocar qualquer objetivo não proibido que tivesse alguma remota possibilidade de ter gerado a classificação, independentemente de tal objetivo ter, ou não, sido mencionado quando da aprovação da lei, ou até mesmo de ter sido citado pelo procurador do respectivo estado[66]. Nos últimos anos, no entanto – seguindo uma sugestão dada por Gerald Gunther[67] –, a Corte passou a indicar que, pelo menos em certos contextos, as classificações somente serão aceitas se tiverem relação com objetivos "explicitamente formulados" (*articulated*), objetivos que tenham sido devidamente "identificados pelo Estado"[68]. A Corte não tem adotado um posicionamento constante na questão de saber quem deve ter formulado claramente o objetivo – a assembleia legislativa, as Cortes estaduais ou o procurador do Estado[69] –, e de fato parece ignorar toda a teoria com mais frequência do que a invoca[70]. Ao analisar detalhadamente as diferentes formas que a teoria pode assumir, compreenderemos a razão dessa hesitação.

O objetivo do exercício, que é o de identificar os objetivos legislativos para que os eleitores possam melhor reagir a eles, parece inteiramente louvável e, além disso, é uma preocupação constitucional legítima. O problema é que, quanto mais tentamos especificar como a Corte deve intervir para impor a formulação clara dos objetivos legislativos, mais evidente fica que não existe nenhuma abordagem cujos custos não excedam os benefícios. No que se refere à promoção da responsabilidade política, não há diferença entre a tradicional prática da Corte de aceitar uma classificação em razão de um objetivo que ela mesma supõe e a prática de aceitar uma classificação em razão do objetivo apresentado pelo procurador do estado. Qualquer que seja o objetivo assim definido ou alegado, o legislador que estiver tentando ser reeleito poderá dizer, se quiser: "Isso é o que *eles* disseram; os motivos do meu voto são outros." Por outro lado, a ideia de que o procurador do estado há de hesitar em basear-se num objetivo que ele não sabe se foi aquele que o Legislativo tinha em mente parece ignorar a dinâmica do processo litigioso. Todo advogado quer ganhar sua causa, e para tanto há de basear-se em qualquer objetivo que possa ajudá-lo – ou seja, em qualquer objetivo que não seja evidentemente inconstitucional[71]. Afinal, o procurador não está *corroborando* o objetivo alegado, mas apenas especulando sobre o que *outras* pessoas podem ter pensado[72]. No que tange aos juízes estaduais (supondo-se que o litígio tenha sido levado de início ao Poder Judiciário estadual), a anulação de leis locais (ou sua devolução à Suprema Corte, para que esta as anule) não melhora a imagem do respectivo estado nem, geralmente, faz deslanchar suas carreiras.

Mas, mesmo que não houvesse esse incentivo para proteger as produções do Legislativo local, ainda assim seria de esperar que as Cortes (e certamente o procurador-geral do estado) encontrassem um ou mais objetivos para salvar a classificação em questão. Pois o objetivo que estabelece de maneira mais confortável a racionalidade de uma classificação – ou seja, o objetivo que mais perfeitamente se encaixa nos termos daquela – tem maiores chances de ser aquele que de fato gerou a classificação*. Assim, não é preciso que a Corte esteja determinada a defender a legislação a todo custo para que ela conclua que o objetivo mais útil em termos constitucionais é provavelmente aquele que inspirou a lei;

---

* É por isso que as análises que tencionam comparar uma classificação com os objetivos que "de fato" a inspiraram serão necessariamente enigmáticas, e as declarações de inconstitucionalidade feitas com esse argumento serão inevitavelmente pouco convincentes. Ver, por exemplo, *Eisenstadt vs. Baird*, 405 U.S. 438 (1972), rejeitando a conclusão da Suprema Corte estadual de que a prevenção do sexo pré-matrimonial era um dos objetivos de uma lei estadual que proibia os indivíduos não casados de obter contraceptivos para a prevenção da gravidez, e consequentemente anulando a lei por ser irracional. Isso certamente não quer dizer que o objetivo que realmente gerou a classificação é irrelevante em termos constitucionais. Se ele é inconstitucional, a classificação deve ser derrubada – ver o capítulo 6. No entanto, se não é, não tem nenhuma outra função constitucional a desempenhar: especificamente, não pode servir como critério de validação da classificação, já que o encaixe entre a classificação e o(s) objetivo(s) que de fato a gerou(aram) invariavelmente será bastante próximo. Ver Note, "Legislative Purpose, Rationality, and Equal Protection", 82 *Yale L. J.*, p. 123 (1972). Ver também *Trimble vs. Gordon*, 430 U.S. 762, 783 (1977) (juiz Rehnquist, voto divergente); o demandante que invoca semelhante prova deve, esquizofrenicamente, "primeiro convencer a Corte de que o Legislativo estadual tinha um propósito específico em mente ao aprovar a lei, e depois convencê-la de que a lei não era em absoluto adequada à realização daquele propósito". A proposta que agora examinamos é diferente – ela busca aumentar a responsabilidade pelos atos políticos, recusando-se a sustentar uma classificação em razão de um objetivo que não foi explicitamente formulado. O que estou dizendo, no entanto, é que, na medida em que forem levadas em consideração as formulações feitas pelo próprio sistema judicial estadual ou pelo procurador do estado, também essa abordagem, se aplicada de modo responsável, circunscrever-se-á a medir as classificações pela régua de suas motivações reais – ou seja, na ausência de uma motivação inconstitucional, nada será declarado nulo –, já que os tribunais e o procurador responsáveis atribuirão a toda classificação o objetivo admissível que melhor servir para explicá-la.

pelo contrário: em geral, só uma Corte ferrenhamente determinada a anular a lei poderia chegar a uma conclusão diferente[73]. (E se o objetivo em questão for embaraçoso em termos políticos, mais uma vez a Corte poderá declarar que não o está endossando, mas apenas especulando que ele talvez tenha desempenhado um papel na aprovação da lei.) Os únicos casos em que a exigência de formulação explícita faria diferença, portanto – casos em que a Corte estadual ou o procurador do estado se recusa a invocar o único propósito que pode salvar determinada lei –, seriam aqueles em que teríamos de questionar seus motivos para tomar tal decisão.

Assim, chegamos forçosamente à conclusão a que um observador leigo teria chegado imediatamente: se o que estamos tentando alcançar pela imposição de uma exigência de formulação explícita de objetivos é uma transparência maior por parte de nossos representantes eleitos, a única exigência sensata é que a formulação seja feita *por esses mesmos representantes*. A especificação mais óbvia dessa exigência seria que, para que o objetivo possa ser invocado em juízo, ele tenha aparecido em algum momento da história legislativa. É possível, porém, que não estejamos lidando com um Legislativo estadual cujos debates são arquivados, e sim com, digamos, um conselho municipal ou um órgão administrativo; e, que eu saiba, as deliberações do Executivo antes de uma lei ser aprovada também não costumam ser preservadas por escrito. Mas é razoável dizer que esses são meros detalhes: se a ideia geral faz sentido, caberia aos que elaboram a lei fazer com que seus objetivos sejam registrados de alguma forma que possa ser apresentada aos tribunais federais. Bem mais sério é o fato (conhecido por quantos já participaram de qualquer tipo de deliberação em grupo) de que as pessoas costumam votar a favor de medidas por razões que são suficientes para elas, mesmo que ninguém tenha colocado tais razões nos registros. Mais uma vez, suponho que a resposta é a seguinte: simplesmente é necessário que as coisas mudem, embora essa mudança tenha um custo – vários processos litigiosos caros e onerosos até que as pessoas assimilem a ideia, e inúmeros registros caros e onerosos dos objetivos de todos os envolvidos, uma vez que a tenham assimilado.

E em que isso mudaria as coisas para melhor? Uma vez compreendido o sistema, as declarações de objetivos politicamente embaraçosos – que, porém, são as mais claras e por isso as que mais facilitam o trabalho dos tribunais: "Esta lei busca assegurar a vitalidade das empresas funerárias" – poderiam ser formuladas por representantes em fim de mandato e sem chance de reeleição, ou por aqueles advindos de distritos dominados por seu partido, o que dá liberdade a todos os demais para explicar seus votos da maneira que melhor lhes convier. Talvez aí tenhamos de exigir algo mais seguro – talvez o relatório de uma comissão de inquérito (o que colocaria nos ombros dos que não estão na comissão o fardo de abordar os que dela fazem parte e convencê-los a incluir os objetivos que gostariam de ver inclusos). Isso, no entanto, certamente resultaria numa enorme miscelânea de objetivos para cada lei; ou, o que é mais provável, em alguns propósitos tão gerais e amplos que poderiam ser citados de modo plausível em todo documento publicado pela comissão[74]. É difícil imaginar que a responsabilidade pelos atos políticos seria melhorada de modo significativo por um sistema assim: cada legislador continuaria tendo liberdade para repudiar alguns dos objetivos listados e arrolar outros que parecem úteis à sua compreensão do linguajar estereotipado da lista*.

---

* A esta altura, pode parecer que estou presumindo a má-fé dos representantes, e isso tem certo fundamento. Estou certo, no entanto, de que há muitos legisladores que não desejam criar uma falsa interpretação de seus objetivos. (Claro que ninguém jamais impediu essas pessoas de detalhar seus objetivos, mas ainda assim seria uma tarefa inócua pesquisar os registros do Legislativo em busca de surpreendentes demonstrações de sinceridade. Supostamente, os que mais se preocupam em "pôr tudo às claras" para os eleitores são aqueles cujos objetivos são menos crassos.) Não estou plenamente convencido, no entanto, de que as preocupações acima ventiladas se aplicam apenas às situações de má-fé, sobretudo porque as escolhas entre diferentes objetivos para o mesmo dispositivo legal – ao contrário, digamos, das escolhas entre dois

A exigência de que o objetivo seja especificado num preâmbulo ou em outro trecho da própria lei pode, à primeira vista, parecer mais adequada para impedir que os legisladores escapem de responder por seus atos: afinal de contas, eles *votaram* a favor da lei, não é mesmo? Na verdade, essa abordagem parece impor graves ônus adicionais. Muito tempo valioso seria gasto em discussões, não apenas sobre quais regulamentações devem ser impostas por lei, mas também sobre quais objetivos devem constar na lei. Além disso, muitas leis que seriam consideradas desejáveis, no sentido de ser favorecidas por muitos legisladores, podem jamais ser aprovadas devido à falta de unanimidade a respeito dos objetivos. Para evitar isso, o Legislativo teria de recair (e as Cortes teriam de validar) no mesmo padrão já esboçado, um linguajar tão impreciso e estereotipado – como, aliás, já tende a ser o linguajar dos preâmbulos – que a responsabilização pelos próprios atos não seria encorajada de modo significativo[75].

Assim, embora eu partilhe da intuição que está por trás da sugestão do professor Gunther, intuição que também tem animado a Corte de vez em quando, não acredito que possa ser desenvolvido um método praticável e útil para obrigar os representantes a formular explicitamente seus objetivos.

---

dispositivos legais incompatíveis ou entre duas interpretações conflitantes da mesma lei – não exigem a exclusão de uns em favor de outros. Sempre que há duas ou mais explicações compatíveis para determinado curso de ação, é difícil para qualquer um, inclusive para quem produz a ação, determinar especificamente o que "realmente" gerou a ação, e faz parte da natureza humana querer acreditar que o propósito mais louvável desempenhou um papel importante (ou o mais importante). Além disso, é raro que exista uma motivação tão grosseiramente política que não possa *ela mesma* ser caracterizada como louvável, tanto externa quanto internamente. Assim, um deputado pode votar a favor de uma lei que habilite somente os oftalmologistas a prescrever óculos, em parte para agradar ao *lobby* dos oftalmologistas, mas também, de modo bastante honesto, pode justificar seu voto não apenas com o argumento de que os oftalmologistas têm mais probabilidade de desempenhar a tarefa corretamente, mas também com base no argumento de que é importante dar incentivos à profissão de oftalmologista. Já que este último objetivo também pode ser entendido como uma meta de saúde pública, é possível que o deputado, de boa-fé, apresente *toda* a sua preocupação como algo relativo à saúde pública.

A próxima pergunta é até que ponto essa conclusão deve nos deixar desanimados, e minha resposta é que ela tem pouquíssima importância, por diversos motivos. Não digo isso porque acredite que os eleitores não se preocupam com o posicionamento de seus representantes. É evidente que muitos outros fatores contribuem para o sucesso na política, mas também me parece claro que nossos representantes agem com base na suposição de que o posicionamento que tomam irá afetar sobremaneira seu êxito futuro[76], e não conheço nenhuma razão para duvidar de sua percepção da vontade do eleitorado. Também não pretendo afirmar que a maioria das pessoas não se mantém atualizada a respeito de como seus representantes têm votado em plenário, quanto mais das opiniões dos representantes sobre os diversos projetos de lei. Na verdade, um bom número de eleitores de fato se mantém atualizado – com a intermitente ajuda dos meios de comunicação – a respeito das questões com as quais mais se importam. Quanto aos demais, as campanhas eleitorais têm a importante função de incentivar os políticos a averiguar os registros legislativos de seus rivais e levá-los ao conhecimento do público. Tampouco, por fim, acredito que seja impossível determinar as intenções das pessoas, mesmo quando reunidas em grupos tão grandes quanto as assembleias legislativas. Muito pelo contrário; a busca de tais intenções permeia minha abordagem da interpretação constitucional e da aplicação das normas constitucionais. Mas, como salientei no capítulo 2 (ao discutir se a linguagem da Décima Quarta Emenda deve ser expandida ou restringida para englobar certos conceitos que os constituintes não explicitaram) e voltarei a salientar no capítulo 6 (em que falo sobre a possibilidade de que as leis sejam declaradas nulas por terem motivação inconstitucional), o ingrediente mais importante dessa busca deve ser a terminologia concreta da lei ou do dispositivo em questão, interpretados à luz de seus efeitos possíveis e de uma saudável dose de bom senso, e não à luz de sua história legislativa, embora ela possa ajudar em algumas ocasiões.

Essa percepção também parece essencial para a questão ora em pauta. Vimos que a formulação de objetivos feita pela própria Corte tende a ser tão vaga ou tão ampla que não tem utilidade alguma. Mas mesmo se encontrássemos um meio de tornar o processo mais informativo, ele só ajudaria os eleitores no momento em que menos precisam de ajuda. Se, por exemplo, a lei em questão determina que somente os taxidermistas licenciados podem empalhar pássaros, os adversários podem caracterizá-la – independentemente do que esteja escrito no preâmbulo ou na história legislativa – como uma lei "vendida" a um particular grupo de interesses, e seus defensores argumentarão que há motivos plausíveis de saúde pública para não deixar que qualquer pessoa saia por aí empalhando pássaros, e que talvez o país precise de um setor de taxidermia forte. É provável que o eleitor comum precise de ajuda para avaliar a solidez desses argumentos, já que ela certamente dependerá da avaliação da sensatez e da boa-fé dos oponentes. No entanto, a exigência de formulação de objetivos não contribui para isso: simplesmente faz com que todas as justificativas possíveis venham à tona. Mas o eleitor – certamente com a ajuda dos representantes eleitos e de seus adversários – parece plenamente capaz de fazer isso simplesmente examinando a lei*.

Na verdade, segundo me parece, o caso mais comum de falta de responsabilidade não é aquele em que o Legislativo formula uma distinção cujos objetivos não são imediatamente discerníveis, mas sim aquele em que o Legislativo (em grande medida, exatamente para escapar da responsabilização por seus atos) recusa-se a formular distinções legalmente operativas, delegando tal tarefa a outras autoridades que

---

* Se a defesa da obrigatoriedade da formulação de objetivos baseia-se na suposição de que o eleitor comum é muito ingênuo para detectar benefícios ou subsídios concedidos aos diversos grupos de interesse, retruco que é essa suposição que parece ingênua. Hoje em dia, o difícil é fazer o povo acreditar que em algum momento os legisladores votam levando em consideração o interesse público.

não respondem politicamente pelo que fazem. Talvez, portanto, a maneira mais eficaz de fazer com que nossos representantes sejam mais transparentes em suas formulações legislativas seja fazer com que legislem de fato.

Para que o próprio Legislativo se encarregue de legislar

Em tese, é o Legislativo que faz as leis e os administradores que as aplicam[77]. Entretanto, qualquer pessoa que tenha visto o Congresso em ação – não estou muito familiarizado com as assembleias legislativas de cada estado, mas imagino que algumas delas sejam similares nesse aspecto[78] – sabe que a situação real é praticamente o contrário disso. Boa parte do tempo de um representante típico é ocupada não com o exame de propostas de legislação, mas sim com assuntos variados (grandes e pequenos) dos seus eleitores – "fazendo telefonemas para órgãos públicos em nome de empresários e outros interessados de seu estado de origem, apresentando projetos de leis particulares para permitir que familiares estrangeiros dos eleitores entrem no país e nele permaneçam, e respondendo à enorme quantidade de correspondência que recebem"[79]. Isso não quer dizer que nossos representantes não estejam preocupados com questões substantivas. Mas muitas vezes essa preocupação se expressa não na forma de legislação, e sim através de questionamentos a respeito das decisões dos membros do Executivo e dos órgãos administrativos – interrogando-os em audiências e de outras diferentes maneiras, menos formais. Assim, boa parte da legislação é deixada nas mãos de legiões de membros não eleitos do Executivo, cuja tarefa passa a ser dar significado operativo às amplas delegações legislativas. A questão não é que tais "burocratas anônimos" necessariamente trabalham mal como legisladores efetivos, e sim que eles não são eleitos nem reeleitos, e apenas ocasionalmente são controlados pelas autoridades executivas eleitas e reeleitas. (No Executivo Federal, obviamente, as únicas autoridades eleitas são o presidente e o vice.)

Não é difícil perceber quais são os motivos por que se invertem os papéis. Um deles, muito simples, é que é bem mais fácil para o deputado, e gera mais dividendos políticos, atuar como garoto de recados e *ombudsman* do que desempenhar seu devido papel num processo legislativo genuíno. Deve ser muito mais cômodo simplesmente votar a favor de uma lei que regule os equipamentos de segurança nos automóveis, que estabeleça metas de ar puro ou que proíba a discriminação, e deixar para os outros a tarefa de rechear de conteúdo a casca do texto legal. Não só mais cômodo, mas mais seguro também – e aqui chegamos ao cerne da questão. Pois a questão parece ser que, na maioria das questões difíceis, nossos representantes preferem, de maneira bastante esperta, não ter de se responsabilizar por seus atos, mas deixar que algum burocrata de um órgão qualquer do Poder Executivo, ou talvez alguma comissão governamental independente, "assuma as inevitáveis consequências políticas"[80]. Como disse o deputado Levitas, "Quando é preciso tomar decisões difíceis, redigimos leis ambíguas e passamos o fardo para os órgãos executivos"[81]. E, como acrescentou o deputado Flowers, o resultado disso é uma situação em que é impossível sair perdendo: "Então, quando nossos eleitores são afligidos e oprimidos por diferentes regulamentos e leis, nós simplesmente dizemos: 'Ei, não é culpa nossa. Não era essa a nossa intenção. Nós aprovamos essa lei com boas intenções, e queríamos que as pessoas (...) fizessem exatamente o que dissemos que deveria ser feito, e elas não fizeram.'"[82]

Isso é errado, não porque não é "como deveria ser" – em algumas circunstâncias, é legítima a inversão de papéis entre as instituições –, mas porque é antidemocrático, no sentido bastante claro de que, recusando-se a legislar, nossos legisladores escapam de responder por seus atos, o que seria crucial para o funcionamento inteligível de uma república democrática. Houve um período bem breve em que a Suprema Corte levou tudo isso bastante a sério. Nos casos *Panama Refining Co. vs. Ryan*[83] e *A.L.A. Schechter Poultry Corp. vs. United States*[84], ambos decididos em 1935, a Corte derrubou certas leis por "delegação inválida" – ou seja, por passar a autoridade de decisão para outras pessoas sem um "critério" ou "princípio inteligível" que orientasse as decisões destas pessoas. Quando surgiu, a doutrina da não delegação acabou sendo identificada com outras que foram usadas no começo da década de 1930 para declarar nulas as leis de reforma, como o devido processo substancial e uma interpretação restritiva do poder de comércio – de fato, o próprio caso *Schechter* trazia a última como uma posição alternativa –, e, quando essas teorias desapareceram, a doutrina da não delegação desapareceu junto com elas. (É claro que, segundo a religião do *New Deal*, as decisões políticas deveriam ser tomadas por "especialistas".) Desde aquela época, o Congresso muitas vezes usou as leis para simplesmente dizer às autoridades administrativas: "Descubram quais são os problemas nessa área e os solucionem"; e a Corte, quando provocada, sustentou a delegação. Em 1974, o juiz Marshall resumiu de modo bastante preciso o estado contemporâneo da doutrina: "A ideia de que a Constituição limita o poder do Congresso para delegar autoridade a órgãos administrativos, ideia que esteve em voga durante certo tempo na década de 1930, foi praticamente abandonada pela Corte, para todos os efeitos (...) Essa doutrina está tão moribunda, se não mais, quanto a abordagem do devido processo substancial da mesma época – para a qual a Corte sempre está disposta a escrever um obituário..."[85] É certo que está ainda mais moribunda se levamos em conta a decisão sobre o aborto, no ano anterior.

Entretanto, é um caso de morte por associação. Não faz muito sentido preocupar-se com a distribuição do sufrágio e de outros direitos políticos subjetivos se as decisões políticas importantes não são tomadas pelas autoridades eleitas. Os tribunais deveriam assegurar não apenas que os administradores acatem as orientações vigentes da política legislativa – há pouca discordância a esse respeito –, mas também que tais orientações sejam efetivamente fornecidas pelos legisladores[86]. O motivo de essa ideia não ser muito popular[87] provavelmente tem relação com sua história, mas às vezes se aduzem razões propriamente ditas. Uma delas é que este mundo é complexo e instável e, portanto, seria impraticável que uma lei desse instruções detalhadas sobre algum assunto[88]. A isso, duas respostas parecem apropriadas. A primeira é que a maioria das assembleias legislativas, e certamente o Congresso, pode dispor de especialistas tão bons quanto os que estão à disposição da administração[89], e que pelo menos no âmbito federal o Congresso também tem direito à assistência do pessoal técnico dos órgãos do Executivo. A segunda, e mais fundamental, é que a doutrina da não delegação, mesmo em sua formulação mais radical, jamais insistiu em que a legislação fosse mais detalhada do que era possível, ou que as questões fossem resolvidas de modo mais definitivo do que o assunto em questão permitia. Tudo o que era exigido era que as leis dessem orientação para as decisões políticas, e é exatamente a orientação das decisões políticas que faz falta em boa parte da legislação contemporânea.

Assim, é uma segunda objeção à doutrina da não delegação que, em regra, é considerada decisiva: a de que, em termos políticos, não é conveniente que os legisladores determinem cursos de ação política. Este argumento já foi muitas vezes reiterado, mas não de forma tão sucinta quanto a de Richard Stewart: "Os políticos percebem que há muito a perder e pouco a ganhar em assumir uma posição clara numa questão controversa de política social ou econômica."[90] Está bem, é um bom argumento – mas em favor de qual lado? Se os legisladores muitas vezes consideram conveniente escapar da responsabilização por seus atos, isso é uma razão *a favor* da doutrina da não delegação. Caso acontecesse de os legisladores obrigados a governar não terem coragem para fazê-lo de modo enérgico, isso seria bem ruim – embora os membros do Poder Executivo com delegações amorfas muitas vezes não sejam eles mesmos muito ativos[91], o que é compreensível –, mas pelo menos estaríamos pondo em prática o sistema norte-americano tal como ele deveria ser. Por mais que os liberais não gostem disso, uma das razões por que nossas assembleias representativas são construídas sobre uma base ampla é que esperamos que se forme um certo consenso para que só então o Estado possa agir[92]. Como disse o juiz Wright em 1972: "A ideia de que são os especialistas que devem decidir quando os representantes do povo estão indecisos ou não chegam a um consenso é um argumento a favor do paternalismo e contra a democracia."[93]

A atenção que se tem dado ao problema da formulação explícita dos objetivos da legislação é saudável; na verdade, é crucial para um governo representativo. Entretanto, o caminho que a Corte e os autores estão seguindo talvez não leve a lugar algum, já que há sérias dúvidas quanto à sua eficácia para fazer com que nossos representantes explicitem seus objetivos de modo que nos digam algo além do seja possível constatar na simples letra da lei. O problema parece ser mais fundamental: talvez não esteja na tendência de tomar decisões politicamente controversas sem explicar os motivos ao povo, mas sim na tendência de *não tomar* decisões politicamente controversas – e deixá-las, em vez disso, a cargo de outros, em sua maioria pessoas que não são nem eleitas nem controladas de modo eficaz pelas que são eleitas. Se conseguirmos fazer com que nossos legisladores efetivamente legislem, teremos uma compreensão bem clara de seus objetivos. Não estou afirmando que com isso não teremos mais um bom número de palhaços no Congresso; mas pelo menos poderemos dizer que, se os legisladores são palhaços, é isso que merecemos.

6. Facilitando a representação das minorias

Alguns autores propõem que o papel da Corte na proteção das minorias consista apenas em remover as barreiras à participação delas no processo político[1]. No entanto, vimos que (e a consciência desse fato permeia toda a Constituição) o princípio de representação que jaz no cerne de nosso sistema exige mais que o simples direito a voz e voto. Por mais aberto que seja o processo, aqueles que obtêm maior número de votos têm condições de garantir vantagens para si mesmos em detrimento dos outros, ou de recusar-se a levar em conta os interesses das outras pessoas e grupos. "Sob essas circunstâncias, o princípio de 'um voto por pessoa' é uma paródia do princípio da igualdade."[2] Não faz muito tempo, as teses da teoria política pluralista – de que qualquer grupo cujos membros tivessem direito ao voto poderia proteger os próprios interesses participando das trocas do mercado político – dominavam a ciência política acadêmica[3]. Recentemente, no entanto, o pluralismo tem sido alvo de fortes ataques, na medida em que a atenção dos estudiosos se voltou para as inegáveis concentrações de poder e as desigualdades entre os vários grupos rivais na política norte-americana[4]. É claro que, às vezes, o modelo pluralista realmente funciona, e as minorias *podem* se proteger fazendo barganhas e reforçando os laços que ligam os interesses de outros grupos aos seus. Mas às vezes ele não funciona, e o modo como nossa sociedade tratou a minoria negra (mesmo depois de essa minoria obter todos os direitos oficiais de acesso ao processo político) é prova mais que suficiente desse fato.

Sabemos que a Constituição, e em particular a Cláusula de Igual Proteção, não garante absolutamente a todos o direito a um tratamento igualitário sob todas as leis. Na verdade, muitas leis têm o objetivo de definir quais pessoas devem receber um tratamento diferenciado, às vezes bastante diferenciado. A Constituição também não pode ser coerentemente interpretada como um documento que define um padrão de distribuição "apropriado", em face do qual a distribuição concreta das vantagens e desvantagens poderia ser examinada para verificarmos se é ou não constitucional[5]. Ou seja, a constitucionalidade da maioria das distribuições não pode ser determinada mediante um simples exame de "quem recebeu o quê"; o único método inteligível consiste em examinar o processo que ocasionou a distribuição em questão – através daquilo que Robert Nozick chamou de abordagem "histórica" (contraposta a uma abordagem de "resultado final")[6]. Por outro lado, não é assim que deve ser abordada uma lei que restringe algo a que a Constituição nos confere um direito constitucional presumido, como o direito ao voto. Esse direito simplesmente não pode ser negado, a menos que o procurador do respectivo estado forneça uma justificativa convincente para tanto. A tarefa da Corte nesses casos é a de observar o mundo tal como ele é e perguntar se aquele direito está sendo efetivamente restringido; e, em caso afirmativo, considerar quais razões podem ser aduzidas em favor dessa restrição, sem atentar para sua verdadeira causa*. Na medida em que um bloqueio existe, o sistema não está funcionando direito, e a Corte deve desbloqueá-lo sem querer saber como essa obstrução surgiu. Porém, as vantagens – bens, direitos, isenções, o que for – que não sejam essenciais à participa-

---

* É claro que todo o processo é permeado por uma desconfiança dos motivos egoístas daqueles que estão no poder.

ção política nem explicitamente garantidas pela linguagem constitucional podem ser consideradas constitucionalmente "gratuitas" (embora possam, evidentemente, ter enorme importância), e todo problema que houver em sua distribuição só poderá ser decorrente do processo que a efetuou. (É claro que o padrão final de distribuição pode nos fornecer indícios poderosos para sabermos qual foi esse processo.) Estou ciente de que, a esta altura, essa conclusão geral parecerá apenas plausível, se tanto; mas creio que ela se tornará mais convincente à medida que eu for esclarecendo o método de funcionamento de tal sistema de controle de constitucionalidade procedimental.

Motivação legislativa (e administrativa)

Por muitos anos, a Suprema Corte oscilou na seguinte questão: acaso um ato do Poder Público deve ser declarado nulo porque foi efetuado por motivos inconstitucionais?[7] Ultimamente, a Corte continua indecisa. Em 1971, data recente, ela declarou que "em nenhum caso proposto à apreciação desta Corte" (certamente uma afirmação histórica equivocada) "ela constatou que um ato legislativo violara a igualdade de proteção unicamente em virtude das motivações dos homens que votaram a favor dele"[8]; na sequência, negou a pertinência de uma forte demonstração de motivação racial no fechamento das piscinas municipais em Jackson, Mississippi (onde recentemente se havia ordenado a dessegregação). Em dois casos decididos em 1976 e em 1977, no entanto, a Corte tomou o rumo oposto, indicando que "é necessário provar a intenção ou o objetivo de discriminação racial para demonstrar que houve violação da Cláusula de Igual Proteção"[9]. É evidente que esta questão é problemática para a Corte e para outros. Mas, se pararmos para pensar, não ficará claro por que isso acontece.

Suponhamos que um sargento da Guarda Nacional precise escolher três membros de seu pelotão, composto por seis homens, para uma tarefa particularmente perigosa de repressão a uma rebelião civil, e acabe por escolher Fulano, Beltrano e Sicrano. Obviamente não haveria transgressão à Constituição se os três fossem escolhidos por ter obtido a pontuação mais alta nas provas de tiro. Em tese, até o ato de escolhê-los aleatoriamente seria constitucional. Suponhamos, entretanto, que eles foram escolhidos por serem metodistas, ou republicanos, ou por terem ascendência polonesa – ou simplesmente porque o sargento não gostava deles. Nessas circunstâncias, nossa intuição nos diz que Fulano, Beltrano e Sicrano receberam um tratamento que não condiz com a Constituição. É óbvio que os problemas de produção de provas neste caso seriam enormes (principalmente se os três escolhidos fossem de fato os melhores atiradores), mas é preciso perceber o que sugere o exemplo – que o mesmo ato do Estado pode ser constitucional ou inconstitucional dependendo dos motivos pelos quais foi efetuado. Isso também tem sentido do ponto de vista teórico. Se certas pessoas forem privadas de determinado direito por motivos de raça, religião ou política, ou simplesmente porque a autoridade que faz a seleção não gosta delas, isso será incompatível com as normas constitucionais[10]. No momento em que tal princípio de seleção foi adotado, o sistema passou a funcionar mal: de fato, podemos dizer com exatidão que a seleção negou o devido processo. Talvez um sistema que funcionasse da maneira correta tivesse produzido o mesmo resultado, talvez não. Mas é isso que habitualmente acontece quando se nega o devido processo; e a solução, salvo nos casos de erros não advindos de preconceito, é rejeitar o produto do processo de mau funcionamento e começar tudo de novo[11].

As razões que costumam ser aduzidas para a recusa do exame das motivações foram resumidas no voto redigido pelo juiz Black e aceito pela Corte no caso das piscinas de Jackson:

> Em primeiro lugar, é extremamente difícil para qualquer tribunal determinar a motivação, ou as várias motiva-

ções, que estão por trás de um ato legislativo qualquer (...) É difícil ou impossível para qualquer tribunal determinar a motivação "única" ou "dominante" por trás das escolhas de um grupo de legisladores. Além disso, há um elemento de futilidade na tentativa judicial de invalidar uma lei devido às más intenções dos que a apoiam. Se a lei é declarada nula por essa razão, e não devido a seus efeitos ou seu conteúdo imediato, ela supostamente seria válida tão logo o Legislativo ou o corpo governante de que se trata a aprovasse novamente por um motivo diferente do original.[12]

Há uma certa trapaça no primeiro argumento. As considerações que dão pertinência à motivação não exigem que se descubra uma motivação "única" (será que isso existe?) ou mesmo "dominante" (o que quer que isso signifique)[13], e sim que nos perguntemos se uma motivação inconstitucional parece ter influenciado de modo significativo a escolha: se houve tal influência, o procedimento foi ilegítimo – negou-se o "devido processo legislativo"[14] – e seu resultado deve ser declarado nulo. Mas o argumento mais geral de Black está correto: pode ser extremamente difícil determinar se uma motivação ilegítima influenciou uma decisão. De fato, sempre que for possível formular uma explicação legítima e plausível para o ato efetuado, será praticamente impossível que um tribunal conclua, de modo responsável, que a decisão foi afetada por uma motivação inconstitucional[15]. Mas o que isso prova? Apenas que nem sempre é possível concluir de modo responsável que o ato questionado é produto de uma motivação inconstitucional, e não que esse exame não deve ser feito. Além disso, revendo alguns casos decididos, veremos que *haverá* situações, e não poucas, em que de fato não haverá explicação alternativa legítima para o ato em questão, situações em que portanto é possível deduzir de modo responsável que o ato teve motivação inconstitucional. O argumento de Black, a respeito da "futilidade", obviamente é muito semelhante e a resposta apropriada é praticamente a mesma. A ideia é que às vezes um ato que foi declarado nulo porque efetuado por motivos inconstitucionais poderá ser aprovado novamente, só que dessa vez supostamente com base em argumentos legítimos que as Cortes aceitarão. Entretanto, isso não acontecerá com muita frequência, por duas razões. A primeira é que os motivos que levaram a Corte a concluir no primeiro caso que o ato foi inspirado por uma motivação ilícita a deixarão, com razão, um tanto cética quanto às afirmações de que posteriormente houve uma "mudança de ideia". A segunda é que afirmar que houve mudança de ideia só é plausível quando existe uma explicação legítima cabível para o ato em questão; e, como eu havia indicado, a simples existência de tal explicação praticamente impossibilita desde o início que o tribunal decida que a motivação do ato foi inconstitucional. Mas suponhamos que, de tempos em tempos, um ato anteriormente declarado nulo, por ter motivação inconstitucional, seja reproposto e aprovado: o que acontece? Não dizemos que o sistema falhou quando uma pessoa, cuja primeira condenação foi anulada porque o júri tinha algum viés ideológico, é condenada mais uma vez por um júri imparcial em um novo julgamento: na verdade, considera-se que, nesse caso, o sistema funcionou perfeitamente[16].

Entretanto, essa questão tem-se mostrado difícil de definir e de captar; por isso, talvez valha a pena rever alguns dos casos decididos[17]. Tiraremos daí duas conclusões, necessárias e suficientes para convencer os céticos: em primeiro lugar, que existem casos concretos em que uma motivação inconstitucional, mesmo da parte do Legislativo, pode ser constatada com toda plausibilidade[18]; e, em segundo lugar, que haverá casos em que um ato que intuitivamente parece inconstitucional *só* poderá ser apresentado efetivamente como tal com base na teoria da motivação. Vamos começar com uma situação recorrente, a escolha dos membros do júri. Há mais ou menos um século estabeleceu-se que, para tecer a acusação de que houve discriminação racial ou outro tipo de discriminação inconstitucional na seleção do júri, o demandante deve provar que a discriminação foi intencional e ganhará a causa se o provar. Como disse o juiz Douglas em 1970: "Muitas vezes afirmamos que nenhum júri precisa representar de modo proporcional a comunidade (...) A seleção do júri se faz em grande medida pelo acaso; e, qualquer que seja a raça do réu, ele corre o risco de que nenhum elemento racial supostamente favorável a si apareça no júri que o julga. O direito exige apenas que o júri não seja propositalmente não representativo."[19] Naturalmente, a suposição de motivação inconstitucional surgirá na maioria dos casos mediante o exame do resultado final do julgamento. E tampouco é fácil refutar de modo convincente um caso em que as estatísticas mostram com evidência que houve discriminação no júri. Mas o resultado final, por si só, não dá margem a um argumento constitucional; e, nos raros casos em que os desequilíbrios estatísticos *podem* ser explicados – quando, por exemplo, o estado consegue provar de modo convincente que uma porcentagem excessivamente alta de brancos foram escolhidos a esmo a partir do registro dos habitantes do município –, a acusação será rejeitada.

Do mesmo modo, atos *legislativos* com motivação inconstitucional são inconstitucionais[20]. Em 1957, a Assembleia Legislativa do Alabama, por meio de lei, redesenhou os limites do município de Tuskegee, modificando seu formato de um quadrado para uma "insólita figura de vinte e oito lados"; e, nesse processo, excluiu a imensa maioria dos quatrocentos eleitores negros que antes residiam no município. Em 1960, no caso *Gomillion vs. Lightfoot*, a Suprema Corte declarou nula, à unanimidade, a lei do estado do Alabama, afirmando que "leis ordinariamente legais podem tornar-se ilegais quando feitas para a obtenção de fins ilegais"[21]. A demonstração de que o ato era produto de uma motivação inconstitucional era obviamente avassaladora: na verdade, o estado sequer procurou refutá-la, argumentando em vez disso que a questão não era da competência da Corte. Oito anos depois, no caso *United States vs. O'Brien*, a Corte, em uma de suas negações periódicas de que a motivação oficial deva ser levada em conta, asseverou que *Gomillion* não corroborava "a proposição de que a motivação legislativa é fundamento apropriado para declarar a inconstitucionalidade de uma lei, mas sim que o efeito inevitável da letra da lei pode fazer com que ela seja inconstitucional"[22]. Isso, no entanto, é pura bobagem, como reconheceu a Corte desde então. Há muitos municípios e distritos eleitorais em todo o país cujos habitantes são predominantemente ou até exclusivamente brancos (isso para não mencionar aqueles cujos habitantes são majoritariamente protestantes, católicos, judeus, conservadores, liberais, republicanos ou democratas), e alguns deles estão justapostos a comunidades completamente diferentes. Exigir, na ausência de provas de uma discriminação intencional, que eles de alguma forma sejam "homogeneizados" seria dar um passo que a Corte reiteradamente se recusou a dar – ou seja, obrigar as autoridades do Estado a determinar e levar em conta as raças (ou outras características) de todos os que serão afetados por um ato oficial proposto e remanejá-lo de modo que os números acabem sendo (aproximadamente) iguais[23]. Assim, no caso *Wright vs. Rockefeller*[24], decidido em 1964, a Corte rejeitou uma acusação de discriminação racial relativa aos Décimo Sétimo e Décimo Oitavo Distritos Eleitorais de New York, vizinhos, um dos quais era composto de 94,9% de brancos e o outro, de 86,3% de negros e porto-riquenhos; e rejeitou-a com base no argumento de que não fora possível provar a discriminação intencional. Na minha opinião, os dois juízes divergentes, Douglas e Goldberg, se deram melhor na disputa factual, mas o que importa aqui é que o argumento deles também era baseado na seleção racial intencional, não na tese de que o impacto desproporcional por si só, sem nenhum indício de motivação racial, poderia ser considerado uma violação à Constituição.

No raciocínio que estabelece a pertinência da motivação inconstitucional, nada há que possa limitá-lo apenas aos casos que envolvem discriminação racial. Em *Epperson vs. Arkansas*, decidido em 1968, a Corte declarou nula, por considerá-la como estabelecimento de religião, uma lei que proibia o ensino, nas escolas públicas do Arkansas, da teoria de que os seres humanos originaram-se de outras espécies, baseando explicitamente sua decisão na conclusão de que a lei fora aprovada com o objetivo de promover o cristianismo fundamentalista[25]. E esse recurso à motivação como meio de prova foi necessário, pois a decisão não podia ser justificada apenas em razão do impacto ou dos efeitos finais da lei. A biologia em geral, ou o estudo de todas as teorias sobre a origem dos seres humanos, poderia, na maioria das circunstâncias, ser completamente eliminada do currículo escolar sem que com isso fosse ferida a Constituição, por mais que desse modo os estudantes jamais viessem a conhecer a teoria de Darwin[26]. Existem, além disso, diversas teorias científicas e filosóficas que transgrediriam a fé fundamentalista tanto quanto a teoria da evolução, ou até mais, mas está claro que *Epperson* não significa que a escola tem a obrigação de ensiná-las todas. No entanto, basta um pouco de reflexão sobre o lugar ocupado pela teoria da evolução entre as teorias científicas do século XX a respeito da origem do ser humano para estabelecer a solidez da conclusão da Corte de que a lei tinha motivação religiosa. A exclusão da teoria da evolução, e somente dela, não podia ser imputada a uma simples reação arbitrária à necessidade de impor algum tipo de limite ao currículo escolar; e nenhuma explicação alternativa foi sugerida.

 A motivação das autoridades do Estado também será pertinente em alguns casos que envolvem a liberdade de expressão, de imprensa e de associação, embora não em todos. Quando o Estado é simplesmente obrigado a respeitar determinado direito, ele deve fazê-lo, e as razões por que ele não o fez não vêm ao caso do ponto de vista constitucional. Por outro lado, quando o bem ou o direito cuja distribuição está em xeque não é exigido de modo afirmativo pela Constituição, nem por isso é menos verdadeiro que o Estado, ao distribuir tal bem, deve ser tão neutro quanto às crenças políticas quanto seria a respeito da raça e das crenças religiosas. Em tais casos, a motivação oficial torna-se decisiva. Não existe, por exemplo, a exigência constitucional de que o estádio municipal esteja disponível todas as vezes que um grupo político quiser fazer um comício – talvez nem o próprio *estádio* exista – e, se o número de pedidos for maior que a possibilidade de atendê-los, seria perfeitamente constitucional escolher ao acaso quais desses pedidos deveriam ser atendidos, mesmo que isso significasse que certos "pontos de vista" fossem selecionados com mais frequência em detrimento de outros. (Se as autoridades do Estado, em vez disso, tentassem classificar as opiniões dos solicitantes e distribuir as licenças de modo que se tratassem todos os pontos de vista com "igualdade", isso seria um pesadelo e poria em risco de modo flagrante os valores da Primeira Emenda.) Se, no entanto, puder ser provado que as autoridades concederam licenças de modo que fosse favorecido ou desfavorecido sistematicamente certo ponto de vista, ou um grupo de pontos de vista, ou que de fato instituíram um determinado método de seleção com vistas a obter esse efeito, uma violação constitucional terá sido identificada.

Oestereich vs. Selective Service Board, decidido em 1968, é em síntese o nosso caso da Guarda Nacional. Envolveu um jovem que devolveu ao governo seu certificado de registro no serviço militar para expressar sua oposição à guerra no Vietnã, e com isso o conselho de convocação o declarou delinquente e mudou sua classificação de IV-D (membro de congregação religiosa ou estudante de teologia) para I-A (disponível para o serviço militar). A justificativa em razão da qual o caso foi decidido não levava em consideração a motivação do comitê; a Corte afirmou que simplesmente não havia lei que autorizasse o conselho a declarar Oestereich delinquente e a reclassificá-lo. Mas também declarou:

> Estamos lidando com a conduta de um Conselho local que basicamente não segue lei alguma. Em suas implicações constitucionais, este caso não é diferente de um caso hipotético no qual se ordena o alistamento militar de um pastor

ou outra pessoa claramente isenta (a) como forma de retaliação contra a pessoa devido a suas opiniões políticas, ou (b) como forma de ameaça por causa de suas opiniões religiosas ou atitudes raciais, ou (c) a fim de expulsar a pessoa da cidade onde mora, para que os interesses amorosos de um membro do conselho possam ser mais bem servidos.[27]

A referência a pessoas "claramente isentas" dá trivialidade, do ponto de vista técnico, a essa declaração: se uma pessoa é isenta, de acordo com a lei ela não pode ser alistada no serviço militar, qualquer que seja a motivação. Mas a referência da Corte a "implicações constitucionais" obviamente sugere algo mais – que o conselho de alistamento está constitucionalmente impedido de usar a crença ou a forma de expressão (ou, como acrescenta corretamente a Corte, os interesses pessoais dos membros do conselho) como critério para selecionar pessoas dentre o grupo das legalmente alistáveis. Essa conclusão está correta, mas, mais uma vez, não se sustenta sem a referência à motivação[28]. Conquanto se pudesse demonstrar que os alistados eram em grande parte, ou até exclusivamente, pessoas que expressaram sua oposição à guerra, a seleção não ofenderia a Constituição se o conselho conseguisse provar que de fato ela foi aleatória, ou feita de acordo com algum critério legítimo de seleção, como, por exemplo, estado de saúde ou idade. Quando, no entanto, um cidadão é capaz de provar que foi selecionado com base num critério não permitido pela Constituição, ele tem direito à reparação legal.

No caso *Grosjean vs. American Press Company*, decidido em 1936, a Suprema Corte declarou nulo um imposto de licenciamento do estado da Louisiana, cobrado à razão de 2% dos recebimentos adiantados de todos os periódicos cuja circulação excedesse o número de 20 mil exemplares por semana, dos quais havia 13 (de um total de 163) no estado. A Corte que decidiu o caso *O'Brien*, esforçando-se para demonstrar que a motivação não era elemento pertinente na apreciação da causa, caracterizou *Grosjean* desta maneira: "A Corte, tendo concluído que o direito das publicações de estarem isentas de determinados tipos de tributos é uma garantia da imprensa protegida pela Primeira Emenda, declarou nula uma lei que, na letra, nada fazia além de instituir um tributo desse tipo."²⁹ A decisão *Grosjean* é um verdadeiro prodígio de ambiguidade, e de fato afirma, a certa altura, que os impostos sobre jornais sempre foram considerados suspeitos. No entanto, está bastante claro que a Corte não tinha a intenção de declarar nulos todos os impostos sobre a renda bruta dos periódicos³⁰. Veremos que o imposto na verdade incidia com mais peso sobre os jornais que assumiam uma linha contrária ao governo do estado. Mas esse efeito não pode ser suficiente, por si só, para torná-lo inválido, como tampouco é inconstitucional o imposto de renda de alíquota progressiva (pelo fato de incidir com mais peso sobre os republicanos)³¹. A teoria correta, portanto, parece ser aquela de fato invocada pela Corte: que, caso se pudesse demonstrar que a classe dos tributados tinha sido delimitada para desencorajar ou punir determinadas ideias, a classificação não seria sustentável.

> O imposto em questão não é ruim por tirar dinheiro do bolso dos recorridos. Se fosse apenas isso, a questão seria completamente diferente. Ele é ruim porque, à luz de seu histórico e de sua situação atual, parece ser um dispositivo deliberado e calculado, travestido de imposto, para limitar a circulação da informação à qual o público tem direito em razão das garantias estabelecidas pela Constituição.³²

A Corte apoiou essa alegação de motivação ilícita apenas com o seguinte argumento: "A forma com que o imposto é cobrado é suspeita em si mesma. Ele não é medido ou limitado pelo volume de anúncios publicitários. É medido tão somente pelo número de exemplares circulados da publicação que contém os anúncios publicitários, com o propósito manifesto de penalizar os editores e diminuir a circulação de um determinado grupo de jornais."³³ No entanto, o fato de a delimitação do grupo ser feita em razão da circulação e não do volume de anúncios publicitários não demonstra, na letra, a intenção de desfavorecer os que defendem determinadas ideias: em alguns contextos, pode acontecer exatamente o contrário. Mas o fato de apenas 13 dentre os 163 periódicos terem sido afetados pode ser um tanto suspeito. E o mais importante: os autos (mas não a decisão da Corte) revelam que 12 dos 13 periódicos cuja circulação excedia aquele volume adotavam posicionamento antagônico à política dominadora de Huey Long. No entanto, uma circulação de 20 mil exemplares (ao contrário de uma zona eleitoral com 28 lados) não é uma margem de corte inerentemente suspeita; e, na falta de maiores indícios, a mera coincidência poderia ser uma explicação plausível.

Para entender de fato a confiança com que a Corte chegou à conclusão de motivação ilícita, é necessário examinar mais a fundo os autos. Uma circular, assinada pelo senador Long e pelo governador Allen, distribuída para o Legislativo estadual à época em que a lei estava sendo considerada, explicava o objetivo dela: "É notório que os grandes jornais do estado da Louisiana ganham um dólar para cada mentira que contam. Esse imposto deveria ser chamado de imposto sobre a mentira; dois centavos por mentira." Sobre o único jornal favorável a Long e cuja circulação excedia os 20 mil, o senador disse o seguinte: "Bem, tentamos encontrar uma maneira de fazer com que o *Lake Charles American--Press* ficasse isento do imposto sobre propaganda, mas não achamos que fosse possível – mas daríamos um jeito nisso, se pudéssemos."[34] É claro que precisamos ser cautelosos quanto ao histórico da aprovação da lei: o que motiva um legislador a fazer uma declaração sobre determinada lei não é necessariamente o que motiva seus colegas a promulgá--la. *Grosjean*, no entanto, é um caso peculiar, um caso em que a referência às declarações de duas pessoas importantes parece suficiente para tornar segura uma suposição já plausível de motivação legislativa inconstitucional. A questão que se apresentava à Corte não era qual de dois critérios de seleção, um legítimo e o outro ilegítimo, fora empregado – e sim se a escolha da margem de 20 mil resultava de um critério de escolha inadmissível, por um lado, ou de uma seleção essencialmente aleatória, por outro. As famosas declarações de Long, somadas ao fato crucial de que os efeitos da lei eram compatíveis com o objetivo a que ele fazia menção, constituem prova irrefutável de que o limite de 20 mil não foi escolhido sem levar em conta as ideias defendidas pelos jornais em questão. A escolha não fora movida pela simples noção de que era preciso estabelecer um limite.

Devemos ressaltar aqui um aspecto a que já aludimos, já que, se não prestarmos atenção nele – e sabe-se lá o que a Corte poderá fazer em sua nova fase de entusiasmo pela análise de motivações –, isso poderá ser desastroso para nossas liberdades constitucionais. Neste capítulo, concentro-me não nos benefícios que nos são garantidos pela Constituição, mas sim naqueles que ela não nos garante explicitamente. (O benefício pode ser rigorosamente relativo, como em *Grosjean* – ficar isento de uma privação imposta pelo estado.) A análise da motivação oficial é apropriada unicamente nestes casos, em que se pleiteia que um benefício "constitucionalmente gratuito", naquele sentido, foi negado de maneira imprópria[35]; e a essência de meu argumento é a seguinte: o fato de algo não ser um direito constitucional não faz com que essa mesma coisa não possa ser distribuída (explicitamente ou não) de maneiras que violem a Constituição. No entanto, quando aquilo que é negado é algo a que o reclamante tem direito constitucional – porque lhe é concedido explicitamente pelos termos da Constituição ou é essencial para o funcionamento eficaz de um Estado democrático (ou ambos) –, as razões por que foi negado absolutamente não vêm ao caso[36]. As justificativas que os procuradores dos respectivos estados podem formular para dar apoio à negação desse direito ou para sua ausência na lei podem ser importantes na Corte, mas as razões que de fato inspiraram a negação do direito não podem: ter o direito constitucional a algo é ter direito a essa coisa, independentemente do motivo por que é negada. Seria uma tragédia de primeira grandeza se a Corte expandisse sua consciência cada vez maior da pertinência da motivação e passasse a adotar a noção completamente equivocada de que a negação de um direito constitucional não será muito importante se não for intencional.

Classificação suspeita

A argumentação do juiz Black persiste, no entanto: *de fato* é difícil demonstrar uma motivação oficial inconstitucional. Isso não prova o que ele achava que provava – que a Corte não deve buscar as provas –, mas certamente indica que precisaremos nos esforçar mais se quisermos que os direitos das minorias sejam adequadamente protegidos. Dado que a inconstitucionalidade na distribuição de benefícios que não são exigidos pela Constituição só pode estar relacionada com o modo com que a distribuição é feita, significaria isso que o jogo acabou? Não – pois a famosa teoria das "classificações suspeitas", embora não costume ser entendida desta maneira, revela-se sob análise como um mecanismo que serve à investigação das motivações.

As duas teorias apoiam uma à outra do seguinte modo: o objetivo no qual a classificação em questão tende a se encaixar melhor é evidentemente o objetivo a que os legisladores visavam de fato[37]. Se for possível identificá-lo de plano e se ele for inconstitucional, não há nenhum problema à vista: a classificação é inconstitucional. Mas mesmo se for impossível fazer uma demonstração confiante da motivação, uma classificação que na realidade foi motivada por intenções inconstitucionais sem dúvida – graças à pressão indireta exercida pela teoria da classificação suspeita – há de encontrar-se em sérias dificuldades do ponto de vista constitucional. Pois é óbvio que um objetivo inconstitucional não pode ser invocado em defesa de uma lei. Isso significa que, quando a meta real é inconstitucional, o objetivo que melhor se coaduna com a classificação não pode ser invocado em defesa desta, e a classificação terá de ser defendida em razão de outras metas com as quais está menos relacionada. Quando a Corte exige apenas (como faz em regra) uma relação "racional" entre classificação e meta, isso pouco irá importar: mesmo se a meta que melhor se encaixa na classificação não puder ser invocada, certamente haverá outras metas admissíveis cuja relação com a classificação será suficientemente próxima para que esta seja considerada racional[38]. O "exame especial" (*special scrutiny*) dedicado às classificações "suspeitas", no entanto, insiste em que a classificação em questão se coadune mais com a meta invocada que qualquer outra classificação alternativa. Entretanto, há apenas uma meta com a qual a classificação é capaz de coadunar-se plenamente: a meta que os legisladores de fato tinham em mente. Se essa meta não puder ser invocada por ser inconstitucional, a classificação não se sustentará. Assim, em termos funcionais, um exame especial, em particular a exigência de um encaixe perfeito entre classificação e meta, acaba por ser um método que "exclui" a motivação inconstitucional[39], método esse que não acarreta os problemas probatórios do inquérito direto e que, além disso, permite que os tribunais (e os litigantes) sejam mais "políticos": que anulem (ou ataquem) um ato oficial em razão da motivação ilícita deste, sem precisar dizer com todas as letras que é isso que estão fazendo[40].

Considerada isoladamente, a combinação de exigências que a doutrina convencional impõe sobre as classificações suspeitas – que o Estado (1) apresente uma meta extremamente relevante e (2) demonstre que a classificação se encaixa nessa meta com perfeição quase total – pode afigurar-se uma colcha de retalhos que não segue nenhum padrão específico. No entanto, quando a teoria da classificação suspeita passa a ser considerada uma variante indireta da análise de motivação, essa combinação de exigências pode ser compreendida como algo que faz sentido em termos funcionais. O ponto crucial é deixar de lado a metafísica de dois estágios que até agora dominou as decisões e a doutrina (situações em que primeiro se decide se a classificação em questão é suspeita; em caso afirmativo, depois se exige – numa operação analítica separada – que a classificação corresponda a exigências extraordinárias de relevância e compatibilidade com o objetivo legislativo). Esse pacote só fará sentido se reconhecermos que é um pacote, e se compreendermos as exigências incomuns de relevância e compatibilidade não como novas exigências que se impõem à classificação como pena por ser "suspeita", e sim como maneiras de expandir a busca inicial, de determinar se as desconfianças iniciais em relação à classificação são bem fundamentadas ou se, sob uma análise mais completa, podem ser mitigadas.

Para tomar como exemplo o caso mais claro de classificação que deve ser considerada suspeita, vamos supor uma lei que classifique os indivíduos segundo a raça e traga desvantagens para determinada minoria. Naturalmente somos levados a suspeitar (*le mot juste*) que a motivação da lei é aquela sugerida de maneira mais natural por seus termos: o simples desejo de deixar em desvantagem a minoria em questão. Mas o Estado pretende questionar essa conclusão, e estamos dispostos a dar-lhe ouvidos. O que é necessário para amenizar nossa desconfiança? Para começar, uma meta na qual a classificação se encaixe tão bem quanto se encaixa na meta de prejudicar a minoria afetada. Pois, se acontecer de a classificação se encaixar melhor na meta discriminatória do que na meta alegada pelo Estado, teremos de nos perguntar por que as autoridades não fizeram uma classificação mais compatível com a meta que estão defendendo; e nossa suspeita de que a meta sugerida pela lei era a verdadeira não mudará. Se, no entanto, a meta alegada pelo Estado encaixar-se na classificação tão bem quanto a meta discriminatória da qual suspeitávamos – note que, pelo menos no caso de uma classificação racial *de jure*, isso necessariamente significa que não havia maneira mais direta de alcançar a meta defendia pelo Estado –, deveremos começar a parar para pensar. Eu disse "começar" porque é necessário outro elemento para apaziguar definitivamente nossa desconfiança – e esse outro elemento é aquele que a Corte de fato tem exigido: que a meta alegada pelo Estado possua algum grau de plausibilidade.

Essa última exigência foi alvo de dois tipos de crítica, ambos bastante compreensíveis à luz da incapacidade da Corte para ligar as noções de classificação suspeita e de motivação inconstitucional: um, que ela não estabelece um critério (como medir o grau de importância do objetivo?)[41]; e dois, que não possui nenhuma relação funcional com o mal com que estamos lidando, o qual está relacionado, afinal de contas, com os termos da classificação e não com a importância do benefício ou do ônus cuja distribuição está sendo limitada[42]. Mas uma vez traçada aquela ligação (entre a doutrina da classificação suspeita e a da motivação inconstitucional), essa exigência passa a ter sentido em termos que sugerem um critério. Pois nem mesmo uma compatibilidade perfeita entre a classificação em exame e a meta alegada pelo Estado deverá ser suficiente para apaziguar nossa desconfiança inicial se essa meta for tão pouco importante que nos leve a suspeitar que não passe de um pretexto. O professor Brest dá o exemplo de um diretor de escola que faz com que os negros se sentem de um lado do palco e os brancos do outro, na cerimônia de formatura, e que defende sua decisão por motivos estéticos[43]. Talvez não haja nada de errado com a *compatibilidade* entre o meio e o fim, mas a meta é tão trivial que somos levados a crer que não passa de uma desculpa para uma decisão motivada pela segregação racial. Façamos uma comparação com o caso em que um diretor de prisão temporariamente separa os prisioneiros negros e brancos para evitar um conflito racial[44]. Também neste caso a compatibilidade é essencialmente perfeita (dada a necessidade de uma reação imediata[45]), e além disso a meta, que é de preservar a vida e a integridade física dos prisioneiros de ambas as raças, pode ser considerada convincente – meta que agora podemos definir em termos funcionais, a fim de determinar se é plausível afirmar que foi ela a motivação real do ato[46]. Assim, apesar de a Corte não defendê-las, e apesar de aparentemente não estarem relacionadas, as duas exigências que determinam que o Judiciário faça o exame especial – a compatibilidade perfeita e a relevância substancial – mostram-se sensatas uma vez feita a relação crítica entre a teoria da classificação suspeita e a teoria da motivação inconstitucional.

Durante a era Warren, a Suprema Corte usou de grande liberdade para expandir o conjunto de classificações suspeitas para além do caso central da raça. Leis que colocavam em relativa desvantagem os estrangeiros, as pessoas de nascimento "ilegítimo", até mesmo os pobres, foram todas abordadas como suspeitas em diferentes momentos. A Corte de Burger também deu seu apoio verbal à ideia. Na verdade, o juiz Blackmun foi o primeiro – sem contar, é claro, a nota de rodapé original do juiz Stone para *Carolene Products* – a indicar numa Decisão da Corte que as minorias "separadas e isoladas" têm direito a uma proteção constitucional especial que as resguarde do processo político[47]. No entanto, o desempenho da Corte de Burger nesse quesito deixa a desejar quando comparado à sua retórica. Desde que assumiu seu cargo na Corte, o juiz Rehnquist fez campanha para restringir o conjunto de classificações suspeitas ao campo da raça e de "sua prima em primeiro grau", a nacionalidade[48], e parece que foi bem-sucedido. Embora tanto aqui como em outros casos haja exceções, a resplandecente cruzada para estender a proteção constitucional aos pobres terminou numa fuga desordenada e vergonhosa[49]. No entanto, havia nessa campanha certos problemas conceituais insólitos que nunca foram solucionados de maneira satisfatória, e na verdade a debandada já estava bem adiantada no fim da era Warren[50]. Em outras frentes, entretanto, quem bateu em retirada foi a própria Corte de Burger. As decisões recentes são inconstantes em relação às leis que põem em relativa desvantagem os "ilegítimos", e em geral tendem na direção de menor proteção[51]. Por certo tempo, as leis que deixavam os estrangeiros em desvantagem figuraram de modo inequívoco na coluna de "suspeitas": na verdade, foi nesse contexto que o juiz Blackmun deu a aprovação da Corte atual para a fórmula das "minorias separadas e isoladas". Entretanto, em 1978, elas parecem ter sido eliminadas das classificações suspeitas (ou, no mínimo, a situação mostra-se confusa)[52].

A razão alegada pelo juiz Rehnquist para restringir novamente a lista à raça e à nacionalidade baseia-se na suposta intenção original – no argumento de que são essas as classificações que os constituintes da Décima Quarta Emenda supostamente quereriam submeter ao exame detalhado. Embora a "raça" fosse o assunto que mais ocupasse a mente dos constituintes (e sem dúvida também dos ratificadores), a decisão de não limitar a letra da emenda à raça, e assim deixar em aberto pelo menos a possibilidade de uma linha de desenvolvimento, parece ter sido claramente consciente. É evidente que o juiz Rehnquist tem suas razões, que aliás também são esposadas neste livro: aquilo não significa que podemos fazer com a emenda o que quisermos – somente as classificações "semelhantes à classificação de raça", num sentido significativo, podem ser tratadas de modo semelhante. Mas mesmo o juiz Rehnquist compreende que seria infiel ao espírito da emenda se limitasse o alcance desta apenas às classificações às quais os constituintes se referiram explicitamente: se essa metodologia fosse adequada, teríamos de considerar seriamente a possibilidade de apenas os negros (e não outras minorias raciais) receberem proteção, e certamente não teríamos justificativa para expandir a lista de modo que abrangesse também a nacionalidade. O juiz Rehnquist pensa ver uma "semelhança de família" entre nacionalidade e raça, mas as classificações não seguem os padrões das relações familiares, e é preciso uma teoria para fazer com que uma classificação seja "prima em primeiro grau" de outra. É verdade que apenas as classificações "semelhantes à classificação de raça" devem ser consideradas suspeitas, mas temos de descobrir o que "semelhantes à classificação de raça" significa neste contexto. Talvez seja porque tanto a Corte quanto os juristas falharam neste ponto, no nível teórico, que o juiz Rehnquist está aos poucos ganhando espaço. A intuição nos diz que certos fatores frequentemente mencionados na literatura parecem ter algo a ver com essa questão – e veremos, com uma análise mais cuidadosa, que alguns deles efetivamente têm com ela uma relação oblíqua –, mas de certo modo nenhum deles é totalmente capaz de nos convencer de que *esta* é a questão. Assim, por exemplo, costuma-se dizer que a imutabilidade da característica tomada como critério de classificação torna a classificação suspeita[53]. A lista de classificações assim consideradas suspeitas não é tão longa quanto creem os defensores dessa tese. A nacionalidade estrangeira (geralmente)[54] e a pobreza (pelo menos teoricamente) são condições das quais se pode escapar; o mesmo se pode dizer, na maioria dos casos paradigmáticos, das privações legais decorrentes da "ilegitimidade"[55]; e suponho que até mesmo o sexo esteja se tornando uma condição alterável. Isso reduz nossas alternativas a algo bem próximo da lista curta de Rehnquist, o que na realidade não é uma objeção, embora eu possa assegurar que o seria para a maioria dos que propõem a imutabilidade como critério. Há, porém, uma objeção verdadeira: ninguém se preocupou em construir uma ponte lógica para nos dizer exatamente *por que* deveríamos desconfiar dos órgãos legislativos que fazem classificações com base nas características imutáveis. É correto sentir pena de uma pessoa que sofre de uma incapacitação irreversível, mas não conheço nenhuma boa razão para supor que as autoridades eleitas não partilham desse sentimento. Além disso, as classificações baseadas na incapacidade física e na inteligência são tipicamente aceitas como legítimas, mesmo por juízes e autores que asseveram ser pertinente a imutabilidade. A explicação, quando é dada, é que *essas* características (ao contrário daquela que o autor está tentando categorizar como suspeita) muitas vezes são pertinentes para fins legítimos[56]. A essa altura, não resta quase nada da teoria da imutabilidade, certo?

Alguns comentários, que citam em sua justificativa o caso *Brown vs. Board of Education*, argumentam que as classificações que desfavorecem as minorias raciais são suspeitas porque "geralmente são percebidas como um estigma de inferioridade e um emblema de opróbrio"[57]. Isso confunde duas questões e portanto faz uma leitura errônea de *Brown*[58]. O sentimento de opróbrio *é* pertinente para determinar se uma classificação que o Estado diz ser "inócua", como as das escolas "separadas mas iguais", na verdade inflige dano a uma das duas classes. Mas o caso *Brown* foi atípico nesse sentido: a existência de um dano relativo infligido a uma das classes estabelecidas por critérios criados pelo Estado é uma coisa normal. E a ideia também não pode ser que a presença de um estigma é necessária para que haja uma *quantidade* mínima de dano. Isso teria sentido se a Corte controlasse de maneira mais rígida as distinções que causam mais dano, algo que ela não faz. Uma classificação tributária no valor de 1 milhão de dólares recebe o mesmo controle que outra no valor de 100 dólares – ou seja, praticamente nenhuma.

Uma interpretação que parece mais sensata, à qual já aludi diversas vezes, é aquela atribuída à nota de rodapé do juiz Stone em *Carolene Products* e recentemente parafraseada, em nome da Corte (antes de mudar totalmente de opinião a respeito da nacionalidade estrangeira), pelo juiz Blackmun: "Os estrangeiros, enquanto classe, são o exemplo ideal de uma minoria 'separada e isolada' (...) para com a qual (...) é adequado que o Judiciário seja mais solícito (...)."[59] O juiz Rehnquist (e outros) protestaram, alegando que o argumento é vago: opinaram que "não seria necessário um advogado com inteligência fora do comum para encontrar minorias 'separadas e isoladas' em todo canto"[60]. Isso certamente será verdadeiro se a referência for específica o suficiente. Em certo sentido, em todo litígio judicial, o demandante fala em nome desse tipo de grupo: ele não estaria perante a Corte se a classe na qual o Legislativo o inscreveu não fosse, em pelo menos uma ocasião, uma minoria política (aqueles que perderam), tanto "separada" (os que estão do lado desfavorecido do limite estabelecido pela lei) quanto "isolada" (os que não conseguiram número suficiente de aliados para derrotar a legislação). Mas é óbvio que não foi isso que quis dizer o juiz Stone. Ele se referia, na verdade, ao tipo de manipulação "pluralista" por meio da qual as diversas minorias que perfazem nossa sociedade tipicamente interagem para proteger seus interesses; e estava falando especificamente das minorias para as quais esse sistema de "pactos de defesa recíproca" será, em geral, inútil.

Mesmo compreendida dessa maneira, a abordagem das "minorias separadas e isoladas", pelo menos na medida em que se recuse a responder *por que* a minoria em questão é separada e isolada, também acaba por mostrar-se indefensável. Talvez a objeção mais óbvia seja também a mais fácil de opor em qualquer caso – que os tribunais não estão qualificados para fazer esse tipo de análise política prática. A nacionalidade estrangeira é um caso tranquilo – já que os estrangeiros geralmente não votam –, mas para além desse caso as coisas ficam difíceis. Se a investigação em si for adequada do ponto de vista constitucional, no entanto, nós devíamos nos perguntar – mesmo admitindo que os tribunais teriam problemas (o que pode simplesmente significar que eles devem intervir somente nos casos razoavelmente claros) – se existe alguma outra instituição que tenha mais condições de fazê-la, e a resposta a essa pergunta parece nitidamente negativa. O propósito preclaro desta abordagem é identificar os grupos da sociedade cujos interesses e necessidades as autoridades eleitas não têm o interesse manifesto de atender. Se a abordagem em si fizer sentido, não faz sentido dar a responsabilidade de levá-la a cabo a outras instituições que não os tribunais.

Entretanto, existem objeções mais sérias. A primeira é que, pelo menos segundo certa interpretação, essa fórmula deixa de proteger o único grupo que, segundo todos parecem concordar, merece proteção especial sob a Décima Quarta Emenda: os negros. "Se de fato há grupos que não têm voz ou visibilidade e que, num sentido quase literal, não conseguem se fazer ouvir, não está claro de modo algum que os negros do meio urbano estejam entre eles. Numericamente, os negros quase constituem a maioria em muitas grandes cidades e perfazem um eleitorado enorme, e cada vez maior, na maioria delas. Mesmo deixando os números de lado, veremos que eles falam com voz cada vez mais audível (...)."[61] E isso foi escrito em 1972, quatro anos antes da eleição de Jimmy Carter. O que quer que essa eleição possa ou não ter feito acontecer, ela de fato pareceu demonstrar a capacidade dos negros de aproximar seus interesses políticos daqueles de outros grupos. Rezemos para que chegue o dia em que todos possamos concordar que a necessidade de buscar o objetivo histórico essencial da emenda, o de proteger os negros, esteja tão obsoleta que possa ser desconsiderada. É preciso ser extremamente insensível, no entanto, para supor que esse dia já chegou. Uma teoria que exclui os negros da proteção – e parece ser esse o caso da teoria que depende exclusivamente do isolamento político – precisa, no mínimo, ser reexaminada[62].

No entanto, por mais claros que sejam os exemplos, os argumentos que procurem determinar quais grupos serão ou não protegidos pela legislação nunca conseguirão satisfazer a todos: e, se a teoria for boa, temos de conviver com seus resultados. Mas embora a ideia geral aqui seja suficientemente clara – os tribunais devem proteger aqueles que não conseguem se proteger politicamente –, sua justificativa não é. De certa maneira, é da essência da democracia permitir que as diferentes pessoas e grupos que compõem a sociedade decidam quais são as outras pessoas e grupos com quem pretendam formar uma parceria para dar forma à legislação. Não somos iguais em todos os aspectos, e em certos assuntos nossos interesses realmente divergem de modo substancial. Portanto, não há uma maneira de excluir *a priori* – como faz a teoria que descrevemos até o momento – a possibilidade de que talvez existam grupos ou interesses com os quais outros poderão se recusar a fazer parcerias políticas devido a razões perfeitamente compreensíveis.

Precisamos, assim, de um outro elemento: que a minoria em questão realmente não possa entrar no "mercado" pluralista e, portanto, sempre esteja do lado errado das classificações do Legislativo, por motivos que de certa forma são injustificáveis. As interpretações convencionais daquilo que consideramos ser a abordagem do caso *Carolene Products*, como a interpretação feita pelo juiz Blackmun, citada acima, não incluem este elemento: as "minorias separadas e isoladas" simplesmente têm direito a que "o Judiciário seja mais solícito" para com elas. A nota original do juiz Stone, no entanto, era mais elaborada do que isso, e indicava que *"o preconceito contra minorias separadas e isoladas* pode ser uma condição especial que tende a reduzir drasticamente o funcionamento dos processos políticos em que costumamos nos basear para proteger as minorias (...)". Bem, "preconceito", por si só, é uma palavra confusa que é preciso esclarecer, mas ela fornece o elemento que falta na interpretação costumeira. Pois, independentemente do que mais possa ser, o preconceito é sempre uma lente que distorce a realidade. Nosso país é feito de minorias e, por isso mesmo, nosso sistema depende da capacidade e da disposição dos diferentes grupos para compreender os interesses coincidentes que podem uni-los para formar uma maioria em relação a determinada questão; o preconceito pode nos tornar cegos aos interesses coincidentes que de fato existem. Como Frank Goodman disse tão bem, oito anos atrás, "o preconceito racial divide os grupos que têm muito em comum (os brancos e os negros pobres) e une grupos (brancos ricos e brancos pobres) que têm pouco em comum além de seu antagonismo pela minoria racial. Resumindo: o preconceito racial dá à 'consorciação da maioria' aquele 'motivo comum para desrespeitar os direitos de outros cidadãos' que Madison cria ser improvável numa sociedade pluralista."[63]

Essa modificação da perspectiva principal, de um ângulo puramente político para um outro que leve mais em conta a psicologia da decisão, tem ainda a virtude de correlacionar-se diretamente com aquela que descobrimos ser a finalidade funcional de uma teoria das classificações suspeitas: a eliminação das motivações inconstitucionais. O "preconceito" tem muito a ver com isso; a separação e o isolamento não parecem ter (exceto indiretamente, na medida em que podem refletir e gerar um comportamento preconceituoso). Essa correlação também nos permite começar a especificar os significados de "preconceito" cabíveis neste contexto. Se a teoria das classificações suspeitas for um atalho para desvendar as tentativas oficiais de infligir a desigualdade pela desigualdade – tratar um grupo de maneira pior não em nome de uma meta social prioritária, mas sim apenas para deixar seus membros em desvantagem –, disso decorreria que um dos conjuntos de classificações que deveríamos considerar suspeitos são aquelas que deixam em desvantagem os grupos que sabemos serem objeto de depreciação generalizada, grupos que sabemos serem possíveis alvos de danos por parte dos outros (particularmente aqueles que controlam as deliberações legislativas)[64].

Perceba que o que se sugere não é um exame judicial que vise a saber se há hostilidade generalizada e *injustificada* em relação a um grupo colocado em desvantagem pelo ato oficial em questão – isso constituiria um convite direto para se questionar a decisão legislativa –, e sim que vise a saber simplesmente se existe a hostilidade generalizada. Claro que também há uma boa dose de discricionariedade nesse exame, e os tribunais devem tomar cuidado para não usurpar a atividade legislativa. Mais tarde vou sugerir um processo que pode ajudar a controlar o exame. Por enquanto, vale a pena lembrar que tudo o que o ato de rotular uma classificação de "suspeita" significa, em termos funcionais, é que o pedido judicial tem razão de ser e que o exame para verificar se a classificação de fato é suspeita deve continuar. Caso se constate que a classificação visa a alcançar diretamente uma meta substancial (que não seja a meta proibida de simplesmente desfavorecer aqueles que ficaram em desvantagem), ela vai sobreviver. Assim, por exemplo, os ladrões certamente são um grupo em relação ao qual há uma hostilidade generalizada por parte da sociedade, e as leis que criminalizam os assaltos certamente deixam os ladrões em relativa desvantagem. É claro, porém, que tais leis devem permanecer. Existe aí uma meta substancial tão patente, a meta de proteger nossos lares penalizando aqueles que os arrombam e roubam, e a compatibilidade entre a meta e a classificação é tão perfeita, que qualquer suspeita que essa classificação possa gerar sob outras circunstâncias[65] é descartada de modo tão imediato que nem mesmo conseguimos registrá-la em nossa mente.

Embora tenhamos muito mais a dizer a respeito dos fatores que possam de fato dar margem a suspeitas, já chegamos a um ponto em que o apelo (e as limitações) de uma referência à imutabilidade da característica classificadora pode começar a ser situado em seu contexto. Uma lei que criminaliza o furto a residências não é suspeita – ou, se o leitor preferir, a suspeita é prontamente rechaçada – porque a meta de tornar mais difícil a vida dos ladrões se traduz imediatamente na meta de desencorajar as pessoas de arrombar nossas casas. No entanto, não faria sentido defender uma lei que deixa os negros em desvantagem com base no argumento de que estamos tentando desencorajar as pessoas de serem negras. A capacidade de determinar o objetivo de uma classificação que prejudica (ou promove) um certo grupo em termos de um desejo de desencorajar as pessoas de se juntar (ou encorajá-las a se juntar) a esse grupo obviamente depende de que a característica que forma a base da classificação seja passível de mudança. Não devemos nos precipitar e concluir que as classificações feitas com base em uma característica imutável são sempre suspeitas: essa conclusão só seria verdadeira se o único objetivo legítimo do Estado fosse o de aumentar ou diminuir a incidência da característica classificatória. Proibir os cegos de pilotar aviões de nada servirá para encorajar a boa visão, mas a proibição persistirá mesmo assim, já que a classificação se coaduna perfeitamente com uma outra meta, em cuja importância não preciso insistir. A imutabilidade, portanto, não pode ser o guia absoluto que alguns tentaram fazer dela, mas também não é algo que não tem nada que ver com o assunto – já que não é fácil apresentar as classificações estruturadas em torno de características que não podem ser modificadas pelo indivíduo como medidas que visam a alterar a incidência da característica classificatória.

Uma interpretação que é mencionada cada vez mais, e que de fato parece fazer mais sentido, é que as classificações baseadas em "estereótipos" devem ser consideradas suspeitas[66]. Formulada dessa maneira, sem maior elaboração, ela não serve. O dicionário nos diz que um estereótipo é "uma noção, ou conceito, fixo e convencional a respeito de uma pessoa, grupo, ideia etc., partilhada por um certo número de pessoas e que não admite a individualidade (...)"[67]. A legislação baseada em "estereótipos", portanto, é uma legislação feita com base em generalizações: o uso de uma classificação que se acredita geralmente válida em termos estatísticos, sem deixar espaço para desvios individuais. Porém, é assim que a legislação ordinariamente funciona, como de fato deve na maioria dos casos. Suponhamos um exemplo típico, uma lei que permita que somente os oftalmologistas, e não os oculistas, façam lentes de óculos[68]. Suponhamos que um oculista deseje demonstrar que, embora seja verdade que a *maioria* dos oftalmologistas é mais qualificada para fazer lentes do que a *maioria* dos oculistas, ele, na verdade, está tão bem qualificado, ou mais, do que vários oftalmologistas que ele seria inclusive capaz de indicar pelo nome. A prova oferecida seria rejeitada com base na teoria de que a classificação legislativa baseada em generalizações comparativas consideradas imperfeitas (estereótipos) deve ser tolerada: os custos seriam excessivos se o Estado fosse obrigado a criar procedimentos para decidir cada caso com base em seus méritos individuais*. Forçado a reconhecer esse fato, o nosso hipotético oculista poderia argumentar então que, embora as classificações baseadas em generalizações sejam em geral admissíveis, a injustiça que resulta *dessa* classificação para determinado número de indivíduos (ele incluso) é tão grande que ela não pode ser justificada pelo bem que a mesma classificação produz. Se a compatibilidade entre a classificação e a meta pode ser aperfeiçoada sem maiores custos, o tribunal pode dizer que a classificação é "irracional" e exigir que ela seja modificada para se tornar mais precisa[69]. Mas nos casos (quase todos os que envolvem a legislação real) em que uma compatibilidade mais perfeita implica custos adicionais – seja o custo de permitir que pessoas não qualificadas pratiquem a atividade, seja o de criar um teste de qualificação caso a caso –, geralmente a Corte, com toda a razão, recusa-se a pôr em causa a ponderação de custo-benefício feita pela legislação.

Assim, os estereótipos, pelo menos no sentido comum do termo, são elementos inevitáveis da legislação. Para que o conceito ora em exame possa nos fornecer algo além de um argumento circular, ele precisa ser refinado para que possamos separar, por assim dizer, os estereótipos aceitáveis daqueles que são inaceitáveis. A abordagem que de início pareceria mais atraente seria a de tratar como suspeitas aquelas generalizações estereotipadas para as quais existem uma quantidade ou porcentagem anormalmente alta de contraexemplos[70]. (É claro que será difícil criar uma fór-

---

* A tomada de decisões com base numa regra geral em vez da determinação *ad hoc* também reduz a discricionariedade de quem toma a decisão e, portanto, ajuda a proteger os indivíduos e os grupos minoritários contra a discriminação injusta. Ver também pp. 231-41; *Cleveland Bd. of Education vs. LaFleur*, 414 U.S. 632, 658 (1974) (juiz Rehnquist, voto divergente); "Na opinião da maioria dos estudiosos da teoria do Estado, o abandono desse tipo de determinação feita *ad hoc* pelo representante do Rei, e a adoção de um conjunto relativamente uniforme de normas promulgadas por um órgão que exerce a autoridade legislativa, representou um progresso significativo rumo à constituição de uma sociedade política civilizada."

mula, mas só precisaremos nos preocupar com isso se a ideia geral fizer sentido.) Isso tem um traço bastante objetivo: é claro que a Corte não deveria declarar nulas apenas as generalizações de que desgosta, mas não se pode objetar a que ela invalide aquelas que são excessivamente incorretas. Mas isso não funcionaria: as generalizações não podem ser racionalmente avaliadas apenas em razão do número ou da porcentagem de erros a que podem dar origem. Às vezes, como no caso da pena de morte, qualquer incidência não trivial de contraexemplos é intolerável. Outras vezes, como no caso em que tentamos impedir as pessoas suscetíveis a ataques cardíacos de pilotar aviões, uma porcentagem bastante alta, às vezes certamente maior que 50%, é totalmente apropriada. A determinação da incidência aceitável de contraexemplos deve, portanto, envolver no mínimo uma comparação entre os custos para aqueles que foram excluídos ou incluídos "injustamente" e os custos para o restante dos cidadãos do país – custo esse às vezes medido em tempo e dinheiro, mas também, outras vezes, num incremento do risco – de tentar melhorar o funcionamento do sistema[71]. Um modo de controle de constitucionalidade que gire em torno de determinar se a incidência de contraexemplos é "alta demais" não pode, portanto, ser distinguido da teoria inaceitável de que as Cortes devem intervir em nome da Constituição sempre que discordarem da ponderação de custo-benefício determinada pelo Legislativo.

Podemos afirmar, portanto, que erramos o alvo – mas, como veremos, não tanto assim. Os casos de que devemos desconfiar não são aqueles que envolvem uma generalização cuja incidência de contraexemplos é "alta demais", e sim aqueles que envolvem uma generalização cuja incidência de contraexemplos é significativamente mais alta do que a autoridade legislativa parece ter pensado que fosse. Independentemente de quantos fatores tenham sido levados em conta na ponderação de custo-benefício, uma previsão errada da incidência de contraexemplos (ou mesmo dos custos da determinação individualizada) poderá distorcer toda a decisão. Assim como em geral seria desejável reconsiderar qualquer decisão importante feita sob a influência de suposições errôneas sobre os fatos conexos, assim também aqui devemos ter a mesma postura[72]. É claro que esse tipo de preconceito não é igual ao preconceito de "primeiro grau" que discutimos anteriormente[73], mas ele também implica assuntos que dizem respeito à igual proteção. Deixar um grupo em desvantagem essencialmente porque não gostamos dele é certamente a mesma coisa que negar a seus membros a igual consideração e respeito, especificamente por atribuir um valor negativo ao seu bem-estar. No entanto, deixar em desvantagem – supostamente em nome de uma meta social premente – mil pessoas que um critério ou procedimento mais individualizado (mas mais dispendioso) excluiriam, com base na impressão de que apenas quinhentas se encaixam na descrição, é negar a quinhentas pessoas cuja existência desconhecemos *seu próprio* direito à igual consideração e respeito, computando seu bem-estar com peso zero.

O problema é saber como a Corte deve proceder para identificar tais situações. Deixar tudo a critério de um juízo discricionário seria obviamente inaceitável, algo muito próximo de simplesmente dar à Corte um poder irrestrito de controle substantivo. (Não estou afirmando que há má-fé, mas um juiz da Suprema Corte que tenda a discordar da ponderação legislativa de custo-benefício pode, de boa-fé, supor que o Legislativo "deve ter" superestimado a validade estatística da generalização sobre a qual baseou suas ações.) A Corte deve, portanto, observar não somente o produto legislativo, mas também o processo que o gerou, para ver se pode identificar um ou mais fatores que sugiram a possibilidade de que o Legislativo tenha errado em sua suposição. Num recente voto divergente, o juiz Stevens fez exatamente essa tentativa, sugerindo que sejamos especialmente cautelosos quanto a leis baseadas em generalizações que se tornaram tradicionais. "Pois uma classificação tradicional tem mais chances de ser utilizada sem pararmos para considerar suas justificativas do que uma classificação recentemente criada. O hábito, e não o poder de análise, faz com que a classificação seja aceitável e natural (...)."[74] Ele acertou no essencial: o que estamos procurando são generalizações legislativas que temos bons motivos para supor errôneas, e devemos também parabenizar Stevens por tentar situar essa busca sobre fundamentos objetivos, que transcendam a mera discordância substantiva. Infelizmente, o tema específico de seu argumento é questionável. O fato de que uma generalização ser invocada há muito tempo por uma grande variedade de pessoas não é, na verdade, o argumento mais forte em seu favor, mas em si e por si também não parece ser um bom argumento contrário. Algumas generalizações que adquiriram respeitabilidade com o tempo *são* bastante imprecisas, mas outras, não.

Para decidir quanto devemos dar crédito a uma determinada generalização em nossa vida diária, teríamos de saber de onde ela vem – quem a criou e se é uma generalização que serve aos interesses de quem a criou. Essa noção de bom senso, moderada por outros pontos de vista, parece pertinente também no exame constitucional. A escolha entre a classificação com base na generalização comparativa e a tentativa de criar uma fórmula mais precisa sempre pressupõe a ponderação do acréscimo de justiça acarretado por uma individualização maior, de um lado, contra os custos adicionais que ela implica, de outro. Quando a generalização em questão serve aos interesses dos que tomam as decisões, no entanto, certos perigos inerentes ao processo de ponderação se intensificam de modo significativo. Quando ela melhora explicitamente a situação deles, os perigos são tão óbvios quanto possível – de um lado, que o custo de dispensar aos outros o mesmo tratamento que eles dispensam a si mesmos pode ser superestimado; e, por outro lado, que a própria validade da generalização postulada como base da classificação pode ser superestimada, resultando, assim, numa subavaliação do interesse na justiça individual. Mas mesmo quando nenhum ganho tangível pode ser identificado existe uma recompensa psíquica nas generalizações que fazem autoelogios[75]. Há anos os psicólogos sociais perceberam[76] – e seria bastante óbvio mesmo que eles não o tivessem percebido – que "a ideia mais fácil de vender a alguém é que essa pessoa é melhor do que as outras"[77], e rara é a pessoa que não fica encantada ao conhecer (e disposta a aceitar) caracterizações comparativas étnicas ou de outro tipo que possam sugerir a superioridade relativa de que ela goza pelo simples fato de pertencer a esses grupos[78]. O fenômeno é fácil de ser observado entre crianças[79] e persiste até a idade adulta – em grande parte, aparentemente, como um método de preservação do ego. "Desde que Aristóteles dividiu a raça humana em senhores e escravos por natureza, as classes dominantes alimentaram sua autoestima ao afirmar que estavam em cima e os outros embaixo porque era essa a ordem natural ou divina do mundo."[80]

Assim, as generalizações feitas para, digamos, afirmar que os brancos em geral são mais inteligentes ou mais trabalhadores que os negros, que os homens são mais emocionalmente estáveis que as mulheres ou que os norte-americanos nascidos nos EUA são mais patriotas que os naturalizados têm grande chance de serem bem-aceitas – e na verdade sabemos que são aceitas – por grupos cuja demografia é idêntica à da típica casa legislativa norte-americana. Poucos dirão que não existem contraexemplos, mas a validade global dessa generalização tenderá a ser aceita prontamente. Ao recorrer aos mitos positivos a respeito dos grupos a que pertencem e aos mitos negativos a respeito dos grupos a que não pertencem, ou até às realidades relacionadas a alguns ou à maioria dos membros das duas classes, os legisladores, como o resto dos seres humanos, estão predispostos a supor prontamente que será pequeno o número "deles" que terão seus direitos injustamente negados, e também que não serão muitos aqueles de "nós" que serão injustamente beneficiados por uma classificação desse tipo. As generalizações do tipo oposto, que atribuem superioridade a um grupo a que os legisladores não pertencem – digamos, que os judeus são melhores alunos –, são um assunto à parte. Uma generalização desse tipo pode às vezes ser aceita com relutância, mas nesse caso podemos ter certeza de que a natureza imperfeita e estatística da afirmação será posta em evidência e que, além disso, haverá explicações – no caso, que a generalização tem a ver "com o modo com que foram educados" – que prevalecerão no Legislativo para assegurar um critério individualizado, ou pelo menos que a presunção legal seja *juris tantum*[81]. Uma distinção legal baseada numa comparação das qualificações de oftalmologistas e oculistas ocupa uma posição intermediária, já que os legisladores não pertencem a nenhum dos grupos sendo comparados*. Uma lei assim – e a maioria das classificações legislativas seguem esse contorno: "eles e nós" – pode não ser tão patentemente insuspeita quanto uma generalização autodepreciativa, mas também não apresenta os grandes perigos da generalização egocêntrica, e, por isso, é corretamente classificada como não suspeita em termos constitucionais.

Já vimos como a mutabilidade da característica classificatória costuma tornar a classificação imediatamente defensável em função de uma meta social legítima e, assim,

---

* Na verdade, tal lei provavelmente não irá determinar que os oftalmologistas podem fazer lentes e que os oculistas não podem, mas sim que só os oftalmologistas podem fazê-las, e mais ninguém. A generalização sobre a qual a lei se baseia, portanto, atribui literalmente uma inferioridade comparativa a todos (inclusive à maioria dos membros do Legislativo) que não são oftalmologistas, e não apenas aos oculistas. Já que, no entanto, a autoimagem típica do legislador habitualmente não inclui o fato de que ele não é oftalmologista, ao passo que inclui o fato de que, digamos, ele é branco [cf. R. Lane e D. Sears, *Public Opinion*, p. 40 (1964)], a comparação provavelmente será percebida como uma comparação entre os oftalmologistas e outros que talvez fossem qualificados para aquela atividade (como os oculistas), e não entre os oftalmologistas e pessoas "como nós". Obviamente o elemento decisivo, neste caso, é o modo como o legislador provavelmente perceberá a situação. Se ele de fato pensasse que a classificação é autodepreciativa, essa percepção faria com que ela fosse menos suspeita. Mas essa caracterização parece forçada.

abrandar qualquer suspeita incipiente. Agora temos condições de compreender como a mutabilidade (ou algo parecido) pode ser pertinente também de outra maneira, que depende da probabilidade de que a capacidade de generalização dos que tomam as decisões seja distorcida por seu ponto de vista particular*. Por exemplo: é no mínimo plausível que o fato de que todos nós já fomos jovens e que a maioria espera um dia chegar à idade bem avançada neutralize qualquer suspeita que possa surgir a respeito do grande número de leis (promulgadas por um Legislativo composto predominantemente por pessoas de meia-idade) que dão vantagens àqueles entre, digamos, 21 e 65 anos de idade, em comparação com os mais jovens ou mais velhos[82]. Não é o mesmo que a imutabilidade, obviamente: a nacionalidade estrangeira em geral é um estado do qual se pode escapar, como o são, teoricamente, a pobreza e talvez até mesmo o sexo. Mas mesmo assim, e é isso que parece mais pertinente, a maioria dos legisladores jamais foi estrangeiro, pobre ou mulher. No entanto, todos eles já foram jovens, fato que pode aumentar sua objetividade quanto ao que a diferença de idade pode acarretar[83].

No entanto, é possível ter empatia por uma pessoa sem ter estado na mesma condição que ela, e nesse ponto

---

* Na medida em que a noção de "estigma" é invocada para conotar um tipo especial de *dano* que resulta da lei em questão, ela parece não ter relação alguma com a questão de a lei ser ou não suspeita. Mas na medida em que a mesma noção conota as atitudes que os "normais" tendem a ter em relação ao indivíduo estigmatizado, torna-se óbvia sua relação com uma teoria da "suspeição" que dependa da perspectiva da autoridade dotada de poder decisório e da consequente probabilidade de supergeneralização. "São bem conhecidos os sentimentos e pensamentos que nós, normais, temos diante de uma pessoa estigmatizada, bem como as atitudes que tomamos em relação a ela... [A]creditamos que a pessoa estigmatizada não é plenamente humana... Construímos uma teoria do estigma e toda uma ideologia para justificar sua inferioridade e explicar o perigo que ela representa... Com base na imperfeição original [que determina o estigma], tendemos a imputar-lhe toda uma gama de outras imperfeições..." E. Goffman, *Stigma*, p. 5 (1963). Ver também Karst, "Foreword: Equal Citizenship under the Fourteenth Amendment", 91 *Harv. L. Rev.*, pp. 1, 7 (1977).

se confirma quanto são importantes as características de isolamento e separação[84]. Embora seja teoricamente indefensável em sua forma mais comum (em que não se levam em consideração outros fatores), a referência a essas características pode intensificar e qualificar uma abordagem baseada no efeito de distorção operado pela perspectiva. Para tornar o conceito útil, entretanto, precisamos reconhecer e separar seus dois componentes, o político e o social. O acesso político certamente é importante, mas (na medida em que não sobrepuja o domínio da maioria) por si só não pode proteger um grupo contra o primeiro tipo de preconceito que examinamos, a hostilidade completa, nem mesmo serve para corrigir as tendências mais sutis da maioria de considerar a si mesma melhor que os outros grupos. Se só insistimos no poder de voz e voto, os preconceitos podem facilmente sobreviver (e até mesmo, ocasionalmente, ser exacerbados)[85]: os outros grupos podem simplesmente se recusar a negociar e a minoria em questão pode simplesmente continuar a perder no voto*. O isolamento e a separação também têm um componente social, no entanto – é claro que o social e o político muitas vezes caminham juntos –, e é esse componente que parece mais relevante para sanar o preconceito que obsta a cooperação. A intensificação das relações sociais não apenas pode diminuir a hostilidade que muitas vezes acompanha a falta de familiaridade, mas pode também domar, até certo ponto, nossa tendência a formar estereótipos que exagerem a superioridade dos grupos aos quais pertencemos. Quanto mais passamos a conhecer as pessoas que têm algo de diferente, mais passamos a apreciar o que temos de igual[86], e esse é o começo da cooperação política.

---

* É por isso que a legislação que discrimina as minorias raciais continua, corretamente, a receber uma atenção especial do Judiciário, apesar do fato de que algumas dessas minorias, principalmente os negros, tornaram-se forças políticas que nada têm de insignificante. É por isso também que a ideia de que a aplicação séria dos direitos discutidos no capítulo 5 dispensa o tipo de análise que buscamos fazer neste capítulo é indevidamente otimista, por mais que seja tentadora em termos estéticos.

Nessa análise, a discriminação contra os estrangeiros parece um caso relativamente fácil (e a aparente reviravolta da opinião da Corte sobre o assunto em 1978 foi, portanto, errônea). Os estrangeiros não podem votar em nenhum estado, o que significa que sua representação política será exclusivamente "virtual". Tal fato deveria, no mínimo, exigir uma demonstração bastante forte de que existe um ambiente favorável à empatia, algo que não existe nesse caso. A hostilidade para com os "estrangeiros" é uma tradição norte-americana consagrada pelo tempo[87]. Além disso, nossas Assembleias Legislativas são quase inteiramente compostas de cidadãos americanos natos. Para completar, a exagerada estereotipização determinada por essa situação não é nem um pouco mitigada por relações sociais substanciais entre os imigrantes recentes e os legisladores.

Exceto no que se refere ao direito ao voto, uma análise análoga pode ser aplicada aos pobres. Essa observação não tem muita relação com nosso argumento, contudo, já que são extremamente raras as leis que realmente fazem classificações com base na riqueza, baseando-se numa generalização comparativa sobre as características dos pobres, de um lado, e aqueles que estejam mais próximos da situação dos legisladores, por outro. (Na verdade, houve um caso de discriminação *de jure* na jurisprudência recente, e a Corte confirmou a legislação![88]) O que tipicamente deixa os pobres em desvantagem é a incapacidade do Estado (ou de qualquer outra entidade) de amenizar a pobreza mediante o fornecimento de algum bem ou serviço. É verdade que, para ser suspeita, a lei não precisa necessariamente discriminar de modo explícito um grupo desfavorecido: esse era o ponto da discussão anterior sobre motivação[89]. Por outro lado, o fato de não se dar aos pobres algum bem ou serviço, por mais que pareça insensível para alguns de nós, em geral não resulta de um desejo sádico de manter os miseráveis em seu estado de miséria ou de uma generalização estereotipada sobre as características deles, e sim da relutância em aumentar os impostos necessários para financiar tais gastos – e, de qualquer modo, o não fornecimento de um bem ou serviço poderá ser imediatamente interpretado nesses termos constitucionalmente inocentes*. Uma teoria das classificações suspeitas, portanto, só ocasionalmente poderá servir para ajudar os pobres, já que seus problemas, para começar, não costumam ser problemas de classificação.

Os homossexuais durante anos foram vítimas tanto do "preconceito em primeiro grau" como de outras formas mais sutis de estereotipização discriminatória. No entanto, parece que uma porcentagem bastante alta da população é *gay*, e a maioria de nós deve, portanto, interagir com os homossexuais com bastante frequência. De acordo com nossa análise, isso não serviria para neutralizar de modo significativo nossos preconceitos? Neste caso, não – já que a homossexualidade não é uma característica com que nos familiarizamos simplesmente, digamos, por trabalhar ao lado da pessoa. Nossos estereótipos – que os homens homossexuais são efeminados, as mulheres são masculinizadas, que nem uns nem outros são dignos de confiança, que representam grande ameaça às crianças, e por aí afora – certamente não mudarão, haja vista nossa incapacidade de enxergar que as pessoas ao nosso redor podem ser contraexemplos.

É claro que existem muitas características que não transparecem na superfície. Um exemplo, infelizmente autobiográfico, é a pressão alta. As pessoas podem me conhecer há anos sem saber que eu tinha pressão alta, com o resultado de que eu (e outros como eu) não podem servir de contraexemplos ao estereótipo de que as pessoas que sofrem desse mal são invariavelmente obesas, têm rosto aver-

---

* A diferença entre o que é e o que não é fornecido pode, no entanto, ser flagrante o suficiente para demonstrar uma intenção de discriminar, não os pobres, mas o exercício de determinado direito constitucional. Ver, por exemplo, *Maher vs. Roe*, 432 U.S. 464 (1977) (confirmando lei que determinava que o estado financiasse os partos de pessoas pobres, mas não os abortos), discutido de modo mais detalhado na nota 38 deste capítulo.

melhado, são hiperativas e têm maior tendência a entrar em pânico. Entretanto, seria tolice tratar como constitucionalmente suspeita uma desqualificação originada da pressão alta. É verdade que a maioria das pessoas não têm pressão alta, e provavelmente jamais saberão quanto estão cercadas por pessoas que têm. Também é verdade, no entanto, que existe um bom número de pessoas hipertensas – cerca de 35 milhões nos EUA – interagindo conosco todos os dias, talvez até mesmo se casando com nossos filhos; e se você somente anunciasse aos quatro ventos o seu estereótipo, ou, pior ainda, tentasse legislar baseando-se nele, poderia estar certo de que muitos dos que têm pressão alta diriam: "Espere aí, há muitos de nós que não se encaixam na sua generalização", ou então teriam de aguentar as consequências de permanecerem calados.

E quanto aos homossexuais? Existem muitos deles também, interagindo conosco diariamente, e se eles preferirem não corrigir o estereótipo não haverá nenhum problema – mas por que deveríamos permitir que busquem reparação nas Cortes quando agimos com base em nosso preconceito? O erro aqui é uma variação daquele em *Plessy vs. Ferguson*[90], caso em que a Corte assegurou à nação que, se os negros são ofendidos pela segregação, são-no porque quiseram sê-lo, não sendo essa ofensa um dano passível de reparação judicial. O motivo por que os homossexuais não dizem "Espere aí, eu sou *gay*, mas não sou nada afeminado" é que, devido aos preconceitos de muitos, a pessoa correria sérios riscos sociais caso admitisse sua homossexualidade[91]. É, portanto, uma combinação dos fatores de preconceito e capacidade de ocultação que torna suspeitas as classificações que deixam em desvantagem os homossexuais[92]. Os preconceitos podem às vezes ser derrotados por um contato social suficientemente intenso, e a invisibilidade da característica classificatória não é, de hábito, um fator que tenha quaisquer consequências constitucionais. Mas quando esses fatores se combinam, o próprio preconceito que originalmente autoriza a suspeita também serve para diminuir a probabilidade de sua neutralização pela superação do isolamento social[93].

O caso das mulheres é oportuno e complicado*. Os casos de preconceito em primeiro grau são obviamente raros[94]; do mesmo modo, porém, é óbvio que a estereotipização exagerada – que tipicamente afirma que as mulheres não estão qualificadas para trabalhar fora e, portanto, devem ficar em casa – há muito é bastante difundida entre a população masculina e, consequentemente, entre os membros do sexo masculino do Poder Legislativo. Essa estereotipização pode ser feita aparentemente com bom humor, pode até mesmo ser percebida como uma medida protetora, mas custa caro às mulheres. Na falta de uma demonstração convincente de que existem fatores mitigantes, portanto, teríamos de tratar como suspeitas todas classificações sexuais que desfavorecem as mulheres. Mas, se a estereotipização é clara, também é claríssimo o não isolamento do grupo afetado. O grau de contato entre homens e mulheres não poderia ser maior do que já é, e as mulheres, é claro, não têm medo de assumir o que são, ao contrário do que sempre aconteceu com os homossexuais. Finalmente, para que o leitor não imagine que não pensei nisso, menciono que as mulheres representam metade do número de eleitores – aparentemente até mais da metade. Como se não bastasse não serem separadas e isoladas, elas nem mesmo são uma minoria!

Apesar dessa aparente avalanche de refutações, resta algo que parece correto na afirmação de que as mulheres têm de enfrentar uma desvantagem injusta no processo político, embora seja difícil precisar exatamente o que dá origem a essa intuição. É tentador observar que, embora as

---

* A ratificação da Emenda dos Direitos Iguais tiraria deste assunto todo interesse. No momento, isso parece improvável. É verdade, no entanto, que grande parte da legislação estadual que de outra maneira estaria sob análise (particularmente as leis que garantem a discriminação na contratação para emprego) teve seu efeito anulado pela legislação federal (particularmente o Título VII da Lei de Direitos Civis de 1964).

mulheres sejam a maioria, elas em nenhum sentido *deram seu consentimento* aos diferentes exemplos de legislação que opera discriminação sexual. Em geral, os eleitores, tanto os homens quanto as mulheres, não se veem diante de referendos em que está em jogo um único assunto, mas com "pacotes" inteiros de atitudes políticas – pacotes a que denominamos candidatos. A maioria das mulheres não é prejudicada de maneira direta pelas leis que fazem classificações baseadas no sexo – que impedem as mulheres, por exemplo, de dirigir um estabelecimento onde se vendem bebidas alcoólicas, de vigiar cruzamentos ferroviários ou de administrar um espólio –, e o fato de que elas ajudam a eleger representantes que não estão dispostos a revogar essas leis talvez signifique apenas que existem outras questões com as quais elas se preocupam mais. Pode até ser, mas esse argumento muda as regras do jogo*. Quando deixamos de lado a questão de saber se algo está obstando a oportunidade de corrigir o estereótipo refletido na legislação, e começamos a nos perguntar por que os que têm essa oportunidade decidiram antes buscar outras metas, nós perdemos o rumo: permitimos que nossa discordância com os méritos substantivos da legislação tome o lugar do que é *constitucionalmente* pertinente, ou seja, a incapacidade do grupo afetado de fazer algo a esse respeito. Por outro lado, a resposta pode desencadear uma busca mais promissora: temos de procurar saber se é justo afirmar que as mulheres "decidiram" não ter acesso à oportunidade (que se ofereceria seja por meio do voto, seja pela influência pessoal sobre os homens com quem têm contato) de corrigir o estereótipo exagerado que muitos homens têm e com base no qual muitas vezes fizeram as leis. Uma razão importante (e plau-

---

* Ele também é debilitado, ao contrário do argumento seguinte, pelas pesquisas que indicam que uma porcentagem maior de homens que de mulheres apoia a Emenda dos Direitos Iguais (um bom referendo sobre os tipos de leis que estamos discutindo). Ver, por exemplo, *Washington Post*, 16 de agosto de 1978, p. A5, col. 6 (pesquisa da NBC News); *People*; 5 de março de 1979, p. 33.

sível) para a inatividade nessas duas frentes é que muitas mulheres aceitaram o estereótipo e, por isso, não viram nada que merecesse ser "corrigido" por meio do voto ou da persuasão pessoal, e através de seu exemplo podem até mesmo ter agido de modo que se reforçasse o estereótipo. Isso poderia, é claro, implicar que o estereótipo não é tão exagerado, mas também poderia significar algo mais – que nossa sociedade, incluindo as mulheres que dela fazem parte, tem sido tão completamente dominada pelos homens que as mulheres compreensivelmente adotaram os estereótipos masculinos, tanto a respeito delas mesmas quanto de outras pessoas[95].

A ideia geral tem mérito em certos contextos. Um preconceito suficientemente difundido pode obstar sua própria correção, não simplesmente por manter suas vítimas "escondidas", mas também por convencer até mesmo as vítimas de que ele é correto. Em *Castañeda vs. Partida*, decidido em 1977, a Corte estabeleceu que um caso aparentemente evidente de discriminação intencional contra os mexicano-americanos na escolha de membros do Grande Júri* não era constitucionalmente afetado pelo fato de os mexicano-americanos desfrutarem de "maioria de governo" no condado em que isso ocorreu. Em seu voto, o juiz Marshall explicou por quê: "Os cientistas sociais acreditam que os membros dos grupos minoritários frequentemente reagem à discriminação e ao preconceito tentando dissociar-se do grupo discriminado, chegando até mesmo ao ponto de adotar as atitudes negativas da maioria em relação à minoria."[96] Essa descoberta também não parece pertinente apenas para as minorias numéricas: no sul dos Estados Unidos, os escravos eram mais numerosos que os senhores na era anterior à Guerra Civil, e eram inclusive mais numerosos que os brancos em alguns estados, mas isso

---

* O *grand jury*, ou júri maior, composto de até 23 pessoas, tem a função de indicar se determinado suspeito de crime será ou não formalmente acusado e levado a julgamento. (N. do R. T.)

aparentemente não impediu que muitos deles assimilassem grande parte da mitologia usada para legitimar sua escravidão[97].

Aplicar tudo isso à situação das mulheres nos EUA em 1980, no entanto, é forçar uma metáfora a ponto de distorcê-la. É verdade que as mulheres não costumam agir como uma força política muito coesa, agrupando-se para eleger candidatos que professam lutar "pelo ponto de vista da mulher". Entretanto, para determinar o grau de "suspeitabilidade" constitucional de um ato oficial qualquer é preciso buscar os indícios de bloqueio no acesso à representação, e não se basear no fato de que as eleições estão "dando errado". Há uma infinidade de grupos que não atuam como tais no mercado político, mas nós não inferimos automaticamente que eles têm "mentalidade de escravos". A causa, no mais das vezes, é que (de modo sensato ou não) as pessoas envolvidas não entraram em acordo quanto à importância da característica que têm em comum. Assim, ao avaliar o grau de "suspeitabilidade", não é suficiente apenas notar que um grupo não funciona como bloco político. Devemos investigar também as condições que cercam o grupo, para ver se existem bloqueios sistêmicos (e obviamente não estou dizendo que precisam ser oficiais ou legais) ao acesso à representação. Nesse aspecto, parece importante que hoje em dia a discussão a respeito do "lugar" apropriado da mulher seja comum tanto entre os homens quanto entre as mulheres, e entre os dois sexos também. Os mesmos estereótipos que deram origem a leis que "protegem" as mulheres, impedindo-as de participar de diferentes atividades, são criticados pública e diariamente e são objeto de defesas igualmente apaixonadas. (O fato de nesse caso os estereótipos comuns serem tão abertamente descritos e debatidos, como não são no caso das minorias raciais, é em si mesmo indício da natureza relativamente livre e não ameaçadora desse intercâmbio.) Dada a abertura das discussões a respeito dos estereótipos tradicionais, a afirmação de que a maioria numérica está sendo "dominada", de que as mulheres na verdade são "escravas" que não têm outra opção a não ser a de assimilar os estereótipos, é impossível de sustentar, exceto num nível retórico muito exagerado. Essa afirmação também faz com que o argumento maior seja autocontraditório, já que, para afirmar tal coisa no contexto do debate atual, devemos implicitamente admitir que o estereótipo é pelo menos parcialmente válido, que as mulheres são de fato seres mentalmente infantis capazes de acreditar em qualquer coisa que os homens lhes disserem. Muitas mulheres de fato parecem preferir o velho estereótipo à liberação. Você e eu podemos pensar que essa escolha é equivocada. Mas uma vez que começarmos a considerar a discordância com uma escolha como prova de que aqueles que fizeram a escolha não sabem o que fazem, estaremos jogando fora todas as regras e fazendo da má compreensão de uma situação substantiva o critério máximo da inconstitucionalidade.

No entanto, a maioria das leis que discriminam com base no sexo não foram aprovadas ontem ou mesmo anteontem; na verdade, é rara a classificação baseada em sexo que tenha sido aprovada depois do *New Deal*. Em geral, as mulheres não podiam nem mesmo *votar* antes da ratificação da Décima Nona Emenda, em 1920, e a maioria dessas leis são até anteriores a essa época: elas devem ser consideradas inconstitucionais. Porém, durante toda essa discussão eu me concentrei em fatores mais sutis do que a ausência do direito ao voto, e pode-se pelo menos levantar a hipótese de que até época bem recente persistia na população feminina norte-americana uma aceitação "à *Castañeda*" dos preconceitos masculinos, cuja validade era reiteradamente reafirmada. Dado o que de fato torna suspeita uma classificação, não é um único fator que determina se a discriminação contra determinado grupo deve ser considerada um fator de suspeição; e, no caso das mulheres, a data da aprovação da lei sob exame parece ser importante. Certamente parece mais útil do que qualquer outra coisa concebida pela Corte a respeito da questão de saber se aqueles que aprovaram tal ou qual lei agiam com base numa "generalização arcaica e de amplitude excessiva"[98] ou se, digamos, tinham a intenção genuína de proteger as mulheres de certos riscos físicos aos quais elas estão estatisticamente mais sujeitas, e, mesmo dando-se conta de que havia contraexemplos e estimando sua incidência, ainda assim chegaram à conclusão de que o custo de identificação das exceções era simplesmente alto demais. Indiquei acima quão perigosamente subjetivas podem ser as tentativas diretas de julgar se uma determinada lei foi gerada por um estereótipo exagerado, já que, superficialmente, a lei inevitavelmente será compatível com qualquer uma dessas descrições do processo decisório, e o histórico legislativo inevitavelmente será parcial e estará sujeito a manipulação. A data da aprovação parece um dado um pouco mais sólido, um dado que ao menos começa a pôr em terra firme o exame judicial. Isso, no entanto, é o de menos, já que a data da aprovação da lei parece ter uma relação inquestionável com aquilo que nossa análise sugere ser uma abordagem mais promissora quanto à questão da "suspeitabilidade": uma abordagem que procure identificar a existência de obstáculos oficiais ou não oficiais para as oportunidades de que as pessoas desprivilegiadas pela lei dispõem para combater, por meio do argumento ou do exemplo, os estereótipos exagerados cuja existência a demografia do corpo legislativo nos permitisse supor.

Para contextualizar ainda melhor o caso das mulheres, podemos explorar as consequências possíveis da determinação judicial de que a "suspeitabilidade" de uma determinada classificação não foi justificada e que a classificação, portanto, é inconstitucional. Também neste caso não há uma única resposta: já examinamos diversos indícios de suspeitabilidade, e os modos de corrigi-los são diferentes. Quando uma lei é suspeita por causa daquilo que chamo de preconceito em primeiro grau, ou mesmo quando foi infectada por uma forma mais sutil de estereotipização (em que o grupo negativamente afetado não tinha acesso real à representação na época da aprovação da lei, e *ainda não o tem*), a única solução apropriada consiste em anular a classificação e insistir – se o Legislativo quiser continuar fazendo uma classificação – num critério diferente de qualificação, em geral mais apurado. A alternativa óbvia consiste em fazer com que o Judiciário restabeleça o equilíbrio substantivo, tentando não deixar que os preconceitos que aparentemente influenciaram o Legislativo tenham algum papel nesse processo, e só declare nula a classificação se, considerada por si só, ela ainda seja inaceitável sob algum aspecto. O leitor certamente não ficará surpreso em saber que considero esta última abordagem completamente inadequada. Podemos citar ocasiões em que o Judiciário mostrou-se menos afetado pelo preconceito de primeiro grau que as autoridades eleitas, mas também podemos citar ocasiões em que aconteceu o contrário. Além disso, por motivos que não precisamos resumir aqui, os casos concretos de preconceito quase sempre andam de mãos dadas com comparações que acabam sendo favoráveis a quem as faz. Os juízes em geral pertencem às mesmas categorias sociais que os legisladores – a maioria deles, por exemplo, são homens brancos heterossexuais que se encontram confortavelmente acima da definição oficial de pobreza –, e não temos razão nenhuma para supor que sejam imunes à tentação comum de fazer generalizações que provem sua própria superioridade. Quando, numa dada situação, não é possível encontrar nenhuma pessoa de confiança para fazer generalizações, a resposta é, se possível, não fazer generalização nenhuma. Isso dá a entender que a Suprema Corte tomou uma decisão sábia quando determinou que, de modo geral, uma classificação cuja suspeitabilidade não foi refutada simplesmente não pode ser empregada. Quando a classificação de fato foi gerada pelo mero desejo de deixar em desvantagem os que ela desqualifica, ela provavelmente será simplesmente abandonada, resultado que parece desejável. Quando, no entanto, parece necessário fazer uma classificação de algum tipo (embora a classificação concretamente empregada pelo Legislativo seja constitucionalmente inaceitável), a proibição total acarretará custos tanto de tempo quanto de dinheiro, uma vez que será necessário adotar um critério de qualificação um pouco mais individualizado. No entanto, o Legislativo muitas vezes assume esses custos voluntariamente, e em outras ocasiões, quando interesses constitucionalmente protegidos eram postos em risco por uma classificação imperfeita, os tribunais obrigaram o Legislativo a assumi-los[99]. Quando as generalizações são acompanhadas de uma mentalidade de autoengrandecimento, o perigo extraordinário de ocorrência de distorções também parece exigir que arquemos com os custos maiores de uma justiça individualizada.

Um caso como o das mulheres, cujo acesso à representação era obstaculizado no passado, mas a respeito do qual não se pode mais afirmar o mesmo no presente, parece diferente; parece que, nesse caso, uma solução menos drástica seria mais apropriada. Nos casos de preconceito de primeiro grau, ou de estereótipos autoengrandecedores numa situação em que o acesso do grupo em desvantagem permanece obstaculizado, a alternativa de "enviar" a questão de volta para os poderes políticos para que seja "examinada pela segunda vez"[100] não seria aceitável: não devolvemos um litígio a um júri manipulado. No caso das mulheres, no entanto, essa abordagem do "segundo exame" parece ter sentido. Tecnicamente, a decisão da Corte seria a mesma em todas as situações em que a suspeitabilidade não foi refutada: quando o "devido processo legislativo" é negado, a lei resultante tem de ser declarada inconstitucional. A diferença apareceria no caso (improvável, exatamente porque o acesso à representação não está mais obstaculizado) de o Legislativo, depois da declaração de inconstitucionalidade, aprovar novamente a mesma lei ou uma lei semelhante. O fato de o devido processo legislativo ter sido negado em 1908 ou mesmo em 1939 não implica que ele também foi negado em 1982, e consequentemente a nova lei deveria ser considerada constitucional*. Na verdade, talvez eu esteja errado em supor que, já que as mulheres agora têm condições de se proteger, elas de fato o farão, e que assim provavelmente não veremos no futuro o tipo de discriminação sexual oficial que vimos no passado[101]. Mas se as mulheres não se protegerem da discriminação sexual no futuro, isso não ocorrerá porque elas não podem se proteger – e sim porque, por um motivo qualquer (discordância substantiva ou, mais provavelmente, por considerar que a questão não é prioritária), elas assim o terão decidido. Muitos condenariam os méritos dessa decisão, considerando-a ignorante; mas isso não é um argumento constitucional.

Alguns pensamentos a respeito da Ação Afirmativa

A "discriminação compensatória" em favor de minorias raciais ou de outra espécie suscita uma questão ética bastante complexa. Por um lado, para ter uma oportunidade mínima de curar nossa sociedade da doença do racismo, é necessário que um número muito maior de membros dos grupos minoritários penetrem nas profissões liberais e nas camadas superiores da sociedade. E, por mais complexas que sejam as razões, parece que isso não acontecerá no futuro próximo a menos que levemos em conta o *status* de minoria e atribuamos a ele um peso positivo quando da distribuição de oportunidades. Mas, como quer que chamemos esse processo – preferência, cotas, busca de diversidade –, o ato de dar peso positivo à "negritude", por exemplo, necessariamente fará com que outros tenham suas oportunidades negadas porque não nasceram negros[102]. Confesso,

---

* Depositando sobre os ombros do grupo afetado o fardo de usar o acesso à representação recém-obtido para revogar as leis que o deixam em desvantagem, nós colocaríamos em seu caminho um obstáculo adicional que os grupos privilegiados não precisam contornar para se proteger – uma resposta bem pouco adequada à percepção do fato de que o grupo teve seu acesso injustamente obstaculizado no passado.

portanto, que acho difícil compreender a indignação farisaica que muitos sentem em cada um dos polos dessa questão moral complexíssima.

A decisão de 1978 no caso *Regents of the University of California vs. Bakke* deixou mais ou menos obscuro o *status constitucional* desses programas de ação afirmativa[103]. Mas uma questão moral difícil não gera necessariamente uma questão constitucional difícil; e, agora que compreendemos os fatores que fazem com que uma classificação possa ser considerada suspeita, compreendemos melhor que cada um deles é uma via de mão única[104]. Não há nenhum perigo de que a coalizão formada pela maioria de brancos em nossa sociedade venha a negar aos brancos em geral seu direito à igual consideração e respeito. Os brancos não vão discriminar contra si mesmos por motivos de preconceito racial, e também não vão se sentir tentados a subestimar as necessidades e os méritos dos brancos em relação, digamos, aos dos negros, ou a superestimar os custos da criação de um sistema de classificação mais apurado que possa estender a certos brancos as vantagens oferecidas aos negros[105]. A função básica da Cláusula de Igual Proteção, como vimos, é a de excluir os mais escandalosos danos substantivos, exigindo que aqueles que possam prejudicar outros sejam ao mesmo tempo obrigados a prejudicar a si mesmos – ou, pelo menos, a prejudicar grande parte dos eleitores dos quais dependem para a reeleição[106]. O argumento não funciona ao contrário, no entanto: o mesmo raciocínio não fundamenta a insistência de que nossos representantes não possam prejudicar a si mesmos ou à maioria de cujo apoio dependem sem ao mesmo tempo prejudicar os outros. Se é ou não melhor dar do que receber, não se sabe; mas certamente é menos suspeito[107].

Não tenciono levar adiante este assunto num capítulo que trata da proteção judicial das minorias – já escrevi sobre o assunto em outra oportunidade[108] –, mas talvez seja útil confrontar explicitamente o temor que aparentemente estimulou certos grupos judeus a oporem-se ao oferecimento de vagas preferenciais para negros. Segundo o modo de pensar desses grupos, de alguma maneira a maioria dessas "vagas para negros" será tirada dos judeus. Não nego em nenhum momento a realidade do antissemitismo em nossa sociedade, como também não podemos considerar essa situação hipotética como "apenas mais um preço a pagar" na busca da igualdade racial. Trata-se de uma situação inaceitável, assim como inconstitucional. Um Legislativo estadual norte-americano, ao contrário, digamos, do Parlamento Israelense, não pode buscar legitimamente a meta de reduzir a percentagem de médicos judeus. Os brancos em geral, e não os judeus em particular, perfazem a maioria da nossa sociedade e, consequentemente, a discriminação racial só não é suspeita quando é direcionada aos brancos em geral[109]. É difícil ver, no entanto, como esse perigo pode constituir a base de um argumento constitucional contra a preferência para os negros ou outras minorias raciais. Um sistema "discricionário" de seleção sempre deixa margem para a operação de vários tipos de preconceito indevido: qualquer que seja nossa opinião a respeito dos relativos méritos e riscos de um tal sistema – minha intuição a respeito nunca foi positiva –, a decisão de oferecer preferência aos negros não altera de modo significativo o problema. Os membros do Poder Executivo propensos ao antissemitismo numa situação muito provavelmente continuarão propensos a ele na outra situação, e as chances de pegá-los – de demonstrar a ilegalidade do que estão fazendo – não parece ser maior de um jeito que do outro. Se o programa de cotas preferenciais para os negros for acompanhado de uma queda desproporcional inexplicável na percentagem de judeus, ou mesmo da adoção de um sistema de seleção que dê mais margem ao antissemitismo – um sistema mais discricionário ou um teto para o número de estudantes naturais da cidade de Nova York, por exemplo –, a resposta judicial adequada é clara. Haveria então motivo para suspeitar que a ideia era dar preferência a uma minoria à custa de outra, por motivos de preconceito étnico, e o esquema deveria ser invalidado[110]. O antissemitismo é um perigo que deve, em qualquer situação, ser combatido com todas as armas disponíveis, entre as quais a litigância constitucional; mas esse perigo é completamente independente da decisão de oferecer benefícios aos negros*. Dessa forma, não há nada de constitucionalmente suspeito no fato de uma maioria discriminar a si mesma, mas nunca devemos relaxar a vigilância: às vezes, o que se pretende com essa aparente autodiscriminação é algo muito diferente.

"Os direitos processuais" à moda das minorias

Vimos, no capítulo 5, que diversos direitos não mencionados na Constituição devem não obstante receber proteção constitucional porque cumprem o papel de deixar desimpedidos os canais da mudança política. Uma análise parecida parece se aplicar à questão em pauta neste capítulo, qual seja, assegurar a proteção das minorias. De fato, como se mencionou, a própria Declaração de Direitos protege alguns direitos cuja escolha pode ser confortavelmente explicada em razão de uma preocupação profilática com aquilo que, mais tarde, veio a se chamar de proteção igualitária. A Quarta Emenda, como afirmei, pode no mínimo ser vista através desse prisma. É claro que, pelo menos na época atual, a prova de um motivo injusto para praticar busca ou apreensão de ou em uma pessoa específica seria suficiente

---

* Eu não ficaria nem um pouco surpreso caso se demonstrasse que determinados programas que oferecem emprego preferencial para pessoas provenientes de determinadas áreas geográficas ou para os graduandos de determinadas universidades são basicamente motivados pelo antissemitismo. O que é difícil de entender é a ideia de que alguém possa estar motivado pelo antissemitismo ao propor um programa de ação afirmativa em favor das minorias raciais. Ver a nota 109 a este capítulo. Isso não quer dizer que não seria bom se a atenção suscitada pelos programas de ação afirmativa resultasse na abolição dos programas de preferência geográfica ou entre universidades, e sim apenas que, em termos constitucionais, as duas questões não têm relação uma com a outra.

para declarar a busca e a apreensão inconstitucionais. Mas é praticamente impossível produzir tal prova. Não haverá um registro simultâneo das razões por que se faz uma apreensão ou busca (a não ser que tal registro seja exigido), e será difícil discernir os critérios de seleção, dada a multiplicidade de fatores que determinam tais decisões e a possível falta de um registro referente às decisões de *não* agir. Assim, os controles indiretos e as medidas profiláticas são necessários para minimizar a arbitrariedade e a injustiça na tomada de tais decisões. A Quarta Emenda facilita essa meta de duas maneiras – exigindo um mandado (a não ser que haja uma boa desculpa para agir sem mandado[111]) e exigindo razões plausíveis ou indícios suficientes para a busca ou apreensão. A exigência de mandado pressupõe o juízo de um magistrado "neutro e imparcial" e acarreta também um efeito que podemos considerar mais importante, qual seja, o de impor a elaboração, simultânea com o ato, de um registro dos fatores que justificam o ato. É óbvio que a exigência de razões plausíveis não pode garantir que não haja arbitrariedade: é possível escolher preconceituosamente uma das pessoas a respeito das quais se apresentaram razões plausíveis. Porém, na medida em que impõe um parâmetro substantivo a pelo menos um dos aspectos da decisão, essa exigência garante no mínimo que as pessoas não sejam discriminadas para busca e apreensão na ausência de fortes indícios de que são culpadas, ou seja, somente com base em fatores constitucionalmente irrelevantes.

Ao que parece, é uma preocupação semelhante a que determinou o uso da expressão "não habituais" (*unusual*) na Oitava Emenda[112]. Uma coisa é uma punição severa (ou "cruel") à qual esteja sujeita qualquer pessoa que transgredir a lei; supondo-se um regime imparcial de aplicação das leis, é ponto pacífico que os processos políticos proibirão a decapitação como pena para a sonegação de impostos. Se, no entanto, houver discriminação – se o sistema for construído de tal modo que, na prática, "gente como a gente" não corra nenhum risco de sofrer uma tal pena –, será necessário um freio não político à severidade excessiva. Em 1972, no caso *Furman vs. Georgia*, a Suprema Corte, ou pelo menos a maioria dos juízes, que redigiram votos concorrentes quanto ao resultado mas diversos no que diz respeito à fundamentação, levou bastante a sério esse entendimento sobre a emenda. Por cinco votos contra quatro, essa decisão estabeleceu que a pena de morte, tal como era administrada, era inconstitucional. Como já observei, dois dos cinco juízes, Brennan e Marshall, basearam seus votos na tese de que a pena capital não se coadunava com os valores comunitários correntes. Uma afirmação desse tipo sempre corre o risco de ser uma completa bobagem, e foi esse o caso aqui, o que se atesta pelo grande número de novas leis que restabeleceram a pena de morte e foram propostas e aprovadas depois da decisão *Furman*. Caminho um pouco mais seguro foi trilhado pelos diferentes votos – dos juízes Douglas, Stewart e White – que, com diferentes graus de clareza, centraram seus argumentos no fato de que todos os estados cujos sistemas foram submetidos à apreciação da Corte (e todos os outros, aliás) deixavam "ao arbítrio dos juízes ou dos jurados determinar se os réus (...) deveriam morrer ou receber pena de prisão"[113]. A questão nem era tanto que se havia demonstrado a atuação real da discriminação racial ou outro tipo de discriminação injusta nos julgamentos (de fato, as demonstrações nesse sentido foram bastante convincentes em alguns estados[114], mas o que uma demonstração dessas relativa ao estado de Arkansas, por exemplo, teria a ver com a constitucionalidade da pena de morte, digamos, em Montana?[115]), mas sim que esse tipo de discriminação é difícil de provar e que os sistemas vigentes "davam margem à atuação" de preconceitos raciais, religiosos, financeiros, sociais e outros na decisão de quem deve viver e quem deve morrer. "Assim, essas leis discricionárias dão (...) margem à discriminação, e a discriminação não é compatível com a ideia de igual proteção perante a lei implícita na abolição de penas cruéis e não habituais."[116]

A resposta legislativa mais óbvia à decisão *Furman* era um sistema de pena de morte compulsória para categorias particularmente hediondas de homicídio, e alguns estados adotaram essa postura. Em um conjunto de casos decididos em 1976, no entanto, a Corte declarou que a pena de morte compulsória é inconstitucional, confirmando ao mesmo tempo certos esquemas legais que, arrolando certo número de fatores que o júri deveria levar em conta, pretendiam fornecer diretrizes à discricionariedade [117]. Em 1978 a reviravolta se completou, quando, no caso *Lockett vs. Ohio*[118], a Corte pareceu optar pela discricionariedade *máxima*, considerando inconstitucional excluir da consideração do júri qualquer coisa que pudesse ter alguma relação plausível com o fato de o réu vir ou não a ser condenado à pena capital. Os adversários da pena de morte podem encontrar certo consolo nesse jogo de esconde-esconde, já que na prática ele implicou a anulação de muitas sentenças de morte cominadas de acordo com sistemas baseados naquilo que a Corte antes parecia considerar desejável. Todavia, a tendência teórica seguiu direção inequivocamente errada. É *reduzindo*, e não aumentando, a discricionariedade dos jurados, e portanto de certo modo eliminando as "discriminações" que asseguram que pessoas "como nós" jamais serão executadas, que passamos a proteger aqueles que não estão tão isolados do regime de aplicação "não habitual" que é o alvo da Oitava Emenda (e, nesse processo, podemos criar ainda algum tipo de proteção contra as penas excessivas).

Infelizmente, não é óbvio o que a Corte deveria fazer para restringir a discricionariedade. Um sistema de pena de morte compulsória para determinadas categorias de homicídio pode parecer uma resposta sensata na superfície, mas cai por terra sob uma análise mais cuidadosa. O argumento convincente nesse caso *não* é aquele salientado pela Corte nas suas decisões de 1976: que as penas compulsórias não dão discricionariedade suficiente ao júri. Na verdade, o argumento convincente é aquele que a Corte não salientou (o qual, por ser a contradição do primeiro, sem dúvida está correto): já que a experiência mostra que o júri raramente condena os acusados de homicídio em primeiro grau quando a sentença de morte é compulsória, temos motivos para supor que, nesse sistema, a discricionariedade efetiva é maior e não menor. "Em vez de racionalizar o processo de imposição da sentença, é muito possível que o esquema compulsório exacerbe o problema identificado em *Furman*, na medida em que baseia a determinação da pena no desejo de um júri específico de agir sem levar em conta o direito."[119] As respostas que a Corte mostrou-se disposta a aceitar nos casos de 1976, no entanto, eram até piores. Para citarmos apenas um exemplo[120], o esquema do estado da Geórgia, confirmado pela Corte, "instrui" o júri a impor a sentença de morte caso constate qualquer uma das dez "circunstâncias agravantes" definidas por lei. Parece ser uma abordagem sensata até começarmos a examinar os critérios. Eis um deles: foi o assassinato "escandalosa ou futilmente vil, horrível ou desumano" por envolver "depravação mental"? E isso não é tudo: mesmo que o júri encontre uma ou mais circunstâncias agravantes, ele tem o poder de poupar a vida do réu se achar que elas não têm tanto peso quanto as circunstâncias atenuantes (não especificadas) "que, de acordo com a equidade e a misericórdia, podem atenuar ou reduzir o grau" de culpabilidade moral ou punição adequada[121]. "Dessa maneira, a discricionariedade do júri é dirigida" – foi isso o que o juiz Stewart escreveu em seu voto dado em separado. "O júri já não pode impor de modo irrestrito ou aleatório a pena de morte; ela sempre estará circunscrita pelas diretrizes legislativas."[122] Em circunstâncias menos graves, isso seria até engraçado.

Será, então, que a Corte descobriu o princípio correto em 1976, mas não havia ainda desenvolvido a maneira adequada de aplicá-lo? Certamente não. Estou certo de que seríamos mais capazes de dirigir corretamente a discricionariedade do júri do que os órgãos legislativos cujos "sistemas" a Corte confirmou em 1976, mas também tenho certeza de que não faríamos um trabalho bom o suficiente. Sempre que se confie ao júri a tarefa de decidir se o réu agiu com "intenção maliciosa" (o que faz com que o ato seja considerado homicídio doloso e não culposo) e "premeditação" (o que o torna homicídio em primeiro grau ou qualificado) – e é difícil imaginar uma decisão judicial que determine a eliminação desses termos tradicionais da definição –, inevitavelmente haverá uma boa dose de flexibilidade. E *mesmo* que fôssemos bem-sucedidos na tentativa de "direcionar" o júri, existem, como demonstrou Charles Black, oportunidades de decisão discricionária durante todo o processo – desde a denúncia (quando a promotoria decide de qual crime o réu será acusado) até a decisão final sobre o pedido de clemência[123].

Imagino que, como as de muitos leitores deste livro, minhas primeiras impressões sobre o exercício da profissão de advogado foram adquiridas na adolescência, quando eu defendia a imoralidade da pena de morte diante de quem se dispusesse a me ouvir. Acho que nunca mantive com tamanha certeza uma posição moral tão séria. Bem, não estou mais na adolescência – e, ao lado de tantas outras mudanças, confesso que minha convicção sobre esse assunto se suavizou bastante. Quando leio a respeito de alguém que derrama gasolina num mendigo bêbado e toca-lhe fogo, ou de algum líder "religioso" que induz seu rebanho a servir refresco com cianureto para bebês de colo, fico tentado a responder que o desgraçado merece morrer. Mas então reflito sobre a questão simplesmente inescapável da igual proteção. Gente como nós não costuma cometer homicídio com frequência, mas às vezes comete. Ainda assim "é em vão que perscrutamos a literatura judicial em busca de um único caso de execução de um membro das camadas mais ricas desta sociedade"[124]. É óbvio que existe um conjunto bastante eficaz de "discriminações" em ação neste caso, protegendo aqueles que fazem as leis e outros como eles dos rigores de sua aplicação. E mesmo se supusermos o que não devemos supor, que os administradores do sistema talvez venham a ter incentivo para tentar eliminar essas "discriminações", a tarefa não parece possível nem mesmo em tese. Sendo a morte a pena final e irreversível[125], é no mínimo bastante forte o argumento em favor de uma "igual proteção profilática" que estabeleça que a pena de morte viola a Oitava Emenda. Ela é tão cruel que sabemos que sua imposição será "não habitual"*.

---

* Este argumento dificilmente se encaixa na categoria daqueles com os quais é impossível discordar de modo responsável, basicamente porque parece se aplicar, embora de forma diluída, a qualquer pena criminal. Todavia, existem três características que distinguem a pena capital. A primeira é que a linguagem que define o crime de homicídio em primeiro grau é bem mais vaga que a usada para definir a maioria dos outros crimes (o que é inevitável, creio eu, dada nossa indisposição a classificar dessa maneira todos os assassinatos intencionais). Isso aumenta a discricionariedade que existe no decorrer de todo o processo. Em segundo lugar, já que a pena de morte é vista como a mais séria das penas, no caso dela um sistema de imposição compulsória será o menos possível eficaz. Claro, sempre existe a possibilidade de que o júri absolva o réu para poupar-lhe de uma sentença compulsória que considere muito severa, mas neste caso existe uma diferença de tipo e não somente de grau: a pena de prisão traz em si a perpétua possibilidade de redução, e o júri sabe disso. Uma vez dada a ordem de execução, a pena de morte exclui toda possibilidade de mitigação. A essência dessa ideia fica mais nítida quando reconhecemos que o argumento constitucional contra a pena capital pode ser expresso não apenas em termos de igual proteção, mas também em termos de devido processo. A doutrina tradicional e inevitável do devido processo determina que, quanto mais sérias as consequências, mais escrupulosos devemos ser em relação às exigências procedimentais. Sendo a morte a punição suprema, é com ela que devemos ser mais escrupulosos, até mesmo ao ponto de levar a sério a consciência do fato de que nenhum sistema pode eliminar totalmente a possibilidade de uma escolha preconceituosa. Ver C. Black, *Capital Punishment: The Inevitability of Caprice and Mistake* (1974).

A alternativa óbvia é seguir o curso que a Corte em grande medida adotou ao longo dos anos: insistir que, nos casos capitais, os procedimentos que levam a essa sentença sejam absolutamente perfeitos. Os seres humanos nunca ou quase nunca alcançam a perfeição, o que significa que pouquíssimas sentenças de morte passarão por esse crivo (fato que exacerba ainda mais o problema da igual proteção em relação a este tema). Talvez a existência teórica e a imposição ocasional da pena de morte tenham de fato algum efeito preventivo contra o crime, mas esse sistema é muito dispendioso tanto em termos financeiros quanto humanos e dificilmente poderá satisfazer os que apoiam a pena de morte. Ainda assim, a insistência na regularidade procedimental perfeita na imposição da pena de morte, e não em sua absoluta inconstitucionalidade, *é* de fato algo que, a meu ver, não pode ser refutado de modo responsável.

Quer estejamos dispostos a proibir completamente a pena de morte, quer não, a preocupação profilática com a discricionariedade desregrada em assuntos importantes, preocupação que inspirou a Corte em *Furman*, é um dos temas importantes de nossa Constituição, cuja potencial aplicação a outras áreas não foi totalmente explorada. É algo que certamente fica evidente em outras atuações da Corte, particularmente em sua insistência (predominante outrora) em que as leis penais não sejam vagas demais – é certo que o "aviso justo" está implícito nessa exigência, mas ela visa contrapor-se também à ameaça de discriminação preconceituosa na aplicação da lei – e em seu controle atento do licenciamento discricionário ou de outros sistemas de concessão de permissões no campo da Primeira Emenda. São campanhas dignas de admiração, mas às vezes temos a impressão de que a Corte talvez não esteja percebendo a unidade entre elas, vendo-as, em vez disso, como casos isolados – a "teoria da nulidade devida à linguagem vaga", a proibição de "restrições prévias", e assim por diante. Nossa percepção da gravidade das consequências tem seu papel, mas *todo* sistema discricionário de seleção traz consigo o potencial para a discriminação preconceituosa; isso não ocorre apenas quando o caso se encaixa em uma das conhecidas classificações habituais. Esses sistemas discricionários equivalem a lacunas de representação, uma vez que os legisladores, recusando-se efetivamente a legislar, criam um sistema de proteção para assegurar que eles e os que são semelhantes a eles não estejam sujeitos às leis. Assim, a doutrina da não delegação – o leitor terá reparado que é essencialmente dela que estamos falando, embora a partir de um ângulo diferente – serve não apenas para assegurar que as decisões sejam tomadas de modo democrático, mas também para reduzir a probabilidade de que, na prática, um conjunto diferente de regras seja aplicado àqueles que têm menos poder.

O "direito de viajar" de um estado a outro é um dos favoritos tanto da Corte de Warren quanto da Corte de Burger. A Constituição não menciona esse direito. A essa altura já sabemos que isso não esgota o assunto, mas merecemos que pelo menos nos expliquem por que se pode postular a existência de um direito desse tipo. Recentemente, a Corte adotou uma postura quase insolente em sua recusa a nos dar essa explicação[126]. Porém, em 1868, no caso *Crandall vs. Nevada*, tentou-se chegar a uma explicação, e de fato ela seguia o argumento constitucionalmente adequado (capítulo 5) de que o direito de se locomover livremente entre diversos estados é crucial para o exercício de nossos direitos políticos mais óbvios:

> O cidadão (...) tem o direito de vir à sede do governo para apresentar qualquer pretensão que possa ter diante do mesmo governo, ou para efetivar qualquer transação que tenha com ele; para buscar sua proteção, assumir seus cargos e passar a administrar suas funções. O cidadão tem direito ao livre acesso aos portos marítimos, (...) aos subtesouros, aos órgãos administrativos que decidem sobre o uso da terra, às fazendas estaduais e às Cortes judiciais nos diversos estados; e esse direito é por natureza independente da vontade de qualquer estado sobre cujo solo o cidadão possa ter de passar para exercê-lo.[127]

Isso faz algum sentido, embora eu ache que essa teoria só protege as viagens com finalidades políticas. Mas se essa defesa faz sentido num caso como *Crandall*, que envolvia um imposto sobre o privilégio de atravessar um estado, ela tem pouco ou nada a ver com os casos modernos, os quais envolvem as exigências de duração de residência que os estados estabeleceram como pré-condição para a obtenção de diversos direitos e serviços – exigências frequentemente declaradas inconstitucionais pela Corte. O direito em questão nos casos modernos, portanto, não é simplesmente o de entrar num estado ou de atravessá-lo, e sim o direito de se mudar para esse estado – o direito de se estabelecer ali.

Porém, agora que começamos a explorar a possibilidade de inferir direitos legítimos que podem estar relacionados não apenas à capacidade de participar dos processos democráticos de decisão, mas também à difícil situação do indivíduo "diferente" ou discordante que faz parte da nossa sociedade, já temos condições de conceber uma explicação diferente e mais pertinente para o direito de se estabelecer em novo local. Na verdade, é com base nesses termos que a liberdade de locomoção foi vista como importante durante toda nossa história. Em grande parte, as unidades políticas da América do Norte foram fundadas por pessoas que escaparam de ambientes que consideravam opressivos[128]. A locomoção era bastante livre durante o período colonial e, "como resultado, a maioria dos colonos que discordavam da concepção de direito e justiça de sua própria comunidade podia mudar-se sem grandes dificuldades para uma comunidade mais amigável"[129]. É claro que o simbolismo e a própria realidade da "fronteira" derivava boa parte de sua força da ideia de que todo cidadão deve ter a opção de abandonar o local onde vive e recomeçar a vida em outro lugar[130]. Obviamente, não estou afirmando que essa tradição é suficiente para dar o *status* de direito constitucional àquilo que Albert Hirschman chamou de opção de "saída"[131]. Cito isso porque, a meu ver, é algo que nos indica a direção correta, associando o direito de se estabelecer em novo local não à ideia de que ele seja uma espécie de auxiliar da democracia majoritária, e sim, pelo contrário, à noção de que devemos ter a opção de fugir de uma maioria que nos parece incompatível. Visto por esse prisma, o direito se coaduna muito bem com a teoria constitucional deste livro. É exatamente *porque* a escolha de valores é, com razão, uma prerrogativa da maioria (contanto que, por meios legais ou administrativos, ela não imponha aos outros regras diferentes das que impõe a si própria), que um membro da comunidade que discorda das regras e parece não ter a opção de fazer ouvir sua "voz" deve ter a opção de sair daquela comunidade e estabelecer-se numa comunidade nova, cujos valores acredite serem mais compatíveis com os seus. Estou ciente de que o aperfeiçoamento das comunicações, para não falar na homogeneização imposta por uma regulamentação federal cada vez mais opressora, tem feito diminuir as diferenças entre os estados, mas ainda assim algumas diferenças permanecem – relativas sobretudo, talvez, à medida com que desvios de diversos tipos são tolerados ou reprimidos pelo direito ou por políticas de aplicação do direito, e também ao espectro de serviços de responsabilidade do Estado, como a educação e o bem-estar[132]. Como sempre digo, essa ideia é antiga e remonta pelo menos à época do *"droit d'émigration"* de Rousseau; o problema é que a Corte ainda não se concentrou nela. Isso é deplorável, já que a ideia fornece algo que a Corte mostrou-se, até agora, incapaz de fornecer – uma explicação para o "direito de viajar" que ela de fato garantiu.

CONCLUSÃO

A elaboração de uma teoria do controle de constitucionalidade que saliente a importância da representação pode se dar de várias maneiras, e os capítulos 5 e 6 apresentam, como é óbvio, apenas uma delas. Mas, como quer que seja elaborada, a teoria geral restringe o controle de constitucionalidade (sob os dispositivos de interpretação aberta da Constituição) na medida em que insiste que esse controle só pode tratar de questões de participação, e não dos méritos substantivos das decisões políticas impugnadas.

Afirmando isso tão claramente, faço-me vulnerável a um ataque bastante conhecido: "Você limitaria a atuação dos tribunais à correção de falhas na representação e não permitiria que eles apreciassem os méritos substantivos dos atos oficiais? Ora, isso significa que eles teriam de confirmar uma lei que dispusesse _____!" Existem duas possibilidades para preencher essa lacuna. A primeira é exemplificada pela recente observação de Michael Perry: "Depois do Holocausto, a tese cética de que o processo legislativo é um valor maior do que o conteúdo das leis é difícil de defender."[1] Duvido que haja um número substancial de pessoas dispostas a defender a ideia de que o processo tem um "valor maior" que a substância, embora algumas digam que, em geral, as decisões substantivas devem ser tomadas democraticamente em nossa sociedade, e as decisões constitucionais devem, em geral, limitar-se a policiar os mecanismos de decisão e distribuição. A referência de Perry é a mais poderosa de nossa época: "Você não permitiria que os tribunais apreciassem os méritos substantivos? Ora, isso significa que eles teriam de confirmar a constitucionalidade do Holocausto!" Não basta responder que o Holocausto não poderia acontecer neste país. Podemos rezar e pedir que isso nunca ocorra. Acredito que não seja possível, mas ainda assim temos de planejar nossas instituições baseando-nos na premissa de essa catástrofe é uma possibilidade (seja qual for a barreira oposta por *qualquer* teoria constitucional a tal situação). Mas a razão pela qual o exemplo não pode simplesmente ser descartado é exatamente a razão pela qual ele é abrangido pela teoria constitucional deste livro. Um acontecimento tão horrível como o Holocausto só é concebível numa democracia porque envolve tipicamente a vitimização de uma minoria separada e isolada.

Assim, é importante lembrar de exemplos como o de Perry, mas eles na verdade servem para sustentar a abordagem que estou defendendo. A outra alternativa para preencher a lacuna é uma lei que, aprovada por um processo democrático livre e aberto, não vitimize somente uma minoria enfraquecida, mas imponha a todos nós um regime horrível. Harry Wellington sugere um exemplo: "uma lei que criminalize o ato de remover a vesícula biliar de outra pessoa, exceto para salvar a vida dessa pessoa". *Isso*, diz ele, é evidentemente inconstitucional[2]. Agora Wellington me pegou (um pouco): não acredito que essa lei seja inconstitucional. Seria isso o fim da minha teoria? Teria eu conduzido o leitor até aqui para no fim confessar que errei? Bem, não é isso. Afinal, é impossível que uma lei dessas seja aprovada.

"Mas vamos supor que ela seja aprovada."

"Ora, isso não é possível. Já temos problemas demais; não vamos perder tempo com hipóteses absurdas."

"Vamos supor que ela seja aprovada."

"Está bem, vou entrar no seu jogo. Se ela fosse aprovada, acho que poderíamos ab-rogá-la rapidinho."

"E se não fosse possível?"
"Então eu imaginaria que os representantes que elegi descobriram algo a respeito da vesícula biliar que eu e você desconhecemos."
"Vamos supor que não descobriram nada do tipo. Suponhamos que agiram de maneira irracional."
"Então é só tirá-los de lá por meio do voto. Fazer um *impeachment*. Ab-rogar a lei."
"Impossível. A maioria das pessoas acredita que eles estão fazendo a coisa certa."
"E essas pessoas também estão agindo de maneira irracional?"
"Exato."
"Então acho que não é possível argumentar com elas."
"Não, não é."
"Você tem consciência do que está me dizendo? Você está me dizendo que não acredita na democracia. Com neuroses assim, eu certamente estaria me preocupando com problemas bem menos abstratos que a oposição entre controle substantivo e controle participativo. Eu me preocuparia com a hipótese de ler no jornal amanhã que o meu cachorro está sendo considerado para ocupar o cargo de Ministro da Agricultura."
"Vamos deixar o seu cachorro (e meus problemas mentais) fora disso. Eles aprovam a tal lei. O que você faz?"
"Tento saber mais a respeito da vesícula biliar. Se essa lei for realmente perigosa, acho que não a obedecerei. Não acredito que este seja um exemplo concreto, mas a paciência das pessoas tem limite. Fazer um protesto no Capitólio, imagino, se as pessoas estiverem de fato ficando muito doentes devido à loucura do Legislativo e dos eleitores."
"E se você for juiz? Declarar a inconstitucionalidade da lei não é melhor do que ocupar o Capitólio?"
"Este é um debate antigo, que os abolicionistas também travaram: deveria o juiz distorcer a Constituição (da época anterior à Guerra Civil), fingindo que ela não apoiava a escravidão, ou deveria ele abdicar de seu posto e lutar

em outras frentes? Havia pessoas de bem em ambos os lados, mas acho que eu teria ficado do lado daqueles que afirmavam que, dado um mal moral que você considere grande o bastante – especialmente um mal que esteja de fato inscrito na Constituição e que, portanto, seja imune à anulação legislativa –, você deve combatê-lo da maneira mais eficaz que puder, mesmo se isso significa permanecer no cargo de juiz e entregar-se um pouco à desobediência civil judicial. Nesse ponto você já não estaria agindo como juiz, não mais do que estaria se ocupasse o Capitólio, mas talvez fosse essa a coisa correta a fazer. Não tenho certeza."

Eu também não tenho, mas não é essa a nossa questão. É uma resposta inteiramente legítima à hipótese da lei da vesícula assinalar que ela não poderia ser aprovada e recusar-se a continuar o jogo. Na verdade, se deixássemos que nosso direito constitucional fosse definido por leis hipotéticas que jamais serão aprovadas, ele se deformaria inevitavelmente: o direito constitucional existe para aquelas situações em que o governo representativo se torna suspeito, não para aquelas em que sabemos que ele é digno de confiança.

NOTAS

1. A sedução do interpretacionismo

1. Ver Grey, "Do We Have an Unwritten Constitution?" 27 *Stan. L. Rev.*, p. 703 (1975). Os termos específicos podem ser novos, mas essa questão nos acompanha desde o começo de nossa história. Ver, p. ex., T. Cooley, *A Treatise on the Constitutional Limitations*, pp. 164, 168 (2.ª ed., 1871).

2. Ver, porém, R. Berger, *Government by Judiciary* (1977).

3. Comparar também *Shapiro vs. Thompson*, 394 U.S. 618, 662 (1969) (juiz Harlan, voto divergente) (para os efeitos do controle da igualdade de proteção, os interesses fundamentais devem ter base na Constituição) com *Poe vs. Ullman*, 367 U.S. 497, 542-3 (1961) (juiz Harlan, voto divergente) (para efeito do controle do devido processo substancial, tais interesses devem ser derivados das tradições da nação; é um erro supor que devem estar previstos em outro lugar da Constituição). Não acredito que o juiz Harlan sequer tentou conciliar tais posições. Elas são flagrantemente incoerentes.

4. 381 U.S. 479, 507 (1965).

5. Certas coisas *realmente* podem ser atribuídas ao fato de Black ter permanecido tempo demais no cargo. Sua capacidade de raciocinar por analogia e de perceber a aplicabilidade dos princípios constitucionais em contextos bem diferentes se enfraqueceu. P. ex., *Cohen vs. California*, 403 U.S. 15, 27 (1971) (juiz Blackmun, unindo-se ao voto divergente do juiz Black); *Wyman vs. James*, 400 U.S. 309 (1971); *Katz vs. United States*, 389 U.S. 347, 364 (1967) (juiz Black, voto divergente). E o velho juiz que passara tantos anos de sua vida abrindo novos caminhos de reparação legal sentia-se traído quando alguém desprezava esses caminhos e recorria à desobediência civil; esse sen-

timento de ter sido traído distorcia-lhe a capacidade analítica. P. ex., *Brown vs. Louisiana*, 383 U.S. 131, 167-68 (1966) (juiz Black, voto divergente). No entanto, o interpretacionismo sempre esteve presente. Ver também, p. ex., Freund, "Mr. Justice Black and the Judicial Function", 14 *U.C.L.A. L. Rev.*, p. 467 (1967).

6. Ver *Adamson vs. California*, 332 U.S. 46, 89-92 (1947) (juiz Black, voto divergente); *Duncan vs. Louisiana*, 391 U.S 145 (1968) (juiz Black, voto concorrente).

7. Ver Grey, "Origins of the Unwritten Constitution: Fundamental Law in American Revolutionary Thought", 30 *Stan. L. Rev.*, pp. 843, 846 (1978).

8. 410 U.S. 113 (1973).

9. Ver, p. ex., Bork, "Neutral Principles and Some First Amendment Problems", 47 *Ind. L. J.*, pp. 1, 3-4 (1971); Grey, nota 1, supra, p. 706: "Se os juízes recorrem à má interpretação em detrimento da exposição honesta de ideais profundos, ainda que não escritos, isso certamente ocorre porque consideram suspeita a legitimidade do segundo método de decisão."

10. Também é tentador supor que uma abordagem interpretacionista irá gerar um conjunto de decisões mais previsível e menos aleatório. Essa suposição parece falsa em certo sentido, mas é verdadeira em outro. Uma vez que uma disputa seja corretamente identificada como constitucional, duvido que a aceitação da "filosofia" interpretacionista pelas autoridades que tomam as decisões torne o resultado mais previsível, já que a linguagem constitucional é caracteristicamente obscura e a história legislativa que a acompanha é parcial e irregular. (Esse problema não é, de modo algum, exclusivo do interpretacionismo. Qualquer teoria constitucional – com exceção, suponho, de uma renúncia total ao controle judicial de constitucionalidade – reiteradamente produzirá teses discutíveis. Quero dizer simplesmente que o interpretacionismo não pode reivindicar nenhuma vantagem sobre a concorrência nesse aspecto.) O que o interpretacionismo *realmente* torna mais previsível são as ocasiões de intervenção constitucional: podemos ter quase certeza, por exemplo, de que o juiz Black teria pensado que *Roe vs. Wade* não deveria ter sido tratada como uma controvérsia constitucional; e é muito difícil saber como o juiz Harlan teria votado nesse caso. Notar tal fato, no entanto, nada mais é que notar que o interpretacionista não vai intervir sem uma autorização da Constituição. Essa é a característica determinante de uma abordagem interpretacionista, mas para identificar seus atrativos devemos voltar aos fatores discutidos no texto.

11. É claro que a questão principal, que também é importantíssima neste livro, é se a Constituição é diferente da legislação sob este aspecto. Quando o juiz-presidente Marshall fundamentou a decisão do caso *Marbury vs. Madison*, 1 Cranch 137 (1803), que estabeleceu o poder judicial de controle de constitucionalidade, parece ter partido do pressuposto de que ela *não* é diferente. A inferência de Marshall, baseada em grande medida na ideia de que o controle de constitucionalidade pelo Judiciário decorre simplesmente da função judicial tradicional de comparar uma ordem legalmente estabelecida com outra para ver se entram em conflito, será muito mais aceitável se assumirmos uma abordagem interpretacionista para analisar a Constituição. Não foi à toa que Alexander Bickel, o mais eminente teórico do não interpretacionismo em nossa época, também foi brilhante em sua crítica à lógica da decisão de Marshall. Ver A. Bickel, *The Least Dangerous Branch*, pp. 1-14 (1962).

12. Id. p. 19. Ver também o capítulo 3.

13. Em algumas situações pouco comuns, como, p. ex., quando a Corte aplica a Cláusula de Comércio contra a legislação estadual, suas decisões estão sujeitas ao controle do Congresso. Aproximamo-nos então de uma jurisdição semelhante à do *common law*, e as deficiências de democracia às quais o texto faz alusão ficam significativamente atenuadas.

14. Certa vez afirmei que, para bem compreender esse apelo da democracia, o melhor é entendê-la em função dos vínculos que a ligam à tradição filosófica do utilitarismo. Ely, "Constitutional Interpretivism: Its Allure and Impossibility", 53 *Ind. L. J.*, pp. 399, 405-8 (1978). Já que nada na análise posterior depende dessa afirmação, nós a omitimos aqui.

15. *The Federalist* 40, p. 292 (org. B. Wright, 1961) (Madison) (omitimos o grifo).

16. G. Wood, *The Creation of the American Republic, 1776-1787*, p. 379 (1969).

17. Ver também, p. ex., id. capítulos 7 e 8 e pp. 532-3; R. Palmer, *The Age of the Democratic Revolution*, vol. 1, *The Challenge*, pp. 214-5 (1959); Morgan, "The American Revolution Considered as An Intellectual Movement", em *The Reinterpretation of the American Revolution, 1763-1789*, pp. 574-5 (org. J. Greene, 1968).

18. P. ex., E. Morgan, *The Birth of the Republic, 1763-1789*, p. 138 (1956); Kenyon, "Republicanism and Radicalism in the American Revolution: An Old-Fashioned Interpretation", 19 *Wm and M.Q.*, p. 153 (1962).

19. *The Federalist* 39, p. 280 (org. B. Wright, 1961) (Madison).

20. Id. pp. 280-1. Hamilton, por outro lado, tendia a ressaltar mais o lado negativo do republicanismo, ou seja, que ele excluía os governos monárquicos. Obviamente os dois são compatíveis, mas é evidente que o modelo de Hamilton é menos restritivo. Ver G. Stourzh, *Alexander Hamilton and the Idea of Republican Government* (1970). Mas ver também *The Works of Alexander Hamilton*, p. 92 (org. H. Lodge, 1904).

21. *The Federalist* 57, p. 384 (org. B. Wright, 1961) (Madison).

22. P. ex., R. Palmer, *The Age of the Democratic Revolution*, vol. 2, *The Struggle*, pp. 525-6 (1964); R. Cover, *Justice Accused*, p. 132 (1975); Elkins and McKitrick, "The Founding Fathers: Young Men of the Revolution", 76 *Pol. S. Q.*, p. 181 (1961).

23. Ver também J. Story, *Commentaries on the Constitution of the United States*, §§ 327-30 (3.ª ed. 1858); G. Wills, *Inventing America*, pp. 355-7 (1978).

24. É claro que depois disso não vivemos "felizes para sempre". E embora a Guerra Civil tenha sido motivada em parte pela escravidão e em parte por causa de divergências sobre a questão da autonomia local, também podemos dizer que ela ocorreu devido a uma questão relacionada à democracia: se uma maioria nacional poderia controlar a conduta de um grupo que, considerada a nação como um todo, constituía uma minoria. A forte resistência do Sul, que chegou ao ponto de provocar aquela rebelião sangrenta, apenas prova algo que não é exatamente uma surpresa: que haverá questões sobre as quais as minorias podem ter opiniões tão fortes que elas não reconhecem a legitimidade do controle majoritário. Mas, se é justo encarar as causas da guerra por este prisma, deve ser igualmente justo levar em conta o resultado final e concluir que a disposição do Norte de resistir à secessão demonstra quanto era forte a vontade da maioria de que nosso país permanecesse sob o controle da vontade majoritária.

25. P. ex., M. Parenti, *Democracy for the Few*, p. 57 (2.ª ed. 1977).

26. Na verdade, o papel previsto para o Senado evoluiu de modo considerável durante o próprio curso da Convenção: o conceito original, de que a "Câmara Alta" representaria as classes proprietárias, em breve sofreu um compreensível ataque e foi logo substituído pela ideia – hoje aceita por todos – de que o Senado representa os estados enquanto a Câmara representa o povo. Ver, p. ex., J. Pole, *Foundations of American Independence: 1763-1815*, p. 192 (1972); Diamond, "Democracy and 'The Federalist': A Reconsideration of the Framers' Intent", 53 *Am. Pol. Sci. Rev.*, p. 52 (1959).

27. R. Dahl, *Democracy in the United States*, p. 137 (3.ª ed., 1976).
28. A. de Tocqueville, *Democracy in America*, p. 59 (edição Anchor, 1959). [Trad. bras. *Democracia na América*, São Paulo, Martins Fontes, 2005.] Ver também, p. ex., C. Becker, *The Declaration of Independence*, p. 233 (edição Vintage, 1958); A. Schlesinger, Jr., *The Age of Jackson*, p. 14 (1945); H. Hyman, *A More Perfect Union*, p. 4 (1973). Cf. W. Brock, *Conflict and Transformation*, p. 27 (1973).
29. R. Dahl, ibid., p. 493.
30. Ver E. Purcell, *The Crisis of Democratic Theory* (1973).
31. P. ex., Berger, "Government by Judiciary: John Hart Ely's 'Invitation'", 54 *Ind. L. J.*, pp. 277, 281-2 (1979); Strong, "Bicentennial Benchmark: Two Centuries of Evolution of Constitutional Processes", 55 *N. C. L. Rev.*, pp. 1, 114 (1976); Wright, "Professor Bickel, the Scholarly Tradition, and the Supreme Court", 84 *Harv. L. Rev.*, pp. 769, 788 (1971).
32. Grey, ibid., p. 705. Ver também, p. ex., Heymann & Barzelay, "The Forest and the Trees: *Roe v. Wade* and its Critics", 53 *B. U. L. Rev.*, pp. 765, 781 (1973); Sandalow, "Judicial Protection of Minorities", 75 *Mich. L. Rev.*, pp. 1162, 1173 (1977); Holland, "American Liberals and Judicial Activism: Alexander Bickel's Appeal from the New to the Old", 51 *Ind. L. J.*, pp. 1025, 1042 (1976); cf. L. Tribe, *American Constitutional Law*, pp. 10, 48 (1978).

2. A impossibilidade de um interpretacionismo preso às cláusulas constitucionais

1. E mesmo isso nem sempre é verdade. Teoricamente, é possível que os trinta e oito estados que ratificam uma emenda contenham apenas 40% da população do país – lembrem-se de que mais da metade está concentrada em nove estados –, e obviamente não há nada que garanta a unanimidade de opinião nos estados que promovem a ratificação.
2. Os institutos de pesquisas de opinião nunca se cansam de nos lembrar de que a maioria dos americanos rejeitaria várias disposições da Declaração de Direitos. P. ex., *CBS News Poll*, série 70, relatório 2, 20 de março de 1970.
3. G. Wood, *The Creation of the American Republic, 1776-1787*, p. 379 (1969) (grifo omitido).
4. 5 *The Writings of Thomas Jefferson*, pp. 116, 121 (org. P. Ford, 1895) (grifo omitido).

5. P. ex., *The Federalist* 50 (org. B. Wright, 1961) (Madison).
6. Cf. o capítulo 4. Bishin, "Judicial Review in Democratic Theory", 50 *S. Cal. L. Rev.*, p. 1099 (1977), embora quisesse provar o caráter democrático do controle judicial de constitucionalidade, na verdade prova apenas isso. Ver id., p. 1112: "Em suma, se aceitarmos a tese de que o governo criado pela Constituição é uma democracia, segue-se que é coerente com a democracia, e portanto 'democrático', limitar e supervisionar o exercício do poder da maioria." Cf. E. Rostow, *The Sovereign Prerogative*, capítulo 5 (1962). A dedução parece sólida; é a premissa que é problemática.
7. P. ex., Linde, "Judges, Critics, and the Realist Tradition", 82 *Yale L. J.*, pp. 227, 254 (1972). Winter, "Poverty, Economic Equality, and the Equal Protection Clause", 1972 *Sup. Ct. Rev.* 41, 86-9; R. Berger, *Government by Judiciary* (1977). Cf. Bork, "Neutral Principles and Some First Amendment Problems", 47 *Ind. L. J.*, pp. 1, 8 (1971), com id., p. 17.
8. Ver W. Shakespeare, *Macbeth*, ato IV, cena I.
9. Linde, nota 7, supra, p. 254.
10. 198 U.S 45 (1905). Ver também, p. ex., *Coppage vs. Kansas*, 236 U.S. 1 (1915); *Adkins vs. Children's Hospital*, 261 U.S. 525 (1923).
11. 410 U.S. 113 (1973).
12. A. Cox, *The Role of the Supreme Court in American Government*, p. 113 (1976). Cf. Frankfurter, "The Red Terror of Judicial Reform", 40 *New Republic*, pp. 110, 113 (1924) ("a cláusula do devido processo deve ser eliminada"), com *Malinski vs. New York*, 324 U.S. 401, 414 (1945) (juiz Frankfurter, voto concorrente): "Aqui estamos preocupados com a exigência do 'devido processo legal'... A experiência confirma a sabedoria de nossos antepassados em recusar-se a dar um alcance rígido a essa frase. Ela expressa uma necessidade de padrões civilizados de normas jurídicas." Parte da "experiência", é claro, envolvia a nomeação do professor Frankfurter ao cargo de juiz da Suprema Corte. Mas cf. p. 39.
13. Isso é admitido até mesmo por autores que encontram alhures, na Constituição ou em suas tradições formativas, a autorização para um controle substantivo mais desvinculado do texto constitucional. Ver, p. ex., Kelly, "The Fourteenth Amendment Reconsidered", 54 *Mich. L. Rev.*, pp. 1049, 1052 (1956); Curtis, "Review and Majority Rule", em *Supreme Court and Supreme Law*, p. 177 (org. E. Cahn, 1954); Corwin, "The Doctrine of Due Process of Law Before the Civil War", 24 *Harv. L. Rev.*, pp. 366, 368, 372-3 (1911).

Certos antecedentes históricos da expressão "devido processo legal" sugerem um significado adicional e bem diferente. Considerando-se que suas raízes estão no termo francês *process de ley* (ver Dunham, "Magna Carta and British Constitutionalism", em *The Great Charter*, p. 26, 1965), a expressão parece manifestar a exigência de que os danos graves sejam infligidos somente em razão de (um processo da) lei, o que supostamente se contrapõe a um processo anárquico ou de discricionariedade ilimitada. Cf. E. Coke, *Second Part of the Institutes of the Laws of England*, pp. 46, 50 (1671); *Dartmouth College vs. Woodward*, 4 Wheat. 518, 581 (1819) (arrazoado de Daniel Webster). De fato, em certo momento, o juiz Black expressou a vontade de acrescentar esse tipo de exigência a sua interpretação "incorporacionista": "Para mim, o único significado correto [do devido processo legal] é que nosso Governo deve proceder de acordo com a 'lei do país' (*law of the land*) – ou seja, de acordo com as disposições constitucionais e legislativas como são interpretadas pelas decisões das Cortes." *In re Winship*, 397 U.S. 358, 382 (1970) (juiz Black, voto divergente). (É difícil acreditar que ele tenha dito isso a sério, já que, assim, todas as questões de direito estadual transformar-se-iam em questões federais.) A identificação do conceito de "lei do país" com o devido processo está longe de ser inequívoca. Ver, p. ex., Jurow, "Untimely Thoughts: A Reconsideration of the Origins of Due Process of Law", 19 *Am. J. Leg. Hist.*, p. 265 (1975). De qualquer modo, esse possível significado histórico adicional, cuja adoção parece impensável no contexto da Décima Quarta Emenda e desnecessário no contexto da Quinta, não autoriza as Cortes a avaliar os méritos substantivos das leis aprovadas corretamente. Cf. capítulo 6.

14. Frank e Munro, "The Original Understanding of 'Equal Protection of the Laws'", 50 *Colum. L. Rev.*, pp. 131, 132 n. 6 (1950). Mas cf. nota 79, infra.

15. Morrison, "Does the Fourteenth Amendment Incorporate the Bill of Rights? The Judicial Interpretation", 2 *Stan. L. Rev.* pp. 140, 166 (1949).Ver também, p. ex., R. Berger, nota 7, supra, pp. 193-214; 2 L. Boudin, *Government by Judiciary*, pp. 385-6 (1932); Linde, "Due Process of Lawmaking", 55 *Neb. L. Rev.*, pp. 197, 237-8, (1976); Crosskey, "Charles Fairman, 'Legislative History', and the Constitutional Limitations on State Authority", 22 *U. Chi. L. Rev.*, pp. 1, 6 (1954); 2 J. Story, *Commentaries on the Constitution of the United States* §§ 1941, 1944 (org. T. Cooley, 1873).

16. 13 N.Y. 378 (1856).

17. 19 How. 393, 450 (1857).Ver D. Fehrenbacher, *The Dred Scott Case*, pp. 381-4, 403-4 (1978).

18.Ver, p. ex., *State vs. Paul*, 5 R. I. 185 (1858); *State vs. Keeran*, 5 R. I. 497 (1858).Ver também Corwin, nota 13, supra, pp. 474-5; Warren, "The New Liberty under the Fourteenth Amendment", 39 *Harv. L. Rev.*, pp. 431, 442 (1926).

19. A Décima Quarta Emenda teve, entre outros, o objetivo de contrapor-se à decisão do caso *Dred Scott* segundo a qual os negros não eram cidadãos, mas isso nada nos diz sobre a postura dos constituintes diante do fato de a decisão ter invocado (embora não tenha aplicado) o conceito de devido processo substancial. O pouco caso que Raoul Berger faz da pertinência de *Dred Scott*, com base no argumento de que a decisão fora "universalmente execrada pelos abolicionistas e também condenada por Lincoln", R. Berger, nota 7, supra, p. 204 n. 36, parece então demasiado sumário.

20. A retórica abolicionista também mencionou às vezes o devido processo ao discutir a inconstitucionalidade ou a injustiça da escravidão. Ver J. tenBroeck, *The Antislavery Origins of the Fourteenth Amendment* (1951). No entanto, um exame atento (e tenBroeck é bastante objetivo ao representar o assunto dessa forma) nos mostra que as referências são incidentais e só obliquamente têm relação com o assunto. O devido processo, em geral, era invocado apenas em meio a uma miríade de outros argumentos contra a escravidão, ver id., p. 66; raramente, ou nunca, era o argumento principal, id., pp. 25-6, 96--100; e de fato parece ter sido invocado no mais das vezes como uma resposta do tipo "o mesmo vale para você", diante da afirmação de que a libertação dos escravos faria com que os senhores fossem "retroativamente" privados de seus bens sem o devido processo legal. Id., p. 23. Assim, o "argumento abolicionista de devido processo tinha o caráter de uma refutação e desempenhava função completamente negativa". Id., p. 26. Aquele que talvez seja o mais conhecido argumento de devido processo contra a escravidão, o de Alvan Stewart, fez uso do significado procedimental da disposição, pondo em evidência o fato de que os escravos foram colocados naquele estado (ao qual muitas vezes retornavam após a captura) sem um julgamento legal ou outras exigências procedimentais. Id., p. 44. Ver também W. Wiecek, *The Guarantee Clause of the U.S. Constitution*, p. 155 (1972). As Plataformas Republicanas de 1856 e 1860, nas quais muitos se basearam – ver, p. ex., Kelly, nota 13, supra, p. 1053 –, são ambíguas mas passíveis de ser interpretadas dessa forma. Ver J. tenBroeck, supra, pp. 120-1, nn. 5 e 6. Mas cf. id., pp. 119-20 e nn. 3 e 4 (*Free Soil Platforms* de 1848 e 1852). Com isso não queremos dizer que o devido processo não tenha sido mencionado por alguns abolicionistas de modo aparentemente substantivo – pois ele foi –, e sim que tais alusões eram, no mais das vezes, acidentais. Além disso, estudos recentes tendem a minimizar a contribuição dessa argumentação (exagerada)

para o raciocínio por trás da Décima Quarta Emenda. Ver R. Cover, *Justice Accused*, capítulo 9 (1975).

21. Ver também o capítulo 6.
22. Ver, p. ex., Frank e Munro, nota 14, supra, p. 133; Miller, "The Forest of Due Process Law: The American Constitutional Tradition", em *Nomos XVIII: Due Process*, p. 16 (org. J. Pennock e J. Chapman, 1977).
23. Ver *Oregon vs. Mitchell*, 400 U.S. 112, 195 (1970) (juiz Harlan, voto parcialmente concorrente e parcialmente divergente).
24. T. Cooley, *A Treatise on the Constitutional Limitations* *66-7 (2ª edição, 1871).
25. P. ex., R. Berger, nota 7, supra.
26. Linde, nota 15, supra, p. 237.
27. Ver também H. Graham, *Everyman's Constitution*, pp. 446-7, 487 (1968) (que nota, para outros fins, que, após a ratificação, os constituintes e outros nunca se apoiaram numa interpretação substantiva de ambas as Cláusulas do Devido Processo nos contextos judiciais em que tal interpretação teria ajudado suas causas).
28. Aqui, como alhures, é preciso ressaltar principalmente a linguagem constitucional empregada. Todavia, não se encontrará nela uma resposta clara a esta questão, porque "liberdade" é um termo que, hoje como na época da ratificação da Décima Quarta Emenda, pode ser usado tanto de maneira restrita (para se referir apenas à liberdade de locomoção) quanto ampla (para significar a ausência de qualquer tipo de restrição). Cf. Shattuck, "The True Meaning of the Term 'Liberty' in Those Clauses in the Federal and the State Constitutions Which Protect 'Life, Liberty, and Property'", 4 *Harv. L. Rev.*, p. 365 (1891) (significado restrito), com, p. ex., 2 J. Story, nota 15, supra, § 1950 (significado amplo). Ver também H. Hyman, *A More Perfect Union*, p. 447 (1973): "Já em meados da década de 1860, alguns americanos entendiam a concepção de liberdade derivada de Adam Smith, Bentham e Mill como algo maior que a mera ausência de restrições sobre a liberdade física do indivíduo. Os republicanos afirmavam que a liberdade também envolvia direitos civis, ou seja, a ausência de interferências não equitativas por parte do Estado nos assuntos privados." Aqueles que buscam minimizar o alcance das Cláusulas do Devido Processo enfatizam a definição restrita que Blackstone dá a "liberdade". P. ex., Shattuck, supra, p. 377; R. Berger, nota 7, supra, p. 270. O que eles se esquecem de mencionar é que a definição adjacente que Blackstone dá ao termo "vida" refere-se ao "direito de segurança pessoal que consiste em gozar ininterruptamente de sua

vida, seus membros, seu corpo, sua saúde e sua reputação". Miller, nota 22, supra, p. 7. Já que a linguagem constitucional (examinada à luz do uso comum à época) não gera uma resposta clara, devemos recorrer – com responsabilidade – à política geral que dá forma às Cláusulas do Devido Processo: que o Estado não pode prejudicar o indivíduo, pelo menos de modo geral, sem empregar procedimentos justos. De qualquer maneira, a posição intermediária da Corte atual (mesmo se supusermos a impossibilidade de identificar um princípio formador) não encontra base de sustentação na história.

29. P. ex., *Bell vs. Burson*, 402 U.S. 535 (1971); *Hannah vs. Larche*, 363 U.S. 420, 442 (1960); *Joint Anti-Fascist Refugee Commitee vs. McGrath*, 341 U.S. 123, 168 (1951) (juiz Frankfurter, voto concorrente). Ver também J. Story, nota 15, supra, § 1945.

30. Ver *Board of Regents vs. Roth*, 408 U.S. 564 (1972); *Perry vs. Sindermann*, 408 U.S., 593 (1972); *Meachum vs. Fano*, 427 U.S. 215, 224-5 (1976).

31. Cf. *Paul vs. Davis*, 424 U.S. 693 (1976), com *Winsconsin vs. Constantineau*, 400 U.S. 433 (1971).

32. Ver *Board of Regents vs. Roth*, 408 U.S. 564, 577 (1972): "Está claro que, para ter um interesse de propriedade em determinado benefício, não basta que a pessoa tenha a mera necessidade abstrata ou o desejo abstrato desse benefício; não basta, ainda, que tenha a expectativa unilateral de obtê-lo. Deve, isto sim, ter sobre ele um direito legítimo."

33. A afirmação de que o devido processo invariavelmente requer uma audiência completa pode soar simpática e liberal, mas não é preciso refletir muito para nos darmos conta de que isso pode levar apenas a uma restrição do conjunto de ocasiões em que esse processo será constitucionalmente obrigatório. Ver Eisenberg, "Participation, Responsiveness, and the Consultative Process: An Essay for Lon Fuller", 92 *Harv. L. Rev.*, pp. 410, 419-23 (1978); cf. *Goss vs. Lopez*, 419 U.S. 565, 580, 583-4 (1975).

34. *In re Winship*, 397 U.S. 358, 377-8 (1970) (juiz Black, voto divergente). Ver também *Goldberg vs. Kelly*, 397 U.S. 254, 271 (1970) (juiz Black, voto divergente); *Stovall vs. Denno*, 388 U.S. 293, 304-5 (1967) (juiz Black, voto divergente).

35. *Leland vs. Oregon*, 343 U.S. 790, 803 (1952) (juiz Frankfurter, unindo-se ao voto divergente do juiz Black). Ver também *Edelman vs. California*, 344 U.S. 357, 362 (1963) (juiz Black, voto divergente); *Thompson vs. Louisville*, 352 U.S. 199 (1960); *Pyle vs. Kansas*, 317 U.S. 213 (1942); *Miller vs. Pate*, 386 U.S. 1 (1967). Ver também H. Black, *A Constitutional Faith*, pp. 33-4 (1968).

36. Yarbrough, "Justice Black, the Fourteenth Amendment, and Incorporation", 30 *U. Miami L. Rev.*, pp. 231, 253-4 (1976).
37. 16 Wall., p. 36 (1873).
38. Mas ver nota 59, infra.
39. 16 Wall. p. 96 (juiz Field, voto divergente).
40. L. Lusky, *By What Right?*, p. 199 (1975). Ver também Benedict, "Preserving Federalism: Reconstruction and the Waite Court", 1978 *Sup. Ct. Rev.*, pp. 39, 59.
41. Mas cf. *Colgate vs. Harvey*, 296 U.S. 404 (1935), anulado por *Madden vs. Kentucky*, 309 U.S. 83 (1940).
42. Cf. *Colgate vs. Harvey* 296 U.S. 404, 445 (1935) (juiz Stone, voto divergente).
43. 16 Wall, pp. 100-1.
44. P. ex., E. Foner, *Free Soil, Free Labor, Free Men*, pp. 102, 122-3 (1970); Graham, "The Early Antislavery Backgrounds of the Fourteenth Amendment", 1950 *Wisc. L. Rev.*, pp. 479, 491, 636-41; J. tenBroeck, nota 20, supra, pp. 13-4, 104-5.
45. Mas ver pp. 24-5. O Artigo IV, Seção 2, dificilmente pode ser considerado um modelo de redação precisa, mas, ao dar aos "cidadãos de cada estado" o direito de ter, "nos demais estados, todos os Privilégios e Imunidades que estes concedam a seus próprios Cidadãos", ele passa a ter um significado de igualdade, no sentido de que, quando um cidadão de um estado viajar para outro, ele terá todas as prerrogativas desfrutadas pelos habitantes locais. A sintaxe da Cláusula de Privilégios e Imunidades da Décima Quarta Emenda é indiscutivelmente uma sintaxe de direito substantivo.
46. 16 Wall., pp. 104-5.
47. *Adamson vs. California*, 332 U.S. 46, 71, 74 (1947) (juiz Black, voto divergente).
48. P. ex., Graham, "Our 'Declaratory' Fourteenth Amendment", 7 *Stan. L. Rev.*, pp. 3, 23 (1954); L. Lusky, nota 40, supra, p. 202; A. Bickel, *The Morality of Consent*, pp. 40-3 (1975).
49. P. ex., Karst, "Foreword: Equal Citizenship under the Fourteenth Amendment", 91 *Harv. L. Rev.*, pp. 1, 44 (1977). Cf. Wechsler, "Equal Protection Is a Double-Edged Sword", em *One Hundred Years of the Fourteenth Amendment*, pp. 44-5 (org. J. Gerard, 1973); Freund, "The Supreme Court and Fundamental Freedoms", em *Judicial Review and the Supreme Court*, pp. 128-9 (3.ª ed., L. Levy, 1976).
50. Essa formulação é derivada de Green, "The Bill of Rights, the Fourteenth Amendment, and the Supreme Court", 46 *Mich. L. Rev.*, pp. 869, 904 (1948).

51. A interpretação costumeira da Cláusula de Privilégios ou Imunidades, como algo que só dá proteção aos cidadãos norte-americanos, parece especialmente difícil de ser conciliada com a opinião amplamente aceita de que sua companheira, a Cláusula da Igual Proteção, deve ser interpretada de modo que estabeleça aos estrangeiros uma proteção fora do comum. Certamente devemos pensar com cuidado sobre pelo menos uma dessas posições. Mas cf., p. ex., Karst, nota 49, supra, p. 44.

52. A Cláusula do Devido Processo pode ser vista como um veículo apropriado para incorporar as disposições "procedimentais" da Declaração de Direitos. O fato de haver uma cláusula idêntica na Quinta Emenda (com a ressalva de que se aplica ao governo federal) certamente é problemático para essa ideia, mas um reexame histórico nos mostra que isso não é bem assim. Em 1855, no caso *Murray's Lessee vs. Hoboken Land and Improvement Co.*, 18 How. 272, a Suprema Corte, em decisão unânime, indicou claramente – embora a afirmação fosse desnecessária e um tanto bizarra – que a Cláusula do Devido Processo da Quinta Emenda incorporava os comandos "procedimentais" da Quarta, Quinta, Sexta, Sétima e Oitava Emendas, e também possuía conteúdo procedimental independente. Id., pp. 276-7. Ver também os *Slaughter House Cases*, 16 Wall., pp. 36, 118 (1873) (juiz Bradley, voto divergente), referindo-se à Cláusula do Devido Processo da Quinta Emenda como algo que "inclui quase todo o restante" da Declaração de Direitos. Assim, a inserção na Décima Quarta Emenda de uma cláusula idêntica aplicável aos estados *talvez* tenha sido planejada para fazer com que tais disposições fossem aplicáveis a eles. Também não é bizarro concluir que o "devido" processo dos estados inclui – embora neste caso, como em outros, não se possa dizer que isso é *tudo* o que ele inclui – o processo que há um século vinha sendo constitucionalmente exigido do governo federal. E, ademais, foram as disposições "procedimentais" da Declaração de Direitos que causaram grande parte das reclamações, sendo que a incorporação da Primeira Emenda realizou-se quase sem incidentes, e a Segunda e Terceira Emendas, para o bem ou para o mal, passaram a ter pouco conteúdo em nossos tempos.

53. *Duncan vs. Lousiana*, 391 U.S. 145, 1665 (1968) (juiz Black, voto concorrente).

54. 332 U.S. 46, 92-123.

55. Fairman, "Does the Fourteenth Amendment Incorporate the Bill of Rights? The Original Understanding", 2 *Stan. L. Rev.*, p. 5 (1949).

56. Ver, p. ex., Kelly, "Clio and the Court: An Illicit Love Affair", 1965 *Sup. Ct. Rev.*, pp. 119, 132-4; Graham, nota 48, supra, pp. 19-20

n. 80. Na verdade, o veredicto de Fairman sobre a tese de Black não parece ter ido além de declará-la "não provada". A afirmação de que ele havia provado o contrário foi acrescentada pelos defensores mais entusiastas de Fairman. P. ex., R. Berger, nota 7, supra, p. 137. Mas ver A. Bickel, *The Least Dangerous Branch*, pp. 102-3 (1962): "O que temos é a afirmação de uma intenção original exata, seguida de sua refutação. Mas as refutações põem por terra a afirmação, elas não provam o seu contrário."

57. *Cong. Globe*, 39º Cong., 1ª Sessão, 2765-6 (1866). "Nenhum membro do Comitê deu uma interpretação diferente ou questionou suas afirmações em qualquer pormenor." H. Flack, *The Adoption of the Fourteenth Amendment*, p. 87 (1908).

58. Fairman também afirmou que mesmo afirmações claras de que "a Declaração de Direitos" deveria ser incorporada não poderiam ter significado, na metade do século XIX, o que significam hoje, já que o termo "Declaração de Direitos" era às vezes utilizado, especificamente pelo Deputado Bingham, para designar não as primeiras oito ou nove emendas, mas apenas a Cláusula do Devido Processo da Quinta Emenda e a Cláusula de Privilégios e Imunidades do Artigo IV. Fairman, nota 55, supra, p. 26. Esse entendimento de fato existia, embora eu ache que não fosse muito frequente. Ver, p. ex., Cong. Globe, 39º Cong., 1ª Sessão, 1089-90 (1866) (observações do Deputado Bingham, referindo-se à "Declaração de Direitos sob os artigos de emenda à Constituição" durante uma crítica a *Barron vs. Baltimore*, 7 Pet. 243 (1833), decisão em que a Corte se recusou a aplicar aos estados o que chamaríamos de Declaração de Direitos). O leitor também poderá notar que a declaração de Howard é bastante clara quanto a isso.

Vamos supor, para fins de argumentação, que Fairman estava correto ao dizer que "Declaração de Direitos" muitas vezes significava apenas a cláusula de Privilégios e Imunidades e a Cláusula do Devido Processo da Quinta Emenda. Mas vamos acrescentar também outro fator, os dados adicionais que indicam que isso, pelo menos outrora, fazia parte da retórica abolicionista, segundo a qual a Cláusula do Devido Processo da Quinta Emenda já incorporava grande parte do restante do que chamaríamos de Declaração de Direitos. Os estudiosos mais recentes do assunto tendem a minimizar a influência dessas opiniões constitucionais aparentemente excêntricas do período pré-Guerra. Essa opinião em particular, no entanto, fora adotada pela Suprema Corte em 1855. Ver nota 52, supra. Evidentemente, aos que defendiam esse ponto de vista, bastava pensar que estavam incorporando a Cláusula do Devido Processo da Quinta Emenda para acreditar que a maior parte do que chamamos de Declaração de Direitos seria igualmente incorporada. E veremos que as suposições sobre o amplo alcance da Cláusula de Privilégios e Imunidades do Artigo IV eram ainda mais difundidas.

A retórica antiescravidão também sustentava que *Barron vs. Baltimore* fora uma decisão errônea e, portanto, nula enquanto precedente. Ver as fontes citadas por Fairman, supra, pp. 26-36, 118-20. Novamente devemos cuidar para não atribuir muita influência a tais opiniões, mas vale a pena notar que essa parece ter sido a opinião do próprio Bingham. Ver Cong. Globe, 39º Cong., 1.ª Sessão, 2542-4 (1866). Sob a ótica do entendimento original, podemos afirmar, com certeza quase absoluta, que a decisão de *Barron* foi correta. Mas se uma pessoa defendesse a hipótese de que a Declaração de Direitos já se aplicava aos estados, seu silêncio sobre o assunto – se a Décima Quarta Emenda estendia, ou não, a Declaração de Direitos aos estados – não significaria muito, certo?

59. Geralmente se supõe que, "entre as interpretações mais amplas da 14.ª Emenda implicitamente rejeitadas pelos *Slaughter House cases*, estava aquela segundo a qual todas as garantias da Declaração de Direitos seriam aplicáveis aos estados como resultado das mudanças constitucionais feitas após a Guerra Civil". G. Gunther, *Cases and Materials on Constitutional Law*, p. 505 (9.ª edição, 1975). No entanto, uma leitura mais atenta dos diversos votos dessa decisão sugere pelo menos a possibilidade de que todos os nove juízes da Suprema Corte tencionavam assumir exatamente essa posição! A declaração mais explícita nesse sentido aparece no voto divergente do juiz Bradley, 16 Wall. 118-9, mas parece que ele não estava sozinho. A maioria indicou que "para que não se diga que nenhum privilégio e imunidade existirá se aqueles que estivemos considerando forem excluídos, arriscamo-nos a sugerir alguns que devem sua existência ao governo federal, seu caráter nacional, sua Constituição ou suas leis". Id., p. 79. A referência a direitos que devem sua existência à Constituição Federal é perturbadora no presente contexto e, de fato, na lista seguinte a Corte afirma: "O direito de reunir-se pacificamente e exigir a reparação de agravos e a garantia do *habeas corpus* são direitos do cidadão, garantidos pela Constituição Federal." Id. Nenhuma outra disposição da Declaração de Direitos é mencionada, mas o alcance dessa frase parece inconfundível: se um direito está garantido em outro trecho da Constituição – se, particularmente, for um direito garantido até então apenas contra o governo federal –, ele pertence à lista de privilégios e imunidades que a Décima Quarta Emenda protege contra os esta-

dos. (A referência introdutória a direitos que devem sua existência à Constituição não era simplesmente uma referência aos direitos que a própria Décima Quarta Emenda garante. Isso é ressaltado pela observação subsequente da Corte, de que outro privilégio, o de obter cidadania estadual, "é outorgado", obviamente ao contrário de outros, "pelo próprio artigo sob consideração". Id., p. 80.)

Já vimos que o juiz Field objetou (junto com os outros três votos vencidos) que o ponto de vista da maioria era uma interpretação trivial, que ela deveria ter ido mais fundo. "Se essa restrição... refere-se apenas, como pensa a maioria... a privilégios e imunidades que, antes de sua aprovação, estavam especificamente assinalados na Constituição ou necessariamente implícitos como privilégios e imunidades pertencentes aos cidadãos dos Estados Unidos, ela foi um diploma legal inútil..." Id., p. 96. Aparentemente, isso parece implicar a ideia de que a maioria não queria incorporar a Declaração de Direitos. No entanto, todos conhecemos o suficiente a respeito de votos vencidos para saber que não devemos enxergar apenas as aparências na questão. Field acreditava que os litigantes que desafiavam o monopólio deveriam ganhar; a incorporação da Declaração de Direitos – que fora ao menos sugerida com bastante ênfase pela referência à maioria aos direitos da Primeira Emenda – não teria ajudado os litigantes; do ponto de vista de Field, portanto, a interpretação da maioria era trivial. (Não há dúvida de que a caracterização de Field é tecnicamente certeira: mesmo segundo a interpretação que estou sugerindo, a maioria *havia* incluído apenas as prerrogativas que já estavam obviamente implícitas na cidadania do indivíduo ou "especificamente assinaladas na Constituição". Mas os direitos mencionados foram "especificamente assinalados" como direitos oponíveis unicamente contra o governo federal. O fato de a Décima Quarta Emenda tê-los assinalado como privilégios ou imunidades protegidos contra a ação *estadual* não foi, nem de longe, uma medida trivial.)

Graças, em parte, à imputação de trivialidade por parte de Field, a ideia da maioria foi logo esquecida. Ela parece, porém, nos dar uma pista pertinente sobre o entendimento original. No início do voto vencedor, o juiz Miller observara que "felizmente" a história da criação e ratificação das Emendas de Reconstrução "ainda está fresca em nossa memória, e não restam dúvidas sobre suas principais características, no que diz respeito ao assunto aqui considerado". Id. p. 68. Em relação às questões cruciais do caso, isso não era verdade: a Corte dividiu-se em 5 contra 4, o que sugere algum exagero nesse "frescor na memória" e "não restam dúvidas". Mas, em relação a uma hipótese que os nove parecem ter defendido com diferentes graus de clareza – de que, independentemente de qualquer outra coisa, a Cláusula de Privilégios ou Imunidades pelo menos aplicava aos estados as proibições estabelecidas na Constituição que anteriormente aplicavam-se apenas ao governo federal –, talvez haja algo de válido nesse argumento.

60. *Duncan vs. Lousiana*, 391 U.S. 145, 166 (1968) (juiz Black, voto concorrente).

61. A. Bickel, nota 56, supra, pp. 102-3.

62. 6 F Cas. 546 (C.C.E.D. Pa. 1823. Ver, p. ex., *Slaughter-House Cases*, 16 Wall. 36, 97-8 (1873) (juiz Field, voto divergente); Fairman, nota 55, supra, p. 12; Graham, nota 48, supra, p. 12.

63. 6 F. Cas 551-2 (grifo meu).

64. Raoul Berger, em defesa de uma interpretação extremamente limitada da Cláusula de Privilégios ou Imunidades da Décima Quarta Emenda, repetidamente afirma que o caso *Corfield*, em que ele se baseia bastante em seu livro, interpretou a disposição do Artigo IV de forma limitada. P. ex., R. Berger, nota 7, supra, pp. 22, 31-2, 38, 43, 103, 211. A linguagem não comporta essa interpretação de *Corfield*. Ver também, p. ex., Kelly, nota 13, supra, pp. 1059, 1072. Berger certamente deve ser louvado por algumas tentativas valorosas, no entanto. Ele se baseia na indicação de Washington de que não estava disposto a incluir como privilégios e imunidades "todos os direitos" protegidos pelo direito estadual. R. Berger, supra, p. 32. Enfatiza a palavra "limitar" que aparece na segunda frase da citação, id. pp. 22, 31, aparentemente sem perceber que, entendida a declaração de Washington em seu contexto, o que ela diz, em essência, é que ele não sente nenhuma "hesitação em limitar" os privilégios e imunidades a praticamente tudo que existe no mundo. Ele esvazia a referência que faz Washington ao direito de "buscar e obter felicidade e segurança" de duas maneiras: 1) chamando a atenção para o fato de que ela seguia-se imediatamente às referências à vida e à liberdade, inferindo-se daí que deve ser compreendida como um sinônimo de propriedade, e 2) observando que, na cláusula de Devido Processo [sic], os constituintes optaram pelo termo "propriedade" em detrimento da frase "busca de felicidade e segurança". Id. p. 33. (Berger recentemente abjurou de sua confiança no caso *Corfield*, rejeitando-o como uma "decisão incoerente e verborrágica". Berger, "Government by Judiciary: John Hart Ely's 'Invitation'", 54 *Ind. L. J.*, pp. 277, 292 (1979).)

65. Até recentemente, a Suprema Corte regularmente rejeitava esse aspecto limitador da interpretação de Washington. Ver, p. ex., L.

Tribe, *American Constitutional Law*, pp. 404-12 (1978). Mas comparar *Baldwin vs. Fish and Game Commission*, 436 U.S. 371 (1978) com *Hicklin vs. Orbeck*, 437 U.S. 518 (1978).

66. Ao defender a ideia de que as concepções específicas dos constituintes devem ter precedência sobre a intenção aparente da linguagem constitucional, Raoul Berger nota que não entenderíamos – embora pudesse ressalvar que, nesse caso, o erro não teria consequências tão sérias – a afirmação de Hamlet de que era capaz de distinguir um falcão de uma *"handsaw"* caso nos ativéssemos ao significado atual de *"handsaw"* (serrote), em vez de tentar descobrir que na época de Shakespeare a palavra *handsaw* significava "garça". R. Berger, nota 7, supra, p. 370. Isso é verdade, mas embora o próprio Berger seja capaz de distinguir uma garça de um serrote, seu argumento sugere que ele não consegue distinguir a ambiguidade da indefinição. Nos casos em que uma palavra ou frase pode ter dois (ou mais) significados, cabe uma consulta aos debates legislativos ou às fontes contemporâneas para nos ajudar a discernir qual foi o significado intencionado. É isso que fazemos com Hamlet. Mas disso não se segue, em absoluto, que um termo vago – não um termo que tenha dois ou mais significados distintos, mas um termo cuja aplicação é problemática – deva ser limitado às situações que sabemos terem sido especificamente citadas por seus usuários. (Um exemplo disso seria limitar a falcões e garças a afirmação de Hamlet, infelizmente não registrada, de que ele era capaz de distinguir "as espécies de pássaros do céu", já que falcões e garças são as únicas espécies que ele menciona.) Muito pelo contrário: na ausência de provas em contrário, devemos pressupor que a escolha de um termo vago ou aberto foi uma escolha consciente.

De qualquer modo, a própria hipótese que torna o erro de Berger pertinente para nossa discussão – a de que os constituintes da Décima Quarta Emenda restringiam o conceito de "privilégios ou imunidades" exclusivamente aos direitos arrolados na Lei de Direitos Civis de 1866 – parece não ter justificativa. Berger cita várias declarações sobre o alcance da Lei como se elas se aplicassem igualmente à emenda. P. ex., id. pp. 27, 30, 35, 36, 118-9, 165, 170-1, 175, 241. Ele não fez isso por acaso, mas justificou seu ato com a afirmação de que a amplitude das duas pretendia ser idêntica. P. ex., id. pp. 22-3, 110-1. Mas a equivalência no alcance não é provada nem pela premissa inegável de que as duas "tinham uma relação extremamente próxima", id. p. 23 n. 10, citando Kelly, nota 13, supra, p. 1057, nem pelo fato igualmente inegável de que a emenda tinha, em parte, a finalidade de oferecer uma base constitucional impecável para a Lei. P. ex., id. pp. 149, 23 n. 12. (O atalho argumentativo de que a emenda "incorporava" a Lei é usado por Berger de maneira condensada. Introduzido para indicar que a emenda tinha a intenção de "eliminar as dúvidas quanto à constitucionalidade [da Lei] e protegê-la da revogação por um Congresso futuro", id. p. 23, em outros trechos ele é invocado para provar que o alcance das duas era equivalente, como nas pp. 102-3, 108. Esse tipo de elisão permeia a argumentação de Berger. O fato de um senador *X* ter dito que estava interessado em proteger direitos "tais como" *A, B,* e *C* acaba significando que ele tencionava proteger apenas *A, B* e *C,* p. ex., id. pp. 29, 35, 42, 103; o fato de os *Black Codes* serem um alvo da emenda acaba significando que eram tudo o que a emenda tencionava anular. P. ex., id. pp. 48, 175, 208-9.) Na verdade, houve quem efetivamente afirmasse essa equivalência, embora tais declarações fossem, em geral, expressas em termos que deixavam claro o compreensível desejo do debatedor de minimizar o giro potencialmente radical da linguagem constitucional. O mais importante, no entanto – tanto aqui como em outras circunstâncias –, é que os dois documentos (mesmo sem levar em conta que um deles era uma lei e o outro, uma disposição constitucional) *dizem coisas bem diferentes.*Ver também, p. ex., Kelly, supra, p. 1071; Bickel, "The Original Understanding and the Segregation Decision", 69 *Harv. L. Rev*, p. 1 (1955); nota 69, infra.

A afirmação de Berger de que "privilégios ou imunidades" era um termo técnico, com um significado obscuro que os constituintes compreendiam, faz parte de um grupo de afirmações similares. (Incrivelmente, ele diz a mesma coisa a respeito da expressão "direito natural". R. Berger, supra, pp. 35, 102, 174, 211, 213.) Já examinamos a afirmação do juiz Black de que "privilégios ou imunidades" era um termo técnico que se referia às primeiras oito ou nove emendas. (O prof. Crosskey concorda, adicionando que "a cláusula é tão clara quanto poderia ser". Crosskey, nota 15, supra, pp. 5-6.) Há ainda um terceiro ponto de vista, o dos profs. tenBroeck e Graham, que afirmam que "privilégios ou imunidades", como as outras expressões empregadas na emenda, era um termo técnico com raízes no movimento abolicionista, que passava uma mensagem de igualdade racial. "Seu significado antiescravocrata e contrário à discriminação racial era algo que as pessoas compreendiam, ou pensavam compreender; e os redatores da emenda, por sua vez, acreditaram que as pessoas sabiam e compreendiam o que essa linguagem queria dizer." Graham, nota 48, supra, p. 22.Ver também J. tenBroeck, nota 20, supra, p. 3. O leitor não ficará surpreso ao saber que, no fim das contas, tampouco havia o entendimento unânime de que "privilégios ou imunidades" significava isso. R. Cover, nota 20, supra, capítulo 9. Seria de imaginar que, a esta altura, os estudiosos já tivessem entendido tudo isso, quanto mais não seja pelo fato de haver tantos significados "claramente compreendidos" correndo em direções tão diferentes. "Privilégios ou imunidades" não tinha nenhum significado obscuro: simplesmente não era um termo técnico.

67. Bickel, nota 66, supra, p. 61.
68. Id. p. 59.
69. Id. p. 63. Ver também, p. ex., *National Mut. Ins. Co. vs. Tidewater Transfer Co., Inc.*, 337 U.S. 582, 646 (1949) (juiz Frankfurter, voto divergente) (cláusulas vagas "propositalmente feitas para adquirir significado com a experiência"); W. Wiecek, nota 20, supra, p. 13: "A tentativa de encontrar precisão conceitual num documento cuja virtude imediata mais importante tinha de ser sua aceitabilidade pode induzir a erro." Raoul Berger caracteriza essa opinião sobre a Décima Quarta Emenda como "uma reformulação elegante da teoria conspiratória", R. Berger, nota 7, supra, p. 105, "que prega uma peça nas pessoas de boa-fé". Id. p. 107. Ver também id. pp. 57, 112. No entanto, ele vira a questão de ponta-cabeça. Obter a ratificação de uma linguagem aberta com a expectativa de que ela seja interpretada de maneira aberta não é "trapacear". Seria trapaça obter a ratificação de uma *linguagem superficialmente específica* e depois dar-lhe uma interpretação mais ampla, ou também – e esta é a metodologia favorecida por Berger – obter a ratificação de uma linguagem não específica e então limitar para sempre seu alcance aos exemplos específicos mencionados pelo Congresso que a propôs aos estados.

70. Raoul Berger afirma que "a chave para a compreensão da Décima Quarta Emenda é que o Norte sofria de 'negrofobia'; que os republicanos, com exceção de uma minoria de extremistas, eram arrastados pelo racismo que caracterizava seus eleitores..." R. Berger, supra, nota 7, p. 10. Mas ver, p. ex., W. Brock, *Conflict and Transformation*, pp. 293-4 (1972); M. Benedict, *A Compromise of Principle*, pp. 325-7 (1974); E. Foner, nota 44, supra, pp. 263-4, 281, 284-5; Benedict, "Racism and Equality in America", 6 *Revs. In Am. Hist.* 13 (1978). Essa "chave" tem várias implicações; a mais importante talvez seja a que se manifesta na afirmação recorrente de Berger de que, dado o seu racismo, os constituintes da Décima Quarta Emenda não poderiam ter tido a intenção de promulgar uma disposição passível de corroborar, no futuro, a inferência de que os negros deveriam ter o direito ao

voto. P. ex., R. Berger, supra, pp. 55-60, 91. Curiosamente, não se procura explicar por que a Décima Quinta Emenda, que explicitamente concede aos negros o direito ao voto, foi proposta e ratificada *apenas dois anos depois*. Estudos recentes indicam algo que de modo algum nos surpreende: que as duas emendas foram apoiadas pelas mesmas pessoas. G. Linden, *Politics or Principle: Congressional Voting on the Civil War Amendments and Pro-Negro Measures, 1838-69* (1976). É óbvio, portanto, que os constituintes não achavam que a Seção I da Décima Quarta Emenda tivera tal efeito, o que dá respaldo a Berger nessa questão específica. (Mas ver pp. 118-9.) Por outro lado, esse fato nega frontalmente – nos próprios fundamentos que Berger escolheu para sua argumentação – a afirmação geral do predomínio de uma "negrofobia". É claro que havia racismo no Trigésimo Nono Congresso – embora reconhecer o racismo dos eleitores e ser racista não sejam a mesma coisa. Ver, p. ex., K. Stampp, *The Era of Reconstruction 1854-1877*, p. 141 (1965); E. Foner, supra, pp. 108, 263, 279-80. Mas cf., p. ex., R. Berger, supra, p. 13. Sem dúvida, foi por reconhecer que havia racismo na sociedade que os constituintes escolheram uma linguagem aberta, capaz de ser desenvolvida no futuro. Mas cf. nota 69, supra. De qualquer modo, a afirmação de que o preconceito racial é a "chave" para a interpretação da Décima Quarta Emenda chega às raias da perversidade: *grosso modo*, é o mesmo que dizer que a censura é a chave para a compreensão da Primeira Emenda.

71. Ver Bickel, nota 66, supra, pp. 44-5, 60.

72. Ver *Williamson vs. Lee Optical Co.*, 348 U.S. 483 (1955); ver o capítulo 6.

73. Mas ver a nota 69 ao capítulo 6.

74. A. Cox, nota 12, supra, p. 60.

75. Ver também Posner, "The *Bakke Case* and the Future of 'Affirmative Action'", 67 *Calif. L. Rev.* 171, 173 (1979): "Já que a proporção de negros responsáveis por crimes violentos é muito maior, seria racional – no sentido mais generoso do termo que a Corte utiliza nos casos em que está em jogo o patrimônio – exigir que os negros, mas não os brancos, carreguem consigo um documento de identificação."

76. Ver também *Trimble vs. Gordon*, 430 U.S. 762, 779-80 (1977) (juiz Rehnquist, voto divergente).

77. 347 U.S. 497, 500 (1954).

78. O. Holmes, *Collected Legal Papers* 295-6 (1920).

79. Pelo menos inicialmente, o deputado Bingham parece ter pensado que o conceito de igual proteção estava incluso na Cláusula do Devido Processo da Quinta Emenda. Ver *Cong. Globe*, 35 Cong., 2

a Sessão 983-4 (1859); *Cong. Globe*, 39 Cong., 1.ª Sessão, 1033-4 (1866). Durante o debate, ele reconheceu que sua interpretação era atípica, uma vez que, ao dar nova redação à Décima Quarta Emenda, ele acrescentou uma Cláusula de Igual Proteção à Cláusula do Devido Processo que já figurava na primeira redação. Mas cf. o capítulo 4.

80. Linde, nota 7, supra, p. 234.

81. O leitor deve se lembrar que o registro histórico da intenção puramente procedimental do "devido processo" é até mais claro em relação à Quinta Emenda que em relação à Décima Quarta.

82. Ver o capítulo 4.

83. *Griswold vs. Connecticut*, 381 U.S. 479, 520 (1965) (juiz Black, voto divergente). Ver também, p. ex., R. Berger, nota 7, supra, p. 390; E. Dumbauld, *The Bill of Rights*, pp. 63-5 (1957).

84. 5 *Writings of James Madison*, pp. 271-2 (org. Hunt, 1904).

85. 1 *Annals of Cong.* 439 (1789). Ver também 3 J. Story, *Commentaries on the Constitution of the United States* § 1861 (1833); 1 *Annals of Cong.* 435 (1789) (versão originalmente proposta por Madison): "As exceções aqui ou em outros trechos da Constituição, feitas em favor de direitos específicos, não devem ser interpretadas de modo que diminuam a justa importância de outros direitos retidos pelo povo, ou para aumentar os poderes delegados pela Constituição; devem, sim, atuar quer como limitações a tais poderes, quer como medidas inseridas meramente a título de precaução."

86. P. ex., 5 *Writings of James Madison*, pp. 431-2 (org. Hunt, 1904). Isso não quer dizer que a relação entre os dois conceitos jamais foi compreendida. Ver, p. ex., *The Federalist* 84, p. 535 n.* (org. B. Wright, 1961) (Hamilton): "Para mostrar que há um poder na Constituição através do qual a liberdade de imprensa pode ser afetada, citou-se o poder de tributar." Hamilton argumenta que o exemplo é falacioso, porque os impostos pagos pelos jornais não podem violar a liberdade de imprensa – mas ver *Grosjean vs. American Press Co.*, 297 U.S. 233 (1936) –, conquanto a estrutura da discussão demonstre que a possibilidade de um ato governamental ser respaldado por um dos poderes enumerados e ao mesmo tempo violar um dos direitos enumerados é uma possibilidade que nossos antepassados foram capazes de prever. Isso também é demonstrado pela inclusão, no corpo da Constituição original, das proibições contra os *Bills of Attainder* federais e as leis retroativas, não obstante nenhum poder positivo para aprovar tais leis tivesse sido concedido.

87. Tudo isso nos remete a um argumento apresentado pela primeira vez por Alfred Kelly, de que "se a Nona Emenda tivesse a in-

tenção primeira de salvaguardar as liberdades individuais poderíamos tentar encontrar disposições análogas em algumas declarações de direitos das constituições estaduais da época; mas a Nona Emenda é única". P. Brest, *Processes of Constitutional Decision-making*, p. 708 (1975), baseando-se em Kelly, nota 56, supra, p. 154. A palavra "da época" torna a afirmação tecnicamente correta: nenhuma disposição desse tipo aparece em qualquer declaração de direitos estadual do século XVIII. Mas essa interpretação, a única capaz de preservar a veracidade da afirmação, acaba por minar o argumento em si, já que, naquela época, não havia muitas declarações de direitos estaduais – o que não surpreende, uma vez que os estados também eram em pequeno número. E quando analisamos o período em que a maioria das declarações de direitos estaduais foram realmente redigidas, o século XIX, descobrimos que nada menos que vinte e seis delas continham disposições indicando que a enumeração de certos direitos não deveria ser interpretada de modo que restringisse outros direitos retidos pelo povo; e, além disso, várias delas distinguem claramente essa advertência de outra advertência: a de que os poderes não enumerados não devem ser inferidos. (Alabama 1819; Arkansas 1836; Califórnia 1849; Colorado 1876; Flórida 1885; Geórgia 1865; Iowa 1846; Kansas 1855; Louisiana 1868; Maine 1819; Maryland 1851; Minnesota 1857; Mississippi 1868; Missouri 1875; Montana 1889; Nebraska 1866-67; Nevada 1864; Nova Jersey 1844; Carolina do Norte 1868; Ohio 1851; Oregon 1857; Rhode Island 1844; Carolina do Sul 1868; Virgínia 1870; Washington 1889; Wyoming 1889. Todas podem ser encontradas nos sete volumes de *The Federal and State Constitutions*, org. F. Thorpe, 1909. As constituições que distinguem as duas advertências são as do Kansas, Nebraska, Carolina do Norte, Ohio e Carolina do Sul.) De fato, a presença dessas "pequenas Nonas Emendas" nas constituições estaduais era tão comum que em 1911 o professor Corwin mencionou a "*recorrente ressalva* de que a enumeração de certos direitos não devia ser interpretada de modo que negasse ou restringisse outros direitos não enumerados". Corwin, nota 13, supra, p. 384 (grifo meu). Não tenho a menor dúvida de que muitas dessas disposições, embora com uma pequena variação na linguagem, foram inspiradas pela Nona Emenda: a imitação é uma característica evidente das constituições estaduais. Por razões que são inteiramente óbvias, os autores das diferentes constituições estaduais não copiaram nem parafrasearam o Artigo I, Seção 8 ou outras disposições da Constituição Federal relacionadas à limitação do Poder Federal. Mas *realmente* copiaram ou parafrasearam a Nona Emenda.

É, portanto, verdadeira a afirmação de que nenhuma declaração de direitos do século XVIII incluía uma disposição análoga à Nona Emenda, e esse fato merece ser mencionado. Mas as disposições do século XIX também merecem ser mencionadas, o que tende não somente a neutralizar o argumento de Kelly, mas, na verdade, a revertê-lo. O fato de que os constituintes dos estados de, digamos, Maine e Alabama, em 1819, acharam conveniente incluir em suas declarações de direitos disposições essencialmente idênticas à Nona Emenda é praticamente uma prova conclusiva de que eles a interpretavam de acordo com o que ela dizia, e não apenas como algo relacionado à limitação do poder federal.

88. Wellington, "Common Law Rules and Constitutional Double Standards: Some Notes on Adjudication", 83 *Yale L. J.*, pp. 221, 274 (1973).

89. Ver também p. 34. Parece que ele apoiou o uso ativo que fez a Corte da Cláusula da Igual Proteção até o ponto em que se tornou impossível não reconhecer que o poder de controlar a constitucionalidade das classificações é uma competência tão ampla e poderosa quanto o controle substantivo direto. Cf., p. ex., *Griffin vs. Illinois*, 351 U.S. 12 (1956) (juiz Black, voto concorrente majoritário), com *Harper vs. Virginia Board of Elections*, 383 U.S. 663, 670 (1966) (juiz Black, voto divergente).

90. *Griswold vs. Connecticut*, 381 U.S. 479, 511 (1965) (juiz Black, voto divergente).

91. R. Cover, nota 20, supra, p. 27. Ver também o capítulo 3.

92. Ver Purcell, "Alexander M. Bickel and the Post-Realist Constitution", 11 *Harv. C.R.-C.L. L. Rev.* pp. 521, 533 (1976).

93. P. ex., *Dr. Bonham's Case*, 8 Coke Rep. 107, 118ª (1610).

94. Monroe, "The Supreme Court and the Constitution", 18 *Am. Pol. Sci. Rev.*, pp. 737, 740 (1924).

95. 7 Pet. 243 (1833). Ver nota 58 supra.

96. Cf. H. Graham, nota 27, supra, pp. 447-8.

97. Ver também Strong, "Bicentennial Benchmark: Two Centuries of Evolution of Constitutional Processes", 55 *N.C. L. Rev.*, pp. 1, 42-3 (1976).

3. Descobrindo os valores fundamentais

1. A. Bickel, *The Least Dangerous Branch*, p. 55 (1962).
2. Id. p. 103.

3. L. Tribe, *American Constitucional Law*, p. 452 (1978).

4. Sandalow, "Judicial Protection of Minorities", 75 *Mich. L. Rev.*, pp. 1162, 1184 (1977).

5. A. Bickel, nota 1, supra, pp. 109, 68. Ver também, p. ex., id. pp. 39, 79; Miller e Howell, "The Myth of Neutrality in Constitutional Adjudication", 27 *U. Chi. L. Rev.*, pp. 661, 664 (1960). Essa visão é tão predominante que mesmos os críticos mais favoráveis ao trabalho da Corte presidida pelo juiz Warren tendem a invocar a imposição de valores para defender certas decisões dessa Corte que poderiam ser mais bem explicadas pela abordagem desenvolvida nos capítulos seguintes. Ver, p. ex., Cox, "Foreword: Constitucional Adjudication and the Promotion of Human Rights", 80 *Harv. L. Rev.*, pp. 91, 98-9 (1966); Karst, "Invidious Discrimination: Justice Douglas and the Return of the 'Natural-Law-Due-Process Formula'", 16 *U.C.L.A. L. Rev.*, pp. 716, 720 (1969).

6. Wright, "Professor Bickel, the Scholarly Tradition, and the Supreme Court", 84 *Harv. L. Rev.*, pp. 769, 797 (1971). Mas cf. id. p. 785.

7. Chegam perto dessa defesa as teses de Arnold, "Professor Hart's Theology", 73 *Harv. L. Rev.*, p. 1298 (1960); Forrester, "Are We Ready for Truth in Judging?", 63 *A. B. A. J.*, p. 1212 (1977); Craven, "Paean to Pragmatism", 50 *N. C. L. Rev.*, p. 977 (1972); L. Tribe, nota 3, supra, pp. 453-4, 574, 896. Esse posicionamento também parece inerente à tese de que a Corte é "apenas mais um agente político"; p. ex., Dahl, "Decision-Making in Democracy: The Supreme Court as a National Policy-Maker", 6 *J. Pub. L.*, p. 279 (1975); J. Peltason, *Federal Courts in the Political Process* (1955); ou que asseveram, sem considerar a questão das fontes do direito, que a Corte deve agir "quando o Legislativo não age": ver M. Shapiro, *Law and Politics in the Supreme Court*, pp. 240-1 (1964).

8. Linde, "Judges, Critics, and the Realist Tradition", 82 *Yale L. J.* 227, 252 (1972).

9. Ver, p. ex., Braden, "The Search for Objectivity in Constitutional Law", 57 *Yale L. J.*, pp. 571, 588-9 (1948): "Podemos afirmar, não sem certa hesitação, que o critério objetivo [de Frankfurter] é uma expressão de duas coisas: do conjunto de valores que ele crê adequados para a sociedade e da concepção dos limites que ele crê os mais seguros para sua função. Ele acredita em certas coisas com firmeza suficiente para usar seu poder para protegê-las. Em outras, ele acredita, mas não tão firmemente a ponto de arriscar a acusação de abuso de poder."

Essa abordagem muitas vezes é acoplada à afirmação de que os poderes "democráticos" não são tão democráticos assim. No entanto, as obras pioneiras dessa corrente precederam a onda de redistribuição proporcional de número de representantes induzida pela Corte, a recente reforma do processo de indicação dos candidatos a Presidente e a insignificante reforma interna do Congresso: p. ex., M. Shapiro, *Freedom of Speech: The Supreme Court and Judicial Review*, pp. 17-21, 32 (1966). Os observadores mais recentes tendem a se basear nos mais antigos sem notar os desdobramentos que ocorreram. P. ex., Perry, "Substantive Due Process Revisited: Reflections on (and Beyond) Recent Cases", 71 *Nw. U. L. Rev.*, pp. 417, 467-8 e n. 308 (1977). Ver também McCleskey, "Judicial Review in a Democracy: A Dissenting Opinion", 3 *Hous. L. Rev.*, pp. 354, 361-2 (1966) (grifo meu): "A analogia que [Charles] Black propõe [entre o Judiciário e] os funcionários de órgãos administrativos independentes ... é mais difícil. Para começar, é bom lembrar que a situação legal dessas autoridades tem sido criticada... O mais importante é que... o Congresso pode definir os poderes dessas autoridades, limitar suas escolhas políticas, *superar suas decisões e ações por meio da legislação ordinária* e apressar sua saída dos cargos ao dar autoridade de dispensa ao Presidente ou a seus próprios funcionários. Quando acrescentamos a essas considerações o mandato muito mais curto dos funcionários das agências administrativas... e o poder informal do Presidente sobre eles, parece que os controles populares são fortes o suficiente para nos autorizar a considerar 'democráticas' essas instituições."

De qualquer modo, a perspectiva mais apropriada aqui é uma perspectiva comparativa, e não há dúvida de que o Judiciário, pelo menos em nível federal, é muito menos democrático do que o Legislativo e o Executivo. Por fim, "as supostas impurezas e imperfeições em uma parte do sistema não autorizam o abandono total da norma desejável em outra parte". A. Bickel, nota 1, supra, p. 18. Ver também R. Dworkin, *Taking Rights Seriously*, p. 141 (1977): "O argumento supõe... que o Legislativo Estadual é de fato responsável perante o povo da maneira imaginada pela teoria democrática... Em alguns estados, [isso] está bem longe da realidade. Gostaria, contudo, de deixar esse ponto de lado, porque ele não enfraquece o argumento democrático; pelo contrário, é um clamor por uma democracia mais profunda..."

10. *The Federalist* 78, p. 490 (org. B. Wright, 1961) (Hamilton).

11. P. ex., L. Tribe, nota 3, supra, pp. 47-52; Dahl, nota 7, supra; M. Shapiro, nota 7, supra; Forrester, nota 7, supra. Mas ver Casper,

"The Supreme Court and National Policy Making", 70 *Am. Pol. Sci. Rev.*, p. 50 (1976).

12. Ver Dahl, nota 7, supra. Mesmo essa afirmação limitada desconsidera quanto as próprias decisões da Corte ajudam a dar forma à vontade da maioria. Ver p. 70.

13. Ver R. Dahl, *Democracy in the United States*, pp. 233-4 (3.ª ed., 1976); P. Brest, *Processes of Constitutional Decisionmaking*, p. 962 (1975).

14. Ver Ely, "Legislative and Administrative Motivation in Constitutional Law", 79 *Yale L. J.*, pp. 1205, 1306-8 (1970).

15. Choper, "The Supreme Court and the Political Branches: Democratic Theory and Practice", 122 *U. Pa. L. Rev.*, pp. 810, 852-4 (1974). O histórico do Congresso não é tão impecável no que se refere aos tribunais federais inferiores, mas mesmo o afastamento da jurisdição deles foi extremamente raro. Cf. Ely, nota 14, supra, pp. 1306-8.

16. Comparar Choper, nota 15, supra, p. 851, com C. Fairman, *Reconstruction and Reunion 1864-88*, pt. 1, vol. 6 de *History of the Supreme Court of the United States*, pp. 716-38 (org. P. Freund, 1971).

17. A Décima Primeira Emenda anulou *Chisholm vs. Georgia*, 2 Dall. 419 (1793); A Décima Quarta, *Dred Scott vs. Sandford*, 19 How. 393 (1857); a Décima Sexta, *Pollak vs. Farmers's Loan & Trust Co*, 157 U.S. 429 (1895); e a Vigésima Sexta, *Oregon vs. Mitchell*, 400 U.S. 112 (1970).

18. M. Miller, *Plain Speaking*, pp. 225-6 (1973); J. Weaver, *Warren: The Man, the Court, the Era*, pp. 342-3 (1967). Ver também W. Douglas, *Go East, Young Man*, p. 320 (1970); Mavrinac, "From *Lochner* to *Brown vs. Topeka*: The Court and Conflicting Concepts of the Political Process", 52 *Am. Pol. Sci Rev.*, pp. 641, 653 (1958). Pelo menos do nosso ponto de vista, já passado algum tempo, parece que em geral a "culpa" foi mais da incapacidade de previsão da autoridade nomeadora do que de alguma mudança drástica do indivíduo nomeado.

19. Kurland, "Toward a Political Supreme Court", 37 *U. Chi. L. Rev.*, pp. 19-20 (1969).

20. Monaghan, "Constitutional Adjudication: The Who and When", 82 *Yale L. J.*, pp. 1363, 1366 (1973).

21. P. ex., *Dennis vs. Estados Unidos*, 341 U.S. 494, 525 (1951) (Frankfurter, J., voto concorrente); A. Bickel, *Politics and the Warren Court*, p. 198 (1965); Hart, "Foreword: The Time Chart of the Justices", 73 *Harv. L. Rev.*, pp. 84, 100-1 (1959); cf. L. Lusky, *By What Right?*, pp. 20-2 (1975).

22. Ver 1 C. Warren, *The Supreme Court in United States History* (1922); W. Murphy, *Congress and the Court* (1962).

23. E. Rostow, *The Sovereign Prerogative*, p. 165 (1962).

24. No capítulo 4, vou propor e justificar a ideia de que a Corte de Warren não via como parte importante de seu papel a imposição de valores fundamentais. Gostaria também de afirmar que é por isso que o prestígio da Corte não caiu substancialmente – pelo contrário, aumentou – nas décadas recentes, mas talvez esse argumento não se enquadre nas normas do jogo limpo. A Corte de Warren era ativista e era percebida como tal, mas essa percepção não parece ter diminuído significativamente sua força.

Em 1964, o professor Philip Kurland reconheceu em seus escritos, de maneira bastante franca, que "provaram-se errados aqueles que temiam que a Corte corria o risco de ser destruída por afirmar seus poderes com excessiva frequência e veemência". Kurland, "Foreword: Equal in Origin and Equal in Title to the Legislative and Executive Branches of the Government", 78 *Harv. L. Rev.*, pp. 143, 175 (1964). Mas as decisões da Corte de Warren o deixaram bastante chateado; ver, p. ex., Kurland, "Earl Warren, the 'Warren Court' and the Warren Myths", 67 *Mich. L. Rev.*, p. 353 (1968), e em 1969 ele também nos dizia – embora nada tivesse acontecido nos cinco anos anteriores para corroborá-lo – que "o caráter essencialmente antidemocrático da Corte coloca-a em permanente risco de destruição". Kurland, nota 19, supra, p. 20. Ver também A. Bickel, *The Supreme Court and the Idea of Progress* 32 (1970), aprovando o ativismo da Corte de Warren na área do processo penal, embora tais decisões estivessem entre as mais controversas da Corte.

25. Ver também, p. ex., Cox, "The New Dimensions of Constitutional Adjudication", 51 *Wash L. Rev.*, pp. 791, 826-7 (1976); *Washington Post*, 10 de julho, 1978, p. A4, col. 1 (reportagem sobre a pesquisa de Harris).

26. Karst and Horowitz, "*Reitman vs. Mulkey*: A Telophase of Substantive Equal Protection", 1967 *Sup. Ct. Rev.*, pp. 39, 79. Ver também M. Shapiro, nota 9, supra, pp. 38-9.

27. Certamente seria um exagero afirmar que a Corte não precisa levar em conta a opinião pública. Mas isso não prova muita coisa: "o ditador absoluto – um Hitler, um Stálin, um Perón – ... por mais despótico que seja, é às vezes obrigado a levar em conta os sentimentos da população..." H. Mayo, *An Introduction to Democratic Theory*, p. 60 (1960).

28. P. Roth, *The Great American Novel*, p. 19 (1973).

29. Ver C. Mullett, *Fundamental Law and the American Revolution, 1760-1776* (1933); C. Rossiter, *Seedtime of the Republic* (1953); C. Becker, *The Declaration of Independence*, capítulo 2 e pp. 240-8 (1922); H. Graham, *Everyman's Constitution* (1968); Grey, "Origins of the Unwritten Constitution: Fundamental Law in American Revolutionary Thought", *30 Stan. L. Rev.*, p. 843 (1978).

30. W. Blackstone, *Commentaries*, citados em J. Stone, *The Province and Function of Law*, p. 227 (1946). Ver também, p. ex., Corwin, "The 'Higher Law' Background of American Constitutional Law", *42 Harv. L. Rev.*, pp. 149, 152 (1928). Na verdade, em nenhum dos períodos em questão houve uma interpretação única para o significado desse conceito, e muito menos para o seu conteúdo; o "direito natural" sempre teve significados diferentes para diferentes pessoas. Ver B. Wright, *American Interpretations of Natural Law*, pp. 333-45 (1931); C. Rossiter, nota 29, supra, pp. 366-7. Cf. A. d'Entrèves, *Natural Law*, pp. 13-7 (2.ª ed., 1970).

31. R. Cover, *Justice Accused*, p. 27 (1975), citado integralmente à p. 39. Ver também, p. ex., B. Bailyn, *The Ideological Origins of the American Revolution*, pp. 198-229 (1967); G. Wood, *The Creation of the American Republic, 1776-1787*, pp. 259-60, 267-8, 290-5, 552 (1969); J. Goebel, *Antecedents and Beginnings to 1801*, vol. 1 de *History of the Supreme Court of the United States*, p. 95 (org. P. Freund, 1971). E nenhuma discussão sobre o raciocínio vigente na época seria completa sem a passagem obrigatória (embora muitas vezes citada fora de contexto) de Bentham: "Os direitos naturais simplesmente não têm sentido; direitos naturais e imprescritíveis são uma bobagem retórica – um disparate sobre pernas de pau." Bentham, "Anarchical Fallacies", em 2 *Works of Jeremy Bentham*, p. 501 (org. J. Bowring, 1962) (grifo omitido).

32. Ver G. Wood, nota 31, supra; C. Becker, nota 29, supra, pp. 233-4. Cf. Horwitz, "The Emergence of an Instrumental Conception of American Law, 1780-1820", em 5 *Perspectives in American History*, p. 287 (org. D. Fleming e B. Bailyn, 1971).

33. Ver, p. ex., G. Wills, *Inventing América*, p. 60 e capítulo 24 (1978); J. Goebel, nota 31, supra, p. 89; R. Palmer, *The Age of Democratic Revolution*, vol. 1, *The Challenge*, pp. 181, 234-5 (1959); C. Rossiter, nota 29, supra, pp. 142-3, 319-20, 367, 376-7, 437-9; 1 *Journals of the Continental Congress*, p. 67 (1774) (preâmbulo, fundamentando a Declaração de Direitos nas "leis imutáveis da natureza, os princípios da Constituição inglesa e as várias cartas constitucionais ou pactos" das colônias); *Vanhorne vs. Dorrance*, 28 F. Cas. 1012, 1014-6 (C. C. D. Pa. 1795) (n.º 16.857).

34. J. Pole, *The Pursuit of Equality in American History*, p. 11 (1978). Ver também id. p. 46.

35. O fato de que muitas pessoas, na época – seguindo uma versão da teoria dos direitos naturais derivada em grande parte de Hobbes e Locke –, teriam afirmado que os direitos naturais haviam sido "assimilados" pelas garantias escritas da Declaração de Direitos, e, logo, suplantados por elas (ver, p. ex., Corwin, nota 30, supra, p. 409; ver também nota 41 infra) parece, em certo sentido, não ter relação alguma com esta discussão. A tarefa que está diante de nós é a de localizar uma fonte de valores com os quais possamos dar conteúdo a disposições tão abertas quanto a Nona Emenda, cuja implicação manifesta é a de que a categoria dos direitos protegidos *não* se reduz àqueles explicitamente citados no documento. Ver capítulo 2. É verdade, no entanto, que a adoção de uma Declaração de Direitos constitui certa prova de que o compromisso com a filosofia jusnaturalista não era absoluto.

36. Ver, p. ex., H. Graham, nota 29, supra, capítulos 4 e 7; C. Fairman, nota 16, supra, pp. 1128-34.

37. Ver também capítulo 4. O argumento de Salmon P. Chase, adotado nos discursos republicanos de 1856 e 1860, de que a escravidão era uma criação do direito local e o Congresso não possuía autoridade constitucional para sancioná-la em lugar algum dentro da jurisdição federal, era bem mais plausível, mas tinha outra finalidade. Ver E. Foner, *Free Soil, Free Labor, Free Men*, pp. 73-4, 83 (1970).

38. B. Wright, nota 30, supra, pp. 332-3.

39. R. Cover, nota 31, supra. Hoje em dia, outros historiadores do direito buscam limitar as implicações da análise de Cover, notando que pelo menos a parte inicial do período sobre o qual ele escreve foi bem diferente das épocas que a precederam e sucederam, pois atribuía-se relativamente pouca importância à ideia de uma "lei superior". Ver, p. ex., Nelson, "The Impact of the Anti-slavery Movement upon Styles of Judicial Reasoning in Nineteenth Century America", 87 *Harv. L. Rev.*, p. 513 (1974); cf. Horwitz, nota 32, supra. Esse ponto de vista tem algum sentido, mas, por outro lado, as ideias não aparecem e desaparecem da história como se fossem personagens dos livros de Vonnegut. Cover de fato mostra que a ideia de uma "lei superior" fazia parte do repertório dos abolicionistas desde o começo, mas esforça-se por demonstrar o que isso significava e não significava para os observadores contemporâneos.

40. R. Cover, nota 31, supra, p. 29. Ver também id. pp. 16-7, 150. Cf. A. d'Entrèves, nota 30, supra, pp. 86-7, 91, 93-5.

41. P. ex., R. Cover, nota 31, supra pp. 16-8, 25-6, 34, 169, 172; W. Brock, *Conflict and Transformation*, pp. 111, 391 (1973). *Calder vs. Bull*, 3 Dall. 386 (1789), é geralmente citado como a referência "menos equívoca" da Suprema Corte à possibilidade de uma lei ser considerada inconstitucional por violar o direito natural. Ver P. Brest, nota 13, supra, pp. 709-10; G. Gunther, *Cases and Materials on Constitutional Law*, pp. 550-2 (9.ª ed. 1975). É algo que merece uma releitura. Todos os juízes da Suprema Corte concordaram com o resultado, mas não houve um voto unificado da Corte; cada um dos quatro membros da turma redigiu seu voto pessoal. O voto do juiz Iredell condena vigorosamente o conceito de direito natural. O juiz Cushing não diz nada pertinente sobre o assunto, então devemos nos basear no voto do juiz Chase e, até certo ponto, no do juiz Paterson. O voto do juiz Chase parece ecoar noções de direito natural: "Um ato legislativo (pois não posso chamá-lo de lei) contrário aos grandes princípios fundamentais do contrato social não pode ser considerado um exercício legítimo de autoridade legislativa." 3 Dall. p. 388 (grifo omitido). Mas ele concorreu com os demais ao confirmar a lei em questão (uma lei de Connecticut que anulava uma decisão judicial e determinava um novo julgamento!). E por quê? Bem, de acordo com Chase, "a única questão é se essa resolução ou lei de Connecticut, com os efeitos que tem, é uma lei *ex post facto* que se enquadre na proibição da Constituição Federal". Id. p. 387 (grifo omitido). E em relação a essa "única questão" Chase assume uma postura agressivamente positivista, até literalista: "a expressão 'lei *ex post facto*' é *técnica* e tem sido usada desde bem antes da Revolução. Adquiriu significado próprio com os trabalhos de legisladores, advogados e autores." Id. p. 391 (grifo omitido). Ver também id. p. 390. Em particular, acreditava-se que a proibição das leis *ex post facto* não se estendia aos litígios civis. (Na verdade, pode-se provar com fortes argumentos que essa interpretação histórica estava errada. Ver Ely, nota 14, supra, p. 1312 n. 324 e as fontes citadas.) O que aconteceu com a referência ao direito natural pela qual a decisão é lembrada? Por que essa adesão servil à linguagem explícita do documento e àquilo que Chase acreditava ser a intenção mais estreita de seus redatores? A resposta não parece ser a mais óbvia, a de que a lei em questão satisfazia também o sentido mais amplo que Chase tinha de justiça. Na verdade, parece que ela não satisfazia: "Toda lei que elimina ou prejudica os direitos adquiridos em concordância com as leis existentes é retroativa e, em geral, injusta..." 3 Dall, p. 391 (grifo omitido). Parece que o que ele quis dizer, no fim, é que, no contexto americano, não há uma noção judicialmente exi-

gível de direito natural fora daquela que os termos da Constituição oferecem.

Isso é dito de maneira bastante explícita por Paterson: "Eu tinha o grande desejo de estender a disposição constitucional às leis retroativas em geral. Não há nem vantagem política nem segurança jurídica em tais leis; e, portanto, sempre tive por elas grande aversão. Pode-se, em geral, afirmar sem sombra de dúvida, sobre as leis retroativas de todo tipo, que elas não estão de acordo nem com a legislação nem com os princípios fundamentais do contrato social. Mas, levando-se em conta todos os argumentos, estou convencido de que as leis *ex post facto* devem ser limitadas da maneira já expressa; devem ser tomadas em sua acepção técnica, que também é a mais geral e comum, e não devem ser compreendidas no sentido literal." Id. p. 397 (grifo omitido). Uma leitura atenta do voto de Chase nos revela o mesmo posicionamento. As leis "contrárias aos grandes princípios fundamentais do contrato social" são de fato nulas, mas esse contrato social está incorporado à nossa Constituição. Chase admitia que não podia "aceitar a onipotência de um Legislativo estadual, ou que ele seja absoluto e sem controle; embora sua autoridade não deva ser expressamente restringida pela Constituição, ou lei fundamental, do estado". Id. p. 387-8 (grifo omitido). Mas prestemos mais atenção às duas últimas palavras. (O contexto deixa bastante claro que "estado" se referia a uma das unidades políticas que perfazem a união; Chase usava o termo "governo" para se referir ao "Estado" em seu sentido mais abstrato.) Tudo o que ele diz aqui (e o resto de seu voto, especialmente quando chega ao dispositivo, não podem ser compatibilizado com nenhum outro posicionamento) é que a Constituição dos Estados Unidos, principalmente a Cláusula *Ex Post Facto*, controla as ações estaduais. Ele não gostava da lei em questão, e deixou isso claro, mas em nosso sistema o único "direito natural" aplicável pelos tribunais está consignado no documento: é por isso que "a única questão" é o significado da proibição das leis *ex post facto*. Para uma opinião semelhante, ver *Ogden vs. Saunders,* 12 Wheat. 213, 347-8, 351, 353-4 (1827) (Marshall, C. J., voto divergente). Assim, a discussão de Chase com Iredell parece ter sido somente filosófica. Em relação às fontes da teoria constitucional, eles concordavam plenamente, e o caso *Calder*, longe de dar o respaldo da jurisprudência à noção de que o direito natural é aplicável em nome da Constituição, surge, sob uma inspeção mais cuidadosa, como uma jurisprudência fortemente contrária a essa visão. Mas ver *Fletcher vs. Peck,* 6 Cranch. 87, 143 (1810) (Johnson, J., voto concorrente).

42. C. Haines, *The Revival of Natural Law Concepts*, pp. vii-viii (1930).

43. 16 Wall. 130, 141 (1872) (Bradley, J., voto concorrente). A confiança na "natureza das coisas" ressurge em *Plessy vs. Ferguson*, 163 U.S. 537, 544 (1986).

44. B. Wright, nota 30, supra, pp. 339-40. Ver também C. Rossiter, nota 29, supra, pp. 366, 375.

45. Cf. H. Mayo, nota 27, supra, pp. 181-2 (o direito natural historicamente invocado tanto contra como a favor da democracia); E. Warren, *The Memoirs of Earl Warren*, pp. 302-3 (1977) (dividido na reação "de inspiração religiosa" a *Brown vs. Board of Education*); Katz, "Republicanism and the Law of Inheritance in the American Revolutionary Era", 76 *Mich. L. Rev.*, pp. 1, 8-9 (1977): "No que se refere ao direito de herança, a doutrina dos direitos naturais pode conduzir a duas conclusões opostas. Por um lado, pode simplesmente confirmar o direito de herança e erigir-se numa garantia constitucional definitiva contra a abolição legislativa de tal direito... Por outro lado, a filosofia jusnaturalista da Declaração poderia ter estimulado um igualitarismo radical... condenando o direito tradicional à herança..."

46. Ver C. Becker, nota 29, supra, pp. 249-55.

47. R. Cover, nota 31, supra, p. 152.

48. Ver, p. ex., C. S. Lewis, *The Abolition of Man*, pp. 51-61 (1947) [trad. bras. *A abolição do homem*, São Paulo, Martins Fontes, 2005]; *Calder vs. Bull*, 3 Dall. 386, 388 (1789) (Chase, J.). Cf. *The Federalist* 31, pp. 236-7 (org. B. Wright, 1961) (Hamilton).

49. R. Unger, *Knowledge and Politics*, p. 241 (1975).

50. Ver também E. Purcell, *The Crisis of Democratic Theory*, p. 235 (1973); R. Dahl, *A Preface to Democratic Theory*, p. 45 (1956); cf. C. Rossiter, nota 29, supra, pp. 437-8.

51. B. Wright, nota 30, supra, pp. 330-1.

52. Mas ver *Meachum vs. Fano*, 427 U.S. 215, 230 (1976) (Stevens, J., voto divergente).

53. Cf. Ely, nota 14, supra, pp. 1243, 1246-7 n. 130.

54. Ver, p. ex., R. Dworkin, nota 9, supra, pp. 155-6; Smart, "An Outline of a System of Utilitarian Ethics", em J. Smart e B. Williams, *Utilitarianism: For and Against*, p. 8 (1973); C. Fried, *An Anatomy of Values*, pp. 26-7 (1970); J. Rawls, *A Theory of Justice*, pp. 46-53 (1971); Thomson, "A Defense of Abortion", 1 *Phil. And Pub. Aff.*, p. 47 (1971).

55. 73 *Harv. L. Rev.*, p. 1 (1959).

56. Ver, p. ex., Amsterdam, "Perspectives on the Fourth Amendment", 58 *Minn. L. Rev.*, pp. 349, 351-2 (1974). Cf. Holmes, "Codes

and the Arrangement of the Law", 44 *Harv. L. Rev.*, p. 725 (1931); Arnold, nota 7, supra, pp. 1311-2.

57. Ver, p. ex., A. Cox, *The Role of the Supreme Court in American Government*, p. 113 (1976): "Minha crítica a *Roe vs. Wade* é que a Corte não provou a legitimidade de sua decisão, pois não formulou um preceito abstrato o suficiente para guindar o veredicto a um nível que supere o de um simples juízo político baseado nos dados atualmente disponíveis das ciências médicas, físicas e sociais." A discussão que se segue deixa claro que há, como de fato deve haver, outra fonte que informa o conteúdo do princípio proclamado; na opinião de Cox, que esse princípio seja capaz de lançar "raízes na comunidade e tenha uma permanência significativa". Id. p. 114. Mas ver pp. 63-9.

58. Ver também Bork, "Neutral Principles and Some First Amendment Problems", 47 *Ind. L. J.*, pp. 1, 7-8 (1971); Deutsch, "Neutrality, Legitimacy, and the Supreme Court: Some Intersections between Law and Political Science", 20 *Stan. L. Rev.*, pp. 169, 187-97 (1968); A. Bickel, nota 1, supra, p. 55.

59. Comparar, p. ex., *Nixon vs. Administrator of General Services*, 433 U.S. 425 (1977), com *United States vs. Brown*, 381 U.S. 437 (1965).

60. Ver também Wright, nota 6, supra, pp. 776-7; Note, "Civil Disabilites and the First Amendment", 78 *Yale L. J.*, pp. 842, 851 n. 39 (1969).

61. Wellington, "Common Law Rules and Constitutional Double Standards: Some Notes on Adjudication", 83 *Yale L. J.*, pp. 212, 246-7 (1973).

62. A. Bickel, nota 24, supra, p. 87.

63. A. Bickel, nota 1, supra, pp. 25-6. Ver também, p. ex., Wellington, nota 61, supra, p. 246: "Essa tarefa pode ser chamada de *método da filosofia.*"

64. Id. p. 249.

65. A. Bickel, nota 1, supra, p. 267. Cf. Purcell, "Alexander M. Bickel and the Post-Realist Constitution", 11 *Harv. C. R.-C. L. L. Rev.*, pp. 521, 554 (1976): "Em *The Least Dangerous Branch*, Bickel vê os tribunais como uma voz especial da razão, singularmente bem equipados para elaborar princípios apropriados; o processo político lhe parece imprevisível e dado a excessos. Quando os princípios tornaram-se 'ideológicos', no fim da década de 1960, e Bickel desistiu de tentar promover a reforma moral e passou a almejar a tranquilidade social, seus juízos inverteram-se. O Judiciário tornou-se imprevisível, o sistema político tornou-se racional."

66. McCleskey, nota 9, supra, p. 360. De fato, podemos propor a hipótese de que, quanto mais perto a Corte fica de um raciocínio manifestamente baseado em valores fundamentais, pior é seu desempenho. Ver, p. ex., pp. 50-1; *Scott. vs. Sandford*, 19 How. 393 (1857); *Lochner vs. New York*, 198 U.S. 45 (1905); *Roe vs. Wade*, 410 U.S. 113 (1973). Aparentemente, não há razões para esperar algum tipo de melhora.

67. Arnold, nota 7, supra, p. 1311.

68. J. Rawls, nota 54, supra; R. Nozick, *Anarchy, State, and Utopia* (1974).

69. Dworkin, "The Jurisprudence of Richard Nixon", *New York Re. Books*, 4 de maio de 1972, pp. 27, 35 (1972), reproduzido em R. Dworkin, nota 9, supra, p. 149.

70. Ver B. Ackerman, *Private Property and the Constitution*, p. 284 n. 47 (1977).

71. Ver Tushnet, " '... And Only Wealth Will Buy You Justice' – Some Notes on the Supreme Court, 1972 Term", 1974 *Wisc. L. Rev.* p. 177, 181: "O movimento feminista é habitualmente considerado um movimento de classe média... A realidade não importa. O que importa é como os juízes da Suprema Corte veem as coisas, e, dado o modo como os meios de comunicação apresentam o movimento feminista, está claríssimo que eles o veem como algo que diz respeito muito de perto às suas esposas e amigas." Não por coincidência, foi o 95º. Congresso que prorrogou o prazo para a ratificação da Emenda dos Direitos Iguais. Ver Kaiser e Russel, "A Middle Class Congress – Haves over Have-Nots", *Washington Post*, 15 de outubro de 1978, p. 1, col. 3. Ver também Chapman, "The Rich Get Rich, and the Poor Get Lawyers", *New Republic*, 24 de setembro de 1977, p. 9 (um dos poucos bens que a sociedade fornece em espécie para os pobres são os advogados, já que os advogados dominantes decidiram que são um bem muito importante).

72. P. ex., *San Antonio Indep. School Dist. vs. Rodriguez*, 411 U.S. 1, 37 (1973); id. p. 115 n. 74 (Marshall, J., voto divergente). Mas cf. *Dandridge vs. Williams*, 397 U.S. 471, 508 (1970) (Marshall, J., voto divergente). Cf. Fiss, "Groups and the Equal Protection Clause", 5 *Phil. And Pub. Aff.*, pp. 107, 144 (1976); Tushnet, nota 71, supra, p. 190.

73. McCloskey, "Economic Due Process and the Supreme Court: An Exhumation and Reburial", 1962 *Sup. Ct. Rev.*, pp. 34, 46.

74. Hart, nota 21, supra, p. 101. Ver também, p. ex., Tushnet, "The Newer Property: Suggestion for the Revival of Substantive Due Process", 1975 *Sup. Ct. Rev.*, pp. 261, 279: "O direito ao devido processo substancial deve ser assegurado, mas somente na medida já estabe-

lecida pelas opiniões responsáveis. A Corte deve procurar essas opiniões em fontes como o Instituto de Direito Americano..."
75. R. Dahl, nota 13, supra, p. 24.
76. G. Wills, nota 33, supra, p. xiii (parafraseando Willmoore Kendall).
77. Ver, p. ex., *Moore vs. City of East Cleveland*, 431 U.S 494, 503 (1977) (juiz Powell, voto concorrente majoritário); *Duncan vs. Lousiana*, 391 U.S. 145, 176-7 (1968) (juiz Harlan, voto divergente); cf. A. Bickel, nota 1, supra, p. 236.
78. Ver Kadish, "Methodology and Criteria in Due Process Adjudication – As Survey and Criticism", 66 *Yale L. J.*, pp. 319, 327-33 (1957).Ver também *Moore vs. City of East Cleveland*, 431 U.S. 494, 549--50 (1977) (juiz White, voto divergente).
79. P. ex., *Wolf vs. Colorado*, 338 U.S. 25, 28-30 (1949). Mas cf. *United States ex rel Toth vs. Quarles*, 350 U.S. 11, 29-31, n. 11 (1955) (juiz Reed, que não obteve o apoio do juiz Frankfurter, voto divergente).
80. Assim, p. ex., em *Betts vs. Brady*, 36 U.S 455 (1942), a maioria e os votos vencidos chegaram a conclusões diametralmente opostas sobre a questão de as tradições americanas exigirem ou não a nomeação de advogados para aqueles que não podem pagar.
81. 438 U.S. 265 (1978).
82. Mas cf. Ely, "Foreword: On Discovering Fundamental Values", 92 *Harv. L. Rev.*, pp. 5, 9-10, n. 33 (1978).
83. 438 U.S. p. 291 (juiz Powell). Ver também id. p. 290 (citando *Hirabayashi vs. United States*, 320 U.S. 81, 100 (1943)): "As distinções entre cidadãos, operadas por motivos étnicos, são por sua natureza contrárias a um povo livre..."; 438 U.S. p. 361 (juízes Brennan, White, Marhsall e Blackmun, votando parcialmente a favor e parcialmente contra a decisão vencedora): "Esse princípio... está profundamente enraizado..." Essa referência foi praticamente inevitável, já que a conclusão não pode ser apoiada pela decisão *Carolene Products*, ver capítulo 6, e não há nenhuma outra fonte de valores que lhe dê sustentação plausível. Não existe, p. ex., nenhum consenso entre os filósofos contemporâneos, ou mesmo entre os leigos, de que os programas de ação afirmativa são moralmente errados.
84. De modo quase perverso, os casos mostrados como exemplo são *Hirabayashi vs. United States*, 320 U.S. 81 (1943), e *Korematsu vs. United States*, 323 U.S. 214 (1944). 438 U.S. pp. 287-91 (juiz Powell).
85. O juiz Powell corretamente critica o voto do juiz Stevens por fazer esse tipo de citação fora de contexto ao tratar do Título VI da Lei

de Direitos Civis de 1964, 42 U.S.C. §§ 2000d a 2000d-4 (1976): "Embora afirmações isoladas de diferentes membros do Legislativo, tiradas de seu contexto, possam ser invocadas para apoiar a hipótese de que o § 601 propõe um esquema que absolutamente não leva em conta as distinções de cor de pele... esses comentários devem ser lidos considerando-se o contexto do... problema que o Congresso tinha em mãos." 438 U.S. pp. 284-5.

86. Cf., p. ex., L. Tribe, nota 3, supra, pp. 944-6: "É importante que se defina o nível de generalidade aplicado para se averiguar os antecedentes históricos de uma pretensa liberdade constitucional. Está claro que a homossexualidade sempre deu causa à rejeição e à ignomínia... Quando nos perguntamos se um suposto direito faz parte das liberdades tradicionais, é essencial definir a liberdade num nível de generalidade amplo o suficiente para permitir que as variantes não convencionais mereçam tanta proteção quanto as versões tradicionais da conduta protegida. A questão correta, portanto, é se a intimidade dos atos sexuais privados reflete uma liberdade tradicionalmente respeitada... Uma vez que essa tradição seja reconhecida como o ponto de referência, ela nos dará um escopo grande o suficiente para abarcar tanto as variantes homossexuais como as heterossexuais."

87. Ver também Christie, "A Model of Judicial Review of Legislation", 48 S. *Cal. L. Rev.*, pp. 1306, 1320 (1975).

88. Capítulo 200, 14 Stat. 173; ver 438 U.S. 397-8 (juiz Marshall). A descrição do juiz Marshall talvez não saliente de maneira adequada o fato de que muitos dos benefícios da Lei estavam reservados, de modo bastante explícito, às pessoas "de cor" ou àquelas de ascendência "africana". Ver as disposições citadas em dossiê do NAACP Legal Defense and Educational Fund, Inc., como *amicus curiae*, pp. 11-2. Ver também, p. ex., id. pp. 45-8 (descrevendo a *Colored Servicemen's Claim Act* [lei que regulava as pretensões dos negros que combateram na Guerra Civil Americana], de 1867, J. Res. 30, 15 Stat. 26). Estou certo de que não havia nada semelhante a ações afirmativas para as minorias raciais antes da Guerra Civil, mas é preciso bastante coragem para considerar que as tradições raciais daquele período são fontes pertinentes de princípios.

89. Ver o capítulo 6.

90. Na verdade, os constituintes raramente decidem explicitar na própria Constituição seus próprios juízos de valor (o que é bastante sábio), concentrando-se, em vez disso, nos processos por meio dos quais esses juízos devem ser feitos. Ver capítulo 4.

91. "The Supreme Court, 1979 Term", 91 *Harv. L. Rev.* 70, 136 (1977).
92. P. ex., *Duncan vs. Lousiana*, 391 U.S. 145, 176-7 (1968) (juiz Harlan, voto divergente); *Poe vs. Ullman*, 367 U.S. 497, 542 (1961) (juiz Harlan, voto divergente); A. Bickel, nota 1, supra, p. 236; F. Hayek, *The Constitution of Liberty*, pp. 106-7 (1960).
93. I, 427 U.S. 50, 70 (1976) (juiz Stevens, voto concorrente majoritário).
94. Sandalow, nota 4, supra, p. 1193.
95. P. ex., A. Bickel, nota 1, supra, pp. 43, 238; Grey, "Do We Have an Unwritten Constitution?" 27 *Stan. L. Rev.*, pp. 703, 709 (1975); Karst and Horowitz, nota 26, supra, pp. 57-8; Michelman, "In Pursuit of Constitutional Welfare Rights: One View of Rawls' Theory of Justice", 121 *U. Pa. L. Rev.*, pp. 962, 1001-18 (1973); Tribe, "Structural Due Process", 10 *Harv. C.R.-C. L. L. Rev.*, pp. 269, 304, 311-2 (1975). Comparar com R. Dworkin, nota 9, supra, p. 126, com id. p. 185. Cf. M. Walzer, *Just and Unjust Wars: A Moral Argument with Historical Illustrations*, p. 107 (1977) [trad. bras. *Guerras justas e injustas*, São Paulo, Martins Fontes, 2003].
96. Ver também, p. ex., A. Cox, nota 57, supra, pp. 113-4, 117; Deutsch, nota 58, supra, pp. 196-7; Greenawalt, "The Enduring Significance of Neutral Principles", 78 *Colum. L. Rev.*, pp. 982, 1015-6 (1978).
97. Wellington, nota 61, supra, p. 284. Ver também, p. ex., Perry, nota 9, supra, p. 421 (grifo meu): "Dizer que o direito à privacidade protege a decisão de abortar tomada por uma mulher é *necessariamente* o mesmo que dizer que o objetivo de proibir tais decisões não encontra fundamento na moral convencional."
98. Wellington, nota 61, supra, p. 299. Ele também afirma que sua abordagem é "derivada da natureza da democracia norte-americana". Id. p. 285.
99. F. Hayek, nota 92, supra, p. 181.
100. Levinson, "The Specious Morality of the Law", *Harper's*, maio de 1977, pp. 35, 40. Ver também 3 J. Story, *Commentaries on the Constitution of the United States* § 1289, pp. 167-8 n. 2 (1833): "Uma coisa é acreditar numa teoria universalmente aceita porque nós mesmos a consideramos clara; e outra, bastante diferente, é estabelecer o fato... Se quem deve decidir as questões constitucionais é a opinião pública, e não os funcionários do governo em seus debates e decisões deliberadas (um curso de ação bastante novo nos anais da jurisprudência), seria desejável dispor de um meio qualquer para verificá-la

de forma satisfatória e conclusiva e submetê-la a um critério uniforme, independente de conjecturas meramente privadas. Tal meio não foi ainda fornecido pela constituição. E, talvez, perceberemos, com a devida análise, que opiniões diferentes prevalecem ao mesmo tempo sobre o mesmo assunto, no norte, no sul, no leste e no oeste... A natureza humana ainda não nos brindou com o extraordinário espetáculo de uma concordância entre todas as mentes, sobre todas as coisas; nem sobre todas as verdades, sejam morais, políticas, civis ou religiosas."

101. Jaffe, "Was Brandeis an Activist? The Search for Intermediate Premises", 80 *Harv. L. Rev.*, pp. 986, 994 (1967). Mas cf. id. p. 998. Ver também Braden, nota 9, supra, pp. 584-5.

102. R. Unger, nota 49, supra, p. 78.

103. *Breithaupt vs. Abram*, 352 U.S. 432, 436 (1957). Mas cf. *Schmerber vs. California*, 384 U.S. 767 (1966), que adota uma abordagem aparentemente mais sensata diante de tais questões. (Se a apreensão em questão é legal sob a Quarta Emenda, o fato de ter sido utilizada a força para vencer a resistência não vem ao caso.)

104. *Furman vs. Georgia*, 408 U.S. 238, 299-300 (1972) (juiz Brennan, voto concorrente); id. 360-9 (juiz Marshall, voto concorrente).

105. Ver *Roberts vs. Louisiana*, 428 U.S. 325, 353-5 (1976) (juiz White, voto divergente). Comparar Wright, "The Role of the Judiciary: From *Marbury* to *Anderson*", 60 *Calif. L. Rev.*, pp. 1262, 1273 (1972) – em que o juiz Presidente da Corte Estadual, defendendo o controle judicial de constitucionalidade contra a acusação de que ele é antidemocrático, citou a invalidação da pena de morte pelo seu tribunal como uma decisão devidamente baseada nos padrões comunitários contemporâneos – com *Cal. Const.* art. I, § 27, subsequentemente anulando essa decisão. Sobre a constitucionalidade da pena capital, ver também o capítulo 6.

106. A. Bickel, nota 1, supra, pp. 237-8.

107. Ver G. Allport, *The Nature of Prejudice*, p. 76 (1954).

108. Cf. Purcell, nota 65, supra, p. 539: "Apesar de seu conceito relativista de valor, Bickel não conseguiu resistir a lançar sobre bases absolutas o ideal da igualdade racial. Insistiu em que a decisão *Plessy* foi moralmente errada. Mas com base em seus próprios critérios pragmáticos poderíamos argumentar de pronto que ela foi moralmente correta. Na verdade, *Plessy* obedeceu ao padrão da sabedoria convencional: foi supostamente baseada nos valores morais partilhados por uma grande maioria; ganhou a aprovação tanto de sua época quanto dos cinquenta anos que se lhe seguiram. Poderíamos argu-

mentar também que a doutrina do 'separados mas iguais' era em si mesma um princípio neutro."

109. Ver, p. ex., C. Curtis, *Lions Under the Throne*, p. 332 (1947); R. Hofstadter, *Social Darwinism in American Thought*, cap. 2 (ed. rev. 1955). Cf. R. Billington, *American History after 1865*, pp. 86-98, 161-78 (1950); G. Kolko, *The Triumph of Conservatism* (1963).

110. Wellington, nota 61, supra, p. 285. Ver também Perry, "The Abortion Funding Cases: A Comment on the Supreme Court's Role in American Government", 66 *Geo. L. J.*, pp. 1191, 1217 (1978); A. Cox, nota 57, supra, p. 88.

111. Wellington, nota 61, supra, p. 311. As únicas notas de rodapé omitidas são as referências às seções do Instituto Americano de Direito mencionadas. O prof. Perry tem uma técnica diferente: para apoiar a afirmação de que uma ou outra disposição reflete ou não a moral convencional, ele tende a citar as decisões da Suprema Corte. P. ex., Perry, nota 9, supra, p. 432 e n. 95.

112. Mesmo o prof. Perry não acompanha Wellington neste ponto. Ver Perry, "Abortion, the Public Morals, and the Police Power: The Ethical Function of Substantive Due Process", 23 *U.C.L.A. L. Rev.*, pp. 689, 733-4 (1976). Comparar também Wellington, nota 61, supra, pp. 292-7, com Gerety, "Redefining Privacy", 12 *Harv. C.R.-C.L. L. Rev.*, pp. 233, 279-80 (1977).

Wellington diz que sua técnica consiste em "notar atitudes comumente aceitas e raciocinar a partir delas". Wellington, supra, p. 310. No entanto, as melhores provas de quais são as atitudes comumente aceitas sobre este assunto – além, é claro, da legislação em si, que Wellington gostaria de pôr à prova com sua técnica – parecem ir contra ele. De acordo com a pesquisa Gallup mais recente, a maioria do povo norte-americano de fato favorece o aborto legalizado durante o primeiro trimestre nos casos de gravidez causada por estupro e ameaça à vida da mãe (embora a maioria se oponha a tal direito durante o segundo e terceiro trimestres, em caso de estupro). No entanto, uma maioria, embora modesta, também favorece o aborto legalizado no primeiro trimestre na situação em que Wellington reconhece que há apoio insuficiente por parte da moral convencional, aquela em que a saúde da mãe corre perigo. (O aborto legal durante o primeiro trimestre nos casos de ameaça à saúde *mental* da mãe tem apoio de apenas 42%.) O fato de que, no geral, existe mais apoio popular para o direito ao aborto nos casos em que a saúde física da mãe corre risco (por trimestre: 54%, 46% e 34%) do que nos casos de gravidez em decorrência de estupro (65%, 38% e 24%), provavelmente não prova muita coisa, já que as baixas percentagens no segundo e terceiro trimestres no caso de estupro podem se originar da opinião de que o aborto deveria ter sido feito mais cedo. Mas essa tese não explica o fato de que em todos os trimestres há mais apoio popular ao aborto legal em casos de ameaça à saúde física da mãe (54%, 46% e 34%) que nos casos em que "existe a possibilidade de que o bebê nasça deformado (45%, 39% e 24%).Ver o Índice de Opinião Gallup, pesquisa n.º 153 (abril de 1978). Na verdade, vê-se que é a minoria que apoia o direito ao aborto em qualquer um dos trimestres no caso de deformidade do bebê. O que Wellington afirma, portanto, é que "atitudes comumente aceitas" dão apoio (a ponto de justificar a inconstitucionalidade da legislação) a um direito a que, na verdade, a maioria se opõe, e que tais atitudes não apoiam um direito que a maioria na verdade apoia. Obviamente, não estou sugerindo que os resultados dessas pesquisas de opinião sejam utilizados para "corrigir" as afirmações de Wellington antes de impô-las como parte do direito constitucional: não é assim que fazemos as leis numa democracia representativa. Eu os invoco apenas para reforçar a conclusão de que, quando os juízes têm a pretensão de possuir uma melhor compreensão das "atitudes comumente aceitas", em comparação com os representantes eleitos, é quase certo que eles estão enganados. Wellington é um pensador bastante inteligente; quando sua compreensão das atitudes comumente aceitas acaba revelando-se questionável, temos de pôr seu método em questão.

113. P. ex., Perry, nota 110, supra, p. 1234.

114. P. ex., Perry, nota 9, supra, p. 447 n. 189.

115. Ver nota 9, supra.

116. Ver id. Nos capítulos 4 e 5, defenderei a ideia de que esse é um dos elementos importantes da função correta da Corte.

117. Choper, nota 15, supra, pp. 830-2.

118. É claro que, em certas situações, a maioria não pode, devido à resistência da minoria, aprovar uma lei que ab-rogue a legislação velha. Mas a antiguidade por si só não indica a existência de uma maioria que desaprove a lei; então, mantém-se de pé a tese de que as Cortes não têm condições de julgar alegações desse tipo. Além disso, teoricamente o que se exige é um consenso, não uma mera maioria. Se o consenso existe, é muito provável que a lei venha a ser revogada, já que, ao contrário das disposições constitucionais, as leis podem ser revogadas pelo voto da maioria simples. *Griswold vs. Connecticut*, 381 U.S. 479 (1965), é provavelmente o caso que mais seria mais citado como exemplo de antiguidade que indica um consenso contrário,

cf. A. Bickel, nota 1, supra, pp. 148-56; ainda assim, na verdade, haviam-se feito tentativas frequentes de revogar a lei de controle da natalidade de Connecticut, tentativas que não tiveram sucesso.

119. Há uma variação possível sobre o tema do consenso que parece atraente pelo menos de início. A ideia seria impor um "véu de ignorância" rawlsiano e perguntar se as pessoas ainda favoreceriam a legislação em pauta se não soubessem a posição que viriam a ocupar na sociedade. Cf. R. Dworkin, nota 9, supra, p. 181: "A posição original é propícia à imposição de um direito abstrato à igual consideração e respeito..." (O voto concorrente do juiz Marshall em *Furman vs. Georgia*, 408 U.S. 238, 314 (1972), parece um candidato plausível a ser reinterpretado nesses termos.) No geral, no entanto, o fato de as pessoas saberem quem são e qual a posição que ocupam quando votam é perfeitamente compatível com a teoria democrática. O difícil é separar as ocasiões em que, em certo sentido, surge a incompatibilidade – as ocasiões em que suas perspectivas influenciam de modo ilegítimo as classificações propostas. Ver o capítulo 6.

120. P. ex., Wellington, nota 61, supra; R. Dworkin, nota 9, supra, pp. 123-30.

121. Lembremos (e muitas vezes o mesmo autor irá invocar ambas as imagens) que estamos falando aqui da mesma Corte que dispõe de "isolamento" suficiente para aplicar "o método da filosofia moral". Há ainda outra ironia na literatura sob exame. Frequentemente, as mesmas pessoas (e estou pensando particularmente no prof. Bickel) para quem a Corte teria o papel básico de manifestar um consenso não captado pelo Legislativo teciam duras críticas aos esforços da Corte de Warren para fazer com que o Legislativo refletisse melhor o suposto consenso social.

122. Ver, p. ex., H. Mayo, nota 27, supra, pp. 96-7.

123. A. Bullock, *Hitler, A Study in Tyranny*, p. 367 (1952). Vocês não sabem quanto tive de usar a força de vontade para me conter e não fazer dessa citação a epígrafe desta subseção.

124. H. Mayo, nota 27, supra, p. 217. Ver também id. p. 97: "Lênin costumava dizer que tinha o dom quase-divino de adivinhar os interesses 'reais' do povo..."

125. Ver também *Young vs. American Mini Theaters*, 427 U.S. 50, 86 (1976) (juiz Stewart, voto divergente); Tribe, nota 95, supra, p. 294 n. 77. Mas cf. id. pp. 304, 311-2. O prof. Dworkin também faz essa observação *en passant*; R. Dworkin, nota 9, supra, p. 142, mas tampouco está disposto a acatar todas as suas implicações.

126. A. Bickel, nota 24, supra.

127. E. G. Chayes, "The Role of the Judge in Public Law Litigation", 89 *Harv. L. Rev.*, pp. 1281, 1316 (1976). Durante muito tempo, o apelo a que se tomem decisões "duráveis" incorporou o mesmo tipo de critério. Ver as referências citadas em Ely, "The Wages of Crying Wolf: A Comment on *Roe vs. Wade*", 82 *Yale L. J.*, pp. 920, 946 n. 133 (1973).

128. Comparar A. Bickel, nota 24, supra, pp. 116-38, com Wright, nota 6, supra, pp. 797-803.

129. Ver também Kennedy, "Legal Formality", 2 *J. Leg. Stud.*, pp. 351, 385 (1973); Jaffe, nota 101, supra, pp. 994-5. Cf. Karst e Horowitz, nota 26, supra, p. 79.

130. A. Bickel, nota 1, supra, p. 55.

131. P. ex., A. Bickel, nota 24, supra, p. 177; A. Bickel, *The Morality of Consent*, pp. 3-5 (1975).

132. P. ex., A. Bickel, nota 1, supra, p. 239.

133. A. Bickel, nota 131, supra. Cf. A. Bickel, nota 1, supra, pp. 239-40; A. Bickel, nota 24, supra, p. 87.

134. Mas cf. Bork, nota 58, supra.

4. Controlando o processo de representação: a Corte como árbitro

1. Ver, p. ex., L. Tribe, *American Constitutional Law*, p. 452 (1978); Berger, "Government by Judiciary: John Hart Ely's 'Invitation'", 54 *Ind. L. J.*, pp. 277, 287, 311-2 (1979); Wellington, "Common Law Rules and Constitutional Double Standards: Some Notes on Adjudication", 83 *Yale L. J.*, pp. 221, 305 n. 280 (1973).

2. O costume de se referir a determinada composição da Corte pelo nome de seu respectivo juiz-presidente pode induzir a erro, inclusive neste caso. Em relação ao tema sob discussão, no entanto, que acredito será considerado pela história como o tema dominante, aquele costume não parece errar o alvo. Como era de esperar dado o início de sua carreira, Earl Warren era um democrata ferrenho, para quem o juiz da Suprema Corte devia antes de tudo assegurar que os "incluídos" não excluíssem outros grupos quer dos processos, quer dos resultados substantivos do governo representativo. Ver também Ely, "The Chief", 88 *Harv. L. Rev.*, p. 11 (1974).

3. Ver, p. ex., *Loving vs. Virginia*, 388 U.S. 1, 12 (1967) (adendo desnecessário sobre a "liberdade fundamental" do casamento num caso que envolvia classificação racial).

4. A decisão da Corte de Warren que parece mais passível de ser caracterizada como uma decisão calcada em "valores fundamentais" é *Griswold vs. Connecticut*, 381 U.S. 479 (1965). No entanto, examinada em seus detalhes, ela revela fortes impulsos interpretacionistas, lutando para estabelecer relações de justificativa com a Primeira, Terceira, Quarta e Quinta Emendas, id. 484, e fazendo um esforço particular para vincular-se à Quarta Emenda, especulando sobre os métodos que a polícia poderia ter de usar para aplicar a lei sob discussão. Id. p. 485-6. Isso é bem diferente do "método" empregado pela Corte de Burger no caso *Roe vs. Wade*, 410 U.S. 113 (1973). Ver Ely, "The Wages of Crying Wolf: A Comment on *Roe vs. Wade*", 82 *Yale L. J.*, pp. 920, 928-30 (1973). É claro que a Corte de Warren, como qualquer outra, aplicava de modo "interpretacionista" as disposições mais diretivas da Constituição. Isso é perfeitamente normal: a objeção ao interpretacionismo é que ele é incompleto, que existem cláusulas constitucionais que ele não é capaz de explicar. Ver também *United States vs. Carolene Products Co.*, 304 U.S. 144, 152-53 n. 4 (1938), citado às pp. 75-6. O contraste nos estilos a que me refiro está relacionado às teorias com que diferentes Cortes e juristas dão conteúdo às frases mais indeterminadas da Constituição. A respeito da Corte de Burger, ver a nota 52 ao capítulo 6.

5. P. ex., Dahl, "Decision-Making in a Democracy: The Supreme Court as a National Policy-Maker", 6 *J. Pub. L.*, pp. 279, 283 (1957); Rossum, "Representation and Republican Government: Contemporary Court Variations on the Founders'Theme", 23 *Am. J. Jurisprudence*, pp. 88, 91 (1978).

6. O autor mais perspicaz a falar sobre o assunto foi Paul Freund. Ver Freund, "The Judicial Process in Civil Liberties Cases", 1975 *U. Ill. L. F. Law*, p. 493; P. Freund, A. Sutherland, M. Howe e E. Brown, *Constitutional Law*, p. xlix (4.ª ed., 1977). Comparar R. Dahl, *A Preface to Democratic Theory*, pp. 58-9 (1956) com R. Dahl, *Democracy in the United States*, pp. 234-6 (3.ª ed., 1976).

7. 304 U.S. 144, 152-3 n. 4 (1938) (citações omitidas).

8. As referências às "proibições específicas" das "primeiras dez" emendas não devem ter sido feitas intencionalmente.

9. P. ex., Braden, "The Search for Objectivity in Constitutional Law", 57 *Yale L. J.*, pp. 571, 580 n. 28 (1948).

10. L. Lusky, *By What Right?*, pp. 110-1 (1975).

11. A nota de rodapé tenciona catalogar as ocasiões em que uma análise judicial mais detida é adequada. Portanto, ela ficaria incompleta sem o primeiro parágrafo.

12. P. ex., *Webster's New World Dictionary of the American Language*, p. 375 (2d College Ed., 1976). Ver Choper, "The Supreme Court and the Political Branches: Democratic Theory and Practice", 122 *U. Pa. L. Rev.*, pp. 810, 812 (1974).

13. Freund, nota 6, supra, p. 494.

14. *Steele vs. Louisville & Nashville R. Co.*, 323 U.S. 192, 202 (1944).

15. Ver, p. ex., G. Wood, *The Creation of the American Republic, 1776-1787*, pp. 18, 57-63, 447 (1969); Buel, "Democracy and the American Revolution: A Frame of Reference", 21 *Wm and M. Q.*, pp. 165, 168-76 (1964). Cf. Nelson, "Changing Conceptions of Judicial Review: The Evolution of Constitutional Theory in the States, 1790-1860", 120 *U. Pa. L. Rev.*, pp. 1166, 1172, 1177 (1972).

16. Ver, p. ex., *The Federalist* 57, p. 385 (org. B. Wright, 1961) (Madison); G. Wood, nota 15, supra, pp. 25, 28, 56, 231, 379; *Va. Bill of Rights of 1766*, § 5: "Que os Poderes Executivo e Legislativo sejam separados e distintos do Judiciário; e para que os membros dos dois primeiros não cedam à opressão, e participem e tomem sobre os próprios ombros o fardo do povo, eles devem, de tempos em tempos, regressar à sua condição de indivíduos particulares, retornar ao grupo do qual originalmente saíram (...)"

17. Buel, nota 15, supra, p. 184.

18. Ver *The Federalist* 57, pp. 383-85 (org. B. Wright, 1961) (Madison); Buel, nota 15, supra, pp. 183-5; G. Wood, nota 15, supra, p. 447.

19. Mas cf. Rossum, nota 5, supra, p. 91.

20. Ver *The Federalist* 39, pp. 280-1 (org. B. Wright, 1961) (Madison). Cf. *Aristotle's Politics*, p. 139 (edição Modern Library, 1943); J. Pole, *The Pursuit of Equality in American History*, p. 36 (1978). Ver também L. Lusky, nota 10, supra, p. 109, que aventa um possível vínculo entre esse tema e o parágrafo final da nota de rodapé a *Carolene Products*.

21. Ver também, p. ex., 2 Del. Laws, cap. 53 (S. e J. Adams 1797); 1 N.C. Public Acts, cap. 22 (org. J. Iredell, rev. F. X. Martin, 1804); J. Pole, nota 20, supra, caps. 2 e 3; G. Wood, nota 15, supra, pp. vii, 70; Katz, "Republicanism and the Law of Inheritance in the American Revolutionary Era", 76 *Mich. L. Rev.*, pp. 1, 14-5 (1977).

22. Ver Katz, "Thomas Jefferson and the Right to Property in Revolutionary America", 19 *J. L. and Econ.*, pp. 467, 481-2 (1976); fontes citadas à nota 15, supra.

23. Ver J. Pole, nota 20, supra, pp. 117-29. Comparar Katz, nota 21, supra, com Katz, nota 22, supra.

24. Ver *The Federalist* 10 (Madison). Ver também Kenyon, "Constitutionalism in Revolutionary America", em *Nomos XX: Constitutio-*

nalism, pp. 84, 89 (org. J. Pennock e J. Chapman, 1979); G. Wood, nota 15, supra, pp. 410-1, 606-7; Katz, nota 22, supra, pp. 486-7. Cf. Kenyon, "Men of Little Faith: The Anti-Federalists on the Nature of Representative Government", 12 *Wm and M.Q.*, p. 3 (1955).

25. Ver A. Lovejoy, *Reflections on Human Nature*, pp. 37-65 (1961); H. Arendt, *On Revolution*, pp. 148-51 (1963); G. Wood, nota 15, supra, pp. 430-67; Adair, "'That Politics May Be Reduced to a Science': David Hume, James Madison, and the Tenth *Federalist*", 20 *Huntington Lib. Q.*, p. 343 (1957); Diamond, "Democracy and The Federalist: A Reconsideration of the Framers' Intent", 53 *Am. Pol. Sci. Rev.*, p. 52 (1959).

26. *The Federalist* 51, pp. 357-8 (org. B. Wright, 1961) (Madison).

27. R. Dahl, *A Preface to Democratic Theory* (1956).

28. *The Federalist* 10, pp. 133-6 (org. B. Wright, 1961) (Madison). Ver também Morgan, "The American Revolution Considered as an Intellectual Movement", em *Paths of American Thought*, p. 11 (org. A. Schlesinger, Jr. e M. White, 1963).

29. Ver *United States vs. Brown*, 381 U.S. 437, 443 (1965). Ver também *The Federalist* 47, 48 e 51 (Madison).

30. Ver Nelson, nota 15, supra.

31. Apelação de Ervine, 16 Pa. 256, 268 (1851). (A resposta da Corte a sua própria pergunta foi que o remédio deveria ser buscado "nas Cortes".) Ver também *De Chastellux vs. Fairchild*, 15 Pa. 18, 20 (1850); pp. 85-7.

32. Ver W. Brock, *Conflict and Transformation*, pp. 159-60 (1973).

33. O "*dictum* do direito romano, adotado por Bracton, de que para vincular a todos a lei deve ser aprovada por todos" [J. Pole, *Political Representation in England and the Origins of the American Republic*, p. 4 (1966)], obviamente não pode ser aplicado aos EUA contemporâneos por razões práticas (e também teóricas, segundo acredito), mas aqueles que estão vinculados pela lei devem ainda assim ser representados, no sentido de que seus interesses não devem ser desconsiderados ou negativamente valorados no processo legislativo.

34. R. Dworkin, *Taking Rights Seriously*, p. 180 (1977). Ver também J. Pole, nota 20, supra, p. 5; R. Dahl, *Democracy in the United States*, p. 14 (3.ª ed., 1976).

35. Ver também Nelson, nota 15, supra, pp. 1180-5.

36. C. Becker, *The Declaration of Independence*, pp. 88-9 (1958). Ver também B. Bailyn, *The Ideological Origins of the American Revolution*, pp. 166-7 (1967).

37. *Toomer vs. Witsell*, 334 U.S. 385, 395 (1948).

38. Ver *Brown vs. Maryland*, 12 Wheat. 419 (1827).
39. Ver também *McGoldrick vs. Berwind-White Coal Mining Co.*, 309 U.S. 33, 45-6 n. 2 (1940); *Raymond Motor Transp., Inc. vs. Rice*, 434 U.S. 429, 444 n. 18 (1978).
40. Comparar *South Carolina State Highway Dept. vs. Barnwell Brothers, Inc.*, 303 U.S. 177, 184-85 n. 2 (1938), com *United States vs. Carolene Products Co.*, 304 U.S. 144, 152-53 n. 4 (1938).
41. A. Bickel, *The Supreme Court and the Idea of Progress*, p. 37 (1970).
42. 4 Wheat. 316, 436 (1819)
43. Ver id. p. 428: "Ao impor um tributo, o Legislativo age sobre seus representados. Isso é, em geral, uma segurança suficiente contra os tributos errôneos ou opressivos." Ver também *United States vs. County of Fresno*, 429 U.S. 452, 459-60 (1977).
44. O objetivo da discussão em *McCulloch* parece ter-se desvirtuado em *National League of Cities vs. Usery*, 426 U.S. 833 (1976), o qual declarou nula a aplicação da Lei de Padrões Justos de Trabalho (*Fair Labor Standards Act*) aos empregados estaduais. Mesmo se aceitarmos a conclusão da Corte, de que os interesses dos estados enquanto estados não serão suficientemente protegidos por suas delegações no Congresso – id. pp. 841-2 n. 12; mas ver *Massachusetts vs. United States*, 435 U.S. 444, 456 (1978) –, ainda assim seria verdade, no que tange às questões relacionadas a quão pesadas podem ser as exigências da Lei, que os interesses dos estados como empregadores seriam bem representados por senadores e deputados sensíveis aos desejos de inúmeras outras empresas, em geral corporações de grande e médio porte que são cobertas pela Lei. A Lei de Padrões Justos de Trabalho não especificou as entidades governamentais estaduais como alvo de uma regulamentação especialmente onerosa, e assim configurada não havia nenhum risco real de que politicamente ela viesse a alcançar um grau de onerosidade que debilitasse seriamente as operações dos governos estaduais, muito menos ameaçasse a "existência separada e independente" dos estados. 426 U.S. 845.
45. *The Federalist* 57, p. 385 (org. B. Wright, 1961).
46. D. Wright, "The Role of the Judiciary: From *Marbury* to *Anderson*", 60 *Calif. L. Rev.*, pp. 1262, 1268 (1972). Ver também, p. ex., Sandalow, "Judicial Protection of Minorities", 75 *Mich. L. Rev.*, pp. 1162, 1178 (1977); J. S. Wright, "Professor Bickel, the Scholarly Tradition, and the Supreme Court", 84 *Harv. L. Rev.*, pp. 769, 784 (1971); Murphy, "Constitutional Interpretation: The Art of the Historian, Magician, or Statesman?" 87 *Yale L. J.*, pp. 1752, 1764 (1978).

47. Alguém poderia dizer que a razão por que o documento assinala tão poucos valores para receber uma proteção substantiva especial é que os constituintes e ratificadores supunham ser essa uma função própria da Suprema Corte. Esse argumento é claramente falacioso. O controle judicial de constitucionalidade sequer era explicitamente contemplado pela Constituição original (embora seja certamente uma característica autêntica da Constituição atual). E ninguém que esteja familiarizado com os dados históricos pode afirmar que, antes da Reconstrução, a Corte já vinha definindo valores há tempo suficiente para concluir que os constituintes da Décima Quarta Emenda, ao criá-la, fizeram-no violando o princípio de que tal tarefa cabia à Corte.

48. Ver o capítulo 2. Em relação à técnica de aplicar os temas mais gerais do documento à resolução de questões específicas, fui bastante influenciado por C. Black, *Structure and Relationship in Constitutional Law* (1969).

49. Fuller, "American Legal Philosophy at Mid-Century", 6 *J. Leg. Educ.*, pp. 457, 463-4 (1954).

50. R. Palmer, *The Age of Democratic Revolution*, vol. 1, *The Challenge*, pp. 190-93, 235 (1959); G. Wood, nota 15, supra, p. 3. Na medida em que os colonos acreditavam que havia uma "conspiração" por parte das autoridades britânicas para subverter a constituição britânica tanto na Inglaterra quanto nos EUA, e, portanto, para reduzir as liberdades existentes, tal crença era acompanhada da fé na virtude do experimento americano, e portanto serviu como um importante alicerce para o argumento "jurisdicional" para a independência americana. Ver B. Bailyn, nota 36, supra.

51. "Já em 1774 os colonos, como Jefferson, afirmavam que os atos do Parlamento referentes à América eram nulos, não porque fossem injustos, como Otis argumentara na década de 1760, mas porque 'o parlamento britânico não tinha direito de exercer autoridade sobre os americanos'." G. Wood, nota 15, supra, p. 352.

52. Ver J. Pole, nota 20, supra, pp. 14-5, 22-4; E. Morgan, *The Birth of the Republic, 1763-1789*, p. 73 (1956).

53. H. Arendt, nota 25, supra, p. 147 (1956).

54. Ver Kenyon, "Republicanism and Radicalism in the American Revolution: An Old-Fashioned Interpretation", 19 *Wm and M.Q.*, pp. 153, 168-78 (1962); J. Pole, nota 20, supra, pp. 48, 53. Mas cf. G. Wills, *Inventing America* (1978).

55. Ver também Katz, "The Origins of American Constitutional Thought", em 3 *Perspectives in American History*, p. 474 (org. D. Fle-

ming e B. Bailyn, 1969); Nelson, "The Eighteenth-Century Background of John Marshall's Constitutional Jurisprudence", 76 *Mich. L. Rev.*, p. 893 (1978).

56. Ver 3 M. Farrand, *The Records of Federal Convention of 1787*, p. 163 (1911) (James Wilson na Convenção da Pensilvânia).

57. Cf. *The Federalist* 85, p. 542 (org. B. Wright, 1961) (Hamilton).

58. Ver Comment, "The Bounds of Legislative Specification: A Suggested Approach to the Bill of Attainder Clause", 72 *Yale L. J.*, p. 330 (1962).

59. Ver *Home Building and Loan Ass'n vs. Blaisell*, 290 U.S. 398 (1934); "The Supreme Court, 1976 Term", 91 *Harv. L. Rev.*, pp. 70, 83-4 (1977).

60. Ver 1 W. Crosskey, *Politics and the Constitution*, pp. 352-60 (1953); *Ogden vs. Saunders*, 12 Wheat. 213, 332 (1827) (juiz-presidente Marshall, voto divergente).

61. *Ogden vs. Saunders*, 12 Wheat. 213 (1827).

62. *United States Trust Co. vs. New Jersey*, 431 U.S. 1 (1977); *Allied Structural Steel Co. vs. Spannaus*, 438 U.S. 234 (1978).

63. Ver *City of El Paso vs. Simmons*, 379 U.S. 497 (1965).

64. Cf. Slawson, "Constitutional and Legislative Considerations in Retroactive Lawmaking", 48 *Calif. L. Rev.*, pp. 216, 217-8 (1960), que distingue a "retroatividade metodológica" (ligar consequências nefastas a atividades concluídas antes de uma lei ser aprovada) da "retroatividade de direitos adquiridos" (causar distúrbio a padrões de conduta existentes que envolvem algum tipo de investimento) e observa que o último conceito é ilimitável.

65. P. ex., Ely, "Toward a Representation-Reinforcing Mode of Judicial Review", 37 *Md. L. Rev.*, pp. 451, 474 (1978). Cf. id., p. 480.

66. Hesito em desistir completamente dessa caracterização, já que ela advém de uma preocupação "constitucional" legítima com a segmentação da autoridade decisória. A menos que seja qualificada de modo responsável, no entanto, ela gera um tipo de anarquia que não combina em absoluto com nossa ordem constitucional; e todas as estratégias limitadoras plausíveis que posso entrever – além, é claro, da infame estratégia de invocar esta ideia em vista de um determinado resultado substantivo, mas esquecê-la ou afirmar que ela vai "longe demais" quando o resultado é desagradável – são estratégias que, por um lado, afetam os centros decisórios "tradicionalmente reconhecidos" e, por outro, afetam os centros decisórios alternativos mencionados na Constituição. Já que as primeiras são bastante sus-

cetíveis de manipulação e, se forem manipuladas corretamente, protegeriam exatamente aqueles que menos precisam de proteção, elas parecem claramente inaceitáveis. Isso nos deixa a opção de proteger os centros de poder alternativos mencionados na Constituição – a igreja, a imprensa, talvez o contrato e a propriedade (embora o texto literal do documento limite substancialmente a proteção constitucional especial desta última, pelo menos).

67. Ver também a Constituição dos EUA, art. I, § 9, cláusula 6. Isso obviamente trouxe benefícios aos interesses comerciais do Norte, assim como a proteção da escravidão trouxe benefícios aos interesses do Sul.

68. Tecnicamente, trata-se de uma disposição federalista, já que os estados tinham liberdade para proibir a importação de escravos. No entanto, dada a exclusão tão patente dessa competência do poder federal, parece justo entender a cláusula como o que a história nos ensina que ela era – uma tentativa de evitar um determinado resultado substantivo, qual seja, a abolição da escravidão no Sul. Não vou me esforçar para defender este argumento, já que a discordância aqui implicaria concordância com minha tese geral.

69. Ver também R. Cover, *Justice Accused*, pp. 151-2 (1975); P. Paludan, *A Covenant with Death*, pp. 3-4 (1975); *Regents of University of California vs. Bakke*, 438 U.S. 265, 387-90 (1978) (juiz Marshall).

70. *The Federalist* 84, p. 534 (org. B. Wright, 1961) (Hamilton). Ver também, p. ex., J. Pole, *Foundations of American Independence: 1763--1815*, p. 196 (1972); J. Goebel, *Antecedents and Beginnings to 1801*, vol. I da *History of the Supreme Court of the United States*, p. 249 (org. P. Freund, 1971).

71. *The Federalist* 84, p. 536 (org. B. Wright, 1961) (Hamilton).

72. *The Federalist* 85, p. 542 (org. B. Wright, 1961) (Hamilton).

73. Ver *Palko vs. Connecticut*, 302 U.S. 319, 326-7 (1937); *Kovacs vs. Cooper*, 336 U.S. 77, 95 (1949) (juiz Frankfurter, voto concorrente, caracterizando as opiniões do juiz Holmes); Blasi, "The Checking Value in First Amendment Theory", 1977 *Am. Bar Found. Research. J.*, p. 521.

74. Cf. nota 10 ao capítulo 5.

75. Ver também a Constituição dos EUA, art. VI, cláusula 3 (que proíbe critérios religiosos para a contratação de funcionários públicos).

76. A moção que visava qualificar esse direito, introduzindo na emenda as palavras "pela defesa comum", foi derrubada pelo voto. J. Goebel, nota 70, supra, p. 450. Isso pode ter ocorrido porque a expres-

são era considerada supérflua, como de fato parece ser à luz da frase introdutória da emenda – a qual *já existia naquela época*, id. –, mas não necessariamente foi essa a causa da derrubada. (O fato de que na época colonial uma "milícia" consistia basicamente num grupo de "bons camaradas" com rifles pendurados nas paredes parece anular a distinção, sugerida pela interpretação corrente, entre um direito privado e o direito de uma organização estatal. Esse problema é atenuado, no entanto, pelo uso da expressão "bem organizada" no preâmbulo.)

77. Mas cf. Constituição dos EUA, art. 1, § 8, cláusula 8 (cláusula dos direitos de autor).

78. Claro está que essas coisas quase sempre têm mais de uma função, e a significação não instrumental também pode ser atribuída a muitos desses dispositivos. Ver, p. ex., Tribe, "Trial by Mathematics: Precision and Ritual in the Legal Process", 84 *Harv. L. Rev.*, pp. 129, 1391-2 (1971). Essa significação adicional provavelmente deveria ser levada em conta para se determinar se um ou outro desses dispositivos deve ser aplicado a determinado caso limítrofe. Mas o exercício a que nos dedicamos no momento é o de buscar caracterizar, em termos gerais, a natureza do documento que nossos antepassados pensavam estar escrevendo, de modo que devemos voltar nossa atenção para os impulsos centrais, sempre que puderem ser identificados.

79. Ver *Rogers vs. Richmond*, 365 U.S. 534 (1961).

80. Cf. Ely, "The Irrepressible Myth of Erie", 87 *Harv. L. Rev.*, pp. 693, 726 (1974).

81. Ver id., pp. 724-6, 739-40.

82. À luz da recente voga (que felizmente está acabando) de usar o termo "privacidade" para designar a autonomia pessoal, talvez seja bom notar, de modo bem explícito, que o tipo de privacidade que a Quarta Emenda parece em parte ter sido criada para proteger é a privacidade propriamente dita, a possibilidade de o indivíduo manter ocultas as informações que não queira divulgar.

83. *Katz vs. United States*, 389 U.S. 347, 350 (1967). Ver também *Griswold vs. Connecticut*, 381 U.S. 479, 509 (1965) (juiz Black, voto divergente).

84. Ver *Weems vs. United States*, 217 U.S. 349, 371-73 (1910).

85. Ver também o capítulo 6.

86. Ver p. 107.

87. L. Tribe, nota 1, supra, p. 463.

88. Sax, "Takings and the Police Power", 74 *Yale L. J.*, pp. 36, 75-6 (1964). Ver também id. pp. 64-5; Sax, "Takings, Private Property and Public Rights", 81 *Yale L. J.*, pp. 149, 169-70 (1971); B. Ackerman, *Pri-*

vate Property and the Constitution, pp. 52-3, 68, 79-80 (1977). Agradeço a Paul Mishkin por ter assinalado que minha interpretação anterior da cláusula, Ely, nota 65, supra, p. 480, era demasiado restrita.

89. A Nona Emenda é um dos dispositivos de textura aberta cujas diretrizes de interpretação estamos buscando – no momento, explorando a natureza do restante do documento. A Décima Emenda é um dispositivo federalista, que reserva aos estados as competências não enumeradas. A Décima Primeira e a Décima Segunda estão relacionadas ao funcionamento do Estado. Mesmo uma decisão de estender a imunidade soberana aos estados teria sido evidentemente motivada por uma preocupação com o funcionamento do Estado, e não pelo princípio substantivo de fazer com que o grupo prejudicado arque com os custos em vez de reparti-los entre a população. De qualquer modo, o melhor ponto de vista parece ser o de que a Décima Primeira Emenda tencionava apenas deixar claro o que o Artigo III por si só não concedia jurisdição às Cortes federais nos casos em que os estados eram demandados – e não impedir o Congresso de criar tal jurisdição.

90. As seções 3 e 4 da Décima Quarta Emenda contêm dispositivos substantivos que podem ser considerados retroativos, na medida em que "punem" o Sul, proibindo qualquer estado de sanar uma dívida dos Confederados e negando determinados direitos políticos aos líderes confederados, a não ser que fossem isentos por maioria de dois terços no Congresso.

91. As tentativas de fixar valores fundamentais na Constituição por via *judicial* tiveram destino semelhante, por razões semelhantes. Dizer que *Dred Scott vs. Sandford* não durou é um eufemismo horrendo. *Lochner vs. New York* também não durou, e agora mesmo, enquanto traço estas linhas, a Suprema Corte está voltando atrás, aliás de maneira bastante discriminatória, na decisão *Roe vs. Wade*. Ver nota 38 ao capítulo 6.

92. Mesmo que a Cláusula de Contratos jamais tenha tido a intenção de proteger contratos futuros, sua aplicação aos contratos já firmados também é praticamente inexistente há muitos anos, embora em relação a estes talvez estejamos testemunhando os primeiros estágios de um renascimento.

93. Ver também Linde, "Due Process of Lawmaking", 55 *Neb. L. Rev.*, pp. 197, 225 (1975); Kommers, "Abortion and Constitution: United States and West Germany", 25 *Am. J. Comp. L.*, pp. 255, 280 (1977). Cf. G. Almond e S. Verba, *The Civic Culture*, p. 102 (1963): em respos-

ta à pergunta "Quais coisas neste país deixam você mais orgulhoso?", 85% dos americanos responderam "as instituições políticas e governamentais"; o "sistema econômico" ficou em segundo lugar, com 23%. Em nenhuma das outras democracias entrevistadas as "instituições políticas e governamentais" foram mencionadas por mais da metade dos participantes.

94. Suponho que, se alguém fosse obrigado a identificar "a ideologia americana", o capitalismo *laissez-faire* seria um possível candidato. Mas cf. nota 93, supra. Como vimos, os atuais teóricos dos valores fundamentais esquivam-se de reconhecer este valor, por medo de, entre outras coisas, dar a impressão de concordar com a decisão do caso *Lochner*.

95. Linde, nota 93, supra, p. 254.

96. Ver, p. ex., 2 A. Kahn, *The Economics of Regulation*, pp. 114-5, (1971).

97. (1) e (2) serão elucidados, respectivamente, nos capítulos 5 e 6.

98. A. Bickel, *The Least Dangerous Branch*, p. 24 (1962).

5. Desbloqueando os canais da mudança política

1. A doutrina da "amplitude excessiva" também amplia o número de pessoas que têm legitimidade ativa para mover ação judicial constitucional: dá àquelas pessoas a quem a lei de fato poderia aplicar-se (sem violar a Constituição) a possibilidade de contestá-la "quanto à sua linguagem" (*on its face*), invocando os direitos de terceiros a quem a lei, pelo modo como está escrita, também se aplica, mas cuja aplicação seria, nesses casos, inconstitucional.

2. Tipicamente, a legislação pode, por motivos de conveniência administrativa, restringir constitucionalmente a atividade de pessoas que individualmente não representam o perigo com o qual o Estado está preocupado. Assim, p. ex., as pessoas que não têm formação em oftalmologia podem ser proibidas de prescrever lentes de contato, embora algumas dessas pessoas, se fossem avaliadas individualmente, pudessem demonstrar-se plenamente capazes de fazer esse tipo de trabalho. Ver também o capítulo 6. Excluindo a possibilidade dessa exceção de "conveniência administrativa" no âmbito da Primeira Emenda, a Corte obviamente está proibindo restrições "excessivamente amplas", atribuindo outro nome à mesma doutrina.

3. 389 U.S. 258, 268 n. 20 (1967).

4. Ver Note, "Less Drastic Means and the First Amendment", 78 *Yale L. J.*, pp. 464, 467-8 (1969). Cf. D. Braybrooke and C. Lindblom, *A Strategy of Decision* (1963). Uma "ponderação" holística da adequabilidade de todo um programa estabelecido por lei tenderá a ser praticamente ininteligível. Só ocorrerá de uma lei em sua íntegra estar relacionada à Primeira Emenda se ela buscar restringir a liberdade de expressão por causa dos possíveis efeitos danosos da expressão assim proibida. (Pode acontecer de uma lei que não tem relação direta com a liberdade de expressão restringir de fato essa liberdade em algumas ocasiões, e nessas ocasiões sua aplicação pode ser inconstitucional; mas é pouco provável que cada um dos atos de aplicação dessa lei seja contestado em juízo com base na Primeira Emenda.) A ininteligibilidade das ponderações holísticas constitui assim outro argumento a favor da abordagem das "mensagens não protegidas" naqueles casos em que o dano que o Estado busca prevenir advém do conteúdo da mensagem restringida.

5. Assim, no caso *Robel*, a Corte declarou nulo um dispositivo da Lei de Controle do Comunismo. O dispositivo tipificava como crime o ato de qualquer membro de uma organização de pendores comunistas "participar de qualquer tipo de trabalho em qualquer tipo de instituição de defesa". A proibição, segundo a Corte, era excessivamente ampla, já que nem todos os membros de tais organizações são perigosos, sendo portanto desnecessário fechar a todos eles as portas do serviço público em instituições de defesa nacional. A decisão é correta, mas não pela razão aventada na passagem citada do voto do juiz-presidente – que a extensão da proibição a todos os membros de tais organizações é totalmente gratuita. Se a segurança fosse nossa única meta e não estivessem em causa as liberdades asseguradas pela Primeira Emenda, poderíamos decidir, de modo bastante razoável, afastar do serviço público todos os membros de tais organizações. O que a decisão quer dizer é que a restrição da expressão que resulta da extensão da proibição a todos os membros é mais pesada que a necessidade de segurança que deu motivo a uma proibição tão ampla. A necessidade de fazer uma avaliação tão cuidadosa quanto essa é confirmada por outra declaração da Corte: a de que nem todos os empregos em instituições de defesa são críticos do ponto de vista da segurança. 389 U.S. 265-7. O ponto importante é que, se o que estivesse em questão fosse o trabalho de proteger a linha telefônica direta entre o Presidente e o Comando Aéreo Estratégico, a desqualificação poderia tranquilamente ser estendida a todos os membros de organizações comunistas, e sem dúvida também a muitas outras categorias de pessoas.

6. *Schenck vs. United States*, 249 U.S. 47, 52 (1919). Ver também *Frohwerk vs. United States*, 249 U.S. 204 (1919); *Debs vs. United States*, 249 U.S. 211 (1919).
7. Versões subsequentes do mesmo critério deixaram claro que a ameaça de "dano substancial" teria de ser pelo menos moderadamente grave.
8. 341 U.S. 494, 510 (1951) (voto concorrente majoritário).
9. Black, "Mr. Justice Black, the Supreme Court, and the Bill of Rights", *Harper's Magazine* 63, fev. 1961.
10. Alguém poderia afirmar que toda expressão "política" deve ser absolutamente protegida. (Deve-se distinguir essa ideia da opinião de que *só* tais expressões devem ser protegidas. Ver, p. ex., Bork, "Neutral Principles and Some First Amendment Problems", 47 *Ind. L. J.*, p. 1 (1971). Esta opinião parece injustificada à luz da natureza vaga e aberta da linguagem constitucional. Cf. 1 B. Schwartz, *The Bill of Rights: A Documentary History*, p. 223 (1971) (carta de outubro de 1774, do Primeiro Congresso Continental aos habitantes de Quebec, mencionando "o progresso da verdade, das ciências, da moral e das artes em geral" como alguns dos valores promovidos pela liberdade de imprensa). Se a Décima Quarta Emenda deve ou não ser interpretada de maneira tão abrangente é, evidentemente, uma questão à parte.) Não está claro por que alguns direitos deveriam ser protegidos pela Primeira Emenda de maneira absoluta e outros não, mas de qualquer modo aquela ideia acabará por encontrar os mesmos problemas. Deixando de lado exemplos como a explosão, por motivos políticos, de um centro de recrutamento – ato que não pode ser excluído da categoria da expressão política, embora obviamente não deva ser protegido (ver p. 113n) –, basta imaginar, a título de hipótese, um ato de difamação caluniosa, intencional e de grandes proporções, de um adversário político, perpetrado um dia antes da eleição; ou então alterar o exemplo no texto para um discurso que incite a invasão de uma embaixada desprotegida.
11. *Brandenburg vs. Ohio*, 395 U.S. 444, 456 (1969) (juiz Douglas, voto concorrente).
12. *Cohen vs. California*, 403 U.S. 15, 27 (1971) (juiz Blackmun, voto divergente apoiado pelo juiz Black).
13. Ver também Wellington, "On Freedom of Expression", 88 *Yale L. J.*, pp. 1105, 1136-41 (1979).
14. Além disso, a análise necessariamente será, em grande parte, *ad hoc*. Em qualquer situação relativa à Primeira Emenda, aliás em qualquer situação que envolva nossas liberdades, é desejável que os

tribunais procurem desenvolver regras previsíveis que limitem a discricionariedade dos julgadores. É o que deveriam tentar fazer neste caso. Isso, porém, não será fácil, já que as gradações de contexto serão tantas – um carro de som com alto-falantes a todo volume é diferente de um que não faça tanto barulho; um carro de som às três da manhã é diferente de um que passe ao meio-dia; uma zona hospitalar é diferente de um parque – que qualquer "código de conduta" que possamos imaginar (e repito que devemos tentar elaborar um código desses) terá praticamente uma regra para cada situação imaginada, e ainda assim será incompleto.

15. Apresentei essa teoria originalmente em Ely, "Flag Desecration: A Case Study in the Roles of Categorization and Balancing in First Amendment Analysis", 88 *Harv. L. Rev.*, p. 1482 (1975). Tive a ajuda de Scalon, "A Theory of Freedom of Expression", 1 *Phil. and Pub. Aff.*, p. 204 (1972). Ver também L. Tribe, *American Constitutional Law*, pp. 580-8 (1978).

16. As restrições à liberdade de expressão nunca são defendidas com base no argumento de que o Estado simplesmente "não gostou" do que o acusado disse: em geral, faz-se referência a algum perigo que está além da mensagem, como um perigo de tumulto, de atividade ilegal ou de deposição violenta do governo. A referência constitucional não deve, portanto, ter por objeto o interesse último apontado pelo Estado, pois este jamais estará relacionado à expressão; mas sim a conexão causal que o Estado afirma. Se, p. ex., o Estado afirma o interesse de desencorajar a rebelião, a Corte deve perguntar por que tal interesse está implicado no caso em juízo. Se a resposta for (como costuma ser nesses casos) que o perigo de rebelião foi criado por aquilo que o acusado dizia, o interesse do Estado exige uma restrição da liberdade de expressão, e tal restrição só deverá ser mantida se a expressão de fato estiver incluída em uma das poucas categorias não protegidas. Essa distinção nem sempre foi apreciada pelos juízes da Suprema Corte. Ver *Feiner vs. New York*, 340 U.S. 315, 319-20 (1951): "O requerente, portanto, não foi nem preso nem condenado por ter feito uma declaração ou em virtude do conteúdo desta. Antes, foi-o pela reação que sua declaração efetivamente engendrou"; *Tinker vs. Des Moines Indep. Community School District*, 393 U.S. 503, 526 (1969) (juiz Harlan, voto divergente).

17. Cf. *United States vs. O'Brien*, 391 U.S. 367, 388-9 (1968) (juiz Harlan, voto concorrente).

18. Mas ver L. Hand, *The Bill of Rights* (1958).

19. Carta de Learned Hand a Zechariah Chafee, Jr., 2 de janeiro de 1921, citada em Gunther, "Learned Hand and the Origins of Mo-

dern First Amendment Doctrine", 27 *Stan. L. Rev.*, pp. 719, 749-50 (1975). Ver id., *passim*; *Masses Publishing Co. vs. Patten*, 244 Fed. 535 (1917); Linde, "'Clear and Present Danger' Reexamined: Dissonance in the *Brandenburg* Concerto", 22 *Stan. L. Rev.*, pp. 1163, 1168-9 (1970).
20. 321 U.S. 158 (1944).
21. Ver *Kovacs vs. Cooper*, 336 U.S. 77 (1949).
22. *United States vs. O'Brien*, 391 U.S. 367, 377 (1968). Mas cf. Ely, nota 15, supra, pp. 1484-90.
23. 403 U.S. 15, 19-26 (1971).
24. O critério da Corte, citado duas frases adiante, exige em seguida (onde coloquei as reticências) que a comunicação efetivamente "tenha a probabilidade de incitar ou engendrar" atividades ilegais iminentes. 395 U.S. 444, 447 (1969). Os dois elementos são citados em conjunção; ambos são exigidos. (Assim, a Corte que decidiu *Brandenburg*, ao analisar a declaração e ao perceber que seu conteúdo não se encaixava em nenhuma categoria não protegida, nem sequer se perguntou se, no contexto, esse conteúdo era perigoso.) A garantia adicional representada pela exigência de uma "ameaça específica" (além da exigência de uma mensagem não protegida) deveria ser aplaudida – ver Gunther, nota 19, supra, pp. 722, 754 –, não fosse a possibilidade de que num caso complicado a conjunção seja esquecida, e a satisfação da exigência de "ameaça específica" venha a compensar a inexistência de uma mensagem não protegida. Ver também Linde, nota 19, supra.
25. 395 U.S. 447.
26. A possibilidade de traçar uma distinção entre estes casos e aqueles mais antigos, pelo fato de envolverem situações bastante diferentes (Brandenburg era membro da Ku Klux Klan e fez um discurso típico da organização), parece ter sido definitivamente excluída não apenas pela indicação da Corte de que o princípio citado cobre todos os casos que envolvam a tentativa, por parte do Estado, de proscrever a promoção do uso da força ou da violação da lei, mas também pela referência a *Dennis* como um dos casos que deram molde a esse princípio. 395 U.S. 447. E é verdade que toda essa linha de decisões foi calcada em *Dennis*.
27. No caso *Virginia State Board of Pharmacy vs. Virginia Citizens Consumer Council, Inc.*, 425 U.S. 748 (1976), a Corte determinou que a propaganda tem direito à proteção da Primeira Emenda. Eliminando assim uma antiga categoria de expressão não protegida, essa decisão parece, na superfície, dar continuidade à tendência que venho descrevendo aqui. A Corte, porém, afirmou em seguida que a propaganda pode receber "um grau de proteção diferente" de outros tipos de

expressão protegidos. Id. 771 e n. 24. Ainda não está claro como isso seria feito, mas tal afirmativa sugere, no sentido contrário do padrão que vinha sendo estabelecido pela Corte de Warren, que determinadas formas de expressão que não se encaixam numa categoria não protegida podem, apesar disso, ser proscritas devido ao temor de como as pessoas poderão reagir a elas. (É claro que, se a "falsa propaganda" fosse designada como categoria não protegida, a estrutura geral poderia ser mantida. Entretanto, muitos parecem hesitar em caminhar nessa direção, aparentemente devido a uma "sofisticação" epistemológica excessiva.) O mesmo padrão parece determinar a decisão *Young vs. American Mini Theatres Inc.*, 427 U.S. 50 (1976), a qual envolvia uma lei municipal de Detroit que restringia a localização de cinemas que exibissem filmes "adultos" com cenas de sexo explícito. Não se alegou que os filmes em questão fossem obscenos, e a Corte, portanto, assumiu que o caso envolvia "comunicação protegida pela Primeira Emenda". Id. 59, 62. Apesar disso, a Corte confirmou a constitucionalidade da lei municipal, asseverando que "mesmo dentro da área da liberdade de expressão diferenças de conteúdo podem exigir respostas diferentes por parte do Estado", id. 66, e concluindo que "certamente o interesse na exibição sem restrições de material que esteja na linha divisória entre a pornografia e a expressão artística é menor que o interesse na livre disseminação de ideias que tenham importância social e política". Id. 61. Isso, é claro, vai exatamente no sentido oposto ao do argumento a favor de uma abordagem que isole "mensagens não protegidas", argumento que diz o seguinte: a não ser que a expressão em questão se encaixe em alguma das categorias não protegidas, ela está plenamente protegida contra toda regulamentação relativa a conteúdo, independentemente de como se compare com outros tipos de expressão protegidos.

Em *Elrod vs. Burns*, 427 U.S. 347 (1976), e *Buckley vs. Valeo*, 424 U.S. 1 (1976), ambos casos que – ao contrário de *Virginia State Board* e *Young* – claramente envolviam expressão política, a Corte deu indícios de que flertava com algo muito semelhante à distinção que faço aqui. Em cada um dos casos, ela percebeu que o interesse sobre o qual o Estado se baseava era o de "suprimir a comunicação" (427 U.S. 363-64 n. 17 (voto divergente majoritário); 424 U.S. 17), e indicou que esse fato motivou-a a exercer um controle mais rigoroso. Até aí, nenhum problema. No entanto, o controle "mais rigoroso" em cada caso envolveu um critério de ponderação – bastante exigente, sem dúvida, uma vez que requeria um interesse "forçoso" por parte do Estado –, não uma abordagem que protegesse de modo absoluto toda expressão que não se encaixe em uma categoria não protegida. A Corte afirmou que, quando esse critério de ponderação for atendido, as regulamentações serão mantidas, embora constituam "violações das proteções previstas na Primeira Emenda". 427 U.S. 360; 424 U.S. 25, 66. Pode parecer falta de educação reclamar pelo fato de a Corte ter adotado uma distinção muito parecida com a que eu mesmo havia sugerido um ano antes (ver Ely, nota 15, supra, p. 656), mas grande parte da razão para a adoção de tal distinção se perde quando ela é usada em conjunto com um critério substantivo demasiado fraco. Ver também L. Tribe, nota 15, supra, p. 656: "Uma coisa é fazer com que a *elegibilidade* para a proteção da primeira emenda siga um critério diverso; outra, bem diferente, é usar o mesmo critério para o propósito bem menos importante de reconhecer *nuances de diferença* na aplicação dos princípios estabelecidos."

28. Ver, p. ex., *Chaplinsky vs. New Hampshire*, 315 U.S. 568 (1942); *Miller vs. California*, 413 U.S. 15 (1973).

29. G. Wood, *The Creation of the American Republic, 1776-1787*, p. 23 (1969).

30. É comum ouvir dizer que a Suprema Corte não reconhece o direito constitucional ao voto – ver, p. ex., Brest, "The Conscientious Legislator's Guide to Constitutional Interpretation", 27 *Stan. L. Rev.*, pp. 585, 595 (1975); cf. *San Antonio Ind. School Dist. vs. Rodriguez*, 411 U.S. 1, 35 n. 78 (1973) – mas é difícil compreender o que isso quer dizer de fato. Em geral, o que queremos dizer ao rotular algo como "direito constitucional" é que o Estado não pode negá-lo a todas as pessoas, e que, quando o nega para algumas mas não para outras, ele precisa ter um bom motivo para proceder dessa forma. É este exatamente o *status* do direito ao voto tanto nas eleições federais quanto nas estaduais, e portanto podemos dizer que a Corte compreendeu da maneira mais correta o significado de suas decisões quando indicou, no caso *Reynolds vs. Sims*, 377 U.S. 533, 554 (1964), que "inegavelmente a Constituição dos Estados Unidos protege o direito ao voto para todos os cidadãos qualificados para tal, tanto nas eleições federais quanto nas estaduais".

31. Mas ver a Constituição dos Estados Unidos, art. I, § 2.º, cláusula 1.ª: "A Câmara dos Representantes será composta de Membros escolhidos a cada dois anos pela população dos diversos estados (...)"; Constituição dos Estados Unidos, emenda XVII: "O Senado dos Estados Unidos será composto de dois Senadores de cada estado, eleitos pelo povo do mesmo (...)" A Vigésima Quarta Emenda menciona o "direito dos cidadãos norte-americanos de votar (...) para ele-

ger o Presidente ou Vice-Presidente [ou] o colégio que elegerá o Presidente ou Vice Presidente", mas o faz ao determinar que é inconstitucional a restrição de tal direito devido à incapacidade de pagar o imposto do voto. Várias emendas determinam, de modo análogo, que "o direito dos cidadãos de votar" (tanto nas eleições federais quanto nas estaduais) não será restringido por este ou aquele motivo.

32. Comparar, p. ex., *Poe vs. Ullman*, 367 U.S. 497, 522 (1961) (juiz Harlan, voto divergente), com *Carrington vs. Rash*, 380 U.S. 89, 97-99 (1965) (juiz Harlan, voto divergente). Ver também R. Berger, *Government by Judiciary*, p. 392 (1977).

33. Ver, p. ex., H. Mayo, *An Introduction to Democratic Theory*, p. 120 (1960): "Esses e outros exemplos, que poderiam ser multiplicados indefinidamente, mostram que os grupos que detêm o poder político costumam resistir à ampliação do sufrágio (...)" Ver o estudo de um caso específico em J. Blum, *V Was for Victory*, pp. 250-1 (1976).

34. 395 U.S. 621, 627-8 (1969). Ver também *Reynolds vs. Sims*, 377 U.S. 533, 555 (1964): "O direito de votar livremente pelo candidato de sua escolha faz parte da essência de uma sociedade democrática, e quaisquer restrições a esse direito atingem diretamente o coração do governo representativo." Pode-se argumentar que as decisões desses dois casos seriam justificadas de modo mais convincente se os raciocínios que as embasam fossem trocados. Cf. Lee, "Mr. Herbert Spencer and the Bachelor Stockbroker: *Kramer vs. Union Free School District No. 15*", 15 *Ariz. L. Rev.*, pp. 457, 463 (1983).

35. Ver *Reynolds vs. Sims*, 377 U.S. 533, 595-602 (1964) (juiz Harlan, voto divergente); *Oregon vs. Mitchell*, 400 U.S. 112, 154-200 (1970) (juiz Harlan, voto parcialmente concorrente e parcialmente divergente).

36. Ver Van Alstyne, "The Fourteenth Amendment, the 'Right' to Vote, and the Understanding of the Thirty-Ninth Congress", 1965 *Sup. Ct. Rev.*, p. 33; *Oregon vs. Mitchell*, 400 U.S. 112, 250-78 (1970) (voto dos juízes Brennan, White e Marshall). A tese de Harlan, de que o § 2.º (que estabelece a redução do número de representantes de um estado quando este nega a determinados cidadãos o direito ao voto) exclui a possibilidade de que o § 1.º seja aplicado ao direito de voto, parece insustentável quando levamos em conta que as duas seções foram desenvolvidas separadamente e nos lembramos das declarações de alguns representantes que votaram pela emenda, segundo os quais esta não teria a função de obstar a aplicação de quaisquer remédios constitucionais. Ver também p. 119n. Isso essencialmente reduz as provas de Harlan a determinadas declarações de que o § 1.º

não fora feito para se aplicar ao voto, mas tais declarações são escassas, fato que parece muito importante à luz da amplidão do dispositivo. Paradoxalmente, os indícios mais consistentes a favor do argumento de Harlan são as declarações do deputado Bingham e do senador Howard. Ver 377 U.S. 598-600. É um arranjo que já estudamos, no contexto da disputa sobre a "incorporação". Ver o capítulo 2. A razão pela qual esse dado é paradoxal é que, neste caso, ao contrário do outro, as afirmações dos dois homens podem ser citadas em favor da tese conservadora ou da "interpretação restrita". Mas ver p. 119n. Os doutrinadores que aceitam esta interpretação da emenda neste caso mas a rejeitam no outro – que aceitam o argumento do juiz Harlan sobre o direito ao voto mas rejeitam o argumento do juiz Black, de contornos parecidos, a respeito da incorporação – não se preocupam em explicar essa discrepância metodológica. P. ex., R. Berger, nota 32, supra. Tanto aqui como lá, a principal chave de interpretação deveria ser a linguagem que de fato foi proposta e ratificada.

37. A principal prova a favor dessa tese restrita, diante da qual todas as demais empalidecem a ponto de não merecerem atenção, é o fato de que a Décima Quinta Emenda, ratificada dois anos depois, explicitamente proíbe os estados de negar o direito ao voto por motivos raciais. (Por outro lado, a ratificação da Décima Quinta Emenda logo após a Décima Quarta é uma razão, embora o próprio alcance da linguagem constitucional seja a razão principal, para que a falta de uma expectativa específica de que o dispositivo anterior fosse aplicado ao voto não signifique que ele não possa ser interpretado dessa maneira. Ver pp. 119-20n.)

38. Ver *Poe vs. Ullman*, 367 U.S. 497, 540 (1961) (juiz Harlan, voto divergente): "Os fundamentos de qualquer decisão quanto à constitucionalidade de um ato do Estado devem ser racionais, abordando o texto (...) não de maneira literal, como se tivéssemos diante de nós uma lei tributária, mas sim como sendo a carta fundamental de nossa sociedade, que estabelece em poucos mas significativos termos os princípios do Estado." Ver também, p. ex., *Holmes vs. City of Atlanta*, 350 U.S. 879 (1955) (proibição da segregação nos campos de golfe públicos) e *Mayor of Baltimore vs. Dawson*, 350 U.S. 877 (1955) (praias), ambos recebendo a aprovação do juiz Harlan.

39. Ver também R. Dworkin, *Taking Rights Seriously*, pp. 134-6 (1977).

40. 347 U.S. 483, 489 (1954). Ver também Bickel, "The Original Understanding and the Segregation Decision", 69 *Harv. L. Rev.*, p. 1 (1955).

41. 380 U.S. 89 (1965)

42. 383 U.S. 663 (1966).

43. Aliás, uma das justificativas dadas pelo estado do Texas não só era débil como também era inconstitucional: a saber, o argumento de que se os militares tivessem direito ao voto eles poderiam começar a influenciar as eleições. Durante grande parte de nossa história, na maioria dos estados, as pessoas com menos de 21 anos de idade não tinham direito ao voto com base no argumento de que os que são jovens demais para compreender as questões públicas ou seus interesses devem amadurecer um pouco mais antes de votar. É claro que os 21 anos eram um limite arbitrário, mas não mais arbitrário do que qualquer outra idade mínima seria. Então não deveríamos ter *nenhuma* idade mínima? Isso parece bem pior: qualquer esquema que preconizasse a avaliação da maturidade dos conhecimentos políticos caso a caso teria uma constitucionalidade dúbia e, de qualquer maneira, seria indesejável. Certamente não teria sido necessária uma emenda constitucional para estender o sufrágio às mulheres, e hoje em dia isso não aconteceria, mas em 1920 a Cláusula da Igual Proteção mal havia sido descoberta, que dirá aplicada ao voto.

44. Ver também, p. ex., *Baker vs. Carr*, 369 U.S. 186, 259 (1962) (juiz Clark, voto concorrente); J. Locke, *Two Treatises on Government*, p. 391 (2.ª ed., org. P. Laslett, 1967); R. Dahl, *Democracy in the United States*, p. 195 (3.ª ed., 1976).

45. Ver, p. ex., Auerbach, "The Reapportionment Cases: One Person, One Vote – One Vote, One Value", 1964 *Sup. Ct. Rev.*, pp. 1-2: "Nenhum conjunto de casos, na era moderna, provocou tamanha discordância [a respeito da licitude do controle judicial de constitucionalidade] quanto os casos de redistribuição proporcional do número de representantes dos Legislativos estaduais e do Congresso."

46. P. ex., *Colegrove vs. Green*, 328 U.S. 549, 556 (1946).

47. P. ex., *Baker vs. Carr*, 369 U.S. 186, 297 (1962) (juiz Frankfurter, voto divergente); *Reynolds vs. Sims*, 377 U.S. 533, 621 (1964) (juiz Harlan, voto divergente).

48. 377 U.S. 533 (1964).

49. P. ex., *Baker vs. Carr*, 369 U.S. 186, 267 (1962) (juiz Frankfurter, voto divergente); id. p. 340 (juiz Harlan, voto divergente).

50. C. Miller, *The Supreme Court and the Uses of History*, p. 119 (1969): "O princípio de 'um voto por pessoa', a simplificação popular da decisão da Corte, passou a soar tão elementar quanto um de seus antecessores, o princípio de 'sem representação, nada de tributação'." Em parte, é claro que isso ocorre por causa da influência inevitável que os pronunciamentos da Suprema Corte têm sobre a opinião pública.

51. Jaffe, "Was Brandeis an Activist? The Search for Intermediate Premises", 80 *Harv. L. Rev.*, pp. 986, 991 (1967).
52. Ver, p. ex., *Tigner vs. Texas*, 310 U.S. 141 (1940). Ver *Baker vs. Carr*, 369 U.S. 186, 336 (1962) (juiz Harlan, voto divergente).
53. *Lucas vs. Colorado Gen. Assembly*, 377 U.S. 713, 753-4 (1964) (juiz Stewart, voto divergente).
54. Ver M. Shapiro, *Law and Politics in the Supreme Court*, p. 219 (1964): "Portanto, para quase todos os teóricos da democracia, o governo do povo equivale ao oferecimento de oportunidades iguais para que cada indivíduo participe do governo." Ver também, p. ex., H. Mayo, nota 33, supra, pp. 62-4, 70, 126; Ranney e Kendall, "Democracy: Confusion and Agreement", 4 *West. Pol. Q.*, pp. 430, 438-9 (1951); H. Dean, *Judicial Review and Democracy*, pp. 37-8 (1960). Cf. R. Dahl, nota 44, supra, p. 13. Na medida em que a democracia é compreendida como uma espécie de utilitarismo aplicado, ver nota 14 ao capítulo 1, este fator – "que cada um tenha o peso de um e nenhum tenha o peso de mais de um" – parece cabível, embora também tenha sido aceito por muitos que não se considerariam utilitaristas.
55. Ver, p. ex., G. Wood, nota 29, supra, pp. 170-1 (John Adams); J. Pole, *Foundations of American Independence*: 1763-1815, p. 87 (1972) (Thomas Jefferson); J. Pole, *The Pursuit of Equality in American History*, p. 124 (1978) (John Taylor, do Condado da Carolina); id. p. 281 (James Wilson); 2 M. Farrand, *The Records of the Federal Convention of 1787*, p. 241 (1911) (James Madison). Mas cf. J. Pole, *The Pursuit of Equality in American History*, p. 282 (1978) (Madison). Ver também J. Locke, nota 44, supra, pp. 390-2; *Baker vs. Carr*, 369 U.S. 186, 307 (1962) (juiz Frankfurter, voto divergente): "Para os teóricos políticos mais proeminentes da geração revolucionária, o sistema de representação inglês, em seus aspectos mais óbvios de desigualdade numérica, era um modelo a evitar, não a seguir"; *Wesberry vs. Sanders*, 376 U.S. 1, 27 (1964) (juiz Harlan, voto divergente); A. Bickel, *The Least Dangerous Branch*, p. 192 (1962). As constituições originais de trinta e seis estados afirmavam que ambas as casas legislativas deveriam se basear completa ou predominantemente na distribuição da população. *Reynolds sv. Sims*, 377 U.S. 533, 573 (1964). Ver também G. Wood, supra, p. 172. Apesar de tudo isso, a distribuição desequilibrada foi bastante comum na história recente, antes de *Reynolds*.
56. Ver Bonfield, "The Guarantee Clause of Article IV, Section 4: A Study in Constitutional Desuetude", 46 *Minn. L. Rev.*, pp. 513, 520-6 (1962); W. Wiecek, *The Guarantee Clause of the U.S. Constitution*, capítulos 1 e 2 (1972).

57. No debate político, em que a cláusula foi invocada durante toda nossa história, a adequabilidade dessa liberdade de desenvolvimento sempre foi considerada absolutamente normal. Ver id. Ver também *Memoir and Letters of Charles Sumner* vol. 4: 1860-1874, pp. 258-9 (org. E. Pierce, 1893): "O sentido das palavras se expande e eleva com o tempo. Nossos patriarcas eram mais sábios do que imaginavam. Será que simplesmente queriam ter garantias contra um rei? Não só isso, penso, mas também algo mais – algo que eles mesmos não percebiam em sua plenitude, mas que agora devemos elucidar à luz de nossas instituições."

58. Ver, p. ex., Comment, "*Baker vs. Carr* and Legislative Apportionments: A Problem of Standards", 72 *Yale L. J.*, p. 968 (1963); *Baker vs. Carr*, 369 U.S. 186, 323 (1962) (juiz Frankfurter, voto divergente); id. 346-7 (juiz Harlan, voto divergente).

59. Deutsch, "Neutrality, Legitimacy, and the Supreme Court: Some Intersections between Law and Political Science", 20 *Stan. L. Rev.*, pp. 169, 247 (1968).

60. Afirmou-se às vezes que um dos casos que acompanharam *Reynolds, Lucas vs. Colorado Gen. Assembly*, 377 U.S. 713 (1964), foi decidido de modo particularmente errôneo, porque a distribuição desequilibrada havia sido aprovada "por uma maioria substancial de eleitores" num referendo popular. P. ex., A. Bickel, *The Supreme Court and the Idea of Progress*, p. 110 (1970). O argumento parece plausível à primeira vista, mas na verdade é incorreto. É tão cabível que o Judiciário intervenha num caso em que 65% dos eleitores obtêm para si 80% do Poder Legislativo efetivo quanto que o faça quando os representantes de 40% dos eleitores garantem para si 55% do poder efetivo.

61. Aqui também a Corte de Burger voltou atrás em certa medida, indicando, em *Gaffney vs. Cummings*, 412 U.S. 735 (1973), que os desvios populacionais menores do que 10% são aceitáveis. Isso também evita o "emaranhado" da ingovernabilidade: é tão mecânico quanto o princípio de "um voto por pessoa". Porém, o princípio "um voto por pessoa com variação de mais ou menos 10%" não *parece* um princípio constitucional.

62. 372 U.S. 335 (1963).

63. Ver A. Lewis, *Gideon's Trumpet*, pp. 123-4, 126-7 (1964).

64. 384 U.S. 436 (1966).

65. Ver também Monaghan, "Foreword: Constitutional Common Law", 89 *Harv. L. Rev.*, pp. 1, 20-3 (1975).

66. Ver G. Gunther, *Cases and Materials on Constitutional Law*, pp. 671-8 (9.ª ed., 1975).

67. Gunther, "Foreword: In Search of Evolving Doctrine on a Changing Court: A Model for a Newer Equal Protection", 86 *Harv. L. Rev.*, p. 1 (1972).

68. P. ex., *Weinberger vs. Wiesenfeld*, 420 U.S. 636, 650 (1975); *McGinnis vs. Royster*, 410 U.S. 263, 270 (1973); *Massachusetts Bd. of Retirement vs. Murgia*, 427 U.S. 307, 314 (1976).

69. Ver, p. ex., *New Orleans vs. Dukes*, 427 U.S. 297, 304 (1976); *Weinberger vs. Wiesenfeld*, 420 U.S. 636, 648 (1975); *Trimble vs. Gordon*, 430 U.S. 762, 767-8 (1977); Gunther, nota 67, supra, pp. 46-7.

70. Ver o *Supplement* de 1978 a G. Gunther, nota 66, supra, pp. 97, 216-7.

71. A noção de que o procurador do Estado hesitará em citar um objetivo que ele considera vergonhosamente "fisiológico" ou arcaico – ver L. Tribe, nota 15, supra, pp. 1083-8 – parece suscetível ao mesmo conjunto de objeções; além disso, é de se perguntar por que o Estado deve ser penalizado por propor-se um objetivo admissível, ainda que embaraçoso. Ver Linde, "Due Process of Lawmaking", 55 *Neb. L. Rev.*, pp. 197, 221 (1976).

72. Se, por outro lado, o procurador-geral do Estado não concordar com a maioria legislativa dominante, ele poderá, por essa razão, *decidir* não citar um objetivo que possa salvar a legislação.

73. Comparar *Sturgis vs. Attorney General*, 358 Mass. 37 (1970) com *Eisenstadt vs. Baird*, 405 U.S. 438 (1972). A expressão "em geral" restringe minha afirmação para excluir o caso do objetivo pura e simplesmente inconstitucional. O objetivo que se encaixa melhor na classificação quase sempre será aquele que de fato a inspirou. No entanto, quando é inconstitucional, em vez de salvar a classificação, o objetivo contribui para invalidá-la.

74. "A confecção de relatórios de inquérito e declarações de objetivos não é tarefa atribuída aos legisladores, mas relegada a redatores anônimos, membros de comitês e advogados das partes interessadas. Tais declarações procurarão fornecer o que quer que se espere que satisfaça o tribunal, de acordo com a jurisprudência pacificada. A não ser por causa disso, o legislador favorável a determinada lei não tem nenhum motivo para se preocupar com tais declarações ou para debater se são verdadeiras ou pertinentes." Linde, nota 71, supra, p. 231.

75. Certas exigências das constituições estaduais, como, p. ex., que cada lei trate apenas de um assunto e que o assunto seja refletido de maneira fiel no título da lei, têm obviamente o fito, pelo menos em parte, de promover a responsabilização pelos atos legislativos. Embora essa responsabilização talvez dependa, no fim, da disposição

de grupos de interesse específicos e adversários políticos de aplicar corretamente as leis e resumi-las para o cidadão comum, e embora nesse contexto tais exigências possam parecer um tanto excessivas, elas na verdade podem representar um direcionamento mais útil. Mas parece pouco provável que uma Corte federal venha a instituí-las.

76. Ver também R. Dahl, nota 44, supra, p. 200. Embora teorias democráticas que postulem a participação contínua dos cidadãos não estejam em voga ultimamente (mas cf. C. Pateman, *Participation and Democartic Theory* (1970)), há concordância quanto ao fato de que a influência popular se dá através da eleição periódica dos responsáveis pelas decisões.Ver, p. ex., J. Schumpeter, *Capitalism, Socialism, and Democracy*, pp. 269-83 (1942)

77. O termo "processo legislativo", como o utilizo aqui, inclui o Executivo em seu papel de sancionar ou vetar a lei.

78. A suposição mais comum é que qualquer doutrina de não delegação que seja derivada da Constituição Federal só poderá ser aplicada ao governo federal. A esse respeito, podemos citar o Artigo I, Seção 1.ª, o qual dispõe que "Todos os poderes legislativos conferidos por esta Constituição serão investidos num Congresso dos Estados Unidos...". A aplicação da doutrina aos estados teria de encontrar sua raiz textual na Cláusula da Forma Republicana de Governo. No entanto, na medida em que o caso envolva a delegação de Poder Legislativo a uma autoridade pública não eleita, é difícil ver por que a segunda cláusula seria menos pertinente que a primeira. Não parece haver nada de imprudente na proposição de que um governo não será "republicano" a menos que as questões importantes sejam decididas por autoridades públicas eleitas: na verdade, sabemos que isso está próximo do significado central do termo. Estou ciente, no entanto, de que na prática a doutrina da não delegação, mesmo que a suponhamos ressuscitada para o governo federal, não tem muita chance de ser imposta pelas Cortes federais aos estados – quanto mais não seja porque a Cláusula da Forma Republicana há muito está inativa. Na prática, por outro lado, a doutrina da não delegação está bem mais viva nos estados que no nível federal, graças aos esforços das Cortes estaduais para interpretar as disposições de suas constituições.

79. M. Parenti, *Democracy for the Few*, p. 248 (2.ª ed. 1977). Ver também, p. ex., Bruff e Gellhorn, "Congressional Control of Administrative Regulation: A Study of LegislativeVetoes", 90 *Harv. L. Rev.*, pp. 1369, 1373 n. 10 (1977).

80. Cutler and Johnson, "Regulation and the Political Process", 84 *Yale L. J.*, pp. 1395, 1400 (1975).

81. 122 Cong. Rec. H10, 685 (edição diária, 21 de setembro de 1976).
82. 122 Cong. Rec. H10, 673 (edição diária, 21 de setembro de 1976).
83. 293 U.S. 388 (1935).
84. 295 U.S. 495 (1935).
85. *FPC v. New England Power Co.*, 415 U.S. 345, 352-3 (1974) (juiz Marshall, voto concorrente). Mas cf. *National Cable Television Ass'n vs. United States*, 415 U.S. 336 (1974).
86. Fazer com que os membros do Poder Executivo formulem padrões aos quais devam se ater (ver, p. ex., Davis, "A New Approach to Delegation", 36 *U. Chi. L. Rev.*, p. 713 (1969)) de fato favorece a regularização e a normatização das expectativas, mas pouco contribui para intensificar o controle sobre as autoridades eleitas e fazer com que se responsabilizem por seus atos.

Os dispositivos legais – cada vez mais comuns – que exigem que as normas administrativas sejam avaliadas por uma ou pelas duas Casas do Congresso (onde podem ser "vetadas") antes de serem aprovadas obviamente aumentam o controle e a responsabilização. Mas também isso tem dois lados. Para começar, esse artifício parece contribuir ainda mais para inverter o processo governamental ordinário, já que seu efeito tem sido o de encorajar delegações iniciais ainda mais imprecisas (o que é compreensível).Ver, p. ex., Bruff e Gellhorn, nota 79, supra, p. 1427. E, mais importante ainda, isso dá aos lobistas um campo adicional, bastante discreto, no qual podem exercer sua força (cf. nota 91, infra), pressionando primeiro os administradores e, caso falhem, depois os comitês do Congresso (e seus funcionários) que cuidam daquele caso. Dessa forma – mesmo se deixarmos de lado o argumento de que mesmo uma lei suficientemente clara e específica para satisfazer a doutrina da não delegação pode, apesar disso, por prever a possibilidade de veto legislativo, ser inconstitucional por violar a separação de poderes em nível federal –, tais leis podem agravar tanto quanto minimizar o problema da delegação vaga.

87. Mas ver T. Lowi, *The End of Liberalism*, pp. 297-8 (1969); Wright, "Beyond Discretionary Justice", 81 *Yale L. J.*, p. 575 (1972); McGowan, "Congress, Court, and Control of Delegated Power", 77 *Colum. L. Rev.*, pp. 1119, 1127-30 (1977). O fato de dois juízes tão experientes e capazes do Tribunal Federal Regional do Distrito de Colúmbia estarem comandando esse ataque – esse tribunal, mais que qualquer outro, é chamado a controlar atos administrativos – muito faz para solapar a ideia irrefletida de que um renascimento do ideal

da não delegação pode ser bom na teoria, mas seria impossível na prática.
88. P. ex., Stewart, "The Reformation of American Administrative Law", 88 *Harv. L. Rev.*, pp. 1669, 1695 (1975).
89. Ver E. Redman, *The Dance of Legislation*, pp. 17-8 (1973).
90. Stewart, nota 88, supra, p. 1695.
91. "'Levar algo para fora do âmbito político' significa subtrair algo do controle do povo. É um artifício frequente dos grupos de interesse para efetuar a transferência do poder governamental das mãos do público em geral para pequenos grupos de interesse específicos." P. Appleby, *Policy and Administration*, p. 162 (1949).
92. Ver também Wright, nota 87, supra, p. 585.
93. Id.

6. Facilitando a representação das minorias

1. P. ex., Mavrinac, "From *Lochner* to *Brown v. Topeka*: The Court and Conflicting Concepts of the Political Process", 52 *Am. Pol. Sci. Rev.*, pp. 641, 657 (1958); A. Bickel, *The Supreme Court and the Idea of Progress*, p. 37 (1970). (Claro está que o prof. Bickel também fez críticas à abordagem ativista da Corte de Warren em assegurar para as minorias o acesso ao processo político.)

2. J. Pennock, *Democratic Political Theory*, pp. 8-9 (1979). Ver também Wellington, "On Freedom of Expression", 88 *Yale L. J.*, pp. 1105, 1137 (1979).

3. P. ex., R. Dahl, *A Preface to Democratic Theory* (1956); R. Dahl, *Who Governs?* (1961). Ver também, p. ex., A. Bickel, nota 1, supra, p. 85.

4. Ver, p. ex., W. Gamson, *The Strategy of Social Protest* (1975); T. Lowi, *The Politics of Disorder* (1971); P. Bachrach, *The Theory of Democratic Elitism*, pp. 83-92 (1967); E. Schattschneider, *The Semi-Sovereign People* (1960). Os principais arquitetos da teoria já começaram a reconhecer suas limitações; p. ex., R. Dahl, *Democracy in the United States*, p. 54 (3.ª ed., 1976), mas grande parte da comunidade jurídica continua a invocá-la em sua forma original não modificada. P. ex., Posner, "The *DeFunis* Case and the Constitutionality of Preferential Treatment of Racial Minorities", 1974 *Sup. Ct. Rev.*, pp. 1, 30-1; Sandalow, "Judicial Protection of Minorities", 75 *Mich. L. Rev.*, pp. 1162, 1190-1 (1977).

5. Ver Ely, "Legislative and Administrative Motivation in Constitutional Law", 79 *Yale L. J.*, p. 1205 (1970).

6. R. Nozick, *Anarchy, State, and Utopia*, pp. 153-5 (1974).
7. Ely, nota 5, supra, p. 1208-12.
8. *Palmer vs. Thompson*, 403 U.S. 217, 224 (1971).
9. *Village of Arlington Heights vs. Metropolitan Housing Development Corp.*, 429 U.S. 252, 265 (1977). Ver também *Washington vs. Davis*, 426 U.S. 229 (1976).
10. Essa escolha viola o dever do representante de dedicar a todo o seu eleitorado a mesma consideração e respeito. Ver pp. 209-10; *Dept. of Agriculture vs. Moreno*, 413 U.S. 528, 534 (1973): "O simples desejo do Congresso de prejudicar um grupo politicamente impopular não pode constituir interesse *legítimo* do Estado."
11. Outrora, a recusa da Corte em perceber isso – embora tratasse regularmente (e de modo correto) as classificações raciais explícitas que desfavorecem as minorias como "suspeitas" e presumidamente inconstitucionais – foi um caso clássico de miopia judicial. As classificações raciais que prejudicam as minorias são "suspeitas" porque suspeitamos que sejam fruto de um pensamento racialmente preconceituoso, o tipo de pensamento que, segundo a nossa concepção, a Décima Quarta Emenda teve a intenção primordial de erradicar. Ver *Personnel Adm'r of Massachusetts vs. Feeney*, 99 S. Ct. 2282, 2292 (1979). Entretanto, ao mesmo tempo que a Corte seguia essa teoria em relação às classificações raciais explícitas, atos como o fechamento das piscinas de Jackson, que aparentemente não eram raciais, mas que os litigantes procuravam provar serem produto do preconceito racial, tendiam a ser excluídos do âmbito de atuação do controle judicial de constitucionalidade.
12. *Palmer vs. Thompson*, 403 U.S. 217, 224-5 (1971).
13. Ver Ely, nota 5, supra, pp. 1266-8, 1308.
14. A expressão (mas não sua aplicação a essa situação) é de Hans Linde. Linde, "Due Process of Law Making", 55 *Neb. L. Rev.*, p. 197 (1975).
15. Ver Ely, nota 5, supra. Instruído por um grande número de críticas, estou convicto de que estendi demais essa doutrina em 1970, quando afirmei que a possibilidade de explicação alternativa tirava totalmente o cabimento da prova de motivação ilícita.
16. Ver também Christie, "A Model of Judicial Review of Legislation", 48 *S. Cal. L. Rev.*, pp. 1306, 1354 (1975). Brest, "*Palmer v. Thompson*: An Approach to the Problem of Unconstitutional Legislative Motive", 1971 *Sup. Ct. Rev.*, p. 95, também é bastante útil nesse aspecto, e ajudou-me de diversas maneiras a corrigir e aperfeiçoar as posições defendidas em meu artigo original. Também me foi de grande ajuda Samford, "Toward a Constitutional Definition of Racial Discrimina-

tion", 25 *Emory L. J.*, p. 509 (1976), e Simon, "Racially Prejudiced Governmental Actions: A Motivation Theory of the Constitutional Ban against Racial Discrimination", 15 *San Diego L. Rev.*, p. 1041 (1978).

17. Quando se referia a "leis direcionadas a" minorias religiosas, raciais ou de nacionalidade, parece que a nota de rodapé a *Carolene Products* pressupunha uma análise da motivação, já que se citavam como exemplos os casos *Pierce vs. Society of Sisters*, 268 U.S. 510 (1925) e *Meyer vs. Nebraska*, 262 U.S. 390 (1923), em nenhum dos quais a lei impugnada utilizava tais classificações de modo ostensivo.

18. Mas ver, p. ex., Karst, "The Costs of Motive-Centered Inquiry", 15 *San Diego L. Rev.*, pp. 1163, 1165 (1978).

19. *Carter vs. Jury Comm'n*, 396 U.S. 320, 343 (1970) (juiz Douglas, voto parcialmente divergente).

20. Ver Ely, nota 5, supra, pp. 1284-9.

21. 364 U.S. 339, 347 (1960).

22. 391 U.S. 367, 384 (1968).

23. Os tribunais têm emitido ordens desse tipo para remediar a discriminação intencional num outro sentido, aparentemente com base na teoria de que, já que a raça está sendo levada em conta de qualquer maneira, ela deve ser levada em conta de modo que devolva a situação ao estado em que provavelmente se encontraria caso a questão racial não tivesse sido jamais considerada. Ver Ely, nota 5, supra, pp. 1289-91.

24. 376 U.S. 52 (1964).

25. 393 U.S. 97, 109 (1968).

26. Em certas circunstâncias, pode-se vir a constatar uma motivação inconstitucional por trás da eliminação do estudo das origens do ser humano, ou mesmo do estudo da biologia como um todo. O exemplo mais óbvio seria uma atitude tomada pelas autoridades do estado do Arkansas em resposta à decisão *Epperson*.

27. 393 U.S. 233, 237 (1968).

28. Os efeitos do alistamento sobre a expressão de alguém que se opõe à guerra seriam praticamente os mesmos quer a pessoa fosse selecionada aleatoriamente ou com base num critério legítimo, quer o fosse por causa de suas opiniões. É claro que o *anúncio prévio* de que a seleção para o alistamento militar seria feita com base na expressão política teria o efeito de obstar a expressão: essa ameaça (seja ela levada a cabo ou não, penso eu) violaria a Primeira Emenda pelo seu simples impacto. Mas o que nos preocupa é mais do que isso; mesmo que o critério não seja anunciado, a seleção feita com base na expressão política é evidentemente inconstitucional.

29. 391 U.S. pp. 384-5.

30. Ver *Giragi vs. Moore*, 301 U.S. 670 (1937). *Cf. Associated Press vs. N.L.R.B.*, 301 U.S. 103 (1937).

31. Também não faria sentido argumentar que a classificação da lei foi irracional. Não é irracional cobrar impostos apenas das grandes empresas, e embora o limite de 20.000 em certo sentido seja arbitrário, qualquer outra cifra o seria igualmente. Com exceção talvez do zero: essa proposta poderia ser explicada em razão do princípio de que, se alguns periódicos precisam pagar um tributo, todos devem pagá-lo, talvez numa alíquota que varie uniformemente de acordo com a capacidade contributiva. Essa regra profilática ampla pode ser justificada pela teoria de que, embora a discricionariedade de tributar apenas as empresas cujo patrimônio exceda determinado nível seja tolerável em geral, as liberdades protegidas pela Primeira Emenda são a tal ponto delicadas, e a possibilidade de discriminação contra determinadas ideias sem um controle judicial efetivo é tão evidente, que a tributação na área dominada pela Primeira Emenda deve ser universal e uniforme. Todavia, a imposição desse raciocínio sobre a decisão de 1936 parece anacrônica. A linguagem da decisão deixa claro que a Corte tencionava invalidar um imposto específico, o imposto do estado da Louisiana, e que tinha chegado a essa conclusão por causa da motivação por trás do imposto. Pode ser que o juiz-presidente Warren, que redigiu a decisão da Corte no caso *O'Brien*, tenha procurado fazer uma interpretação construtiva, revelando-nos que o que a Corte que decidiu *Grosjean* queria dizer é que o tributo em questão poderia ser declarado inconstitucional somente com base em seu impacto. Mas uma tal postura é, no mínimo, questionável: a insistência judicial em que os periódicos de pequena circulação sejam tributados na mesma proporção que os periódicos maiores parece calculada para fixar ideias e pontos de vista já "estabelecidos".

32. 297 U.S. 233, 250 (1936).

33. Id. 251.

34. Registro, 43, *Grosjean vs. American Press Co.*, 297 U.S. 233 (1963).

35. Assim, p. ex., é necessário que haja o júri, mas nenhum indivíduo tem o direito constitucional de participar de um júri. Do mesmo modo, ninguém tem o direito constitucional de garantir que sua casa esteja dentro das fronteiras do distrito de Tuskegee: a razão de ser do caso *Gomillion* era que um direito não constitucional tinha sido distribuído de acordo com critérios inconstitucionais. Ninguém tem o direito constitucional substantivo a uma piscina municipal: era isso que tornaria decisiva, em *Palmer*, a referência à motivação. Assim como ninguém, para falarmos dos outros casos que consideramos aqui, tem

o direito constitucional de aprender a teoria de Darwin (talvez nem mesmo tenha direito à existência de um curso de biologia), de ser classificado como sacerdote ou estudante de teologia para o alistamento militar ou de isentar-se automaticamente do pagamento de impostos. Em cada caso, o que era constitucionalmente ofensivo era o critério de seleção.

36. A prova de motivação inconstitucional deve ser sempre suficiente para invalidar um ato do Estado: o devido processo legislativo foi negado em todos os casos desse tipo. O que quero dizer ao afirmar que essa prova não vem ao caso nessas situações é que não precisamos sequer chegar à questão da motivação: a negação do devido processo por si só estabelece a violação.

37. Ver Note, "Legislative Purpose, Rationality, and Equal Protection", 82 *Yale L. J*, p. 123 (1972).

38. Porém, pode ser que vez por outra tais metas não existam. O caso *Skinner vs. Oklahoma*, 316 U.S. 535 (1942), p. ex., deveria ter sido decidido com base neste fundamento. Dado que a confissão do real objetivo da distinção sob análise (o desejo de punir o crime de fraude com mais severidade que o de apropriação indébita) tornaria imediatamente retroativo o efeito da lei em sua aplicação a Skinner (e possivelmente acarretaria também uma violação da Cláusula das Penas Cruéis e Não Habituais), o Estado não pôde invocar essa meta em sua defesa, o que privou a classificação de toda justificativa racional. (*Skinner* também envolvia uma discriminação em favor de uma classe de criminosos com que os legisladores poderiam se identificar, e contra uma classe com cujos membros eles não se identificavam. A metodologia de valores fundamentais de fato empregada parece, portanto, a menos desejável das várias possíveis.) Considerado à luz da decisão anterior da Corte no caso *Roe vs. Wade*, 410 U.S. 113 (1973), o caso *Maher vs. Roe*, 432 U.S. 464 (1977), que determinava a exclusão do aborto da classe de operações às quais os pobres têm o direito legal de obter acesso, é passível de análise similar. A meta em razão da qual a Corte defendeu essa opção legislativa – qual seja, a de desencorajar o aborto – fora declarada inconstitucional pela mesma Corte quatro anos antes, em *Roe*. Com isso restava apenas a meta de economizar o dinheiro dos contribuintes, com a qual o ato de desencorajar o aborto entre os pobres não tem nenhuma relação racional. (É claro que, depois de *Roe*, a lei deveria ter sido submetida a um exame ainda mais severo que esse.) Cf. Linde, nota 14, supra, p. 229 (é mais provável que o critério de racionalidade seja invocado de boa-fé em relação aos atos de entidades políticas de jurisdição legis-

lativa limitada, já que muitas metas estarão excluídas de antemão); *United States vs. Brown*, 381 U.S. 437 (1965) (a defesa direta ou "tautológica" não pode ser invocada em face de acusação de inconstitucionalidade na esfera da Primeira Emenda; a defesa indireta ou "empírica" à qual o Estado foi forçado a recorrer é encarada como legislação retroativa).

39. Ver também Simon, nota 16, supra.

40. Sobre os custos da explicitude nesse contexto, ver Karst, nota 18, supra, p. 1165.

41. Ely, "The Constitutionality of Reverse Racial Discrimination", 41 *U. Chi. L. Rev.*, pp. 723, 726 (1974).

42. Note, "Mental Illness: A Suspect Classification?" 83 *Yale L. J.*, pp. 1237, 1251 (1974).

43. P. Brest, *Process of Constitutional Decision-Making*, p. 489 (1975).

44. Ver *Lee vs. Washington*, 390 U.S. 333, 334 (1968) (juízes Black, Harlan e Stewart, voto concorrente).

45. A segregação racial permanente dentro da prisão não seria defensável com base nessa teoria, embora a meta postulada de manter a paz racial permanecesse a mesma (e, portanto, tivesse o mesmo peso). Mas ver *Korematsu vs. United States*, 323 U.S. 214 (1944) (aprovando o programa de relocação dos nipo-americanos e justificando-o sobretudo pela importância inegável da meta – sem, porém, dar atenção suficiente à possibilidade de classificações alternativas mais apropriadas ao caso).

46. Mesmo uma lei que opera uma classificação racial explícita, e deixa em desvantagem uma minoria, pode, em raras ocasiões, ser justificada por uma análise mais profunda: seria exemplo a exigência de que somente os negros que estejam pensando em se casar façam um teste para determinar se têm anemia falciforme e recebam aconselhamento de um geneticista caso tenham a doença. Ver também *Hamm vs. Virginia Bd. of Elections*, 230 F. Supp. 116 (E. D. Va.), confirmado sem mais justificativas pela Suprema Corte sob o título *Tancil vs. Woolls*, 379 U.S. 19 (1964). Quando, no entanto, o Estado proíbe o casamento inter-racial e defende essa ideia com base no argumento de que pretende conter a transmissão de anemia falciforme – sei que parece ficção, mas veja o Memorial dos Apelados, p. 44, *McLaughlin vs. Florida*, 379 U.S. 184, 1964 – os danos impostos pela lei são a tal ponto mais graves que o mal que o Estado (em tese) procura evitar, que a suspeita de preconceito racial não pode em absoluto ser afastada. (Note também que a meta pretendida pelo Estado não consiste em outra senão na circunscrição da doença dentro da raça negra.)

Análise e conclusão semelhantes seriam adequadas no caso hipotético proposto pelo prof. Karst, em que o Estado exige categorização de raça quando do registro eleitoral e a defende usando o argumento da prevenção de fraude. Karst, "'A Discrimination So Trivial': A Note on Law and the Symbolism of Women's Dependency", 35 *Ohio St. L. J.*, pp. 546, 549 (1974). (Sim, é certo que isso envolve uma ponderação, mas essa ponderação é baseada num critério: o critério de determinar se a motivação realmente poderia ter sido aquela que o Estado invoca. Ver também Clark, "Legislative Motivation and Fundamental Rights in Constitutional Law", 15 *San Diego L. Rev.*, pp. 953, 981 (1978)).

47. Ver p. 202.

48. Ver, p. ex., *Trimble vs. Gordon*, 430 U.S. 762, 777 (1977) (juiz Rehnquist, voto divergente).

49. Comparar, p. ex., *Boddie vs. Connecticut*, 401 U.S. 371 (1971) com *Ortwein vs. Schwab*, 410 U.S. 656 (1973). Mas ver *Memorial Hosp. Vs. Maricopa County*, 415 U.S. 250 (1974); *Department of Agriculture vs. Moreno*, 413 U.S. 528 (1973).

50. Ver, p. ex., *James vs. Valtierra*, 402 U.S. 137 (1971); *Dandridge vs. Williams*, 397 U.S. 471 (1970). Ver também pp. 217-8.

51. Ver *Fiallo vs. Bell*, 430 U.S. 787 (1977); *Mathews vs. Lucas*, 427 U.S. 495 (1976).

52. Ver *Foley vs. Connelie*, 435 U.S. 291 (1978); *Ambach vs. Norwick*, 99 S. Ct. 1589 (1979). Ficamos tentados a supor que esse histórico é parcialmente redimido pela atuação da Corte de Burger na área da discriminação sexual, que de fato foi maior que a de qualquer das Cortes anteriores, entre as quais a de Warren. Aqui também, no entanto, o progresso não foi constante, e o fato de algumas das principais decisões terem anulado leis que deixam os *homens* em desvantagem dá a entender que o móvel da Corte não é somente uma preocupação com a proteção dos indefesos. Ver Ely, "Foreword: On Discovering Fundamental Values", 92 *Harv. L. Rev.*, pp. 5, 9 nn. 29 e 30 (1978). Essa suspeita é corroborada pela decisão do caso *Regents of the Univ. of Calif. vs. Bakke*, pelo menos se levarmos a sério o fato de os diversos votos terem afirmado que as leis que discriminam os brancos devem ser submetidas, se não exatamente ao "exame especial", pelo menos a um critério mais rigoroso que o habitual. 438 U.S. 265, 299 (1978) (juiz Powell): id. 361-2 (juízes Brennan, White, Marshall e Blackmun, votos parcialmente a favor e parcialmente divergentes).

Qual é a abordagem que *de fato* está por trás da jurisprudência constitucional da Corte de Burger? A resposta mais segura, e neste caso também a mais exata, é aquilo que Winston Churchill teria dito a respeito de um pudim que lhe serviram: parece que lhe falta um tema. No entanto, podem-se identificar fortes elementos de uma metodologia de imposição de valores. O exemplo mais óbvio é a decisão de 1973 a respeito do aborto, *Roe vs. Wade*, 410 U.S. 113 (1973). As tentativas de defender essa decisão em termos procedimentais falharam completamente, pela razão óbvia de que a verdadeira origem dos problemas no contexto do aborto não é que a questão seja particularmente inadequada para ser resolvida por decisão democrática, mas sim que a decisão democrática regularmente gera opções valorativas com as quais muitos, eu incluso, discordam de modo veemente. Ver Ely, "The Wages of Crying Wolf: A Comment on *Roe vs. Wade*", 82 *Yale L. J.*, p. 920 (1973). Essa metodologia de imposição de valores é até hoje um elemento forte do trabalho da Corte de Burger, principalmente, embora não exclusivamente, na "área" do sexo/casamento/gravidez (não gravidez)/criação dos filhos – mas cf. Ely, "On Discovering Fundamental Values", p. 11 n. 40; e vem acompanhada das aparentes incoerências e (pelo menos no caso do aborto) dos conchavos políticos aos quais uma tal abordagem – no estilo "vamos proteger isto, porque parece ser importante" – é extremamente suscetível.

A partir dessa perspectiva, fica fácil explicar a atividade atual da Corte na área da discriminação sexual. As classificações por sexo parecem ser consideradas constitucionalmente suspeitas não em razão de uma teoria semelhante à do caso *Carolene Products*, a qual limitaria o ativismo judicial àquelas leis que deixam as mulheres em desvantagem, mas sim por pertencerem à esfera de elementos pertinentes ao sexo e aos filhos que a Corte decidiu considerar fundamental. O prof. Tushnet afirmou essencialmente isto em 1974 e levou o argumento um passo adiante, constatando que esse conjunto de valores, como outros que a Corte de Burger sempre se preocupou em defender, parece se identificar com os interesses da classe média. Tushnet, "'... And Only Wealth Will Buy You Justice' – Some Notes on the Supreme Court 1972 Term", 1974 *Wisc. L. Rev.*, pp. 177, 181. Admito que se podem citar exemplos contrários a essa afirmação geral, mas o argumento específico não poderia ser mais perfeitamente corroborado do que o foi pelo caso *Maher vs. Roe*, 432 U.S. 463 (1977), que considerou constitucional que os estados que adotaram programas como o Medicaid subvencionem as mais diversas operações e procedimentos médicos, entre os quais o parto, mas se recusem a subvencionar abortos não terapêuticos. Ver nota 38, supra. Assim, a classe média agora efetivamente tem direito ao aborto, algo que antes de *Roe vs. Wade* era acessível apenas aos que tinham dinheiro suficiente para viajar ao Japão, mas os pobres não têm. Essa Corte não é nem um pouco parecida com a que decidiu *Carolene Products*.

Como vimos, as indicações (em *Bakke*) de que toda legislação racial que deixe os brancos em desvantagem deve ser submetida pelo menos a um exame semiespecial têm sua origem explícita numa teoria do direito baseada nos valores. Inclusive, temos bons motivos para crer que as decisões em que a Corte atual teve seu melhor desempenho na linha do caso *Carolene Products* – ligadas à proteção da liberdade de expressão – não foram determinadas por uma perspectiva à moda de *Carolene Products*, nem mesmo por um respeito reverencial (à moda do juiz Black) pela linguagem da Constituição, mas sim por uma teoria jurídica segundo a qual a Corte tem o papel de proteger os valores que ela própria considere realmente fundamentais. Falando em nome de quatro juízes e rejeitando uma petição feita com base na Primeira Emenda em 1976, o juiz Stevens explicou que "poucos mandariam seus filhos e filhas à guerra para defender o direito dos cidadãos de ver 'atividades sexuais especificadas' nos cinemas que quisermos". *Young vs. American Mini Theatres*, Inc., 427 U.S. 50, 70 (1976). Felizmente, os interesses da liberdade de expressão em geral parecem ter mais importância que isso na interpretação que faz a Corte da constelação de valores dos EUA.

53. Ver, p. ex., *Parham vs. Hughes*, 99 S. Ct. 1742, 1745 (1979) (voto concorrente majoritário); *Frontiero vs. Richardson*, 411 U.S. 677, 689 (1973) (voto concorrente majoritário).

54. Ver, p. ex., In re Griffiths, 413 U.S. 717, 718 n. 1 (1973).

55. P. ex., *Levy vs. Louisiana*, 391 U.S. 68 (1968); *Weber vs. Aetna Casualty and Surety Co.*, 406 U.S. 164 (1972). É verdade que nesses casos a incapacidade jurídica era atribuída à criança, e apenas o pai ou a mãe poderiam eliminá-la (por meio do reconhecimento). No entanto, em *Glona vs. American Guarantee & Liability Ins. Col*, 391 U.S. 73 (1968), a incapacidade era atribuída à mãe (que poderia tê-la eliminado).

56. P. ex., *Frontiero vs. Richardson*, 411 U.S. 677, 686 (1973) (voto concorrente majoritário); *Sail'er Inn, Inc. vs. Kirby*, 5 Cal. 3d 1, 18 (1971); O'Fallon, "Adjudication and Contested Concepts: The Case of Equal Protection", 54 *N.Y. U. L. Rev.*, pp. 19, 62 (1979).

57. "Developments in the Law – Equal Protection" 82 *Harv. L. Rev.*, pp. 1065, 1127 (1969). Ver também, p. ex., *Sail'er Inn. Inc. vs. Kirby*, 5 Cal. 3d 1, 19 (1971).

58. A referência ao estigma é geralmente invocada para distinguir os programas de ação afirmativa, por um lado, da discriminação

contra as minorias, por outro. Entretanto, esses programas podem ser distinguidos também pela ausência dos fatores que tornam suspeitas as classificações, sem que seja necessário fazer referência à questão do estigma. Ver pp. 228-31.

59. *Graham vs. Richardson*, 403 U.S. 365, 372 (1971).
60. *Sugarman vs. Dougall*, 413 U.S. 634, 657 (1973) (voto divergente). Ver também, p. ex., Braden, "The Search for Objectivity in Constitutional Law", 57 *Yale L. J.*, pp. 571, 581 (1948).
61. Goodman, "De Facto School Segregation: A Constitutional and Empirical Analysis", 60 *Calif. L. Rev.*, pp. 275, 313 (1972).
62. Mas cf. pp. 160-1.
63. Goodman, nota 61, supra, p. 315.
64. Dois fatores frequentemente mencionados como causas do exame especial das classificações raciais são que as minorias raciais foram submetidas a desvantagens legislativas durante toda a nossa história (p. ex., *Frontiero vs. Richardson*, 411 U.S. 677, 684 (1973) (voto concorrente majoritário)) e que a raça "em geral (...) é completamente indiferente em tudo quanto se relaciona com os objetivos públicos legítimos". "Developments in the Law", nota 57, supra, p. 108; ver também *Frontiero vs. Richardson*, 411 U.S. 677, 686 (1973) (voto concorrente majoritário). Nenhum desses dois fatores por si só pode justificar o exame especial. Algumas minorias (os extorsionistas, p. ex.) sempre foram deixadas em desvantagem pela lei, por um bom motivo. E o fato de uma característica ser indiferente em quase todos os contextos legais (caso da maioria das características) não implica que haja algo de errado em recorrer a ela no raro contexto em que ela faz alguma diferença. Ainda assim, esses dois fatores combinados podem totalizar algo significativo. O fato de um grupo ter sido reiteradamente deixado em desvantagem de maneira indefensável deve nos fazer desconfiar de qualquer legislação que isole tal grupo para deixá-lo novamente em desvantagem. Existem fortes razões para suspeitar que os preconceitos que geraram a legislação manifestamente hostil das eras passadas também foram em grande parte responsáveis pelas classificações superficialmente mais palatáveis do presente.
65. À primeira vista, uma lei que determina que toda pessoa condenada por assalto a uma residência jamais possa exercer a medicina parece suscitar uma questão bastante diferente. A relação entre a classificação e a meta (de assegurar a competência ou a confiabilidade, p. ex.) é obviamente bem mais frouxa do que seria caso a classificação fosse um pouco mais refinada (excluindo somente alguns assaltantes e incluindo somente alguns não assaltantes). O pro-

blema é que existe uma relação muito próxima com a meta de desencorajar os assaltos. (O particular em questão talvez esteja completamente recuperado, mas a legislação poderá ter efeito dissuasivo sobre os outros, que sabem que os assaltantes condenados permanecerão para sempre sujeitos a essa privação adicional.) Se, portanto, a sanção adicional de nunca poder ser médico licenciado fosse imposta de maneira prospectiva, como parte da pena prescrita (juntamente com o período de prisão), poderíamos sem dúvida questioná-la alegando tratar-se de uma dosimetria penal um tanto duvidosa, mas seria difícil tornar plausível uma alegação de inconstitucionalidade. Já a aplicação dessa proibição de emprego aos já condenados é muito diferente. Pois a compatibilidade só é perfeita, e assim o "exame especial" só é satisfeito, em função de um objetivo cuja invocação parece violar a proibição contra leis de efeito retroativo. (Na verdade, a Corte provavelmente não tomaria tal decisão, baseando-se na teoria de que essa sanção adicional não é exatamente uma "pena"; mas trata-se, penso eu, de uma interpretação errônea da Cláusula *Ex Post Facto*. Ver Ely, supra, nota 5, p. 1312 n. 324.)

66. P. ex., *Regents of the University of California vs. Bakke*, 438 U.S. 265, 404 (1978) (juiz Blackmun).

67. *Webster's New World Dictionary of the American Language*, pp. 1396-7 (2.ª College ed., 1976).

68. *Williamson vs. Lee Optical Co.*, 348 U.S. 483 (1955).

69. Esse critério básico de "racionalidade" é difícil de defender na teoria – não porque os Legislativos estaduais sejam inevitavelmente irracionais (p. ex., Dixon, "The Supreme Court and Equality: Legislative Classifications, Desegregation, and Reverse Discrimination", 62 *Corn. L. Rev.*, pp. 494, 497, 500 (1977)), mas pela razão oposta: se todos os objetivos legislativos forem levados detalhadamente em conta, verificar-se-á que a classificação proposta se relaciona, pelo menos de modo "racional" (na verdade, de modo bem próximo), com eles. Os Legislativos estaduais não agem sem motivo (embora às vezes ajam por motivos inconstitucionais). Ver Note, nota 37, supra. Além disso, a tese deste livro é que, a não ser que exista uma razão especial para desconfiar do processo democrático num caso determinado, o controle substantivo de seus resultados, independentemente do quão "fracos" sejam, não se justifica. Ver também Linde, "Without 'Due Process': Unconstitutional Law in Oregon", 49 *Ore. L. Rev.*, p. 125 (1970); Loewy, "A Different and More Viable Theory of Equal Protection", 57 *N.C.L. Rev.*, pp. 1, 50-1 (1978).

Vimos, porém, que à semelhança de seu irmão mais velho, o "exame especial", o critério de "racionalidade" pode servir indiretamente (embora não com tanta frequência) para anular atos do Poder Público por questão de inconstitucionalidade. Ver nota 38, supra. Entretanto, quando não existe nenhum objetivo lícito com o qual a classificação em pauta se relacione, mesmo que somente de modo racional, talvez seja praticamente inevitável fazer imediatamente a inferência de motivação inconstitucional: é difícil justificar, portanto, o uso do critério de racionalidade como ferramenta para detectar os fatos. Ele pode, no entanto, ser usado na medida em que permita aos tribunais (ou aos litigantes) declarar (ou pedir) a nulidade de determinadas leis em razão de motivação inconstitucional sem ter de fato de vazar sua alegação nesses termos – uma vantagem que eu tendia a desconsiderar até que surgiu a oportuna discussão do prof. Karst a respeito dos custos de um exame centrado principalmente nas motivações. Karst, nota 18, supra. Isso, no entanto, não parece ser suficiente. Nos casos em que o critério de racionalidade pode fornecer um caminho indireto para evidenciar a motivação inconstitucional, é igualmente provável, embora não seja inevitável, que a classificação em questão já seja suficientemente suspeita em si para justificar um exame detalhado. Assim, os ganhos em matéria de eliminação das motivações inconstitucionais parecem bastante especulativos, e contra eles devemos ponderar a certeza de que, se o Judiciário tiver em suas mãos um mandato universal para controlar a "racionalidade", termo cujo significado é obviamente elástico, os juízes serão inevitavelmente tentados a exercer uma autoridade geral e ilegítima de controle substantivo.

Se a exigência de "objetivos explicitamente formulados" do Professor Gunther fosse posta para funcionar, nessa mesma medida o critério de racionalidade poderia ser muito mais útil. Cf. nota 38, supra. Mas, além de eu não estar convencido de que essa abordagem possa funcionar, se for sério o nosso empenho de exigir apenas uma relação racional certamente haverá um ou mais objetivos claramente formulados que poderão servir para justificar a lei.

Todavia, a meu ver é pouquíssimo provável que o critério de racionalidade seja efetivamente abandonado, de modo que a melhor esperança talvez esteja em que os tribunais venham a compreender que ele só é plausível como um caminho mais longo e tortuoso para identificar objetivos legislativos ilícitos.

70. Uma abordagem com que não precisamos perder tempo é a que visa a saber se o estereótipo em questão é "verdadeiro" ou "fal-

so". P. ex., Alexander, "Introduction: Motivation and Constitutionality", 15 *San Diego L. Rev.*, pp. 925, 944 (1978); Clark, nota 46, supra, p. 967. Os estereótipos não são verdadeiros nem falsos (exceto, suponho, no caso improvável de que *nenhum* membro da classe em questão possua a característica atribuída), mas se distinguem de acordo com a incidência relativa de contraexemplos.

71. Ver também P. Brest, nota 43, supra, p. 1010.

72. Devolver o caso à apreciação do mesmo tribunal é uma solução questionável quando aparentemente ainda persistem as condições que deram origem à anterior suposição errônea. Dedicarei mais atenção à questão das soluções quando tiver esclarecido as diferentes origens prováveis das suposições errôneas.

73. G. Allport, *The Nature of Prejudice*, p. 78 (1954), faz uma distinção semelhante.

74. *Mathews vs. Lucas*, 427 U.S. 495, 520 (1976) (juiz Stevens, voto divergente).

75. Na medida em que o perfil do eleitorado é essencialmente idêntico ao do Legislativo (exceto no que diz respeito ao sexo), as generalizações que implicam um louvor a quem as faz podem gerar recompensas mais tangíveis nas épocas eleitorais.

Pode-se imaginar uma lei que pareça acarretar uma perda psíquica mas um ganho tangível para aqueles que a aprovam. Sob a análise aqui sugerida, qualquer um dos tipos de ganho deve ser suficiente para tornar a lei suspeita, pelo menos a princípio. Em seguida, caberá perguntar se a suspeita assim gerada pode ser refutada por uma explicação convincente. Uma explicação que invoque os aspectos autodepreciativos da lei (em relação a seus promulgadores) às vezes será suficiente para abrandar tais suspeitas, mas às vezes não será. Uma lei que limite a admissão de judeus numa universidade estadual, p. ex., não poderá justificar-se com base na teoria de que se baseia na generalização autodepreciativa de que os judeus são melhores alunos e, portanto, se os aceitarmos na universidade com base em seus méritos individuais, haverá pouca diversidade entre os estudantes. Nesse caso, o ganho tangível para o grupo dominante no Legislativo é um sinal muito mais claro da motivação do que a racionalização autodepreciativa.

Também existem leis de configuração oposta. Supondo por enquanto que a discriminação contra as mulheres deve ser encarada com suspeita (cf. pp. 164-70), uma lei que convoque homens mas não mulheres para o serviço militar também deve ser encarada com suspeita, já que incorpora a generalização autoengrandecedora de que os homens são mais resistentes fisicamente que as mulheres. No entanto, parece-me que a suspeita é quase imediatamente mitigada pelo fato de que, em termos tangíveis, a lei trará imensas desvantagens para os homens. Uma lei que isente as mulheres da possibilidade de terem de pagar pensão alimentícia parece ainda mais claramente constitucional. (Dada a suposição doutrinal comum de que a constitucionalidade de uma lei está inextricavelmente ligada a seus méritos – suposição que rejeito –, talvez convenha ressaltar explicitamente que me oponho a ambas as distinções. Acredito que as mulheres devem alistar-se como todo o mundo e acredito que, em circunstâncias financeiras adequadas, devem estar sujeitas tanto quanto os homens a pagar pensão alimentícia. Só não acredito que aquelas distinções sejam inconstitucionais.) O fato de a lei da pensão alimentícia, ao contrário da lei que regula o alistamento militar e muitas outras que deixam os homens em relativa desvantagem, pôr em risco a posição pessoal dos próprios legisladores, e não somente a daquela faixa da população que se parece com eles, é um indício ainda mais forte de sua natureza não suspeita. (Além disso, a generalização na qual ela se baseia – de que nossa sociedade patriarcal torna a sobrevivência financeira mais difícil para as mulheres de meia-idade que para os homens de meia-idade – não enaltece os homens.) É claro que a Suprema Corte seguiu o caminho inverso na questão da pensão alimentícia. *Orr vs. Orr*, 99 S. Ct. 110-2 (1979). Em geral, fico tentado a supor que, por serem os dados mais sólidos, os efeitos tangíveis de uma distinção classificatória "batem" quaisquer efeitos psíquicos que possam existir no outro sentido. Mas também esta generalização pode ser exagerada.

76. O trabalho pioneiro no caso é *Folkways*, de William Graham Sumner, originalmente publicado em 1906. Ver, p. ex., pp. 14-5: "Os judeus dividiram toda a humanidade entre judeus e gentios. Eram o 'povo escolhido'. Os gregos e os romanos chamavam de 'bárbaros' a quantos não pertenciam à sua sociedade. Na tragédia de Eurípedes, *Ifigênia em Aulis*, Ifigênia diz que é correto que os gregos sejam senhores dos bárbaros, mas não o contrário, porque os gregos são livres e os bárbaros são escravos. Os árabes consideravam-se a nação mais nobre do mundo e tinham todas as outras na conta de mais ou menos bárbaras. Em 1896, o ministro da educação da China e seus conselheiros publicaram um manual do qual constava esta declaração: 'Como é grandioso e glorioso o Império da China, o reino do meio! É o maior e mais rico império do mundo. Os melhores homens do mundo vieram todos do império do meio.' Em toda a literatura de to-

das as nações estão presentes declarações desse tipo, embora não sejam expressas de modo tão ingênuo. Nos livros e jornais russos, fala-se da missão civilizadora da Rússia, assim como nos livros e jornais da França, da Alemanha e dos Estados Unidos a missão civilizadora desses países é pressuposta e comentada. Cada nação agora considera-se a líder da civilização, a melhor, a mais livre, a mais sábia, e considera inferiores todas as outras. Dentro de alguns anos, nosso cidadão comum terá aprendido a classificar todos os estrangeiros dos povos latinos como '*dagos*', e '*dago*' será um epíteto depreciativo. Todos esses são casos de etnocentrismo." Sumner foi criticado por Robert Merton por não reconhecer suficientemente o fato de que os grupos "exteriores" podem às vezes ser objeto de referência positiva. R. Merton, *Social Theory and Social Structure*, pp. 331, 352 (3.ª ed. 1968). Isso é verdade, mas certamente são casos mais raros. Além disso, nesses casos haverá forte pressão para que seja explicitamente reconhecido o fato de que a superioridade do grupo "exterior" é apenas estatística e, consequentemente, para afastar toda presunção legal irrefutável e prescrever um teste mais individualizado. Finalmente, o mais pertinente ao assunto da classificação legal suspeita é a tendência dos grupos dominantes numa sociedade de explicar sua predominância por meio de generalizações autoengrandecedoras, tendência que, segundo acredito, não foi questionada por Merton.

77. G. Allport, nota 73 supra, p. 372.

78. Ver também, p. ex., id. pp. 42, 121, 134, 153, 319-20, 390-1; Bettelheim, "The Dynamism of Anti-Semitism in Gentile and Jew", 42 *J. Abnormal and Social Psych.*, p. 153 (1947).

79. "Perguntou-se a crianças de sete anos de idade, moradoras de certa cidade: 'Quais crianças são melhores, as daqui ou as de Smithfield (um cidade vizinha)?' Quase todas responderam 'As crianças daqui' (...) Aquilo que é estrangeiro é considerado de certo modo inferior, menos 'bom', mas nisso não há necessariamente uma hostilidade." G. Allport, nota 73, supra, p. 42.

80. Fredrickson, "The Legacy of Malthus", *New York Times Book Review*, 13 de março de 1977, p. 7.

81. Se tal generalização servisse de base para uma lei *favorável* à minoria em questão – aumentando, p. ex., o número de judeus que ingressam no ensino superior, com base na tese de que os melhores alunos aproveitarão ao máximo sua educação –, ela não seria objeto de suspeita constitucional. Existem salvaguardas políticas suficientes para impedir que a maioria dominante aceite de modo imprudente uma generalização autodepreciativa exagerada e deixe a si própria

em desvantagem (nem preciso dizer que é exatamente essa a razão por que tal lei jamais seria aprovada). Muito mais provável é a tentativa de usar a mesma generalização para justificar uma lei que fixa um teto para a porcentagem de estudantes judeus, com base na teoria de que, se fôssemos nos basear apenas nas notas das provas, as faculdades ficariam inundadas de judeus. Apesar da tentativa de maquiar-se com uma generalização autodepreciativa (e portanto supostamente confiável), essa lei seria claramente inconstitucional, imbuída que está de antissemitismo em primeiro grau.

82. Ver *Massachusetts Bd. of Retirement vs. Murgia*, 427 U.S. 307, 313-4 (1976).

83. Por outro lado, todos nós conhecemos a atitude do tipo "Minha vida foi difícil, sou o que sou graças a ela – por que você também não aceita sua vida?", e é o *futuro* que as pessoas geralmente negligenciam até que ele chegue. Isso não terá grande importância para os jovens, já que na maioria dos casos será claro que alguma exigência de maturidade é apropriada; e a maturidade só pode ser medida de maneira sensata ou segura por um limite arbitrário de idade. Ver nota 43 ao capítulo 5.

84. Lembre-se de que a fórmula do juiz Stone mencionava o preconceito, a separação e o isolamento. Ver também Note, nota 42, supra, pp. 1254-8. Já critiquei antes esse refinamento com base no argumento de que ele complica a análise. Ely, nota 41, supra, pp. 734-5 n. 45. Isso é fato, mas mesmo assim ele parece adequado. Confesso, portanto, que errei.

85. Cf. Simon, nota 16, supra, p. 1051 n. 23; G. Allport, nota 73, supra, p. 263.

86. Ver id. pp. 172-3, 226, cap. 16; G. Murphy, L. Murphy e T. Newcomb, *Experimental Social Psychology* (1937).

87. P. ex., G. Allport, nota 73, supra, pp. 35, 346-7; *Ambach vs. Norwick*, 99 S. Ct. 1589, 1597 (1979) (juiz Blackmun, voto divergente): "Grande parte dessas leis de Nova York surgiram na época frenética e sensível da I Guerra Mundial, quando as atitudes de bairrismo e medo do estrangeiro estavam na ordem do dia."

88. *James vs. Valtierra*, 402 U.S. 137 (1971).

89. Ver também Simon, nota 16, supra, pp. 1112, 1126-7.

90. 163 U.S. 537 (1896).

91. Essa situação parece estar mudando, exatamente porque os gays estão cada vez mais dispostos a suportar o peso de nossos preconceitos a curto prazo a fim de diminuí-los a longo prazo. Ficarei

muito satisfeito se este livro for publicado em novas edições por tempo suficiente para tornar esta discussão obsoleta.

92. Isso significa que as leis que negam certos benefícios aos homossexuais, em geral oportunidades de trabalho, só poderão ser defendidas se houver uma compatibilidade praticamente perfeita com um objetivo substancial legítimo. Isso raramente ocorrerá, se é que é possível. Uma lei que criminalize um ato homossexual definido – descontados os problemas decorrentes da linguagem vaga, problemas que na verdade acometem a maioria das leis – suscita uma questão difícil. A Suprema Corte parece discordar, *Doe vs. Commonwealth's Attorney*, 425 U.S. 901 (1976), mas certos autores sem dúvida afirmariam que tal lei viola algum direito fundamental não explícito na Constituição. Minha opinião sobre essa linha de argumento já está clara. (Isso, no entanto, não justifica o fato de a Corte não ter procurado conciliar *Doe* com suas decisões sobre o aborto.) Também não há nada de inconstitucional numa lei que criminalize um ato em razão de um pressentimento confiável de que ele é imoral: a maioria das leis penais são desse tipo, pelo menos em parte. (Tentar impedir que toda uma população aja de uma maneira considerada imoral não é a mesma coisa que deixar um grupo em desvantagem porque somos hostis a seus membros. Mas ver O'Fallon, nota 56, supra, pp. 71-5. Ao educar meus filhos para não agirem da maneira que considero imoral, ou mesmo puni-los quando agem dessa maneira, posso até incorrer na condenação de alguns; mas meu pecado terá sido o paternalismo, ou algo do tipo, e não o pecado de não levar em conta os interesses de meus filhos ou atribuir-lhes um valor negativo.) Isso não significa que a simples invocação da "imoralidade" autoriza um estado a promulgar uma lei que na verdade foi motivada simplesmente pelo desejo de prejudicar um grupo desfavorecido. O Legislativo não poderia, p. ex., decretar a ilegalidade do uso de quipás ou batas africanas e defender essa decisão com base no argumento de que considera imoral essa conduta. A questão aqui se reduz a saber se é crível a afirmação de que a proibição em questão foi gerada por uma objeção moral sincera ao ato (ou qualquer coisa que transcenda o simples desejo de prejudicar as partes envolvidas). É tentador para aqueles que se opõem às leis que criminalizam os atos homossexuais tentar extrair uma resposta negativa do fato de que, pelo menos no caso de adultos que dão seu livre consentimento, ninguém parece ser prejudicado de nenhuma maneira por esses atos – mas uma reflexão honesta nos mostra que esse raciocínio é uma forma de trapaça.

93. O preconceito social contra os filhos "ilegítimos" também atua para impedir sua própria neutralização, na medida em que as pessoas envolvidas se mantêm "ocultas". No entanto, é pelo menos defensável a ideia de que, nas ocasiões em que o Legislativo estendeu o direito em questão (indenização por morte, sucessão sem testamento etc.) aos filhos ilegítimos reconhecidos pelos pais – e certamente, ao assumir a tarefa de sustentar o filho, o pai de certo modo dá a entender que tem algum sentimento de proximidade com ele –, fez com que a compatibilidade fosse a mais perfeita possível. Não se pode dizer que é totalmente perfeita, sobretudo porque o esquema se aplica a subculturas para as quais o ato de entrar num prédio do governo para reconhecer uma criança não é coisa que se faça sem pensar duas ou até três vezes; mas pelo menos é um esforço "objetivo" para reproduzir os sentimentos de afeto e responsabilidade que caracterizam os pais – esforço suficiente, creio eu, para negar qualquer inferência de comportamento preconceituoso que possa ser sugerida pelos termos da lei. Com respeito a essa linhagem de casos, portanto, é pelo menos plausível afirmar que, antes de *Trimble vs. Gordon*, 430 U.S. 762 (1977), a Corte tinha o entendimento inverso, derrubando diversos esquemas legais que deixavam aberta a saída de emergência do reconhecimento mas – em *Labine vs. Vincent*, 401 U.S. 532 (1971) – confirmando uma lei em que isso não acontecia. Comparar *Parham vs. Hughes*, 99 S. Ct. 1742 (1979), com *Caban vs. Mohammed*, 99 S. Ct. 1760 (1979).

94. A frase "alguns dos meus melhores amigos são negros" tornou-se uma paródia da hipocrisia dos brancos, mas é *fato* que o melhor amigo da maioria dos homens é uma mulher, o que elimina, na relação entre homens e mulheres, o temor e a hostilidade que ainda persistem na relação entre as raças. Também é curioso contrastar a resistência dos brancos à aplicação da Décima Quinta Emenda, resistência que chegou às vezes ao grau da sanha assassina, com a aplicação tranquila da Décima Nona Emenda, cuja aprovação obviamente demandou bastante esforço, mas que, uma vez ratificada, foi aceita com aparente boa vontade. Ver também Wasserstrom, "Racism, Sexism, and Preferential Treatment: An Approach to the Topics", 24 *U.C.L.A. L. Rev.*, pp. 581, 589 (1977).

95. Ver J. Pole, *The Pursuit of Equality in American History* 320, 322 (1978).

96. 430 U.S. 482, 503 (1977) (juiz Marshall, voto concorrente), citando G. Allport, nota 73, supra, pp. 150-3; A. Rose, *The Negro's Morale*, pp. 85-96 (1949); G. Simpson e J.Yinger, *Racial and Cultural Minorities*, pp. 192-5, 227, 295 (4.ª ed., 1972); Bettelheim, "Individual and

Mass Behavior in Extreme Situations", 38 *J. Abnormal and Social Psych.*, p. 417 (1943) (1943). Ver também L. Tribe, *American Constitutional Law*, p. 1044 n. 12 (1978); Simon, nota 16, supra, p. 1079 n. 87; G. Allport, supra, p. 142 ("A reputação de um indivíduo, seja verdadeira ou falsa, não pode ser repetidamente inculcada na cabeça dele sem transformar seu caráter"), pp. 159-60; *Brown vs. Board of Education*, 347 U.S. 483, 494 (1954): "Separá-los de outros com a mesma idade e as mesmas qualificações, somente por causa da raça, gera um sentimento de inferioridade quanto a seu *status* na comunidade que pode afetar de maneira talvez irreversível suas mentes e corações."

97. Ver A. de Tocqueville, *Democracy in America*, p. 319 (ed. Anchor, 1959).

98. P. ex., *Schlesinger vs. Ballard*, 419 U.S. 498, 508 (1975).

99. Ver, p. ex., pp. 105-6.

100. Cf. Bickel e Wellington, "Legislative Purpose and the Judicial Process: The Lincoln Mills Case", 71 *Harv. L. Rev.*, p. 1 (1957).

101. Embora seja maior o número de homens que o de mulheres a apoiar a Emenda dos Direitos Iguais, esta é apoiada pela maioria de ambos os grupos (conquanto se trate, aparentemente, de uma maioria insuficiente para assegurar a ratificação).

102. A posição, já tantas vezes ventilada, de que "para mim não tem importância que o fato de a pessoa ser negra tenha peso positivo – só não gostaria que fosse esse o único fator determinante" é pura bobagem. Ninguém jamais sugeriu que os estudantes de medicina, p. ex., fossem selecionados somente com base da raça, sem considerar outros fatores. Por outro lado, todo plano de ação afirmativa que atribui peso positivo ao fato de uma pessoa ser negra, mesmo no contexto de inúmeros outros fatores, necessariamente resulta na rejeição de candidatos que não seriam rejeitados caso fossem negros, e que nesse sentido estão sendo rechaçados "apenas" porque não são negros.

103. Ely, "Foreword: On Discovering Fundamental Values", 92 *Harv. L. Rev.*, pp. 5, 9-10 n. 33 (1978).

104. É claro que a questão de saber se os diversos programas de ação afirmativa violam a Lei de Direitos Civis de 1964 ou alguma outra lei é uma questão à parte. Cf. *United Steelworkers of America vs. Weber*, 99 S. Ct. 2721 (1979).

105. O voto do juiz Powell no caso *Bakke* salientou bastante o fato de que a maioria de brancos engloba um certo número de grupos étnicos, cada um dos quais constitui uma minoria da população total. Ver, p. ex., 438 U.S. 295-7. Ver também Sandalow, "Racial Preferences in Higher Education: Political Responsibility and the Judicial

Role", 42 *U. Chi. L. Rev.*, pp. 653, 694 (1975). Isso é verdade, mas no decorrer da história a Corte reconheceu que muitas vezes esses diversos grupos étnicos preferem ignorar suas diferenças e agir monoliticamente, operando classificações que colocam os brancos de um lado do divisor de águas legal e um ou mais grupos não brancos do outro. Na maioria das vezes, eles decidem conceder *vantagens* a eles mesmos em relação aos outros grupos (e, nessas situações, a observação de que a "maioria branca" é na verdade uma coleção de minorias nos pareceria cômica ou, pelo menos, completamente impertinente). Na situação de *Bakke*, no entanto, aqueles que se definem como brancos decidiram ignorar todas as diferenças que existem entre eles e deixar em desvantagem os brancos em geral, de modo que se desse relativa vantagem a certas minorias de não brancos que consideramos terem sido tratadas de maneira injusta no passado. Ver também nota 109, infra.

106. Ver o capítulo 4. Ver também *Railway Express Agency, Inc. vs. New York*, 336 U.S. 106, 112-3 (1949) (juiz Jackson, voto concorrente); F. Hayek, *The Constitution of Liberty*, p. 210 (1960).

107. É improvável que as posições das próprias autoridades que tomam as decisões políticas sejam ameaçadas pelo programa de ação afirmativa que estão aprovando. Ver Greenawalt, "Judicial Scrutiny of 'Benign' Racial Preference in Law School Admissions", 75 *Colum. L. Rev.*, pp. 559, 573-4 (1975). Mas é claro que, em regra, essas pessoas não são pessoalmente ameaçadas por qualquer lei ou programa político que aprovem. As classificações são presumidamente consideradas insuspeitas a não ser que haja razão para supor o contrário, e o elemento mais crítico neste caso é que os fatores que poderiam gerar desconfiança não existem. É perturbador, no entanto, que essas decisões sejam muitas vezes tomadas pelo corpo docente, que está relativamente isolado das pressões políticas. Ver id.; Sandalow, nota 105, supra, pp. 695-6. Mesmo supondo a indisposição de ressuscitar a doutrina da não delegação, os tribunais deveriam fazer pressão para que os planos de ação afirmativa sejam descritos de modo claro e sem rodeios, de modo que as autoridades públicas pelo menos estejam bem informadas na hora de decidir se devem intervir ou não. É comum a confusão nessa área.

108. Ely, nota 41, supra. Ver também Ely, nota 103, supra, pp. 9-10, 12-4, 40-2.

109. É claro que, se cerca de 40% dos estudantes brancos forem judeus, disso decorre (e *é melhor* que seja assim para que o plano permaneça constitucionalmente insuspeito) que cerca de 40% dos estu-

dantes brancos rechaçados devido ao programa de ação afirmativa serão judeus. Nesse caso, a porcentagem de judeus prejudicados pelo programa seria substancialmente maior que a porcentagem de judeus em relação à população em geral. Essa estatística será controversa até percebermos que a razão disso é que eles perfazem uma porcentagem desproporcionalmente grande dos que entram na faculdade. A admissão de judeus brancos pode cair de 40 para 36, mas a admissão dos "gentios" brancos cairá de 60 para 54, padrão que deixa os brancos em geral em desvantagem mas não desprivilegia os judeus em relação a outros brancos, pelo menos segundo meu entendimento.

Se a ideia é que os gentios brancos no corpo docente de certa forma se identificam mais com os negros que com os judeus e assim agem em seu próprio interesse quando "trocam" quatro judeus por dez negros ("infelizmente" sacrificando seis que são evidentemente mais parecidos com eles), podemos desde já descartá-la como idiotice. Mesmo se não levarmos em conta a provável presença de uma porcentagem substancial de judeus nos corpos docentes de universidades e cursos técnicos superiores, o argumento descreve erroneamente os supostos sentimentos de identificação dos membros brancos e gentios do corpo docente. A maioria dos professores universitários gentios provém da classe média alta protestante, em geral episcopais ou calvinistas (presbiterianos-congregacionalistas), e assim, mais do que os gentios típicos, partilham com seus colegas judeus certa semelhança de educação e opinião. Lipset e Ladd, "The Changing Social Origins of American Academics", in *Qualitative and Quantitative Social Research*, p. 319 (org. R. Merton, J. Coleman e P. Rossi, 1979). (São estereótipos, é claro, mas estou respondendo a um argumento baseado em estereótipos.) E, mesmo se esse vínculo seja atenuado – como decerto é – pelo antissemitismo, esses subgrupos específicos de gentios tendem (como os judeus) a compor uma porcentagem desproporcionalmente alta do corpo estudantil branco, e consequentemente vão sofrer "de modo desproporcional" com a instituição de um programa de ação afirmativa. (Os judeus constituem cerca de 2% da população, e os episcopais constituem 3%. Cerca de 59% dos judeus norte-americanos adultos fizeram faculdade; no caso dos episcopais, 58%. No caso dos presbiterianos, que constituem cerca de 5% da população, a porcentagem de pessoas com ensino superior é de 50%, comparados com 21% para o maior grupo protestante, os batistas, que também perfazem 21% da população norte-americana. Ver *Public Opinion*, Novembro/Dezembro de 1978, pp. 33-4.) A razão por que ninguém reclama do efeito "desproporcional" dos programas de ação afirmativa sobre os episcopais e calvinistas é que sabemos que esses grupos estão bem representados nos corpos docentes universitários (e em outras esferas). (Os judeus, os calvinistas e os episcopais perfazem cerca de 1/3 dos professores universitários do país, embora sejam apenas 10% da população. Nas universidades de mais prestígio, a "super-representação" dos três grupos é ainda maior. Lipset e Ladd, supra.) Mas, dada a exigência de que todos os grupos de candidatos brancos sejam igualmente prejudicados, os docentes brancos, protestantes e de classe média alta – supondo que eles realmente se classifiquem nesses subgrupos, o que duvido, mas esta é uma prerrogativa do argumento que estou apresentando – fornecerão necessariamente a *outros* grupos que irão sofrer de modo desproporcional (como os judeus) uma espécie de "representação virtual" (que virá somar-se à representação que eles efetivamente já possuem no corpo docente).

110. A observação do juiz Powell de que a maioria de brancos é composta de minorias talvez não tenha sido pertinente à causa que ele tinha diante de si, mas certamente determinou o elogio efusivo que fez ao "plano de Harvard", em particular o aspecto que proclama: "Um rapaz oriundo de uma fazenda em Idaho pode trazer ao Harvard College uma contribuição que um rapaz de Boston não pode. Do mesmo modo, um estudante negro em geral pode nos dar algo que uma pessoa branca não pode." Citação, 438 U.S. p. 613. Esse golpe duplo é mortal – mortal para os brancos das áreas urbanas do nordeste do país e, consequentemente, para os judeus e outros subgrupos étnicos brancos. Quaisquer que sejam as origens das preferências geográficas – e duvido que sejam muito bonitas, pelo menos nas faculdades que não precisam se preocupar em manter uma boa imagem em nível "nacional" –, é uma pena que Powell tenha feito questão de elogiar (e portanto induzir as faculdades a adotar) um plano que tem o efeito líquido de determinar a admissão de uma porcentagem extremamente pequena de estudantes brancos do nordeste do país.

111. Por alguma razão, a detenção de pessoas está isenta dessa exigência.

112. Ver Goldberg e Dershowitz, "Declaring the Death Penalty Unconstitutional", 83 *Harv. L. Rev.*, pp. 1773, 1789 (1970).

113. 408 U.S. 238, 253 (1972) (juiz Douglas, voto concorrente).

114. Ver as referências de Doldberg e Dershowitz, nota 112, supra, pp. 1792-3; Polsby, "The Death of Capital Punishment? *Furman vs. Georgia*", 1972 *Sup. Ct. Rev.*, pp. 1, 29 n. 97.

NOTAS

115. Ver id. p. 29.
116. 408 U.S. 238, 253 (1972) (juiz Douglas, voto concorrente).
117. *Gregg vs. Georgia*, 428 U.S. 153 (1976); *Woodson vs. North Carolina*, 428 U.S. 280 (1976); *Roberts vs. Louisiana*, 428 U.S. 325 (1976).
118. 438 U.S. 586 (1978).
119. 428 U.S. 303 (voto concorrente majoritário).
120. Ver também C. Black, *Capital Punishment: The Inevitability of Caprice and Mistake*, cap. 7 (1974) (analisando o esquema legal do Estado do Texas).
121. Ver *Gregg vs. Georgia*, 428 U.S. 153, 165-6 n. 9 (1976); *Coker vs. Georgia*, 433 U.S. 584, 590-1 (1977). A pena de morte no caso *Coker* foi revertida, já que fora imposta pelo crime de estupro; mas os critérios de imposição da pena do estado da Geórgia, afirmados em sua aplicação à condenação por homicídio em *Gregg*, não foram censurados neste último caso.
122. 428 U.S. 206-7.
123. C. Black, nota 120, supra.
124. 408 U.S. 251-2 (juiz Douglas, voto divergente). Ver também as fontes citadas em id. 249-52.
125. Em certo sentido, a pena de prisão, uma vez cumprida, é tão "irreversível" quanto a pena de morte, mas pelo menos ela pode ser reconsiderada e reduzida enquanto está sendo cumprida.
126. Ver *Shapiro vs. Thompson*, 394 U.S. 618, 630 (1969); *United States vs. Guest*, 383 U.S. 745, 757-8 (1966). Cf. *Edwards vs. California*, 314 U.S. 160 (1941).
127. 6 Wall. 35, 44 (1868). A Corte também assinalou a necessidade de o governo federal ser capaz de transferir livremente suas autoridades e funcionários. Id. 43-4.
128. Ver, p. ex., L. Hartz, *The Liberal Tradition in America*, pp. 64-5 (1955).
129. Nelson, "The Eighteenth Century Background of John Marshall's Constitutional Jurisprudence", 76 *Mich L. Rev.* 893, 921 (1978). Ver também, p. ex., o "Memorial and Remonstrance against Religious Assessments" de Madison, ¶10, citado em *Everson vs. Board of Education*, 330 U.S. 1, 69 (1947) (apêndice ao voto divergente do juiz Rutledge).
130. Ver, p. ex., F. Turner, *The Frontier in American History*, p. 38 (1920).
131. Ver A. Hirschman, *Exit, Voice and Loyalty* (1970).

132. É evidente que essa explicação alterada também justifica o direito de deixar definitivamente o território dos EUA.

Conclusão

1. Perry, "The Abortion Funding Cases: A Comment on the Supreme Court's Role in American Government", 66 *Geo. L. J.*, pp. 1191, 1216 (1978).

2. Wellington, "Common Law Rules and Constitutional Double Standards: Some Notes on Adjudication", 83 *Yale L. J.*, pp. 221, 304-5 (1973).

ÍNDICE REMISSIVO

A.L.A. *Schechter Poultry Corp. vs. United States*, 177
Abordagem "absolutista" da Primeira Emenda, 145-8, 154
Aborto, 5, 20, 87, 218n, 317n38
Ação afirmativa em favor de minorias raciais, 81-2, 228-31
Adams, John, 52, 308n55
Adamson vs. California, 34
Allport, Gordon, 327nn77, 79, 330n96
Almond, Gabriel, 297n93
Alternativa menos restritiva, teoria da, 139-40
"Ameaça específica", critérios de (sob a Primeira Emenda), 142-55
Antissemitismo, 230-1, 327-8n81, 332-3n109, 334n110
Appleby, Paul 313n91
Arendt, Hannah, 118
Aristóteles, 65n, 213
Arnold, Thurman, 279n67
Artigos da Confederação, 8, 107
Auerbach, Carl, 307n45
Autoincriminação, 127, 132
Automoderação judicial, distinção em relação ao interpretacionismo, 3

Baker vs. Carr, 162
Barron vs. Baltimore, 54, 259-60n58
Becker, Carl, 291n36
Bentham, Jeremy, 255n28, 274n31, 308n54
Berger, Raoul, 160n, 254n19, 262n64, 263n66, 265nn69, 70
Betts vs. Brady, 281n80
Bickel, Alexander, 57, 74-5, 86-7, 91-5, 138, 249nn11, 12, 259n56, 262n61, 265nn67, 68, 69, 270n5, 271n9, 273n24, 279n65, 284n108, 287n121, 292n41, 313n1
Bingham, John, 34, 159n, 259n58, 266n79, 306n36
Bishin, William, 252n6
Black, Charles, 7n, 136n, 145, 236, 237n, 293n48
Black, Hugo, 4-6, 21, 27-9, 32-7, 46, 50-1, 139, 145, 184-5, 253n13, 306n36
Blackmun, Harry, 199-200, 202

Blackstone, William, 255n28, 274n30
Bolling vs. Sharpe, 43, 50
Bork, Robert, 93-5
Braden, George, 270n9
Bradley, Joseph, 67, 260n59
Bradwell vs. Illinois, 67-8
Brandeis, Louis, 143
Brandenberg vs. Ohio, 153-4
Breithaupt vs. Abram, 85
Brest, Paul, 198, 314n16
Brown vs. Board of Education, 43, 73, 86-7, 159, 202, 331n96
Buckley vs. Valeo, 303n27
Buel, Richard, 290n17
Burger, Corte de, 5, 199, 309n61, 319-21n52
Burke, Edmund, 94-5
Buscas e apreensões, 127-8, 231-2

Calder vs. Bull, 276-7n41
Calhoun, John, 68
Capitalismo *laissez-faire*, 87, 298n94
Cardozo, Benjamin, 89
Carrington vs. Rash, 160
Castenada vs. Partida, 222-4
Chase, Salmon, 275n37
Chase, Samuel, 276n41
Clark, Tom, 63
Classificações suspeitas, 195-228
Cláusula de Obrigações Contratuais, 120-1, 132
Cláusula do *Bill of Attainder*, 120, 317-8n38
Cláusula do Comércio, 111, 120, 249n13
Cláusula *ex post facto*, 121, 276n41, 317-8n38, 322-3n65

Cláusulas da Primeira Emenda Relativas à Religião, 125-6, 133, 190
Cohen vs. California, 152
Colégio Eleitoral, 10
Consenso, como fonte de valores fundamentais, 83-91
Constituição dos Estados Unidos, caracterizada de modo geral, 117-34
Cooley, Thomas, 24
Corfield vs. Coryell, 38-40
Corrupção do sangue, 122, 132
Corwin, Edward, 268n87
Cover, Robert, 66, 269n91, 274n31, 278n47
Cox, Archibald, 20, 41, 279n57
Crandall vs. Nevada, 239
Crosskey, William, 264n66
Currais eleitorais, 187-8
Cutler, Lloyd, 311n80

Dahl, Robert, 79, 251n29
Debs vs. United States, 143n
Décima Emenda, 46-7
Décima Nona Emenda (sufrágio feminino), 131, 224, 307n43, 330n94
Décima Oitava Emenda ("Lei Seca"), 132
Décima Primeira Emenda, 297n89
Décima Quinta Emenda (voto para as minorias raciais), 43-4, 130, 160n, 306n37, 330n94
Décima Sexta Emenda (imposto de renda), 132
Décima Terceira Emenda (abolição da escravatura), 131
Decisão judicial com base no "common law", 72-4;

ÍNDICE REMISSIVO 339

contraposta à decisão judicial com base na Constituição, 7-8, 89-90
Declaração de Independência, 8, 65, 105, 118-9
Delegação, doutrina da, *ver* Não delegação, doutrina da
Democracia, 7-10, 101, 164
Dennis vs. United States, 144, 302n26
Deutsch, Jan, 166
Devido Processo, 19-28, 130; "devido processo substancial", 19-24, 26-8, 45, 156; "devido processo procedimental", 25-8
Dickinson, John, 52
Direito ao voto, 156-67, 184, 187-8
Direito natural, 3n, 52, 64-72, 118
"Direitos dos ingleses", 65, 118
Discricionariedade no cumprimento das leis, 128-9, 206, 231-9
Discriminação sexual, *ver* Mulheres
"Discurso simbólico", 151n
Doe vs. Commonwealth's Attorney, 329n92
Double jeopardy, 127, 132
Douglas, William O., 4, 145, 187-8, 233
Dred Scott vs. Sandford, 21-2, 54, 297n91
Dulany, Daniel, 109-10
Duncan vs. Louisiana, 34
Dworkin, Ronald, 77, 88n, 109, 271n9, 287nn119, 125

Eisenstadt vs. Baird, 169n

Eleitor, qualificações do, 98, 160
Elrod vs. Burns, 303n27
Emenda dos Direitos Iguais, 61, 132n, 220-1n, 280n71, 331n101
Epperson vs. Arkansas, 188, 316n35
Ervine's Appeal, 107
Escravidão, 66, 104, 108, 123, 131-2, 222, 245, 275n37
"Estereótipos" como classificações suspeitas, 209
"Estigma" como critério de classificação suspeita, 201-2, 215n
Estrangeiros, proteção dos (de acordo com a Nona e a Décima Quarta Emendas), 173, 200, 215-6, 258n51
"Exame especial", 196
Expressão, liberdade de, 4, 18, 98, 123-4, 139-56, 189

Fairman, Charles, 34, 36
Federalist, The, 13, 115, 249n15, 267n86; sobre o republicanismo, 9-10; sobre a influência do Judiciário, 59; sobre a divisão de poder, 106; sobre as "facções", 106; sobre a necessidade de uma declaração de direitos, 124
Field, Stephen, 30-2, 261n59
Flack, Harry, 259n57
Flowers, Richmond, 176
Forma republicana de governo, 9, 158-9n, 164, 311n78
Formulação explícita dos objetivos legislativos, exigência de, 167-75, 323-4n69

Frankfurter, Felix, 6, 53, 79, 144, 149, 161, 252n12
Fredrickson, George, 327n80
Freedman's Bureau Act (1866), 82
Freund, Paul, 102, 289n6
Fuller, Lon, 117
"Fundamento racional", critério do, 41, 196, 209-10, 317-8n38, 323-4n69
Furman vs. Georgia, 86, 233

Gaffney vs. Cummings, 309n61
Generalização autoengrandecedora e classificação suspeita, 212-5
Generalizações tradicionais, seu caráter suspeito, 211
Gideon vs. Wainwright, 167
Goffman, Erving, 215n
Goldberg, Arthur, 188
Gomillion vs. Lightfoot, 187-8, 316n35
Goodman, Frank, 205, 322n61
Graham, Howard Jay, 264n66
Green, John Raeburn, 257n50
Gregg vs. Georgia, 235
Grey, Thomas, 13, 248n9
Griswold vs. Connecticut, 4, 286n118, 289n4
Grosjean vs. American Press Company, 191-4
Gunther, Gerald, 167, 172, 260n59, 301-2n19, 323-4n69

Haines, Charles, 278n42
Hamilton, Alexander, 52, 59, 123, 250n20, 267n86
Hand, Learned, 150
Harlan, John Marshall (II), 152, 158-9, 161, 247n3, 248n10

Harper vs. Virginia Board of Elections, 160
Hart, Henry, 78
Hayek, F. A., 84
Henry, Patrick, 52
Hirschman, Albert, 240
História legislativa, utilidade limitada da (na interpretação constitucional), 21-3, 173
Hobbes, Thomas, 275n35
Holmes, Oliver Wendell, Jr., 44, 142-3, 150
Homossexuais, proteção aos (de acordo com a Décima Quarta e a Nona Emendas), 219-20, 282n86
Horowitz, Harold, 64
Howard, Jacob, 34-5, 39-40, 306n36
Hughes, Charles Evans, 101
Hume, David, 107
Hyman, Harold, 255n28

Idade, discriminação com base na, 215, 307n43
Igual Proteção, 40-3, 98-9, 109, 130, 133, 159, 162-3, 167-8, 181-3, 229; e o governo federal, 43-5
"Ilegítimos", filhos (proteção sob a Décima Quarta e a Nona Emendas), 199, 330n93
Imposto sobre exportação, 123
Imposto sobre o voto, 160
Imprecisão legal, 238
Imutabilidade da característica classificatória como critério para determinar se uma classificação é suspeita, 201, 207, 215

ÍNDICE REMISSIVO

"Incorporação" da Declaração de Direitos na Décima Quarta Emenda, discussão sobre, 5, 27-8, 33-8
"Insultos", 153
Interpretacionismo, constitucional, 1-55, 101, 116n; definição, 3-5; e suposições comuns sobre o funcionamento do direito, 5-6, 16; e a teoria democrática, 12-6; distinção da versão presa ao documento da versão presa às cláusulas constitucionais; 16-7; e dispositivos abertos à interpretação, 18-55
Iredell, James, 276n41

Jaffe, Louis, 84, 162
James vs. Valtierra, 217
Jay, John, 52
Jefferson, Thomas, 15, 47, 52, 308n55
Johnson, Andrew, 81
Johnson, David, 311n80
Júri, discriminação na seleção do, 186-7, 316-7n35
Justa indenização, 129

Karst, Kenneth, 64, 215n, 319n46, 324n69
Katz, Stanley, 278n45
Katz vs. United States, 128
Kelly, Alfred, 267-8n87
Kendall, Willmoore, 281n76
Korematsu vs. United States, 318n45
Kramer vs. Union Free School District No. 15, 157

Kurland, Philip, 272n19, 273n24

Lane, Robert, 214n
Lei de Direitos Civis (1866), 40
Lei de Direitos Civis (1964), 220n, 282n85, 331n104
Levinson, Sanford, 283n100
Levitas, Elliott, 176
Linde, Hans, 44, 134, 252n9, 255n26, 310n74, 314n14, 317n38
Lochner vs. New York, 20, 26, 28, 87, 97, 297n91, 298n94
Locke, John, 119, 275n35, 308n55
Lockett vs. Ohio, 234
Lucas vs. Colorado Gen. Assembly, 309n60
Lusky, Louis, 101, 257n40, 290n20
Luther vs. Borden, 158n

Má distribuição proporcional de representantes, *ver* Redistribuição proporcional, casos de
Madison, James, 15, 46-7, 52, 106, 115, 206, 308n55
Maher vs. Roe, 218n, 317n38, 319-21n52
Marbury vs. Madison, 13, 249n11
Marshall, John, 13, 112-3, 249n11
Marshall, Thurgood, 86, 177, 222, 287n119
Mason, George, 52
Mayo, H. B., 90, 273n27, 305n33
McClesKey, Clifton, 271n9, 280n66

McCulloch vs. Maryland, 112
McGowan, Carl, 312n87
"Mensagens não protegidas" pela Primeira Emenda, doutrina das, 145-50, 152-6
Merton, Robert, 327n76
Meyer vs. Nebraska, 315n17
Mill, John Stuart, 255n28
Miller, Charles, 307n50
Miller, Samuel, 30, 261n59
Minorias, proteção das, 12-3, 99, 101-2, 102-17, 137, 181-241
Minorias separadas e isoladas, 101, 199, 202, 215-6
Miranda vs. Arizona, 167
Monaghan, Henry, 272n20
Monroe, Alan, 269n94
Moral convencional, *ver* Consenso
Morrison, Stanley, 21
Motivação oficial, pertinência constitucional da, 169n, 173, 183-99, 310n73
Mulheres, proteção das (sob a Décima Quarta e a Nona Emendas), 220-8, 319-21n52, 325-6n75
Murphy, Frank, 29
Murray's Lessee vs. Hoboken Land and Improvement Co., 258n52

Não delegação, doutrina da, 175-9, 238
Não interpretacionismo, *ver* Interpretacionismo
National League of Cities vs. Usery, 292n44
Nelson, William, 335n129
Nona Emenda, 45-55
Nota de rodapé a *Carolene Products*, 100-2, 114, 199, 202, 289n4, 315n17, 321n52, 328n84
Nozick, Robert, 77, 182

Obscenidade, 153, 302-4n27
Oestereich vs. Selective Service Board, 190, 316n35
Oitava Emenda, *ver* Penas cruéis e não habituais
Oposição judaica aos programas de ação afirmativa, 230-1
Otis, James, 52

Palmer vs. Thompson, 183, 316n35
Panama Refining Co. vs. Ryan, 177
Parenti, Michael, 311n79
Participação, 99, 100n, 102
Paterson, William, 276n41
Pena de morte, 86, 233-5
Penas cruéis e não habituais, 18-9, 129, 233-5, 317-8n38
Pennock, J. Roland, 313n2
Pensão alimentícia, discriminação sexual na determinação de pagamento de, 325-6n75
Perigo certo e iminente, critério do, 143, 148, 155
Perry, Michael, 88n, 243-4, 283n97, 285nn111, 112
Perspectiva do legislador e suas relações com a "suspeitabilidade" da generalização, 212-6, 287n119
Phillipes, Wendell, 68
Pierce vs. Society of Sisters, 315n17

Plano para "rechear" a Corte, 61
Platão, 78n
Plessy vs. Ferguson, 219, 278n43, 284n108
Pluralismo, 106-8, 181, 203, 205
Pobres, proteção dos (sob a Décima Quarta e a Nona Emendas), 199-200, 217
Pole, J. R., 275n34, 291n33
"Ponderação" e a Primeira Emenda, 141-2, 144, 148-9, 151-2, 154-5
Positivismo, 3n
Posner, Richard, 266n75
Powell, Lewis, 80
Preâmbulo à Constituição dos Estados Unidos, 119
Preconceito, 205
Prince vs. Massachussets, 150
"Princípio do Führer", 90
Princípios neutros, 72-4
Privacidade, 128
Privilégios e imunidades (Artigo IV) 31, 38-9, 110, 120, 257n45, 259-60n58
Privilégios ou imunidades (Décima Quarta Emenda), 29-40, 130; e a proteção de não cidadãos, 34-6
Progresso, previsão de, como fonte de valores fundamentais, 91-3
Propaganda, proteção da Primeira Emenda à, 302-4n27
Purcell, Edward, 279n65, 284n108

Quarta Emenda, *ver* Buscas e apreensões
Quincy, Josiah, 155

Rawls, John, 77, 287n119
Razão, como fonte de valores fundamentais, 74-9
"Realismo Jurídico" e teoria constitucional, 58-64
Redistribuição proporcional, casos de, 92, 98, 161-6
Regents of University of California vs. Bakke, 80-1, 229, 319-21n52
Rehnquist, William, 169n, 199, 202, 209n
Representação, 102-17
Representação virtual, 109-15, 133-4
Republicanismo, 9-10, 104, 107-8
Restrições prévias, 238
Reynolds vs. Sims, 162-6
Roe vs. Wade, 5, 20, 28, 279n57, 297n91, 317n38, 319-21n52
Rostow, Eugene, 273n23
Rousseau, Jean-Jacques, 241

Samford, Frank, 314n16
Sandalow, Terrance, 270n4, 283n94
Sax, Joseph, 296n88
Schenck vs. United States, 143n
Schmerber vs. California, 284n103
Sears, David, 214n
Segunda Emenda (direito ao porte de armas), 125-6, 132
"Segundo exame", teoria do, 227
Senado, 10, 131, 250n26
Serviço militar, discriminação no, 190, 325-6n75
Shapiro, Martin, 308n54
Simon, Larry, 315n16

Skinner vs. Oklahoma, 317n38
Slaughter-House Cases, 29-31, 260-2n59
Slawson, W. David, 294n64
Smith, Adam, 255n28
Steele vs. Louisville & Nashville R. Co., 102-3
Stevens, John Paul, 211, 321n52
Steward, Richard, 178
Stewart, Alvan, 254n20
Stewart, Potter, 164-6, 233, 235
Stone, Harlan, 100-1, 202, 205, 328n40
Story, Joseph, 283n100
Sumner, Charles, 309n57
Sumner, William Graham, 326-7n76

Taney, Roger, 21
Taylor, John, do Caroline County, 308n55
tenBroek, Jacobus, 254n20, 264n66
Teoria da "amplitude excessiva", 140
Terceira Emenda (acomodação de tropas), 126, 132
Tinker vs. Des Moines Indep. Community School District, 301n16
Tocqueville, Alexis de, 10-1
Toomer vs. Witsell, 110
Tradição como fonte de valores fundamentais, 79-83
Tribe, Laurence, 270n3, 282n86, 296n87, 304n27
Tushnet, Mark, 280nn71, 74, 320n52

Unger, Roberto, 85, 278n49
United States vs. O'Brien, 187, 191

United States vs. Robel, 140
Utilitarismo, 249n14, 308n54

Van Alstyne, William, 159n
"Valores fundamentais", 57-95, 319-21n52
Verba, Sidney, 297-8n93
"Vetos legislativos", 312n86
Viajar, direito de, 238-9
Vigésima Primeira Emenda (revogando a Décima Oitava), 132
Vigésima Quarta Emenda (imposto sobre o voto), 131
Vigésima Sexta Emenda (direito ao voto para eleitores de 18 anos de idade), 131
Vigésima Terceira Emenda (sufrágio para os residentes do Distrito de Colúmbia), 131
Village of Arlington Heights vs. Metropolitan Housing Development Corp., 183
Virginia State Board of Pharmacy vs. Virginia Citizens Consumer Council, Inc., 302-4n27

Warren, Corte de, 74, 91-3, 97-9, 151-2, 156, 199, 273n24
Warren, Earl, 43, 63, 140-1, 157, 159, 162, 288n2
Washington, Bushrod, 38
Webster, Noah, 15
Wechsler, Herbert, 72-3
Wellington, Harry, 50, 74, 83, 87, 88n, 244, 279nn63, 64
White, Byron, 233
Wiecek, William, 158n, 265n69
Williamson vs. Lee Optical Co., 208

Wills, Garry, 79
Wilson, James, 52, 308n55
Winship, In re, 27
Wood, Gordon, 293n51, 304n29
Woodson vs. North Caroline, 234
Wright, Benjamin, 69, 275n38, 278n44

Wright, Donald, 284n105, 292n46
Wright, J. Skelly, 58, 179, 312n87
Wright vs. Rockefeller, 188
Wynehamer vs. People, 21-2

Young vs. American Mini Theaters, 83, 303n27, 321n52

DEMOCRACIA E DESCONFIANÇA
Uma teoria do controle judicial de constitucionalidade

John Hart Ely

Tradução
JULIANA LEMOS

Revisão técnica
ALONSO REIS FREIRE

Revisão da tradução e texto final
MARCELO BRANDÃO CIPOLLA

wmf **martinsfontes**

Esta obra foi publicada originalmente em inglês com o título
DEMOCRACY AND DISTRUST, A THEORY OF JUDICIAL REVIEW
por Harvard University Press.
Copyright © 1980 by the President and Fellows of Harvard College.
Publicado por acordo com Harvard University Press.
Copyright © 2010, Editora WMF Martins Fontes Ltda.,
São Paulo, para a presente edição.

1ª edição 2010
3ª tiragem 2020

Tradução
JULIANA LEMOS

Revisão da tradução e texto final
Marcelo Brandão Cipolla
Revisão técnica
Alonso Reis Freire
Acompanhamento editorial
Márcia Leme
Revisões
Renato da Rocha Carlos
Ana Paula Luccisano
Produção gráfica
Geraldo Alves
Paginação
Studio 3 Desenvolvimento Editorial
Capa
Katia Harumi Terasaka Aniya

Dados Internacionais de Catalogação na Publicação (CIP)
(Câmara Brasileira do Livro, SP, Brasil)

Ely, John Hart
 Democracia e desconfiança : uma teoria do controle judicial de constitucionalidade / John Hart Ely ; tradução Juliana Lemos ; revisão técnica Alonso Reis Freire ; revisão da tradução e texto final Marcelo Brandão Cipolla. – São Paulo : Editora WMF Martins Fontes, 2010. – (Biblioteca jurídica WMF)

 Título original: Democracy and distrust: a theory of judicial review
 Bibliografia
 ISBN 978-85-7827-156-5

 1. Controle judicial 2. Direito constitucional 3. Jurisdição (Direito constitucional) 4. Revisão judicial – Estados Unidos 5. Tribunais constitucionais 6. Tribunais constitucionais – Estados Unidos I. Freire, Alonso Reis. II. Cipolla, Marcelo Brandão. III. Título. IV. Série.

09-05811	CDU-342.56

Índices para catálogo sistemático:
1. Controle judicial de constitucionalidade : Jurisdição constitucional : Direito constitucional   342.56
2. Controle judicial de constitucionalidade : Tribunais constitucionais : Direito constitucional   342.56

Todos os direitos desta edição reservados à
Editora WMF Martins Fontes Ltda.
Rua Prof. Laerte Ramos de Carvalho, 133   01325-030 São Paulo SP Brasil
Tel. (11) 3293-8150 e-mail: info@wmfmartinsfontes.com.br
http://www.wmfmartinsfontes.com.br

ÍNDICE

Prefácio IX

1. A sedução do interpretacionismo 3
2. A impossibilidade de um interpretacionismo preso às cláusulas constitucionais 15
3. Descobrindo os valores fundamentais 57
4. Controlando o processo de representação: a Corte como árbitro 97
5. Desbloqueando os canais da mudança política 139
6. Facilitando a representação das minorias 181

Conclusão 243

Notas 247

Índice remissivo 337

DEMOCRACIA E DESCONFIANÇA